HET PILGRIM FATHERS-COMPLOT

D1724631

JEROEN WINDMEIJER
BIJ HARPERCOLLINS HOLLAND:

Het Petrusmysterie
Het Pauluslabyrint
Het Pilgrim Fathers-complot
De offers
De Genesissleutel
De stenen goden
De vervalste Vermeer
De zaak B.
De schaduw van Vermeer

MET JACOB SLAVENBURG:

Het Isisgeheim
Het Evacomplex
De Magdalenacodex

Voor Dünya

JEROEN WINDMEIJER

HET PILGRIM FATHERS COMPLOT

HarperCollins

Voor dit boek is papier gebruikt dat onafhankelijk is gecertificeerd door FSC®
ten behoeve van verantwoord bosbeheer.
Kijk voor meer informatie op www.harpercollins.co.uk/green.

HarperCollins is een imprint van Uitgeverij HarperCollins Holland, Amsterdam.

Copyright © 2018 Jeroen Windmeijer
Omslagontwerp: Villa Grafica
Omslagbeeld: © Shutterstock; © Adobe Stock
Foto auteur: © Eelkje Colmjon
Zetwerk: Mat-Zet B.V., Huizen
Druk: ScandBook UAB, Lithuania, met gebruik van 100% groene stroom

ISBN 978 94 027 1575 0
ISBN 978 94 027 5590 9 (e-book)
NUR 305
Eerste druk augustus 2018
Achtste druk juni 2024

Afbeelding op pagina 13, twee gekruiste sleutels: © Bear 17
Afbeelding op pagina 196, vrijmetselaarssymbool: © MesserWoland
Gedicht op pagina 133: Insomnia – J.C. Bloem. Uit: 'Verzamelde gedichten', Athenaeum–Polak & Van Gennep, 2016.

HarperCollins Holland is een divisie van Harlequin Enterprises ULC.
® en ™ zijn handelsmerken die eigendom zijn van en gebruikt worden door de eigenaar van het handelsmerk en/of de licentienemer. Handelsmerken met ® zijn geregistreerd bij het United States Patent & Trademark Office en/of in andere landen.

www.harpercollins.nl

Niets uit deze uitgave mag openbaar worden gemaakt door middel van druk, fotokopie, internet of op welke andere wijze dan ook zonder voorafgaande schriftelijke toestemming van de uitgever.

Alle in dit verhaal voorkomende personen zijn ontleend aan de fantasie van de schrijver. Elke gelijkenis met bestaande personen berust op toeval.

Daarna gingen Mozes en Aäron naar de farao en
zeiden: "Zo spreekt de Heer, de God van Israël:
Laat mijn volk vertrekken om ter ere van Mij
een pelgrimsfeest te vieren in de woestijn."

EXODUS 5: 1

We are stardust, we are golden
We are billion year old carbon
And we got to get ourselves
back to the garden

WOODSTOCK – CROSBY, STILLS, NASH & YOUNG

Woord vooraf van de auteur

In het voorjaar van 2017 vond taalwetenschapper Piet van Vliet in het archief van Erfgoed Leiden en Omstreken een manuscript dat een uniek inkijkje biedt in het leven en denken van de Pilgrim Fathers. Deze van oorsprong Engelse puriteinse protestanten streken in 1609 in Leiden neer, op zoek naar een plaats waar zij hun geloof vrij konden belijden. Elf jaar bleven ze in het relatief tolerante Nederland, omdat er onder koning Jacobus I in Engeland voor hen geen plaats was. Uiteindelijk vertrok een deel van de groep in 1620 met het schip de Mayflower naar Amerika, waar ze de grondleggers van de Verenigde Staten werden. Veel moderne ideeën, zoals de scheiding van kerk en staat, het burgerlijk huwelijk, vrijheid van godsdienst, vrijheid van meningsuiting en vrijheid van drukpers namen ze vanuit Leiden mee naar de Nieuwe Wereld.

Hoewel het document in grote lijnen het reeds bekende verhaal van deze in Engeland vervolgde gelovigen vertelt, zal de vondst toch voor grote opwinding zorgen in de wereld van historici – en ver daarbuiten. Nu is een manuscript waarin een gewone burger op persoonlijke wijze verslag doet van historische gebeurtenissen op zichzelf al zeer waardevol. Historici krijgen op deze manier inzicht in hoe de grote geschiedenis de kleine levens van gewone mensen heeft geraakt – en vaak leveren dergelijke documenten een net iets ander beeld op dan dat we op basis van de officiële geschiedschrijving zouden hebben gekregen. Maar dit persoonlijke document – aantekeningen van een verder anoniem gebleven kroniekschrijver van de Leidse Pilgrims – is veel meer dan dat. Het geeft historici niet alleen cruciale informatie om bepaalde oude aannames over de Pilgrims in Leiden mee te kunnen nuanceren, maar het zal vooral de redenen waarom een deel van de groep naar Amerika vertrok, en waarom een veel groter deel hier bleef, in een compleet nieuw licht zetten. Dit laatste heeft tot gevolg dat de geschiedenisboeken op dat gebied deels herschreven zullen moeten worden.

Het is niet helemaal duidelijk voor wie het document was bedoeld. Het is duidelijk geen dagboek. Wilde de schrijver de wederwaardigheden van de Pilgrims vastleggen voor het nageslacht? Was het een document voor persoonlijk gebruik? Was hij de 'historicus' van de groep? Er zitten grote tijdsprongen tussen de verschillende stukken, vaak van enkele jaren, dus wellicht zijn tussenliggende episodes verloren gegaan.

Maar alleen al de vondst van het bijna vier eeuwen verborgen gebleven manuscript is stof voor een jongensboek, een vondst die iedere wetenschapper toch op zijn minst één keer in zijn leven hoopt te doen. Lisette Schouten en Guido Marsman van Leiden TV hebben in hun intrigerende documentaire *Nieuw Licht op de Pilgrim Fathers* een reconstructie gemaakt van deze bijzondere geschiedenis. Ik zal er verderop in mijn boek uitgebreid op terugkomen.

Zijn hiermee alle raadsels opgelost? Kan nu de definitieve geschiedenis van de Pilgrims geschreven worden?

Het antwoord is... nee.

Het zal iedereen die zich met de Pilgrim Fathers bezighoudt, van de gespecialiseerde wetenschappers in binnen- en buitenland tot de geïnteresseerde leek, frustreren maar de laatste paar pagina's van het manuscript blijken te ontbreken. Is dit bewust door de auteur gedaan? Heeft iemand anders gedacht: tot hier mogen jullie lezen, maar niet verder?

De belofte van de schrijver op de laatste pagina's, die wél bewaard gebleven zijn, dat bepaalde geheimen onthuld zullen worden is zó tot de verbeelding sprekend, dat we gerust kunnen zeggen dat de stof, die letterlijk van dit eeuwenoude manuscript opgerakeld is, voorlopig niet zal neerdalen.

De vertaling vanuit het oud-Engels is van de hand van de onvolprezen Piet van Vliet zelf. Door zijn soepele omzetting naar het moderne Nederlands ondergaat de lezer de sensatie dat hij vanuit het verre verleden toegesproken wordt door een medemens die met al zijn dagelijkse zorgen en overwegingen meer op hem lijkt dan hij misschien ooit voor mogelijk had gehouden.

Het manuscript vormt de basis van deze roman, waarin ik geprobeerd heb om 'de witte vlekken' in deze geschiedenis op aannemelijke wijze in te kleuren. Ik ben Piet van Vliet buitengewoon dankbaar dat hij deze roman als podium voor zijn document gekozen heeft. Een artikel in een historisch tijdschrift zou immers slechts door enkele specialisten gelezen worden, terwijl nu een veel breder publiek kennis kan nemen van dit unieke manuscript.

Jeroen Windmeijer

DEEL 1

DE OUDE WERELD

LEIDEN

1

Peter de Haan legde zijn hand op de klink van de deur die toegang gaf tot de werkplaats, zoals de vrijmetselaars hun plek van samenkomst of tempel noemden. Na de open avond, waarop de Achtbare Meester, voorzitter Coen Zoutman, de bezoekers over 'zijn' loge Ishtar had verteld, was er beneden in de koffiekamer nog een borrel geweest. De voorzitter zelf was boven in de tempel achtergebleven om wat vragen van geïnteresseerden te beantwoorden. Het was voor buitenstaanders immers een unieke kans geweest om eens een kijkje te kunnen nemen in het gebouw aan het Steenschuur, dat toch met wat mysterie omgeven was.

Peter en zijn vriendin, Fay Spežamor, wilden naar huis gaan, maar niet zonder eerst Coen gedag te hebben gezegd. Sinds de oprichting in 2014 was Fay lid van de loge Ishtar, een groep van mannelijke én vrouwelijke vrijmetselaars, wat best bijzonder was omdat niet lang daarvoor de loges nog altijd uitsluitend voor mannen toegankelijk waren geweest.

Plotseling overviel Peter een onheilspellend gevoel, waardoor hij aarzelde met het omlaagduwen van de klink.

Fay, die daar niet op gerekend had en al in beweging gekomen was, botste van achteren tegen hem op. 'Wat is er?' vroeg ze verbaasd.

'Ik weet het niet,' antwoordde Peter, voordat hij langzaam de deur opende.

De lichten in de tempel waren uit. Slechts één spotlicht brandde.

Peter en Fay volgden de steeds breder wordende lichtstraal.

Op exact hetzelfde moment hielden ze hun adem in, alsof ze samen in het water van een ijskoude rivier gesprongen waren.

Op de zwart-wit geblokte tegels lag, keurig uitgelicht, de Achtbare Meester, als een omgevallen koning op een schaakbord.

Fay slaakte een kreet, die ze zelf onmiddellijk dempte door haar hand voor haar mond te slaan.

Met een paar grote stappen was Peter bij het slachtoffer, wiens hoofd baadde in een poel van bloed. Op de grond lag een hamer, waaraan haren en bloed kleefden. Uit de borst stak een winkelhaak, die daar met grote kracht in geduwd leek. Het meest bizarre van alles was de passer die dwars door de beide samengevouwen handen gestoken was.

Hoewel Peter wist dat het een overbodige handeling was, legde hij de wijs- en middelvinger van zijn rechterhand in de hals van de voorzitter, maar daar was geen teken van leven meer te bespeuren.

Peter draaide zich om naar Fay, die vanuit de deuropening roerloos stond toe te kijken, haar ogen wijd opengesperd en haar hand nog steeds voor de mond. Verbijsterd schudde hij zijn hoofd, toen stond hij op en pakte zijn mobiel om 112 te bellen.

Moet ik vragen om de politie of een ambulance, vroeg hij zich af.

Het schermpje lichtte op toen hij 112 intoetste. Vrijwel direct nadat de telefoon was overgegaan, werd er opgenomen.

'Wilt u de politie, brandweer of ambulance hebben?' klonk een vriendelijke, maar besliste stem.

'Politie,' zei Peter. 'In Leiden.'

Hij werd meteen doorgeschakeld.

'Politie Leiden,' meldde een vrouw zich na enkele seconden. 'Wat is er aan de hand?'

'Hallo, met Peter de Haan,' zei hij, na een korte, aarzelende stilte. 'Ik, eh... Er is iemand vermoord... Ik...'

'Pardon?'

Peter herpakte zichzelf. 'We hebben de politie nodig en een ambulance, denk ik, hoewel het slachtoffer al overleden is.'

'Waar bent u nu, meneer?'

'Ik ben... We zijn in Leiden, aan het Steenschuur. Steenschuur nummer 6.'

'Een momentje, dan maak ik direct een melding. Binnen tien minuten is er iemand bij u.'

Er volgde een korte stilte.

'Wat is er gebeurd?' vroeg de vrouw toen.

'We zijn in het pand van de vrijmetselaars. Er was een open avond. Ik ben met mijn vriendin in een ruimte, de tempel, en de voorzitter van de vereniging ligt hier op zijn rug op de grond. Hij is neergeslagen met een hamer, zo lijkt het.'

'U weet zeker dat hij niet meer leeft?'

'Ja, ik heb aan zijn hals gevoeld. Er is geen teken van leven meer.'

Peter keek neer op de man, die nog maar zo kort tevoren met beminnelijke blik de zaal rondgekeken had. Langzaam achteruitlopend, begaf hij zich in de richting van Fay, zijn blik gefixeerd op de dode.

'Wat is de naam van het slachtoffer?'

Inmiddels was hij bij Fay aangekomen, die haar hand op zijn rug legde.

'Hij heet Coen...' Vragend keek hij Fay aan.

'...Zoutman,' maakte ze zijn zin af.

'Zoutman,' zei Peter. 'Coen Zoutman. Coen met een "c".'

Er klonk een kort geratel van een toetsenbord.

'De politie is zo bij u, meneer De Haan,' zei de vrouw. 'Raakt u alstublieft niets aan en zorgt u ervoor dat niemand anders de ruimte betreedt. Heeft u me gehoord?'

'Ja, ja,' antwoordde Peter afwezig.

'Er is ook een ambulance onderweg, meneer,' zei de telefoniste. 'Nogmaals, raakt u niets aan en laat geen andere mensen de ruimte binnen. Heeft u dat goed begrepen?'

'Ik heb het begrepen.'

'Zodra de assistentie gearriveerd is, ga ik de verbinding verbreken. Is dat duidelijk?'

'Ja.'

'Het nummer waarmee u belt, is dat van uw telefoon?'

'Ja, dat is van mij. Peter de Haan dus.'

Hij gaf ook zijn adres op toen ze hem daarnaar vroeg.

'Zorgt u er ook voor dat niemand het pand verlaat?' zei ze nog snel.

'Er zijn al heel veel mensen weg,' zei Peter. 'Maar ik zal het doorgeven.'

Het bleef zo lang stil aan de andere kant van de lijn, dat Peter zich afvroeg of de vrouw er nog wel was.

'Ik krijg zojuist een melding dat de agenten aan het Steenschuur 6 voor de deur staan,' zei ze toen. 'Zij nemen het vanaf hier over.' Na deze woorden zei ze Peter gedag en verbrak de verbinding.

Peter stond met de telefoon in zijn hand en staarde er uitdrukkingsloos naar, alsof hij verwachtte dat het ding al zijn vragen zou beantwoorden.

'Kom,' zei hij tegen Fay, die nog steeds niet gesproken had.

Ze liet haar hand op Peters rug rusten, zelfs toen ze de ruimte verlieten, alsof ze om zou vallen als ze losliet.

Net op het moment dat hij de deur achter zich sloot, klonk de deurbel beneden in de hal.

'Kom, we gaan naar beneden,' zei Peter.

Fay knikte en liet hem los.

De warme plek verkilde ogenblikkelijk.

'Peter?' vroeg ze.

Toen hij zich naar haar omdraaide, omhelsde ze hem kort. 'Dit is krankzinnig,' bracht ze moeizaam uit.

Ze maakten zich van elkaar los en liepen de trap af naar beneden.

Er werd nogmaals aangebeld, dringender dan zo-even.

Peter deed open.

Twee jonge agenten, een man en een vrouw, stonden op de stoep. De spanning was van hun gezichten af te lezen.

'Goedenavond,' zei de vrouw. 'Mijn naam is Dijkstra, politie Leiden. Bent u meneer De Haan?'

'Ja.'

'U heeft gemeld dat u iemand gevonden heeft. Waar is het slachtoffer?'

'Boven in de tempel.'

Zonder nog te wachten kwamen de agenten de gang binnen.

'Van Hal,' zei de mannelijke agent, terwijl hij Peter beleefd een hand gaf.

Toen liepen ze de trap op.

'Ik kom er zo aan!' riep Peter hen achterna. 'Ik breng eerst even mijn vriendin naar de grote zaal.'

Er volgde geen reactie van de agenten.

Fay was stokstijf blijven staan. Ze kwam pas weer tot leven toen Peter haar zachtjes aanraakte. Afwezig glimlachte ze naar hem, alsof ze zich probeerde te herinneren wie hij ook alweer was.

Samen gingen ze de grote zaal in, waarbij Peter Fay stevig vasthield. De aanwezigen keken als één man hun kant op, alsof ze aanvoelden dat hier iets ongewoons aan de hand was. Het was net alsof iemand met een afstandsbediening het geluid uitgezet had, zo abrupt kwamen de gesprekken tot een einde.

Nadat Peter Fay rustig plaats had laten nemen op een stoel, haalde hij een glaasje water voor haar, dat ze in kleine teugjes leegdronk. Vervolgens richtte hij zich tot de groep, die in een halve cirkel om hem heen was komen staan. 'Mensen,' zei hij, 'ik ben Peter de Haan, ik ben de vriend van Fay. Er is iets verschrikkelijks gebeurd. Toen Fay en ik net naar boven gingen om de Achtbare Meester gedag te zeggen, troffen we hem liggend op de grond aan. Hij is dood.'

Kreten van afschuw vulden de ruimte, een paar mensen begonnen te huilen.

'Ik heb 112 gebeld. Inmiddels zijn er twee agenten boven. Ik ga nu naar ze toe, maar er mag niemand weg nu.'

Peter wilde nog naar Fay, maar zij leek in goede handen. Om haar heen stonden enkele van haar broeders en zusters, als een beschermende schil. Boven in de tempel bleef hij aarzelend op de deurdrempel staan.

De vrouwelijke agent zat op haar hurken bij het lichaam van Coen Zoutman en stond op zodra ze Peter zag. Haar mannelijke collega praatte in een portofoon.

'Dus u heeft het slachtoffer gevonden?' vroeg ze, terwijl ze naar de deuropening liep.

Haar blauwe overschoenen maakten een knisperend geluid.

'Klopt,' zei Peter. 'Samen met mijn partner, mijn vriendin, u heeft haar net gezien. Fay Spežamor heet ze. Ik was te gast vanavond. Er was een open avond. De voorzitter heeft een verhaal gehouden, een introductie op de vrijmetselarij. Na afloop zijn wij naar beneden gegaan. Het was een uur of tien, denk ik. Er was nog een borrel, maar hij is al die tijd hier gebleven om nog vragen te beantwoorden van mensen. Voor we naar huis gingen, wilden Fay en ik hem nog even gedag zeggen. Vandaar dat we nog even terug naar boven gingen.'

'En u weet niet wie hem als laatste in leven gezien heeft?'

'Nee... Toen we met zijn allen naar beneden gingen, bleef er een behoorlijke groep mensen hier in de tempel achter om nog met de Achtbare te praten.'

'De Achtbare?'

'De voorzitter bedoel ik, sorry, Coen Zoutman. Binnen de muren van dit gebouw is zijn aanspreektitel "de Achtbare" of "de Achtbare Meester". Maar... het was een komen en gaan van mensen dus, beneden ook. Het was een open avond. Het gaat heel lastig worden denk ik om –'

'De Officier van Dienst is op de hoogte gebracht,' onderbrak de andere agent Peter. 'Hij schakelt de recherche in en de Forensische Opsporing. Binnen een kwartier zijn die hier.'

'Goed,' zei de vrouw, die zich voorgesteld had als Dijkstra. 'Dan gaan wij de boel afzetten, hier en beneden op straat. Niemand mag het gebouw verlaten totdat we ieders naam en adres hebben genoteerd.

Onwillekeurig keek Peter even naar het Alziend Oog boven de stoel, waar Coen Zoutman eerder die avond nog zo op zijn gemak had gezeten, geheel opgaand in zijn rol.

Het Alziend Oog als enige getuige... Wat ironisch.

'Geen camera's hier?' vroeg Dijkstra.

Het klonk meer als een constatering dan als een vraag.

'Dat lijkt me onwaarschijnlijk,' zei Peter. 'Hier vinden rituelen plaats die alleen voor ingewijden toegankelijk zijn.'

'Dat klinkt spooky,' zei Van Hal. 'Geheime rituelen... En dat in Leiden.'

'Hier kunnen we even niets meer betekenen,' zei Dijkstra. 'We gaan naar beneden om de boel af te zetten.'

Omdat Peter behoefte had aan frisse lucht, liep hij met de agenten naar buiten. Tegen de tijd dat er nog eens twee politiewagens, een ambulance en een auto van de GGD waren gearriveerd, hadden ze het Steenschuur aan beide kanten met een rood-wit lint afgezet.

Als laatste kwam een SUV-achtige wagen aangereden, die de bestuurder half op de stoep parkeerde. Er stapten twee mannen in burgerkleding uit, een oudere man met kort grijs haar en een keurig getrimde snor en een jongere man, die volledig kaal was.

Dijkstra liep op de beide mannen af om verslag te doen van haar bevindingen. Ze keek kort over haar schouder naar Peter, die haar zijn naam hoorde noemen.

Gedrieën kwamen ze naar Peter toe.

'Rechercheur Rijsbergen,' zei de man met de snor, terwijl hij Peter de hand schudde. 'Willem Rijsbergen. Deze jongeman is mijn partner zoals dat dan heet.'

'Ik ben Van de Kooij,' stelde die zichzelf voor. 'Dat is mijn achternaam, niet dat ik uit die buurt kom,' voegde hij er glimlachend aan toe, doelend op een wijk in Leiden-Noord, die bekendstond om haar volkse karakter en kleurrijke bevolking.

'Goed,' zei Rijsbergen, die kort met zijn ogen rolde omdat hij deze grap blijkbaar vaker gehoord had.

'Willem!' riep een man, een slanke vijftiger met donkere krullen en een smal, hip brilmontuur.

'Daar zullen we Anton hebben,' zei Rijsbergen tegen niemand in het bijzonder. 'Anton Dalhuizen.' Toen richtte hij zich tot Peter. 'Dalhuizen is forensisch geneeskundige, GGD-arts. Als er sprake is van een onnatuurlijke dood, zoals hier het geval lijkt te zijn, doet hij, of een collega van hem, de lijkschouwing.'

Vlug voegde Dalhuizen, een klassieke zwarte dokterstas in de hand, zich bij hen.

'Er zijn mensen in het gebouw, begrijp ik?' vroeg Rijsbergen.

'Hier beneden zijn nog bezoekers,' zei Peter. 'Er was vanavond een open avond, waar veel mensen op af zijn gekomen. Er zijn er ook al behoorlijk wat weer weggegaan.'

'Een gastenlijst?'

'Die is er volgens mij niet. Er waren wel zestig of zeventig gasten. Ik weet het niet precies. Iets van twintig leden van de vereniging, maar dus veertig of misschien wel vijftig mensen kwamen van buiten.'

'En u bent lid?'

'Nee, ik niet. Mijn vriendin wel. Ik ben met haar meegekomen.'

'Uitstekend,' mompelde Rijsbergen, waarbij het Peter niet duidelijk was of dit ironisch bedoeld was, want er was helemaal niets uitstekends aan de hele situatie.

Ze gingen de hal binnen.

'Goed,' zei Rijsbergen tegen Dijkstra. 'Als jij en Van Hal een begin maken met het noteren van de namen van de aanwezigen, dan gaan wij boven kijken.'

Peter liep met hen mee de trap op, maar toen hij boven was, vroeg hij zich af waarom hij dat eigenlijk had gedaan. Hij wilde het liefst zo snel mogelijk weg hier, naar huis met Fay en dan in bed dicht tegen elkaar aan kruipen.

Rijsbergen en Van de Kooij deden de blauwe hoesjes om hun schoenen, net als Dalhuizen, die ze uit zijn tas gehaald had.

'Mijn hemel,' bracht Rijsbergen uit toen ze de tempeldeur geopend hadden en Coen Zoutman zagen liggen.

'Het lijkt wel een filmset,' merkte Dalhuizen op.

Een kort ogenblik leken ze te aarzelen, alsof ze inderdaad bang waren de opnames voor een speelfilm te verstoren.

'Doe jij eens een groter licht aan, krullenbol,' zei Rijsbergen tegen Van de Kooij, die als eerste naar binnen ging, de muur aftastend, op zoek naar een lichtknopje. Al snel had hij dat gevonden, waarna de hele tempel in het volle licht baadde.

De naargeestige betovering, die in de tempel door de uitgekiende belichting had gehangen, was op slag verbroken.

Dalhuizen knielde al bij het lichaam neer en legde zijn wijs- en middelvinger tegen de hals van Coen Zoutman aan, precies zoals Peter dat eerder gedaan had.

'Doodsoorzaak lijkt me volstrekt helder,' zei hij zo luid, dat Peter hem goed kon horen. 'Het hoofd is van achteren ingeslagen met een zwaar voorwerp – ik neem aan deze hamer hier. Mijn inschatting is dat het slachtoffer toen al onmiddellijk dood moet zijn geweest. Om deze winkelhaak door het hart te krijgen...' Rijsbergen en Van de Kooij waren dichterbij gaan staan. '...moet er waarschijnlijk eerst een steekwond gemaakt zijn met een mes, anders kom je niet zomaar door het spierweefsel en de botten heen. Hetzelfde geldt voor de passer door de handen... En dan nog moet je flink wat kracht gebruiken. Maar goed...' Dalhuizen stond op. 'Dat is mijn eerste indruk. Ik laat dat verder over aan de patholoog-anatoom natuurlijk. Mijn taak zit er hierbij op. Ik heb zijn dood vastgesteld. Meer valt er voor mij niet te doen.'

Ze kwamen terug naar de overloop, waar Peter nog steeds stond.

'Bedankt, Anton,' zei Rijsbergen.

Dalhuizen trok de blauwe hoesjes van zijn schoenen, verfrommelde ze en deed ze in zijn tas.

'Als je straks beneden bent, kun je die jongens van de ambulance wegsturen. En stuur iemand naar binnen om de trap af te zetten als je wilt.'

Dalhuizen stak zijn duim op. 'Heren,' zei hij bij wijze van afscheidsgroet, voordat hij vertrok.

'Dat lijkt me geen makkelijke zaak,' zei Peter. 'Zoveel mensen in één ruimte. Dat is –'

'*It is the brain,*' onderbrak Rijsbergen hem plots in het Engels, met een curieus Frans accent, '*the little gray cells on which one must rely.*' Hij tikte met de wijsvinger van zijn rechterhand tegen zijn hoofd aan. '*One must seek the truth within – not without.*'

Peter keek hem niet-begrijpend aan.

Je moet de waarheid in jezelf zoeken, niet erbuiten... Dat zou zo een uit-

spraak van een vrijmetselaar kunnen zijn. Ken Uzelve, de waarheid ligt in jezelf verborgen...

'Hercule Poirot!' maakte de rechercheur een einde aan Peters verwarring. 'Die kent u toch wel? Agatha Christie.' Hij lachte er hartelijk bij.

Peter glimlachte. 'Natuurlijk,' beaamde hij.

'Goed,' zei Rijsbergen. 'Wij wachten op het team van de forensische recherche. Dat zal wel zo komen. Van de Kooij, bel jij de officier van justitie even?'

Peter had genoeg Nederlandse politieseries op tv gezien om te weten dat de officier van justitie formeel de leider was van het gerechtelijk vooronderzoek. Met hem of haar moest de politie voortdurend overleggen, ook om toestemming te verkrijgen voor bijzondere opsporingsmiddelen zoals het afluisteren van een telefoon.

Peter maakte aanstalten om naar Fay te gaan.

'Zijn er mensen die hebben gezien dat u de hele tijd beneden was?' vroeg Rijsbergen plotseling. 'En dat jullie pas naar boven ging toen deze meneer blijkbaar al dood was?'

Peter aarzelde even, overvallen door de gedachte dat hij natuurlijk ook als verdachte gezien kon worden. 'Eh... Ja, natuurlijk. Heel veel mensen hebben mij gezien, hebben ons gezien, Fay en mij. Toen wij boven kwamen, was hij al dood.'

'Hoeveel tijd zat er tussen de ontdekking van het lichaam en het telefoontje naar 112?'

'Dat was... Dat kan niet meer dan een minuut geweest zijn.'

'Goed,' zei Rijsbergen. 'Die tijd van het telefoontje is gewoon genoteerd natuurlijk, het hele gesprek met 112 is opgenomen. Het probleem, meneer De Haan, is dat de patholoog straks een tijdstip van overlijden gaat vaststellen. Daar zit altijd een zekere marge in, dus tot op de minuut zullen we dat nooit weten. Maar duidelijk is dat hij tussen tien uur vanavond – toen de lezing afgelopen was – en uw telefoontje van rond elf uur overleden is.'

'Ja maar...' zei Peter, die niet alleen boos begon te worden, maar ook ongerust omdat hij de redenering van de agent kon volgen. 'U wilt toch zeker niet beweren dat u mij en Fay ervan verdenkt dat wij...'

Op Rijsbergens gezicht verscheen een glimlach, die zowel vaderlijke geruststelling probeerde uit te drukken als verbazing over de veronderstelde naïviteit van Peter. 'Neem het niet persoonlijk op, meneer De Haan,' zei hij.

'In dit stadium kunnen we niets of niemand uitsluiten, dat zult u kunnen begrijpen.'

'Zal ik ze mee laten nemen naar het bureau?' kwam Van de Kooij gretig tussenbeide.

'Doe maar even rustig, collega. Kalm aan.'

'Ik ben toch geen verdáchte?' vroeg Peter.

'Het zou heel sluw zijn om als moordenaar de politie te bellen,' zei Rijsbergen, 'maar ik heb wel gekkere dingen meegemaakt.'

Dat antwoord stelde Peter weinig gerust.

'U en uw vriendin hebben het slachtoffer gevonden, dus...' Hij maakte zijn zin niet af. 'Laten we gewoon nog maar even niet op de zaken vooruitlopen, meneer De Haan,' zei hij met iets van vermoeidheid in zijn stem. 'Zoals gezegd, we moeten in dit stadium met alle scenario's rekening houden.'

Verdácht? Wij? Verontrust schudde Peter zijn hoofd. Vanuit het oogpunt van een politieman kon hij het zich ergens nog wel voorstellen, maar zelf vond hij de gedachte alléén al te absurd voor woorden.

Zelfs ík heb Fay niet heel de avond in het vizier gehad.

Op de trap klonk gestommel.

Twee mannen en twee vrouwen, gekleed in ruim zittende witte overalls van een dunne stof, kwamen naar boven, ieder een middelgrote koffer met zich meedragend. Alle vier hadden ze de capuchon van het pak over het hoofd getrokken en het kapje voor de mond gedaan.

'Wij gaan naar binnen,' zei de voorste vrouw eenvoudig, waarna ze hen passeerden.

'Ha, Dexter,' begroette Van de Kooij de achterste man, die met zijn vrije hand salueerde.

Rijsbergen zuchtte.

'Het lijkt me inderdaad een goed idee wat mijn collega net voorstelde.' Met een triomfantelijke blik keek Van de Kooij Peter aan, alsof hij hem ter plekke in de boeien wilde slaan.

'Wat b-bedoelt u?' stamelde Peter.

'Dat u en uw vriendin straks even los van elkaar worden meegenomen naar het bureau.'

Peter was sprakeloos.

'Tot die tijd mag u niet met elkaar spreken.'

2

Eerder die dag

Het straalkacheltje draaide op volle toeren, maar gaf niet erg veel warmte af. Zodra de ene zijde van zijn lichaam een beetje op temperatuur gekomen was, ging Peter verzitten om de afgekoelde zijde opnieuw te verwarmen. Zo draaide hij maar heen en weer, met het boek *Mayflower* van Christopher Hilton in zijn handen, een uitgebreide geschiedenis van de Pilgrims. Het was een verre van ideale situatie om rustig te lezen, maar het was stil die middag in het Leiden American Pilgrim Museum en hij had verder weinig omhanden.

Enige tijd geleden had Peter Jeffrey Banks ontmoet, een van oorsprong Amerikaanse kunsthistoricus, de directeur van het museum. Een wandelende encyclopedie was deze man, die met een onderkoeld gevoel voor humor en een niet-aflatende, licht ironische glimlach rond de lippen bezoekers rondleidde door het kleine museum, dat feitelijk maar twee ruimtes kende: de 'woonkamer' en de 'keuken'.

Met het oog op de vierhonderdjarige herdenking van het vertrek van de Pilgrim Fathers uit Leiden wilde Jeffrey dat het museum vaker open zou zijn dan alleen de woensdag- en zaterdagmiddag van één tot vijf. Peter had zich als vrijwilliger opgegeven voor twee vaste middagen in de maand. Dat was de reden waarom hij nu in de woonkamer zat, die was ingericht met originele spullen uit die tijd. Bezoekers van het bescheiden museum stapten letterlijk de vroege zeventiende eeuw binnen – op het straalkacheltje na dan.

De toegang bestond uit een tweedelige boerendeur, waarvan je eerst de bovenste helft opendeed als iemand aanbelde of op een raam klopte.

De kamer, met terracottakleurige plavuizen op de vloer, werd gedomineerd door een grote tafel met daarop historische boeken over de Pilgrim Fathers. Eromheen stonden rieten stoelen, allemaal uit de zeventiende eeuw. Voor een raam stond een tafeltje met daarop nog meer boeken, waarvan er één opengeslagen was. De stoel aan die tafel was schuin weggeschoven, alsof de lezer van het boek even weg was voor een boodschap en elk moment weer terug kon keren.

De goed zichtbare dikke houten stutbalken droegen bij aan de rustieke sfeer, net als de originele tegeltjes tegen de muur en de bedstede.

Op sommige momenten waande Peter zich echt in een andere tijd, zeker als hij aan het einde van de middag op zijn stoel zat, in volledige stilte, en zijn ogen door de kamer liet gaan, die slechts verlicht werd door een drietal grote kaarsen.

Er was nu al onmiskenbaar sprake van een extra aanloop van toeristen, van wie meer dan de helft uit de Verenigde Staten kwam, de Nieuwe Wereld waar de Pilgrims in 1620 na een verblijf van ongeveer elf jaar in Leiden naartoe vertrokken waren.

Maar die dag was het rustig.

Peter de Haan, achtenvijftig jaar oud, docent Archeologie en Geschiedenis, was – zijn studententijd meegerekend – precies veertig jaar verbonden aan de Universiteit Leiden. Twee jaar eerder was hij het hoogleraarschap misgelopen na het plotselinge overlijden van Arnold van Tiegem, zijn baas. Net als na het emeritaat van zijn oude leermeester Pieter Hoogers – meer dan twintig jaar geleden – had het bestuur voorkeur voor een andere kandidaat gehad. Hij wist dat sommige mensen om die reden met een zekere meewarigheid naar hem keken, maar zelf had dat hele hoogleraarschap hem nooit zo beziggehouden.

Wél was Peter een dag per week minder gaan werken, waardoor hij meer tijd had voor vrijwilligerswerk als dit, maar vooral ook voor de liefde in zijn leven.

Fay Spežamor.

Na een ontmoeting in het Rijksmuseum van Oudheden, waar Fay naast haar docentschap bij de opleiding Griekse en Latijnse taal en cultuur als conservator Romeinse en Etruskische Kunst werkte, was er aanvankelijk een vriendschap ontstaan die voor hen beiden volkomen onverwacht in een liefdesrelatie overgegaan was.

Fay, weduwe geworden nadat haar man kort na de geboorte van hun dochter, Agapé, aan kanker was overleden, was een buitengewoon levendige vrouw van begin vijftig, met een onuitputtelijke fascinatie voor alles wat met de klassieke oudheid te maken had. Ze had schouderlang haar, dat eerder grijs dan zwart was, onmiskenbaar Slavische trekken, een tenger postuur en een wat mager gezicht, maar ogen die fel konden opvlammen als ze haar punt wilde maken en waarmee ze vol liefde naar Peter kon kijken, een liefde waar zij beiden na hun lange vrijgezellenbestaan eigenlijk niet meer op gerekend hadden.

Onwillekeurig huiverde Peter even.

Hoewel de astronomische lente bijna een maand geleden was aangebroken, was het nog steeds kil, zeker in dit oude pand met het enkele glas, waar de zon nooit rechtstreeks naar binnen scheen.

Er werd op het raam geklopt.

Peter draaide het kacheltje laag en legde het boek opzij, met het leeslint ertussen. Toen hij opstond, merkte hij aan de pijn in zijn schouders pas hoe verkrampt hij het afgelopen uur op de rieten stoel had gezeten. Wat stram liep hij naar de deur, waarvan hij de bovenste helft opende.

Het opgewekte gezicht van Willem Hogendoorn straalde hem tegemoet. 'Een zeer goede middag, Peter,' zei hij.

Achter hem stond een klein groepje mensen te wachten.

Peter kende Willem inmiddels, een lange man, niet helemaal kaal maar met wat dun haar rond zijn schedel en een open gezicht, waarvan de gezonde kleur verraadde dat hij veel buiten was. Zeer regelmatig deed deze oud-rechercheur, die zich na zijn pensioen had toegelegd op door hem zelf uitgestippelde stadswandelingen, met een groep het museum aan. Zijn wandelingen kenden verschillende thema's, waarvan de Pilgrimwandeling, die in het museum startte, zich in een toenemende populariteit mocht verheugen.

'Kom binnen,' zei Peter, terwijl hij ook de onderste helft van de deur opende.

De bezoekers voldeden ieder het entreegeld van vijf euro, dat Peter in een blikken trommel op tafel stopte.

Het groepje van acht mensen, Peter en Willem incluis, was toch eigenlijk wel het maximum aantal bezoekers dat het museumpje hebben kon, omdat je in de kleine ruimte snel op elkaars lip zat.

'Dit huis, beste mensen,' stak Willem direct van wal, 'is ingericht op de manier waarop een huis eruitzag in de tijd van de Pilgrims. Het pand zelf stamt uit de veertiende eeuw en is gebouwd in de periode 1365-1370. Het is herbouwd en verbouwd, maar alles wat jullie hier zien is authentiek, elke stoel, tafel of kast komt uit de zeventiende eeuw.'

Willem deed een paar stappen van de groep vandaan, in de richting van de historische kaart van Leiden, die boven het bureau aan de muur hing.

'In de zestiende eeuw ontstonden in Engeland verschillende puriteinse groeperingen die vonden dat de Anglicaanse Kerk de Reformatie niet ver genoeg had doorgevoerd, dat Engeland niet protestants genoeg was om het zo maar te zeggen. Het hele hiërarchische systeem van bisschoppen en aartsbisschoppen was namelijk blijven bestaan, de wierook, de gewaden, noem het maar op. Ze wilden zich als autonome gemeenschap afscheiden.'

'Dat was in de tijd van King James toch?' vroeg een van de toeristen. Deze wat muizige vrouw sprak Nederlands, maar had het typische accent van iemand die langere tijd in een Engelstalig land woont of heeft gewoond. De man naast haar, die hevig begon te knikken nadat zij haar vraag gesteld had, leek bij haar te horen. Hij had een volle grijze baard en droeg een zo op het oog dure camera op zijn enorme buik.

'Precies,' beaamde Willem. 'Dat was in de tijd van King James. Of koning Jacobus zoals we hem in het Nederlands noemen, Jacobus I om precies te zijn. Na zijn troonsbestijging in 1603 werd de situatie heel slecht. Jacobus wilde niets weten van een afscheiding en opende de jacht op deze puriteinen.'

'*Puritans*,' herhaalde de dikke man glimlachend. 'Ik hoor graag daai woord.'

Peter trok zijn wenkbrauwen lichtjes omhoog, maar Willem ging onverstoorbaar verder, de opmerking van de man negerend.

'Het vinden van werk werd moeilijk,' zei hij. 'Reizen mocht niet zonder toestemming, en onterechte beschuldiging van allerlei misdrijven kwam veel voor. In 1608 besloot een groep puriteinen uit Scrooby in Nottinghamshire te vluchten. Deze mensen, die later de Pilgrim Fathers genoemd zouden worden, vertrokken in het geheim naar Amsterdam. In Nederland was er meer tolerantie op religieus gebied en ook de welvaart nam er toe. Bovendien was het er rustig, aangezien er een wapenstilstand van twaalf jaar was tussen de Nederlanden en Spanje. Al snel...' Willem raakte met zijn rechterhand de oude stadkaart aan. '...besloot de religieuze leider van deze groep puriteinen, John Robinson, om Amsterdam te verruilen voor Leiden. Er was hier veel werk in de lakenindustrie, waarvoor geen kennis nodig was, alleen spierkracht. Ze gingen hier...' Hij maakte cirkelende bewegingen over de kaart. '...wonen, rond de Pieterskerk, onder meer waar nu het Pesijnhofje is. Straks zullen we dat hofje nog bezoeken.'

De toeristen, die zich in een halve cirkel rond de grote tafel opgesteld hadden, luisterden aandachtig toe.

'Ze zijn hier in totaal elf jaar geweest. In die elf jaar hebben ze hard gewerkt en gespaard. Toen besloot een deel van de groep naar Amerika te vertrekken. De meesten bleven hier, dus in Leiden zijn vandaag de dag nog veel mensen die op de een of andere manier afstammen van deze Pilgrims. Leidse achternamen als Cooke, Cooper en Turner herinneren daar nog aan.'

'Mogen we foto's maken?' vroeg iemand aan Peter, die bevestigend knikte.

Het was alsof alle bezoekers op dat moment gewacht hadden, want onmiddellijk haalden ze hun camera's tevoorschijn en begonnen ze druk te fotograferen. Het was nog niet zo eenvoudig om in het kleine museum foto's te maken zonder andere mensen erop, dus er was een ingewikkelde choreografie van opzijstappen en zich inschikken voor nodig om elkaar de ruimte te geven.

'Hiernaast bevindt zich nog de keuken,' zei Willem. 'Daarvoor moeten we even buitenlangs, want de twee ruimtes zijn niet met elkaar verbonden.'

Hij knikte even naar Peter, die de sleutels uit een la pakte en ze aan Willem overhandigde.

'Loopt u maar even achter mij aan,' zei Willem.

'Waarom vertrokken ze eigenlijk?' hoorde Peter een andere vrouw vragen toen ze buiten waren.

Peter glimlachte.

Het waren toch altijd weer dezelfde vragen die gesteld werden, logisch natuurlijk. Op basis van wat hij van Willem opgevangen had, zou hij inmiddels zelf in staat zijn een rondleiding te geven.

'Dat is een heel goede vraag,' zei Willem tegen de vrouw, die begon te stralen vanwege het compliment. 'Er zijn heel veel redenen geweest. Het leek erop dat de Engelse koning hun vertrek uit Engeland niet ongestraft wilde laten, dus er was een zekere angst voor vervolging, zelfs hier. Verder was de wapenstilstand met de Spanjaarden bijna voorbij, het werd al onrustiger in de Nederlanden. Wat ook meegespeeld kan hebben, is dat sommigen niet wilden integreren in de Nederlandse samenleving. Ze wilden puur blijven, niet mengen. Er waren godsdiensttwisten, te ingewikkeld om nu te vertellen, maar daar wilden ze niet bij betrokken raken. Allerlei zaken speelden een rol eigenlijk. Veel Pilgrims hadden gewoon de wens in een nieuw land een heel nieuwe start te maken, zonder bemoeienis van anderen, en hun geloof uit te kunnen oefenen op de manier waarop zij dat wilden.'

'Baie goed,' bemoeide de man zich er nu ook weer mee. 'Daarom was die Apartheid een mooie systeem voor ons,' zei hij. 'Dis baie jammer dat diet niet is ni, je zient, Zuid-Afrika is een mess nu.'

Er viel een ongemakkelijke stilte.

Zijn vrouw keek de groep rond, met een verbeten trek rond de mond, alsof ze zich opmaakte voor een discussie die ze al veel vaker gevoerd had.

'Als u mij even wilt volgen,' doorbrak Willem de impasse.

Opgelucht, zo leek het, volgden de anderen hun gids naar de hoek van de straat, waar de tweede toegang zat.

'U komt uit Zuid-Afrika begrijp ik?' vroeg Peter aan de man en vrouw, die wat bij de groep achtergebleven waren, alsof ze twijfelden of ze nog wel met de wandeling verder zouden gaan.

'Natuurlijk, ons is van Zuid-Afrika. Thuis praat ons Afrikaans, maar ik heb altijd Hollands ook gesproken. Dis baie belangrijk.'

'Uw voorouders...' wilde Peter vragen, maar de man liet hem zijn zin niet afmaken.

'Mij voorouders, het meer dan honderdvijftig jaar geleden, vertrek naar Zuid-Afrika, uit Leiden, hulle was Hugenoten. Daarom is ons hier, om te zoek naar onze roots. Hulle was voortrekkers, hulle was pioniers. Die oupa van mij oupa, was een van die stichters van die Oranje Vrijstaat. Met die andere Boeren het hulle weg getrek uit die Kaapkolonie toe die Engelse gekom het, hulle het getrek naar die noorden, dit was die Groot Trek. Hulle was ook een soort pelgrims.'

Peter knikte. Hoewel hij zich ongemakkelijk voelde bij wat de man eerder te berde had gebracht, vond hij het als historicus toch altijd interessant in gesprek te gaan met mensen die er radicaal andere denkbeelden op nahielden dan hij.

'Daarom woon ons nou in Orania, dis zelfvoorzienend en slegs vir blankes,' deed de man er nog een schepje bovenop. 'Ons het ons eigen vrijstaat gemaak, soos die oupa van mij oupa. Ons het onze eigen geld, eigen school, eigen rechters. Niemand zegt ons wat te doen. Ons wil ook puur blijf.'

'Het is...' zei Peter, die opeens niet meer goed wist hoe hij moest reageren op deze laatste ontboezeming.

'Net als die Pilgrims,' ging de man verder. 'Hulle wou ook puur blijf. Hulle het ook getrek naar een nieuwe land, vol primitieven, om een nieuwe begin te maak, als echte christenmensen. Maar hulle het dit beter gedoen als ons, hulle het die natives opgeruim, soos Joshua in die beloofde land.'

'Ik geloof niet dat wij...' begon Peter aarzelend. 'In Nederland hebben wij daar een andere visie op. Wij vinden het...'

De man keek hem aan, het hoofd wat schuin omhoog, zijn onderlip stak een beetje pruilend naar voren, alsof hij zijn antwoord al klaar had op wat Peter verder ook maar wilde zeggen.

'Kom, laten we naar de anderen gaan,' kapte Peter het gesprek maar af.

Ze zouden in een vruchteloze discussie verzanden als hij verder in zou gaan op de laatste woorden van de man – al voelde hij wel dat hij op deze manier voor de weg van de minste weerstand koos.

'Dat is goed,' zei de vrouw.

Bij de man leek het nu pas door te dringen dat het gesprek over dit onderwerp afgesloten was.

Peter en de twee toeristen uit Zuid-Afrika voegden zich bij de anderen, die de tweede ruimte van het museum al binnengegaan waren. Ze stapten een kleine hal binnen. Een stenen trap leidde naar de keuken, ongeveer anderhalve meter onder het straatniveau. Op een langwerpige ruwhouten tafel lagen allerlei gebruiksvoorwerpen uitgestald, gereedschappen en keukengerei, maar ook een dikke, eeuwenoude bijbel met ijzeren beslag.

In de open haard en in de hoek van de keuken lagen houtblokken en grote stukken turf. Boven het gedoofde vuur hing een kookpot, leeg, maar in principe klaar voor gebruik.

'De Engelse koloniën,' hoorden ze Willem aan de groep uitleggen, 'hadden vanwege de honger en de vele ziektes heel hoge sterftecijfers, terwijl er niet genoeg nieuwe mensen bij kwamen. De Pilgrims waren dus meer dan welkom in Amerika. Niet alle Pilgrims vertrokken zoals ik al zei, alleen zij die durfden, gezond waren en ook genoeg geld hadden voor de overtocht. Ze hadden nog één keer een gezamenlijke maaltijd in het huis van hun leider, dominee John Robinson, en vertrokken op 21 juli 1620 naar

Delfshaven, waar het kleine schip de Speedwell in de haven voor hen klaar-lag. Daarmee voeren de mannen, vrouwen en kinderen naar Plymouth in Engeland, vanwaar ze met de Mayflower aan de grote oversteek begonnen.' Peter liep in de richting van de open haard.

'Dit is nog wel aardig,' zei Peter, terwijl hij zijn hand op het hangijzer legde waaraan de pan bevestigd was. 'Het hengsel van de pan kun je hoger of lager aan het hangijzer hangen, aan deze uitstekende dingetjes. Je kunt je voorstellen dat dit ijzer ontzettend heet werd als die boven een brandend vuur hing en dat je het dan ook niet kon aanraken. Daarom hebben we het in het Nederlands ook over een heet hangijzer als een bepaald onderwerp gevoelig is om over te praten, zoals bijvoorbeeld het slavernijverleden van Nederland, de oorlogsmisdaden in Indonesië of de Apartheid in Zuid-Afri-ka.'

Het echtpaar keek strak voor zich uit, maar de overige leden van de groep glimlachten om deze steek onder water.

'Maar goed,' zei Willem. Om mijn verhaal af te maken, op 6 septem-ber 1620 verliet de Mayflower Engeland met zevenenvijftig Leidenaren aan boord. De reis kende veel problemen, en pas na ruim twee maanden, op 9 november, spotten de reizigers voor het eerst land. Na verkenningstochten te hebben gemaakt, stuitten de Pilgrims op 11 november op een mooie plek in New England. Ze noemden hun nieuwe kolonie Plymouth Colony. De kolonie zou de eerste van Amerika worden die constant bewoond zou blij-ven.'

'Echte pioniers,' zei de Zuid-Afrikaan.

'Inderdaad,' beaamde Peter, 'maar zonder de hulp van de *natives* zou-den ze in die eerste weken allemáál omgekomen zijn. Ze kwamen namelijk in de winter aan en konden weinig voedsel vinden. Vanwege de strenge vorst en sneeuwval was het onmogelijk om huizen te bouwen. Met name de zwakkere en jonge reizigers konden deze omstandigheden niet aan, zo-dat de helft van de passagiers en bemanningsleden stierf. De hulp van de Wampanoag-indianen zorgde voor een ommekeer. Zij brachten voedsel en gebruiksvoorwerpen en lieten de Pilgrims zien welke gewassen ze konden verbouwen en waar de vis te vinden was. En we weten allemaal hoe de hulp-vaardigheid van die eerste indianen beloond is door de kolonisten, want –'

'*Right*,' onderbrak de man hem, die het wel mooi genoeg vond geweest. 'Ons gaan op pad, dankie dit was baie interessant.' Hij stak zijn hand uit, een kolenschop, en drukte eerst Willem en daarna Peter de hand, waarbij hij veel harder en langer kneep dan nodig was.

Peter probeerde geen krimp te geven, maar voelde grote ergernis over de manier waarop de bezoeker wraak leek te willen nemen.

'Baie dankie, seun,' zei de man, met een grimlach.

'Baie dankie,' zei ook zijn vrouw, die hem niet de hand schudde.

Zonder op weerwoord te wachten of nog gedag te zeggen, liep het stel naar boven om het pand te verlaten.

Zodra ze de deur achter zich dichtgeslagen hadden, zuchtten een paar mensen hoorbaar.

'Wat een onaangename lui, zeg. Ik ben blij dat ze weg zijn,' zei de vrouw die eerder een vraag had gesteld, hetgeen door de rest van de groep knikkend beaamd werd.

Van Willem kregen ze nog even de gelegenheid foto's te maken, waar iedereen opnieuw dankbaar gebruik van maakte.

Nadat ze afscheid hadden genomen, keerde Peter terug naar de woonkamer, waar hij zich opnieuw installeerde op zijn stoel naast de straalkachel, die hij flink hoger draaide.

Met zijn linkerhand wreef hij over zijn pijnlijke rechterhand.

Hulle wou ook puur blijf, overdacht Peter de woorden van de man uit Zuid-Afrika. *Maar hulle het dit beter gedoen als ons...*

Fragment 1 – Vlucht uit Engeland (januari 1609)

We hebben het gered. We zijn veilig.

Voor nu.

William (Brewster – PvV) heeft ons weggeleid, samen met John (Robinson – PvV), in het jaar des Heren 1608. Het 'Laat mijn volk gaan!' maakte geen indruk op het verharde hart van de koning, dus moesten we heimelijk, als dieven in de nacht, ons geliefde Engeland verlaten. Nee, de zee spleet niet in tweeën en de soldaten van de koning verdronken niet, maar op een door God gezonden schip wisten we te ontkomen, aanvankelijk alleen de mannen.

Een jaar eerder waren we ook al verraden. We hadden een hoge prijs betaald aan de Engelse kapitein die ons naar de Nederlanden zou brengen, een land waar wél vrijheid van godsdienst heerste. In kleine groepjes, omdat we anders te veel op zouden vallen, waren we vanuit Scrooby naar Boston gelopen, aan de oostkust. Nadat we ons ingescheept hadden, bleek met wat voor een slecht mens we in zee waren gegaan. De duivel hale hem! We waren nog niet aan boord of zie, daar verscheen al een schip van de vloot van de koning. De kapitein had alles doorgegeven. Ze arresteerden ons alle zestig, de mannen, vrouwen en zelfs de kleine kinderen. Om het volk te vermaken – en hen af te schrikken natuurlijk – moesten we in een lange optocht door het centrum van de stad lopen. De mensen bekogelden ons met rot fruit en eieren... In de gevangenis gooiden ze ons, een smerig, duister cachot, van ratten vergeven. Beschimmeld brood gaven ze ons te eten, en het water stonk, maar zelfs daar bemoedigden we elkaar, ook daar vonden we troost in zang en gebed.

John sprak schitterend toen hij Paulus' beroemde woorden aanhaalde en zei: 'Wat in de ogen van de wereld dwaas is, heeft God uitgekozen om de wijzen te beschamen; wat in de ogen van de wereld zwak is, heeft God uitgekozen om de sterken te beschamen; wat in de ogen van de wereld onbeduidend is en wordt veracht, wat niets is, heeft God uitgekozen om wat wél iets is teniet te doen.'

Na een maand vond men het blijkbaar genoeg geweest, want we werden huiswaarts gestuurd, met schande overladen, maar vooral berooid. Als ze al dachten dat deze aftocht een einde had gemaakt aan onze wens te vertrekken, dan vergisten ze zich.

Een jaar later, in het jaar des Heren 1608, deden we dus een tweede poging. Onze aantallen waren gegroeid, nu waren we met minstens honderd zielen. De zegen des Heren rustte op ons werk.

Of althans, zo leek het.

Wij mannen gingen te voet, van Scrooby in Nottinghamshire naar het buurtgenootschap Lincolnshire, naar het stuk strand tussen Grimsby en Hull, dat we hadden uitgekozen vanwege zijn verlatenheid. De dichtstbijzijnde dorpjes Immingham en Killingholme bestonden uit slechts enkele boerenstulpjes. We waren kwetsbaar, want maar al te zichtbaar voor een ieder die zijn ogen de kost gaf. Een oplettende herdersjongen of een pauzerende landarbeider zou al voldoende geweest zijn om een einde te maken aan onze tweede poging het land te verlaten, iets wat zonder toestemming verboden was. Onderweg dronken we uit kreekjes, onze handen als kommetjes gebruikend, en aten we van de spaarzame rantsoenen die we van thuis meegenomen hadden.

Voor de vrouwen en kinderen was er vervoer over water geregeld. Hun boot met al onze bezittingen was er eerder dan wij, maar die liep vast op de vele ondiepten, waar zij gedwongen waren de nacht door te brengen.

Toen wij in de loop van de vroege ochtend weer met onze vrouwen en kinderen herenigd waren, zagen we dat het schip van de Nederlandse kapitein de brede riviermonding binnenvoer. Maar omdat het nog laag water was, kon het niet dichterbij komen, terwijl de tijd begon te dringen. Met de sloep werden zoveel mogelijk mensen aan boord gebracht, eerst de mannen, een beslissing die we achteraf betreurden, want wij waren nog niet aan boord, of we zagen hoe een groep soldaten het strand bestormde. *Hoe wanhopig voelden we ons, wij mannen, toen we zagen hoe onze vrouwen en kinderen door de meedogenloze soldaten uit het leger van koning Jacobus op het strand afgevoerd werden. Wij konden slechts toekijken, vanaf het dek van het hevig door de branding bewegende schip. Een enkeling wilde overboord springen om zijn vrouw en kinderen te hulp te schieten, maar die zou zeker verdronken zijn in de wilde golven. En wat had hij kunnen uithalen als hij het strand al gehaald had, als eenling tegenover de overmacht van tot de tanden toe gewapende soldaten?*

Ik schreef 'mannen' maar onder ons bevond zich één jonge knaap, die onder de speciale bescherming stond van Josh Nunn, een van de andere leiders van de groep. Het ventje week niet van Josh' zijde, hield vaak zijn hand vast – of als dat niet kon de pand van diens jas.

De kapitein negeerde onze smeekbeden en gooide het anker los. Zo zagen wij, lafaards die wij waren, hoe onze vrouwen en kinderen hardhandig werden weggeleid, terwijl het schip reeds richting open zee dreef.

Niet veel later kwamen we terecht in een onvoorstelbare storm. Velen van ons waren ervan overtuigd dat ons verhaal hier al eindigen zou. Tot aan Noorwegen dreven we af, waardoor onze reis twee weken duurde in plaats van de twee dagen die normaal voor de overtocht stonden.

Wanhopig zaten we aan boord, biddend, doodziek en misselijk, voortdurend overgevend, steeds meer verzwakt, als geesten dwalend over het dek en door de ruimen, terwijl ons scheepje overgeleverd was aan de elementen. De voorraden waren niet berekend op zo'n lange overtocht – onze redding was dat we met minder mensen waren dan gepland.

Josh deelde het karige rantsoen, dat hem net als de overige opvarenden toebedeeld werd, nota bene nog met het ventje, dat hierdoor de best gevoede passagier van het hele schip was. Niemand kende de jongen, maar ook durfde niemand naar zijn herkomst te vragen. We wisten dat het een wees was – net als Josh zelf had hij geen levende ziel in deze wereld – maar meer dan dat was niet bekend.

Vaak trokken ze zich terug op een rustige plek benedendeks, waar Josh onophoudelijk op de jongen inpraatte, als een verkoper die op de markt zijn koopwaar aan een klant slijten wil. De jongen leek dan zijn woorden te herhalen, waarbij hij af en toe ernstig knikte.

Na deze afschuwelijke tocht kwamen we uiteindelijk aan in Am-

sterdam. *Via vele omwegen vernamen we het lot van onze vrouwen en kinderen: ze waren van gevangenis naar gevangenis gesleept, omdat niemand wist wat ze met hen aan moesten. Was hun enige misdaad immers niet geweest dat ze hun mannen en hun vaders hadden willen volgen? Daarom mochten ze ten langen leste ons achternareizen en kregen ze toestemming Engeland te verlaten.*

In augustus 1608 waren we weer compleet, ongeveer honderdvijfentwintig mannen, vrouwen en kinderen. In Amsterdam sloten we ons aan bij John Smyth, een goede vriend van onze John. Wij waren immers niet de eerste separatisten die vanwege de vervolging door Jacobus I Engeland ontvlucht waren. Maar onze rust duurde niet lang, want ook hier ontstond tweedracht. John Smyth voelde zich meer en meer aangesproken door de ideeën van de doopsgezinden, die geen kinderen maar slechts volwassenen doopten, en die hij aan ons wilde opdringen.

'Onze' John besloot dat het tijd was te gaan, om Amsterdam achter ons te laten. Hij schreef een brief aan het gemeentebestuur van de stad Leiden.

Het jaar des Heren 1609 was nog maar net begonnen.

3

Peter sloot het museum af en ging naar het Lipsiusgebouw om in het universiteitsrestaurant even wat te eten en koffie te drinken. Daarna fietste hij op zijn gemak naar het Jean Pesijnhofje bij de Pieterskerk, waar Fay net door de grote poort naar buiten kwam toen hij arriveerde. 'Hoi, lieverd,' zei ze met een warme stem zoals altijd. Ze zoende hem licht op de wang, als de kus van een vlinder, en omhelsde hem. 'Wat leuk dat je vanavond meegaat,' zei ze.

Nadat hij zijn fiets op slot gezet had, liepen ze gearmd in de richting van het Rapenburg.

Drie jaar geleden was Fay toegetreden tot Ishtar, een loge binnen het gilde van de vrijmetselaars. Deze loge van mannen én vrouwen hield die avond een open avond. Elke twee weken kwamen ze samen in het Leids Maçonniek Centrum aan het Steenschuur, niet alleen om zichzelf beter te leren kennen, maar ook elkaar te begeleiden op deze weg van verdieping, bezinning en verbetering van zichzelf, zo had Fay Peter uitgelegd. Samen dachten ze na over hoe zij zich tot elkaar en tot de wereld om hen heen verhielden.

Peter wist dat zij zich vanaf het allereerste begin in de gemeenschap opgenomen gevoeld had. Naar haar zeggen was er een oprechte betrokkenheid ten opzichte van elkaar, met de gedeelde wens van de leden om aan zichzelf te werken en om van daaruit te bouwen aan een betere en mooiere wereld.

'Vanmiddag had ik een tamelijk bizarre bezoeker in het museum,' zei Peter.

'Weer een rechtstreekse afstammeling van de Pilgrim Fathers?' vroeg Fay met een licht ironische ondertoon.

'Nou nee,' antwoordde Peter lachend. 'Dit was een verre nazaat van een hugenoot die in de negentiende eeuw vanuit Leiden naar Zuid-Afrika geëmigreerd is.'

Hugenoten waren calvinisten, protestantse aanhangers van de Zwitserse kerkhervormer Calvijn, die in het Frankrijk van de zestiende eeuw op grote schaal vervolgd werden. Na de afschuwelijke moordpartij in de Bartholomeusnacht van 23 op 24 augustus in 1572, waarbij talloze hugenoten afgeslacht werden, vluchtten velen weg uit Frankrijk. Nogal wat van hen kwamen in Nederland terecht. In Leiden herinnerden achternamen als Labruyere, Montanje, Parmentier en Labuschagne nog aan die tijd.

'Vertel,' zei Fay uitnodigend.

'Het was tamelijk bizar dus, zoals ik al zei,' vervolgde Peter. 'Willem Hogendoorn kwam langs met een groepje toeristen. Er was een Zuid-Afrikaans echtpaar bij, dat in Orania woont. Toen ze weg waren, heb ik het nog even op mijn mobiel gegoogeld, maar dat is een soort vrijstaat, door blanken na de Apartheid opgericht. Zwarten zijn er niet welkom. Ze hebben hun eigen geld, eigen scholen, eigen kranten, een eigen rechtssysteem, een eigen bestuur, noem maar op. De *oupa* van zijn *oupa*, zoals hij dat zei, dus de grootvader van zijn grootvader, vertrok in de eerste helft van de negentiende eeuw vanuit Leiden en was een van de eerste oprichters van de Oranje Vrijstaat, vergelijkbaar met wat nu Orania is dus. En in de Pilgrim Fathers herkende hij veel van die pioniersgeest, van mensen die naar een andere plek trekken om daar opnieuw te beginnen, een eigen samenleving op te bouwen op een plek waarvan zij geloven dat die door God als het ware voor hen voorbestemd is.'

'Dat is niet zo vreemd toch?'

Ze liepen langs het Rapenburg. Het was nog licht en vrij fris. In het rimpelloze wateroppervlak van de brede gracht weerspiegelden zich de bomen en de gevels van de statige herenhuizen.

'Nee, dat was niet zo gek,' zei Peter, 'maar het onverholen racisme van de man... Hij vertelde hoe jammer het was dat de Apartheid afgeschaft was, waardoor Zuid-Afrika nu een "*mess*" was. En hoe de Pilgrim Fathers en de andere kolonisten van Amerika het beter aangepakt hadden dan zij door de oorspronkelijke bevolking zo goed als uit te moorden.'

'Zo fris van de lever hoor je het maar zelden inderdaad.'

'Dát was wat me zo verbaasde,' zei Peter. 'Ik weet natuurlijk wel dat er mensen zijn die er zo over denken, maar om je zo vrij te voelen dit ook uit te spreken, en dan tegenover iemand die je nog maar net hebt ontmoet. Dat vind ik nogal schokkend om eerlijk te zijn.'

'En toch zul je de mensen de kost moeten geven die er zo over denken,' zei Fay.

'Hoe dan ook… Ik ben er niet op ingegaan verder, misschien een beetje laf, maar ik was ook bang dat ik in een zinloze discussie terecht zou komen.'

'Heel verstandig, schat,' zei Fay, die hem een zacht kneepje in zijn arm gaf.

Inmiddels waren ze voorbij het Van der Werfpark. Ze staken via de Groenebrug over en sloegen links af het Steenschuur op, waar de deur van het pand van de vrijmetselaars al uitnodigend openstond.

In het gebouw huisde ook La Vertu, een slechts voor mannen opengestelde vrijmetselaarsloge. La Vertu, de Deugd, was opgericht in 1757 en daarmee een van de oudste loges van Nederland. Ze droegen het landelijke rangnummer 7. De oudste loge van Nederland bevond zich in Den Haag, L'Union Royale, opgericht in 1734, met rangnummer 1.

In de deuropening stond een oudere man om hen welkom te heten. Hij was gekleed in een zwart pak, een wit overhemd en een rood vlinderstrikje en had een keurig onderhouden grijs ringbaardje – een echt heertje, alleen een monocle ontbrak nog.

Fay omhelsde hem kort, hetgeen Peter wat overdreven vond, maar toen ze eenmaal binnen waren, merkte hij al snel dat dit bij de broeders en de zusters van de loge een heel gangbare wijze van begroeten was.

Nadat ze hun jassen hadden opgehangen in de hal, kwamen ze in de verenigingsruimte terecht. De wanden waren mintgroen, als in een ziekenhuis. Aan de muur hingen enkele toonkastjes met daarin oorkondes, insignes en gebruiksvoorwerpen, waarvan Peter de functie niet direct kon thuisbrengen. Een enorm staatsieportret van koning Willem-Alexander had een prominente plaats.

De ruimte deed ouderwets aan, het leek een soos uit de jaren tachtig. Eenvoudige tafeltjes met een kleedje en minivaasjes met twee afgeknipte anjers erin stonden in eilandjes gegroepeerd, functionele stoelen eromheen, alsof de klaverjasavond elk moment kon beginnen.

Bij het kleine barretje in de hoek haalde Peter twee kopjes koffie. Behoedzaam liep hij terug naar Fay, zijn ogen strak op het dienblad gericht, als een kind dat op een partijtje een aardappel op een lepel naar de overkant probeert te brengen.

Peter gaf een kopje aan Fay, die in gesprek was geraakt met enkele andere bezoekers. Hij besloot van de gelegenheid gebruik te maken om even naar buiten te gaan, omdat hij nog niet de kans had gehad om zijn dagelijkse sigaartje te roken.

De klapdeuren naar de achtertuin stonden open. Er stonden mensen te roken, onder een ruim afdak van glas, als van een serre waarvan de wanden ontbraken.

Onder hen bevond zich Sven, een van Peters studenten. Hij droeg een T-shirt waarop in vaal geworden letters WE WILL NOT DANCE ON THE GRAVES OF OUR FATHERS stond, tegen een achtergrond van een grimmig kijkende indiaan. Op zijn neus prijkte een klein brilletje met ronde glazen, dat hij af en toe terug op zijn plaats duwde. Hij was in het gezelschap van een grotere jongen, die een iets te klein overhemd aanhad, dat strak om zijn gespierde borstkas spande.

Met zijn tweeën kwamen ze op Peter afgestapt. Sven leek niet helemaal op zijn gemak, alsof hij niet direct zin had in een gesprek, maar had besloten dat hij zijn docent niet kon negeren.

'Hallo, meneer,' zei Sven. 'Bent u lid hier?'

'Nee, ik niet. Mijn vriendin is wél lid. Ik ben gewoon uit interesse met haar meegekomen vanavond. En jullie?'

'Wij ook uit interesse,' antwoordde Sven, die in één adem door zijn vriend voorstelde. 'Dit is trouwens Erik. We zijn allebei lid van studentenvereniging Catena.'

Sven nam ongevraagd de kop en het schoteltje even van Peter over zodat deze de gelegenheid had zijn cigarillo aan te steken.

Naast hen stond een man die diep in gedachten verzonken was, alsof hij zich mentaal aan het voorbereiden was op wat komen ging. Toen de eerste rook van Peters sigaar langs diens gezicht kringelde, keek de man hem van opzij even snel aan.

'Heeft u last van de rook?' vroeg Peter, die onmiddellijk twee stappen van hem vandaan zette.

De man keek hem niet-begrijpend, maar vriendelijk aan. Het was een grote vent, een vijftiger, met voor zijn leeftijd opvallend lang haar, dat krullend onder een Boston Red Sox-honkbalpet vandaan stak. Zijn gezicht was zo glad dat het leek alsof hij zich nog geen minuut geleden geschoren had.

'Hallo,' zei hij in het Engels met een onmiskenbaar Amerikaans accent. Hij schudde zowel Peter als Sven en Erik de hand, met een enthousiasme alsof ze oud-klasgenoten waren die elkaar na een half leven weer troffen op een reünie van de middelbare school. 'Mijn naam is Tony. Anthony Vanderhoop om precies te zijn.'

Het Vanderhoop sprak hij uit als 'Vénderhoep'.

'Maar noem me maar Tony. En u bent?'

'Ik ben Peter de Haan, en dit zijn Sven en Erik.'

Wat moet het toch heerlijk zijn om waar ter wereld je ook komt je eigen taal te kunnen spreken, dacht Peter.

'Spreekt u geen Nederlands?' vroeg Sven. 'Vanavond is alles in het Nederlands, toch?'

'Nee, dat spreek ik helaas niet. Mijn familie gaat wel helemaal terug tot de eerste kolonisten die vanuit Nederland naar Amerika kwamen – een oom van me heeft dat ooit helemaal uitgezocht. De uitspraak van onze achternaam is in de loop van de tijd veranderd.'

'Wij zouden "Van der Hoop" zeggen,' zei Erik, overdreven articulerend.

'Ja, precies,' zei Tony, maar toen hij Eriks woorden herhaalde maakte hij er toch weer 'Vénderhoep' van.

'Ik kom uit Boston,' ging Tony verder. 'Daar ben ik lid van een vrijmetselaarsloge. En zoals je misschien weet, vormen we een broederschap, wereldwijd, dus als ik in het buitenland ben, bezoek ik graag mijn broeders en tegenwoordig ook zusters.'

Bij het woord 'zusters' verscheen er een mild spottende glimlach rond zijn lippen, alsof hij het er niet helemaal mee eens was dat tegenwoordig ook vrouwen lid konden worden.

'Maar dan begrijpt u straks toch niet wat er gezegd wordt?' zei Peter.

'Ik weet het,' zei Tony. 'Maar dan nog vind ik het fijn om mijn medevrijmetselaars te ontmoeten. Ik versta dan wel niet wat er wordt gezegd, maar de formules van het rituaal zijn in grote lijnen hetzelfde, en ook de handelingen die uitgevoerd worden ken ik. Ik weet wat de achterliggende betekenis ervan is, dus dan doen woorden er minder toe. Als katholiek kun je ook een mis bijwonen in een taal die je niet kent, maar toch begrijpen wat er zich voor je ogen afspeelt. Met je gevoel word je onderdeel van het hele drama.'

Peter, Sven en Erik knikten.

'*Well*,' maakte Tony abrupt een einde aan het gesprek. 'Het was leuk jullie ontmoet te hebben, *guys*. Ik wens jullie nog een fijne avond verder.'

Hij draaide zich om en voegde zich bij een groepje mensen dat op hem gewacht leek te hebben. Zodra hij er was, kwamen ze direct in beweging om naar binnen te gaan.

'Lieve mensen,' klonk een luide stem. 'We willen beginnen.'

Op de drempel van de opengeslagen deuren stond een lange, zeer knappe vrouw met kort steil haar, dat ze in een keurige scheiding had gekamd.

'Als u allemaal naar binnen komt, dan kan de avond een aanvang nemen.'

Iedereen in de tuin bewoog zich in de richting van de deuropening, waardoor daar een kleine opstopping ontstond.

Eenmaal binnen zag Peter dat het tijdens zijn verblijf in de tuin flink drukker geworden was. Hij had zelfs moeite om nog een vrije stoel te vinden.

Naast de bar waren enkele hoge krukken op een rij neergezet, waar Fay met een paar van haar broeders en zusters op was gaan zitten.

Er zou een vraaggesprek plaatsvinden, zo had Fay aan Peter van tevoren verteld, waarbij de verschillende leden iets zouden vertellen over hun achtergrond en hun beweegredenen om zich bij de vrijmetselarij aan te sluiten. Er was een mix gevonden van leden, niet alleen van verschillende leeftijden, maar ook van de drie verschillende inwijdingsgraden die de vrijmetselarij kende, die van leerling, gezel en meester.

De antwoorden die de leden gaven op de vragen naar het waarom van hun lidmaatschap toonden een sterk gevoel van kameraadschappelijkheid. Het in groepsverband aan jezelf werken – het 'arbeiden' zoals het uitgedrukt werd – was wat de leden met elkaar verbond.

Peter vond de sfeer buitengewoon vriendelijk en warm, maar kreeg het er tegelijkertijd ook wat benauwd van.

Het was wel erg… áárdig allemaal.

Hij moest denken aan een avond in zijn studententijd toen hij eens een bijeenkomst van de baptistengemeente had bijgewoond. Een studievriend van hem, die hij sindsdien uit het oog verloren was, had zich bekeerd tot het christendom. Omdat hij op het punt had gestaan zich te laten dopen, was er een moment geweest waarop hij zich met de andere aanstaande leden aan de gemeente voor had moeten stellen. Hij had Peter om morele steun gevraagd, die Peter hem had geboden door achter in de kerk plaats te nemen. Op het moment dat zijn vriend naar voren was gekomen, had hij oogcontact gezocht met Peter, die bemoedigend zijn duim omhooggestoken had. Die avond waren er veel verhalen geweest van mensen die op vaak veel te persoonlijke wijze verslag deden van hun zoektocht door het leven, hun misstappen, compleet met de clichématige verhalen over verslavingen aan drank en drugs, en hoe ze nu dan eindelijk de weg naar Jezus hadden gevonden en hoe de gemeente hun baken van rust geworden was. Stuk voor stuk hadden ze het gehad over het warme bad, het gevoel van thuiskomen, het eindelijk zichzelf mogen zijn, het niet langer op hoeven houden van het masker...

Precies eenzelfde sfeer hing er op deze avond, zelfs het traditionele verslavingsverhaal ontbrak niet.

Vanzelfsprekend luisterde Peter met de meeste aandacht naar Fay, die vertelde over haar achtergrond in de Orthodoxe Kerk, hoewel hij het verhaal al kende. Ze vertelde dat het fijne van de loge was dat niemand zijn achtergrond hoefde te verloochenen. Voor het ene lid was de Universele Verklaring van de Rechten van de Mens de leidraad, voor weer anderen de Bijbel, de Tora of de Koran. En er waren er ook voor wie de Natuur de grote inspiratiebron was.

Uiteindelijk kreeg de Achtbare Meester, zoals Coen Zoutman, de voorzitter van de loge, met zijn officiële titel aangekondigd werd, het woord. Hij vergeleek de broeders en zusters met medereizigers op de weg. Ieder zette weliswaar zijn eigen stappen, maar onderweg werd men bemoedigd door de anderen, ondersteund waar het moeilijk was, en zo trok men samen op. Hij nodigde de aanwezigen van harte uit met hen mee te reizen, zich als een medepelgrim bij hen aan te sluiten.

'Goed dan, lieve mensen,' zei hij, maar hij werd onderbroken door een vrouw die abrupt opstond van haar stoel. Ze stootte tegen het tafeltje voor zich, waardoor een koffiekopje kletterend op de grond viel.

Het was een lange, stevige vrouw. Het lange haar zat in een paardenstaart bijeengebonden, waardoor haar wat mollige gelaat geheel vrij was. Ze had rode vlekken in haar hals, die zich uitgebreid hadden naar de onderkant van haar gezicht, en een verbeten trek rond haar mond.

Een man op de stoel naast haar was half opgestaan. Hij trok aan haar arm, in een verwoede poging haar weer te laten zitten.

De hele zaal leek de adem in te houden.

De Achtbare Meester keek met nauw verholen ergernis naar het tafereel. 'Ik geloof dat dit niet het moment is, Jenny,' zei hij, nog voordat de vrouw haar mond open had kunnen doen.

Nu lukte het de man wel de vrouw terug op haar stoel te krijgen. Ze keek wat verward om zich heen, alsof ze zich afvroeg waarom ze eigenlijk opgestaan was. Inmiddels was haar hele gezicht rood geworden.

Haar buurman boog zich voorover in haar richting en praatte op zachte, maar overduidelijk dwingende toon op haar in.

De schouders van de vrouw gingen omlaag en haar hoofd zakte wat naar voren, als van een sportman na een verloren wedstrijd.

'Lieve mensen,' herpakte de Achtbare Meester zich, op dezelfde rustige toon als waarop hij even ervoor had gesproken. 'Dan is nu het moment aangebroken waarvoor velen van u waarschijnlijk speciaal gekomen zijn, een bezoek aan onze werkplaats.'

Peter glimlachte, want dit was voor hem inderdaad de hoofdreden geweest om met Fay mee te komen: een kijkje te kunnen nemen in de tempel die wat hem betrof nog steeds met een zeker mysterie omgeven was.

Want hoe je het ook wendde of keerde, de vrijmetselaars mochten dan misschien wel geen geheim genootschap meer zijn, het was nog steeds een genootschap met geheimen.

4

Via een brede wenteltrap liep iedereen naar de eerste verdieping. De overloop was te klein voor alle bezoekers, zodat een aantal mensen even op de trap moest blijven staan. Een afwachtende stilte daalde over de groep neer. Toen klonken er drie harde kloppen op een hoge deur in het halletje, die vrijwel direct erna geopend werd. De deur ging naar buiten toe open, waardoor de mensen nóg meer in moesten schikken. Niet veel later stroomde de ruimte leeg, zoals water uit een bad loopt als je de stop eruit getrokken hebt. Peter liep de langwerpige zaal binnen.

Vlak na de ingang stonden aan weerszijden twee driehoekvormige tafeltjes, waarachter een man en een vrouw plaatsgenomen hadden. Voor elke tafel stond een kaars op een hoge standaard. Een derde standaard stond enkele meters verderop, vlak voor een groot kubusvormig object, dat vrijmetselaars 'de zuivere kubiek' noemden, zo wist Peter inmiddels.

Fay had hem verteld dat vrijmetselaars spraken over God als de Opperbouwmeester van het heelal. Zij zagen zichzelf als ruwe bouwstenen die moesten worden gepolijst om zo een onderdeel te kunnen worden van de tempel van de Grote Architect van het universum. De hele filosofie van de vrijmetselarij was gebaseerd op het streven naar zelfverbetering.

Op de kubiek lag een dik boek dat er oud uitzag, een bijbel zo schatte Peter in, waarop een winkelhaak en een op een passer gelijkend instrument rustten. En op de vloer, die als een reusachtig schaakbord was verdeeld in zwarte en witte vierkante vlakken, lag een ruw brok steen met daarop een forse hamer.

Aan weerskanten stond een dubbele rij stoelen met hoge leuning, waar de gasten op plaatsnamen. Ze zaten met hun rug naar de muur, dus met hun gezicht naar de open ruimte in het midden.

Peter koos een stoel uit op de voorste rij zodat hij goed zicht had op wat er ging gebeuren. Voor hij ging zitten, pakte hij een A4'tje van de stoel, waarop het programma van de avond vermeld stond.

Omdat Fay een rol zou spelen in het ritueal dat die avond uitgevoerd zou gaan worden, zou zij op een eigen plek gaan zitten. Hij zag haar de tempel binnenkomen, maar ze keek zo strak voor zich uit, dat het hem niet lukte om oogcontact met haar te krijgen.

Gezongen klassieke muziek vulde de ruimte – een fragment uit de opera *Die Zauberflöte* van Mozart, zo stond op het papier.

Zum Ziele führt dich diese Bahn,
Doch musst du, Jüngling, männlich siegen.
Drum höre unsre Lehre an:
Sei standhaft, duldsam und verschwiegen.

Schuin tegenover Peter zaten Sven en Erik. Een paar stoelen daar weer naast zat Tony Vanderhoop, die inmiddels zijn pet afgenomen had.

In het gewelfde plafond leken gaatjes te zijn geprikt, waarin subtiel kleine lampjes verwerkt waren. De muren bestonden uit groene panelen van hout waar op regelmatige afstanden de tekens van de dierenriem op aangebracht waren.

Peters oog viel op de spreuk boven de ingang, 'Ken Uzelve', het aloude adagium dat al in de Griekse Oudheid boven de tempel van Apollo in Delphi aangebracht was. In de mens ligt alle kennis reeds besloten, was de gedachte: alles wat je moet weten, is in principe binnen handbereik, maar daarvoor moet je wel bij jezelf te rade gaan.

Een vrouw naast hem fluisterde net iets te luid, alsof ze wilde dat iedereen wist dat ze al goed op de hoogte was, dat de in het zwart geklede man en vrouw bij de ingang de Eerste en Tweede Opziener waren, een soort linker- en rechterhand van de Achtbare Meester.

Helemaal aan de andere kant van de tempel stonden nog een tafel en een stoel, op een verhoging, waarop de Achtbare Meester had plaatsgenomen. Op de muur achter hem was in reliëf het Alziend Oog aangebracht.

Als een koning op zijn troon staarde hij onbewogen voor zich, met zijn rechterhand af en toe aan zijn volle grijze baard plukkend.

Vlak voordat de deuren gesloten werden, kwam de vrouw binnen die even ervoor nog in de benedenzaal voor wat onrust gezorgd had, met in haar kielzog de man die haar uiteindelijk rustig had gekregen. Ze gingen op de stoelen zitten die het verst verwijderd waren van de voorzitter, vlak bij de uitgang.

De muziek werd langzaam weggedraaid en ook het geroezemoes stierf weg.

Het licht dimde, waardoor het plafond met de kleine lichtjes in een nachtelijke sterrenhemel veranderde.

Dit zou mooi zijn in mijn slaapkamer, dacht Peter onmiddellijk. Hij herkende de sterrenbeelden Orion en Grote Beer. Zijn herinnering voerde hem terug naar die keer dat hij de nacht doorgebracht had aan de oevers van het Meer van Galilea, met een groepje backpackers dat hij in Jeruzalem had ontmoet. Hij had slecht geslapen, de nacht was veel killer geweest dan hij had verwacht. Zelfs met al zijn kleren aan had hij het nog koud gehad in de klamme slaapzak. Hij was nooit langer dan een kwartiertje achter elkaar in slaap geweest, maar wat een uitzicht op die nachtelijke hemel met die ontelbare sterren was dat geweest, een bijna mystieke ervaring.

De Achtbare Meester opende de zitting met een droge hamerslag, die onmiddellijk gevolgd werd door een slag met de hamer door de Eerste Opziener en daarna door de Tweede Opziener.

Achtbare Meester: 'Het ligt in mijn voornemen de werkzaamheden aan te vangen. Verheft u zich van uw zetel. Broeders en zusters, stelt u zich in de houding van trouw.'

De leden van de loge stonden op en legden hun rechterhand op hun borst.

Achtbare Meester: 'Broeder Eerste Opziener, waartoe zijn wij vanavond bijeen?'

Eerste Opziener: 'Achtbare Meester, u hebt ons met onze gasten bijeengeroepen voor deze bijzondere bijeenkomst, deze bijzondere zitting.'

Achtbare Meester: 'Broeder Eerste Opziener, op welke grondslag zijn wij vanavond bijeen?'

Eerste Opziener: 'Op die van wederzijds respect en die van Broederschap, Achtbare Meester.'

Achtbare Meester: 'Zuster Tweede Opziener, waartoe hebben wij onze gasten uitgenodigd?'

Tweede Opziener: 'Onze wens is hen kennis te laten nemen van onze werkwijze.'

Achtbare Meester: 'Zuster Tweede Opziener, wat omvat onze werkwijze?'

Tweede Opziener: 'De voortdurende arbeid aan onszelf ter ontplooiing van de harmonische mens, die waarlijk een levende bouwsteen kan zijn in de Tempel der mensheid.'

Achtbare Meester: 'Laat ons, dit indachtig, werken aan een vruchtbare avond. Broeder Eerste Opziener, Zuster Tweede Opziener, Zuster Ceremoniemeester, sta mij bij om ter schraging van onze arbeid de Drie Kleine Lichten te ontsteken en de Drie Grote Lichten te laten schijnen.'

Achtbare Meester: 'Opzieners en Ceremoniemeester.'

De opzieners en Fay, de ceremoniemeester, stonden op van hun plaatsen en liepen naar de Achtbare Meester toe. Deze ontstak de lontstok aan het Eeuwige Licht en gaf deze vervolgens aan Fay. Met deze lontstok zouden de drie kaarsen, de drie Kleine Lichten zoals die genoemd werden, om beurten door de Driehoek – de Achtbare Meester en de twee opzieners – worden aangestoken.

Fay had de avond ervoor het ritueal in grote lijnen doorgenomen met Peter, waardoor hij al goed vertrouwd was met de basistermen uit de vrijmetselarij.

De Tweede Opziener ontstak de eerste kaars, de Zuil van Wijsheid.

Tweede Opziener: 'Wijsheid moge de bouw besturen.'

De Eerste Opziener ontstak de tweede kaars, de Zuil van Kracht.

Eerste Opziener: 'In Kracht moge de Tempel oprijzen.'

De Achtbare Meester ontstak zelf de derde kaars, de Zuil van Schoonheid.

Achtbare Meester: 'Moge Schoonheid hem sieren.'

Vervolgens stelden de Driehoek en de ceremoniemeester zich op bij de zuivere kubiek, waar het boek, de winkelhaak en de passer op lagen. De Achtbare Meester sloeg het boek open en legde de passer en winkelhaak neer op de geopende bladzijden.

Peter wist dat de passer opgevat moest worden als een symbool voor de geest en de winkelhaak voor het stof of de materie. De ligging van de passer duidde de graad aan waarin werd gewerkt. Bij de eerste of leerlinggraad lag de passer onder de winkelhaak: de geest was nog verborgen in het stof, zat als het ware nog gevangen in de materie. Bij de tweede of gezellengraad lag de passer met één been onder de winkelhaak: de geest kreeg macht over het stof, de geest ontworstelde zich aan de materie. Bij de derde of meestergraad lag de passer op de winkelhaak: de geest regeerde over het stof, de geest had zich losgemaakt van de materie.

Achtbare Meester: 'Ik dank u, Broeder en Zusters. Ik open deze bijzondere bijeenkomst met een mokerslag.'

Opnieuw werd de hamerslag door de beide opzieners herhaald.

Achtbare Meester: 'Deze bijeenkomst is geopend. Herneemt allen uw plaatsen.'

De welwillendheid om te luisteren naar wat komen gaat, is bijna tastbaar, dacht Peter.

Hij keek naar Fay, van wier gezicht de concentratie waarmee ze alle handelingen uitgevoerd had, nog niet verdwenen was. Ze hield haar blik schuin op de grond gericht, alsof ze bang was dat de ban verbroken zou worden zodra ze iemand aankeek.

Opnieuw klonk er muziek. Peter schatte het in als barok, een fijne compositie. Het was het soort muziek dat hij wel op Spotify opzette als hij zat te werken, zonder zich erom te bekommeren waar hij nu precies naar luisterde.

Nadat de laatste klanken van het muziekstuk weggestorven waren, nam de Achtbare Meester het woord weer.

'Waarde broeders en zusters, geachte aanwezigen, lieve mensen...' begon hij. 'Wat is het fijn om u vanavond op deze manier kort toe te mogen spreken. En ik zeg het u meteen maar heel eerlijk: ik voel mij gesteld voor een opgave die zeker niet gering is. Laat ik u dit uitleggen. Toen wij met elkaar, als broeders en zusters, volop bezig waren met de voorbereiding van deze Open Avond, kwamen we al snel op het idee om als onderdeel van ons programma een korte introductie te houden over een paar van de belangrijkste symbolen waarmee wij als vrijmetselaars werken. Dat is natuurlijk een prima gedachte, maar de uitwerking van dit plan was zo eenvoudig nog niet. Waarom niet? Omdat de vrijmetselarij nu juist bij uitstek wordt gekenmerkt door het gebruik van een zeer breed spectrum aan symbolen. Het is dus nog een hele toer om daaruit een selectie te maken die u een eerste indruk kan geven en die tegelijkertijd recht doet aan de rijke diversiteit van de symboliek die voor ons van zoveel belang is. Toch hoop ik dat we erin geslaagd zijn om tot een betekenisvolle verzameling te komen waarmee wij voor u een tipje van de sluier kunnen oplichten en waarmee wij hopelijk ook uw nieuwsgierigheid weten te wekken. Moge dat leiden tot het leggen van een kiemcel die u wellicht uitnodigt tot een nadere verkenning. Mocht dat zo zijn, weet dan alstublieft dat wij u graag terzijde willen staan bij uw zoektocht naar mogelijke betekenissen van die zo prachtige symboliek.'

Nu richtte Fay dan eindelijk haar blik op. Ze glimlachte naar Peter, en een diep gevoel van liefde nam bezit van hem.

'Op dit moment wil ik echter nog niet meteen overgaan tot het beschrijven van een aantal hoofdsymbolen,' vervolgde de Achtbare Meester. 'Eerst wil ik nog kort spreken over duidingen en interpretaties. Niet voor niets gaf ik mijn toelichting een titel mee. Die titel luidt: "Wijsheid, Kracht en Schoonheid: voelen met je hoofd, denken met je ziel..." Zeker, de vrijmetselarij kent een rijke symbolentraditie. En natuurlijk is het mogelijk om de nodige duidingen daarvan met u te delen. Ik zal dat ook zeker doen, maar ik wil u er ook op wijzen dat de vrijmetselarij geen dogma's kent. Dat de vrijmetselarij eenieder volledig vrij laat in zijn of haar zoektocht. Dat de vrijmetselarij weliswaar vele gereedschappen aanreikt en symbolische proviand voor onderweg, maar dat er binnen de vrijmetselarij geen universele waarheid of waarheden bestaan. Zingeving is voor ons iets volstrekt persoonlijks. Het is dan ook aan onszelf om die betekenis of betekenissen te vinden die ons als individu kunnen helpen om tot een dieper inzicht te komen – in onszelf, in de wereld om ons heen en in wat ons beweegt, zeker ook in de interactie met anderen. Dat vinden van betekenis is een ferme uitdaging. Misschien vergt het ook wel een basishouding en een openstaan waar we in ons dagelijks leven lang niet altijd aan toekomen. Wellicht vraagt het ook wel om een heel andere aanpak dan we gewend zijn. Dat is de reden waarom ik spreek over voelen met je hoofd en denken met je ziel. Zo kunnen we misschien langzaam maar zeker andere, diepere lagen bereiken. Lagen die nu misschien nog onbekend terrein zijn – terra incognita – maar waarop we wellicht wel inzichten kunnen vinden die ons helpen een beter mens te worden…'

Het ontbreken van dogma's was datgene wat Fay van het begin af aan zo aangetrokken had in de vrijmetselarij. Peter kon zich daar iets bij voorstellen. Zelf was ze afkomstig uit de Orthodoxe Kerk, een gemeenschap die juist geheel en al gefundeerd was op eeuwenoude, in steen gebeitelde leerstellingen.

Haar vader en hoogzwangere moeder hadden in 1968 het voorouderlijk geloof met zich meegenomen tijdens hun vlucht naar Nederland na de Praagse Lente. Fay had zich met grote moeite van haar orthodoxe achtergrond los kunnen maken, waarbij het mensonterende lijden en de dood van haar man Petr haar het laatste zetje had gegeven.

'Betekent dat dan dat we er als vrijmetselaars altijd en overal helemaal alleen voor staan?' vroeg de voorzitter, terwijl hij zijn blik door de ruimte liet dwalen. 'Zeker niet. We maken deel uit van onze loge – van een hechte groep van broeders en zusters, die samen met ons op weg zijn, die samen met ons zoeken en die in gezamenlijkheid stap voor stap willen proberen de wereld een beetje mooier te maken dan zij nu is. Zo maken we deel uit van wat wij zo graag aanduiden als de universele broeder- en zusterketen die het hele aardoppervlak omspant.'

De Achtbare Meester knikte vriendelijk in de richting van Tony Vanderhoop, die glimlachend terugknikte.

'Ieder van ons is daarin een volstrekt unieke en tegelijk onmisbare schakel,' vervolgde hij. 'En zo vormen we uiteindelijk een geheel dat vele malen groter is dan de eenvoudige som der delen. Houdt u dit alstublieft in gedachten wanneer u mij straks over onze symbolen hoort spreken. Misschien kan mijn uiteenzetting een eerste opmaat zijn tot een persoonlijke zoektocht naar wat die symbolen voor u zouden kunnen betekenen. En laat ik u vooraf nog één ander kader meegeven. Het zal u wellicht al bekend zijn dat wij werken met en binnen een drievoudig gradenstelsel van leerling, gezel en meester. Naarmate een vrijmetselaar vordert op zijn of haar pad, zal hij of zij toelating vinden tot een verdere graad. Ik wil benadrukken dat alles altijd in beweging blijft. Het is geenszins zo dat een meester-vrijmetselaar met zijn of haar toetreding tot die graad alle wijsheid in pacht heeft en kan ophouden met zoeken. Wij blijven onszelf voorhouden dat we altijd zullen blijven leren. Dat leidt ertoe dat het vinden van betekenis in de symbolen waar wij mee werken een geheel eigen en telkens voortschrijdende en verdiepende ontwikkelingsgang kan hebben. Misschien is dat wel een van de mooiste aspecten van het zijn en worden van vrijmetselaar...'

Peter zag dat enkele mensen glimlachten, alsof ze niet konden wachten zich bij de gelederen aan te sluiten. Of misschien waren ze al lid van de loge.

Fay roemde altijd het broeder- en zusterschap van de vrijmetselaars, maar Peter kon zich indenken dat je net zo'n gevoel van verbondenheid zou kunnen vinden bij willekeurig elke andere gemeenschap waar je je met enthousiasme en toewijding bij aansloot, zoals bij een sportvereniging of schaakclub.

De voorzitter stond in zijn rede uitgebreid stil bij de betekenis van enkele in de vrijmetselarij bekende symbolen, al werd hij niet moe meer dan eens te benadrukken dat uiteindelijk eenieder vrij was zijn of haar eigen interpretatie hieraan te geven.

'Eigenlijk proberen wij dus om die kubieke steen te bevrijden uit de ruwe steen, zodat de kubiek in het volle licht kan komen.'

Dat vond Peter een heel mooie zin. *Hoe luidde die beroemde uitspraak van Michelangelo ook alweer,* schoot het door hem heen. *Toen hem gevraagd werd naar hoe hij toch de schitterende beelden uit het marmer tevoorschijn wist te toveren? 'Het beeld zit al verborgen in de steen, je hoeft het er alleen maar uit te bevrijden...'*

Het jezelf bevrijden van overbodige ballast om zo tot de echte kern te komen, of tot God... Dat was toch wel een terugkerend thema in alle godsdiensten en levensbeschouwingen, van het hindoeïsme en het boeddhisme tot de godsdiensten van Abraham.

Had Jezus zijn toehoorders niet voorgehouden om voor jezelf geen schatten op aarde te verzamelen? 'Mot en roest vreten ze weg en dieven breken in om ze te stelen. Verzamel schatten in de hemel, daar vreten mot noch roest ze weg, daar breken geen dieven in om ze te stelen. Waar je schat is, daar zal ook je hart zijn.'

Het ging niet om het stof uiteindelijk, niet om het aardse bezit waarvan je uiteindelijk niets mee kon nemen, maar om de onsterfelijke ziel, die bevrijd moest worden uit het moeras van de materie.

Peter realiseerde zich dat hij met zijn gedachten toch enige tijd afgedwaald moest zijn geweest, want hij werd overvallen door de muziek die onverwacht uit onzichtbare luidsprekers klonk.

Toen het muziekstuk afgelopen was – *Maurerische Trauermusik* in c-minor (к 477) van Mozart – rondde de Achtbare Meester zijn voordracht af.

'Hiermee kom ik aan het einde van deze korte bespiegeling. Ik heb uiteraard maar zeer summier een aantal zaken kunnen raken. Het is slechts een kleine inkijk in een veel omvangrijker geheel. Toch hoop ik dat ik u hiermee een eerste blik heb mogen gunnen op alle mooie handreikingen die de vrijmetselarij ons biedt. En natuurlijk zou ik het bijzonder leuk vinden als u langzaamaan bij uzelf bent gaan denken: dit smaakt naar meer! Ik wil u van harte bedanken voor uw aandacht. Graag bieden wij u alle gelegenheid om na afloop van deze werkplaatsbijeenkomst uw vragen, gedachten en inzichten met ons en met elkaar te delen. Laat mij deze bespiegeling, dit bouwstuk, dan op onze traditionele wijze beëindigen: zo moge het zijn – ik heb gezegd.'

De Achtbare Meester liet zijn hamer neerkomen, opnieuw gevolgd door de Eerste en Tweede Opziener.

Voor de derde keer klonk er muziek. Een prachtig koor zong zo te horen in het Frans. Peter herkende het, kon zelfs meeneuriën. *Pavane*, Op. 50 van Fauré las hij op het papier. Hij sloot zijn ogen. Eerst namen de klanken in kracht en intensiteit toe, daarna namen ze weer af. Ze spoelden over hem heen als golfjes van een kalme zee. Het was hypnotiserend.

Toen de klanken weggestorven waren, hernam de Achtbare Meester het woord.

Achtbare Meester: 'Het ligt in mijn voornemen de werkzaamheden te beëindigen. Verheft u zich van uw zetel. Broeders en zusters stelt u zich in de houding van trouw.'

De leden van de loge stonden weer op om in de houding van trouw te gaan staan. De Achtbare Meester en de twee opzieners sloten het boek en legden de winkelhaak er weer bovenop.

Tweede Opziener [Zij doofde de kaars van de Zuil van Wijsheid]: 'Moge Wijsheid ons leiden.'

Eerste Opziener [Hij doofde de kaars van de Zuil van Kracht]: 'Moge Kracht ons steunen.'

Achtbare Meester [Hij doofde de kaars van de Zuil van Schoonheid]: 'Moge Schoonheid in onze harten wonen.'

Ieder keerde weer naar de eigen plaats terug.

Achtbare Meester: 'Dank u, mijn broeders en zusters, hoe moeten vrijmetselaren samenkomen, handelen en scheiden?'

Tweede Opziener: 'Volgens de beginselen van het waterpas, het schietlood en de winkelhaak, Achtbare Meester.'

Achtbare Meester: 'Welke zijn die beginselen, Zuster Tweede Opziener?'

Tweede Opziener: 'Het is het samenzijn in harmonie, het handelen volgens de hoogste wet en het uiteengaan in de rechte verhouding, Achtbare Meester.'

Achtbare Meester: 'Laat ons dan immer zo samenkomen, handelen en scheiden, dan kan de bouw voortgang vinden. Broeder Eerste Opziener, zijn wij dichter bij ons doel gekomen?'

Eerste Opziener: 'Onze wens was samen met onze gasten kennis te nemen en kennis te delen en de avond vruchtbaar te laten zijn. Het was goed.'

Achtbare Meester: 'Laten we dan vergenoegd terugkeren vanwaar we kwamen. Ik sluit deze bijzondere bijeenkomst met een mokerslag.'

De handeling werd herhaald door de opzieners.

Achtbare Meester: 'De bijeenkomst is gesloten. Onze gasten wens ik "wel thuis".'

Na een kort moment van aarzeling – niemand wilde blijkbaar de eerste zijn die vertrok – stond een aantal mensen tegelijkertijd op.

Al snel hadden zich rond de zetel van de voorzitter tien of vijftien mensen verzameld, die hem blijkbaar nog vragen wilden stellen.

Peter zag zijn student Sven en zijn gespierde vriend, die eerder op de avond ook in de tuin gestaan hadden. Ze hielden zich een beetje afzijdig van de anderen, maar leken wel te luisteren naar wat er gezegd werd. Ook de Amerikaanse bezoeker Tony stond erbij, geduldig wachtend op zijn beurt.

De man en de vrouw die als laatste waren binnengekomen, waren als enigen op hun stoelen blijven zitten.

Voetje voor voetje schuifelden de andere bezoekers naar de uitgang. Iemand kneep zachtjes in Peters hand. Het was Fay, die ongemerkt naast hem was komen staan.

'En?' vroeg ze zachtjes.

'Je deed het hartstikke goed,' zei Peter. 'En ik vond het heel bijzonder.' Dat hij een deel van de voordracht gemist had, besloot hij maar voor zich te houden.

5

In de hal beneden deden sommige mensen hun jassen aan – een gemeen koude windvlaag drong elke keer wanneer de voordeur openging naar binnen – maar verreweg de meesten bleven voor de borrel in de sociëteit.

In de kleine ruimte achter het barretje liepen vier vrijwilligers elkaar in de weg, zich constant glimlachend verontschuldigend als de een weer tegen de ander op botste. Het lukte Peter uiteindelijk om twee glazen rode wijn te bestellen.

Fay had rode wangen, van de warmte of van de opluchting dat ze het er goed van afgebracht had, dat was niet duidelijk.

Peter nam een slokje.

De wijn was van een buitengewoon goede kwaliteit, iets wat hij niet verwacht had bij een eenvoudige gelegenheid als deze.

Blijkbaar had Fay zijn verrukte gezicht opgemerkt, want ze vertelde: 'De Achtbare Meester is ook vinoloog. Hij heeft zelfs prijzen gewonnen bij internationale proeverijen. Hij versloeg gerenommeerde Franse proevers. De wijn is hier altijd van hoge kwaliteit.'

'Ik ben de ware wijnstok,' zei Peter, de woorden van Jezus uit het evangelie volgens Johannes citerend, 'en mijn Vader is de wijnbouwer.' Waarderend nam hij een tweede slok, waarbij hij de wijn als een volleerd wijnkenner door zijn mond liet spoelen.

'Ja,' zei Fay, 'Jezus hield wel van een glaasje.'

Peter glimlachte.

'Elke rank aan mij die geen vrucht draagt, snijdt hij weg, en elke rank die wel vrucht draagt, snoeit hij bij, opdat hij meer vruchten draagt,' maakte hij het eerder door hem begonnen citaat af. 'Het zou als motto goed bij de vrijmetselaars passen.'

'Op zich wel,' zei Fay. 'Daar gaat het natuurlijk ook om jezelf kritisch te onderzoeken, afstand te doen van slechte eigenschappen, nare gewoontes, van ballast, om hier en daar te snoeien zodat je beter tot je recht komt, zodat je kunt bloeien. Maar ik meen me ook te herinneren dat na jouw citaat iets komt van een straf voor mensen die Jezus niet volgen, toch?'

'Klopt,' zei Peter. 'Het gaat verder met: "Wie niet in mij blijft, wordt weggegooid als een wijnrank en verdort; hij wordt met andere ranken verzameld, in het vuur gegooid en verbrand." '

'Ja, precies,' zei Fay, 'dát bedoelde ik. En dat is ook de reden waarom ik me niet altijd thuis voelde in de christelijke kerk. Het hele idee dat je voor eeuwig gestraft wordt, omdat je iemand ánders niet op de juiste wijze volgt. Evenals het feit dat andere mensen je terecht kunnen wijzen, kunnen zeggen dat je het verkeerd doet en er een boek bij kunnen halen om je een passage aan te wijzen waaruit blijkt dat je niet volgens de leer gehandeld hebt. Wat ik juist zo mooi vind aan de vrijmetselarij is dat ieder lid aan al die symbolen een eigen betekenis kan toekennen. Er is dan niet iemand die tegen je zegt: jij ziet het verkeerd, want het zit zo en zo. Daarom voel ik me hier zo op mijn gemak, er is geen oordeel.'

Het was nog steeds aardig druk in het zaaltje. Hier en daar stonden plukjes mensen, allemaal geanimeerd in gesprek met elkaar. De Amerikaan Tony Vanderhoop vormde het middelpunt van een groepje, dat zichtbaar aan zijn lippen hing. In een verre hoek van de zaal zat Jenny met een aantal andere mensen om zich heen, zeer ernstig in gesprek met elkaar, zo leek het.

'Hoe vond je het eigenlijk?' vroeg Fay.

'Het was bijzonder,' antwoordde hij. 'Hoe vond je het zelf gaan?'

'Op zich ging het goed, mijn gedeelte bedoel ik. Ik maakte alleen een paar kleine foutjes.'

'Welke foutjes?'

'Nauwelijks de moeite van het noemen waard. Ik deed hier een stapje te veel en daar een stapje te weinig, ik kwam niet helemaal uit. Een beetje overgeconcentreerd denk ik. Eén keer presenteerde ik de kaars net een momentje te vroeg, maar dat zijn allemaal details. Ik ben niet ontevreden, maar een volgende keer wil ik het toch beter doen.'

'Ik vond het echt interessant,' zei Peter. 'Ik merkte dat ik er door jou toch al meer van wist dan ik misschien wel besefte. Vanavond heb ik zelfs bijna niets nieuws gehoord, maar dat neemt niet weg dat ik het een goed verhaal vond van de voorzitter, of van de Achtbare Meester, sorry. Helder alles op een rijtje gezet, begrijpelijk.'

Peter zag Sven en Erik het zaaltje binnenkomen. Nadat ze een biertje bij de bar hadden gehaald, liepen ze direct door naar de achtertuin.

'Zou je eventueel ook lid –' begon Fay, maar ze kreeg de kans niet haar zin af te maken.

De man met het vlinderdasje, die eerder op de avond de gasten bij de deur welkom had geheten, kwam bij hen staan.

'Zo,' zei hij eenvoudig, waarna hij er verder het zwijgen toe deed.

Dat is niet de beste openingszin, dacht Peter.

Hij keek Peter vriendelijk aan, als een leraar die geduldig wacht tot zijn leerling antwoord geeft op zijn vraag.

'Dag, Johan,' zei Fay. 'Mag ik je voorstellen aan mijn vriend, Peter.'

Ze schudden elkaar de hand.

'U bent al lang lid?' vroeg Peter toen zelf maar.

'Meer dan vijfentwintig jaar inmiddels. Niet van deze loge, maar van La Vertu, de mannenclub zal ik maar zeggen. Niet dat ik iets tegen het vrouwenlidmaatschap heb, begrijp me goed, maar ik hou er gewoon van om zo af en toe alleen met mannen onder elkaar te zijn. Je hebt denk ik toch andere gesprekken met elkaar als er vrouwen bij zijn.'

'*Slegs vir mannen*,' zei Fay, terwijl ze Peter kort aankeek en glimlachte.

'Net sprak ik een Amerikaanse gast,' zei Peter om dit onderwerp maar even af te kappen. Hij had haar ergernis gezien toen Johan had gezegd de voorkeur aan ongemengde loges te geven.

'Ah,' zei Fay, 'die meneer uit Boston?' Ze lachte om de zichtbare verbazing van Peter. 'Ik heb hem niet gesproken. Maar zijn komst was al aangekondigd op onze vergadering van vorige week. Hij heeft van tevoren een mailtje gestuurd om te vragen of hij een bijeenkomst bij kon wonen, dus deze open avond was een mooie gelegenheid. Zelf is hij in Boston lid van de Grand Lodge of Massachusetts. Volgens henzelf zijn ze de op drie na oudste loge ter wereld, na die van Engeland in 1717 en van Ierland in 1725. Hun loge dateert uit 1733, dus ze lijken goede papieren te hebben.'

'Klopt,' zei Johan. 'Maar jij, Peter, zult vast ook de verhalen wel kennen dat de oorsprong van de vrijmetselaars bij de Orde van de Tempeliers zou liggen, voluit de Orde van de Arme Ridders van Christus en de tempel van Salomo, een christelijke kruisridderorde. Je komt dat fabeltje altijd weer tegen in boeken en op sites vol complottheorieën. In de tijd van de kruistochten maakten de Tempeliers deel uit van de kruisvaarderslegers die een Heilige

Oorlog tegen de moslims voerden in het Heilige Land. Sommige complotdenkers gaan nóg verder terug, helemaal tot aan duizend voor Christus, tot aan koning Salomo en zijn bouwmeester Hiram Abiff, de architect van de eerste tempel in Jeruzalem. Deze meesterarchitect zou over geheime kennis hebben beschikt, die hij verstopte in zijn architectuur. Door de eeuwen heen zou die kennis dan weer van generatie op generatie doorgegeven zijn. In kathedralen als die van Chartres in Frankrijk of de Rosslyn Chapel bij Edinburgh in Schotland zouden vrijmetselaars geheime boodschappen en codes hebben verstopt, die alleen voor ingewijden duidelijk zouden zijn. Beste Peter, ik kan je vertellen dat dit allemaal klinkklare onzin is. Mensen die zulke dingen geloven zijn vaak maar enkele stappen verwijderd van het geloof in een geheime regering die uit is op een totale heerschappij over de hele wereld.'

Voor iemand die met een zo weinig spectaculaire openingszin is begonnen, is Johan toch aardig op zijn praatstoel komen te zitten, dacht Peter.

'Het onderwerp gaat me gewoon aan het hart, Peter,' ging Johan verder. 'Als je eens wist hóe vaak ik die onzin aan heb moeten horen, hoe vaak ik mijn lidmaatschap van de vrijmetselaars heb moeten verdedigen. Want zó voelt het. Wij vrijmetselaars komen gewoon voort uit de gildes van de metselaars van vijfhonderd jaar geleden, daar is niets spectaculairs aan. Die metselaars waren vrij om in Europa van stad naar stad te reizen om kathedralen te bouwen. Ze hadden inderdaad een geheim handenschudritueel, ze hádden wachtwoorden, maar dat waren gewoon manieren waarop iemand aan kon tonen dat hij lid van het gilde was. Die metselaars nodigden weer anderen uit om lid te worden en zo ontstond langzamerhand een broederschap. In de Verlichting werd het pas een meer filosofische beweging of groepering, waarschijnlijk de eerste groep mensen die zich los van een godsdienst organiseerde, zonder overigens daarbij religie af te wijzen. Dát is pas het écht bijzondere aan deze groep, dat het vrijdenkers waren, dat ze tolerant stonden ten opzichte van andersdenkenden, dát was ongewoon.'

Bewonderend had Peter naar Johan staan luisteren. Onvoorstelbaar hoe zo'n man een dergelijk consistent verhaal zo paraat had.

'Dank je, Johan,' zei Fay, 'voor deze nuchtere en heldere uiteenzetting.'

Rond haar ogen verschenen lachrimpeltjes. Ze leek hem zijn eerdere opmerkingen over vrouwen en ongemengde loges vergeven te hebben.

'Hoe dan ook, Peter,' zei Johan. 'Fijn dat je bent gekomen vanavond. Misschien treffen we elkaar nog eens. Je bent in elk geval van harte welkom. En dan maakt het mij niet uit of je toetreedt tot het gilde van Ishtar of mijn gilde dat "*slegs vir mannen*" is.' Met een glimlachje rond zijn lippen nam hij afscheid. Het werd al wat rustiger in het zaaltje. Peter zag dat Sven en Erik opstapten en kort erna ook Jenny, de vrouw die eerder op de avond voor enige ophef had gezorgd, samen met de man die blijkbaar bij haar hoorde. Tony en zijn groep waren weggegaan zonder dat Peter dat had gezien.

'Zullen wij zo maar gaan?' vroeg Fay. 'Of wil je nog even blijven?'

'Laten we nog even blijven,' zei Peter. 'Ik haal nog een wijntje. Jij?'

Fay schudde haar hoofd. 'Ik ga nog even naar het toilet. Maar ik wil het niet te laat maken, goed?'

'Dat is goed. Dan gaan we zo.'

Peter liep naar de bar, waar hij een reeds ingeschonken glas van een dienblad pakte. Hij nam een paar slokjes van zijn wijn en stopte zonder nadenken tot drie keer toe een hand pinda's in zijn mond, waar hij al snel spijt van had. Sinds hij Fay had ontmoet, was hij beter op zijn gewicht gaan letten, meer gaan bewegen en beter gaan eten, waardoor hij al enkele kilo's was kwijtgeraakt.

Sinds twee jaar zat hij op waterpolo, een sport waarover hij eerder zelfs nog nooit had nagedacht, maar tijdens zijn wekelijkse baantjes trekken in zwembad De Zijl had hij de waterpoloërs bezig gezien. De combinatie van de intensieve training en het spelelement had hem doen besluiten op deze sport te gaan.

Zijn dagelijkse twee glazen wijn waren eigenlijk nog zijn enige echte zonde op dit moment – plus zijn dagelijkse sigaartje niet te vergeten.

Fay kwam terug van het toilet op de gang. Ze kwam op Peter toe gelopen, waarbij ze onderweg nog een aantal mensen omhelsde. 'Hé, schat,' zei ze zodra ze bij hem was. 'Laten we toch maar gaan, goed?'

Ze zag er opeens heel erg moe uit, alsof ze had besloten dat het nu wel mooi geweest was met het de hele tijd vriendelijk glimlachen naar iedereen.

'Dat is goed,' zei Peter. Hij sloeg de rest van de wijn achterover.

'Ik wil de Achtbare nog even gedag zeggen,' zei Fay. 'Zou hij boven zijn? Ik heb hem nog niet beneden gezien.'

'Anders gaan we toch even naar boven?'

'Kom,' zei Fay. 'Laten we terugkeren naar het Westen en ons doen kennen als vrijmetselaar.'

Dat was een vaste uitdrukking, had ze hem verteld. Als een bijeenkomst gesloten werd door de Achtbare Meester, dan zei hij altijd: 'Keert terug naar het Westen en doet u daar kennen als vrijmetselaar.' Met het Westen werd de maatschappij bedoeld, in tegenstelling tot het Oosten, de spirituele of geestelijke wereld, waar de wijsheid vandaan kwam. Het was de bedoeling de hier opgedane lessen buiten in de praktijk te brengen en zo een bijdrage, hoe bescheiden dan ook, aan een betere wereld te leveren.

Ze namen afscheid van nog een paar mensen.

'Ik ga ook nog even naar de wc,' zei Peter.

'Ik vind het fijn dat je meegekomen bent, Peter,' zei Fay.

'Graag gedaan, schat,' zei hij. 'Ik vond het echt een interessante avond.'

'Wie weet zullen we hier vaker samen avonden doorbrengen,' zei ze hoopvol.

Het is op zich wel een inspirerende omgeving, dacht Peter. *Je komt hier waarschijnlijk veel sneller tot goede gesprekken met elkaar dan in de buiten-wereld.*

'Wie weet, lieverd,' zei hij.

Peter verliet de zaal en ging naar het toilet, een ouderwets betegelde ruimte, die dringend onderhoud behoefde. Het was er koud en het rook er onfris, als op het toilet van een studentenvereniging. Hij probeerde door zijn mond te ademen om zo min mogelijk van de geur mee te krijgen. Nadat hij zijn handen had gewassen, ging hij naar het halletje, waar Fay al op hem stond te wachten.

Ze liepen naar boven.

Plotseling overviel Peter een onheilspellend gevoel, waardoor hij aarzel-de met het omlaagduwen van de klink.

Fay, die daar niet op gerekend had en al in beweging gekomen was, bot-ste van achteren tegen hem op. 'Wat is er?' vroeg ze verbaasd.

'Ik weet het niet,' antwoordde Peter, voordat hij langzaam de deur open-de.

Fragment 2 – Van Amsterdam naar Leiden (voorjaar 1609)

John Robinson had het gemeentebestuur van Leiden een brief geschreven om namens onze groep, die inmiddels geslonken was tot ongeveer honderd zielen, toestemming te vragen om ons in deze mooie stad te vestigen. Wij wilden slechts met rust gelaten worden en beloofden ook niemand tot last te zijn. Al op 12 februari nam het gemeentebestuur een positief besluit, tot enorme vreugde en opluchting van ons allen. Voor de tweede keer in twee jaar tijd pakten we onze schamele bezittingen op om ons op te maken voor weer een verhuizing. De enige voorwaarden die ons gesteld werden, was dat we ons zouden gedragen en ons zouden houden aan de wetten en de regels van Leiden. De stad zal zelden een groep nieuwe bewoners ontvangen hebben die meer bereid was om zich aan deze voorwaarden te houden.

De vossen hebben holen en de vogels nesten, maar zullen ook wij ooit onze hoofden te ruste kunnen leggen?

In de laatste samenkomst voordat wij Amsterdam verlieten, hield John een inspirerende preek, waarin hij ons opriep tot een goede levenswandel, daarbij de woorden uit de eerste brief van Petrus aanhalend: 'Geliefde broeders en zusters, u bent als vreemdelingen die ver van huis zijn; ik vraag u dringend niet toe te geven aan zelfzuchtige verlangens, die uw ziel in gevaar brengen. Leid te midden van de ongelovigen een goed leven, opdat zij die u nu voor misdadigers uitmaken, door uw goede daden tot inzicht komen en God eer bewijzen op de dag waarop hij komt rechtspreken. Erken omwille van de Heer het gezag van de bestuurders die door de mensen zijn aangesteld: van de keizer, de hoogste autoriteit, en van de gouverneurs, die hij heeft afgevaardigd om misdadigers te straffen en om te belonen wie het goede doen.'

Gesterkt door deze woorden namen wij afscheid van de vrienden die we gemaakt hadden, en met een meer opgelucht dan een bezwaard gemoed gingen wij op weg, blij de onderlinge twisten van deze grote stad achter ons te kunnen laten.

Wij wisten dat de Engelse ambassadeur namens koning Jacobus I een officieel protest ingediend had, zodra hij gehoord had dat de stad Leiden erin had toegestemd ons op te nemen. Toch niet helemaal gerust gingen we op pad, wetend dat Nederland veel steun van ons Engelsen had gehad tijdens hun heldhaftige verzet tegen de katholieke onderdrukkers uit Spanje. De Nederlanders wilden onze koning niet voor het hoofd stoten. Er was een wapenstilstand van twaalf jaar afgesproken met de Spanjaarden, maar wat was een belofte van die onbetrouwbare, goddeloze katholieken waard? En zou Nederland dan, misschien wel veel eerder dan gedacht, de steun van ons Engelsen weer nodig hebben? Maar het motto van de stad Leiden, die nog geen vijfendertig jaar geleden op heldhaftige wijze en met een groot verlies aan mensenlevens – een derde van de stad was omgekomen bij het beleg van de Spanjaarden – de Spaanse furie doorstaan had, was niet voor niets: Haec Libertatis Ergo [Dit omwille van de Vrijheid – PvV]. En had de universiteit, de beloning die Prins Willem van Oranje aan de moedige Leidenaren geschonken had als dank voor hun bijdrage aan de Onafhankelijkheidsstrijd, niet gekozen voor het motto: Praesidium Libertatis [Bolwerk van Vrijheid – PvV]. Het stadsbestuur besloot dus niet toe te geven aan de Engelse druk en liet zien dat deze spreuken geen loze woorden waren, maar in ere werden gehouden!

Leiden is als een stad op een berg, die niet verborgen kan blijven!

Eenmaal in Leiden begrepen we dat het stadsbestuur zelfs zo moedig was geweest om het protest van de ambassadeur niet onbeantwoord te laten. Men stuurde hem een brief waarin uitgelegd werd dat niemand de toegang tot de stad geweigerd werd, zolang de mensen zich gedroegen en zich aan de Leidse wetten hielden. Tegelijkertijd werd de hoop uitgesproken dat dit standpunt niet zou leiden tot een verslechtering van de relaties met Engeland.

Zoals ik al schreef, een dankbaarder groep mensen zal zelden de stad Leiden binnengevaren zijn! Voor de kade van het Waaggebouw legde ons scheepje aan. Hier zetten we onze eerste schreden op de bodem van *dit waarlijke bolwerk van vrijheid. En wat een schitterende stad is Leiden!*

Dat zagen wij onmiddellijk. Vol bedrijvigheid en handel, iedereen lijkt in beweging te zijn, op weg van hier naar daar, grote vrachten op karren achter zich aan slepend, over de grachten varend met tot bijna zinkens toe beladen boten met graan, turf, stro, noem het maar op. De rijkdom van de stad zien we ook af aan haar bewoners die goed gekleed gaan en dat graag laten zien. De lakenindustrie, die Leiden zo een grote welvaart gebracht heeft, is ook voor ons een zegen. Er is zeer veel aanbod van werk, waarbij het vooral aankomt op spierkracht en werklust. Het spreken van de taal is niet direct nodig – het zware werk kan zonder omhaal van woorden gedaan worden – hoewel de meesten van ons dat steeds beter afgaat. Maar minstens zo belangrijk voor ons is dat we hier vrij zijn ons geloof verder vorm te geven, zoals reeds zovelen die elders vervolgd werden hier een veilige haven gevonden hebben! We hebben Waalse protestanten gezien, andere separatisten uit Engeland, hugenoten uit Frankrijk, mennonieten, doopsgezinden, lutheranen en ook joden. Ons is verteld dat een derde van de bevolking bestaat uit mensen die van elders naar hier gevlucht zijn.

Dit zal ons thuis zijn. Althans, voorlopig.

Ik denk dat ook Leiden niet onze definitieve bestemming zal zijn.

6

Vanzelfsprekend beheerste de moord op de voorzitter van de vrijmetselaarsloge het gesprek van de dag in het kleine universiteitsstadje – en daarbuiten. In een kort item tijdens het landelijke journaal deed een journalist vanaf het Steenschuur verslag van de 'raadselachtige dood van de alom als sympathiek bekendstaande voorzitter Coen Zoutman'. Op de achtergrond was het gebouw van de loge te zien; de straat was afgezet, en twee politiewagens stonden schuin op de stoep geparkeerd.

Volgens de verslaggever tastte de politie met betrekking tot de identiteit en de motieven van de dader of de daders volledig in het duister. Details waren nog niet naar buiten gekomen, maar wel wist men dat het om een wrede, zeer gewelddadige moord ging. Een van de prioriteiten was nu om een lijst samen te stellen van mensen die op die avond aanwezig waren geweest.

Daarom werden alle aanwezigen opgeroepen zich te melden. In het algemeen werd gevraagd of iemand de bewuste avond rond het gebouw iets, wat dan ook, had gezien.

Het politiekorps was in de hoogste staat van paraatheid. Hoewel de agenten in het relatief rustige Leiden weinig ervaring hadden met moordzaken, wisten zij natuurlijk ook dat de eerste vierentwintig uur na een delict voor het onderzoek van cruciaal belang waren.

Rechercheur Rijsbergen klikte de pagina van *Uitzending Gemist* weg, waar hij naar het item uit het ochtendjournaal had gekeken.

Rijsbergen was een buitengewoon rustige man, met kort grijs, borstelig haar en een getrimde snor, die hij zorgvuldig onderhield. Zijn keurig geschoren gelaat, met een krachtige kaaklijn, was wat mager, hetgeen hem in combinatie met zijn afgetrainde lichaam een martiaal uiterlijk gaf, meer een beroepsmilitair dan een politieagent.

Nu zat hij aan zijn bureau in zijn keurig opgeruimde kantoortje, waar hij eerder die ochtend een kort verslag van de gebeurtenissen geschreven had, en staarde naar het scherm van zijn computer.

Peter de Haan was not amused geweest toen hij en zijn vriendin Fay Spežamor los van elkaar voor nader verhoor waren meegenomen naar het bureau. Waren zij niet degenen geweest die de politie gebeld hadden na hun ontdekking van het levenloze lichaam van Coen Zoutman, had De Haan onderweg verschillende keren gevraagd.

Everyone is a potential murderer, had Rijsbergen in gedachten zijn literaire held Hercule Poirot geciteerd. *In everyone there arises from time to time the wish to kill – though not the will to kill.*

Hoewel het tegen twaalven had gelopen, had Rijsbergen toch besloten hen onmiddellijk te verhoren. Peter de Haan had vanzelfsprekend vermoeid geoogd toen Rijsbergen en Van de Kooij hem ondervroegen.

Peter had hun verteld dat hij Coen Zoutman enkele keren ontmoet had. Dat dit altijd toevallige ontmoetingen op straat waren geweest als hij in het gezelschap van Fay Spežamor had verkeerd.

Rustig had hij zijn verhaal gedaan. Hoe hij met zijn vriendin meegegaan was naar de open avond waar Coen Zoutman een introductie op de vrijmetselarij gegeven had. Hoe hij na afloop van dit verhaal met het grootste deel van de aanwezigen naar beneden was gegaan voor de borrel.

Hij had een overzicht gegeven van de mensen die hij die avond gesproken of gezien had: zijn student Sven, die er samen met een vriend was, ene Erik, en een Amerikaan, Tony Vanderhoop, die samen met een kleine delegatie landgenoten naar Leiden was gekomen ter voorbereiding op het Pilgrimsjaar.

Tijdens de moord op Coen Zoutman waren er naar schatting zestig tot zeventig mensen aanwezig geweest in het gebouw, waarvan de deur bovendien geen moment op slot was geweest.

We moeten de kleine, grijze cellen aan het werk zetten, had Rijsbergen gedacht, die zich ondanks de gruwelijkheid van de moord verheugde op de puzzel waarmee hij geconfronteerd werd.

Het relaas van Fay Spežamor, dat ze kort erna hadden opgetekend, kwam goed overeen met dat van haar medeverdachte. Alleen was bij haar geen enkele irritatie te bespeuren geweest over het verhoor. Ze had zich onmiddellijk bij de situatie neergelegd.

Om haar heen had een sluier van groot verdriet gehangen, een treurnis die ook gesproken had uit haar roodomrande ogen. Als een zielig vogeltje had ze in de verhoorkamer gezeten, soms zo zacht sprekend dat Rijsbergen en Van de Kooij haar nauwelijks hadden kunnen verstaan.

Over Coen Zoutman had ze slechts in superlatieven gesproken: de meest wijze man die ze ooit ontmoet had, met een beminnelijk en sterk karakter, een fijn gevoel voor humor. Ze had zijn encyclopedische kennis geroemd, die hij niet alleen uit boeken had vergaard, maar ook had opgedaan tijdens zijn vele reizen over de hele wereld. Fay had verteld over zijn regelmatige retraites in een klooster, waar hij zich soms weken aaneengesloten terugtrok om te studeren en te mediteren.

Tijdens het spreken was ze regelmatig in snikken uitgebarsten.

Dit waren ofwel de twee meest doortrapte schurken die Rijsbergen tot dan toe had ontmoet – zo doortrapt dat ze in de weinige tijd na hun gruwelijke daad hun verhalen perfect op elkaar hadden weten af te stemmen – ofwel het waren volkomen onschuldige burgers die op de verkeerde tijd op de verkeerde plaats waren geweest, maar daarna goed hadden gehandeld door onmiddellijk de politie te bellen.

Omdat er strikt genomen geen grond was geweest hen nog langer vast te houden, had hij hen na middernacht naar huis laten brengen – deze keer samen in dezelfde auto. Voor vertrek was hun nog op het hart gedrukt met absoluut niemand te spreken over hoe ze Coen Zoutman aangetroffen hadden.

Rijsbergen sloot de computer af. Het was een korte nacht geweest. Zijn vrouw Corinne had nog geslapen toen hij weer was vertrokken. Maar vreemd genoeg voelde hij geen enkele vermoeidheid. Een grote kop koffie stond dampend naast zijn toetsenbord, zijn tweede al die ochtend.

Bedachtzaam dronk hij zijn koffie, steeds even over de rand blazend voor hij een slok nam.

Het verhoor van Peter de Haan en Fay Spežamor had niet heel veel opgeleverd.

De witte blouse van mevrouw Spežamor en het lichtblauwe overhemd van De Haan waren smetteloos geweest, alsof ze net van de stomerij waren gekomen. Hun handen en nagels waren schoon geweest en hadden niet naar zeep geroken – al hadden beiden vreemd opgekeken toen Rijsbergen gevraagd had aan hun handen te mogen ruiken.

Alleen Fays opmerking tussen neus en lippen door over de verkiezingsstrijd om het voorzitterschap is mogelijk een aanknopingspunt, dacht Rijsbergen. *Heeft de verkiezing van Coen Zoutman wellicht kwaad bloed gezet bij een van de tegenkandidaten?*

Later op de dag wilde Rijsbergen zowel Peter de Haan als haar nog een keer spreken om te zien of ze zich na een nacht rust misschien nog zaken herinnerden die ze tijdens het verhoor niet hadden genoemd.

De hele nacht was een forensisch team aan het werk geweest om foto's te maken en sporenonderzoek te doen – ze waren pas diep in de nacht klaar geweest. Het verslag van hun onderzoek zou al snel op zijn bureau verschijnen, zo verwachtte Rijsbergen.

Voordat het lichaam uit de tempel overgebracht zou worden naar het mortuarium, wilde hij nog een bezoek aan het Steenschuur brengen. Daarna zou er een schoonmaakploeg komen van een bedrijf dat gespecialiseerd was in dergelijke klussen.

Er werd op het matglazen draadraam naast de deur van zijn kantoor geklopt.

Nog voordat hij 'binnen' had kunnen zeggen, werd er al opengedaan.

'Gaan we op pad?' vroeg Van de Kooij opgetogen, alsof ze naar een leuk personeelsuitje gingen.

Rechercheur Van de Kooij, zijn rechterhand, was een reeds vroeg kalende dertiger, een kop kleiner dan de boomlange Rijsbergen.

'Dat is goed, goudlokje,' zei Rijsbergen, die met een paar net iets te grote slokken zijn mok leegdronk. Hij plaagde zijn collega graag met zijn vroegtijdige kaalheid, vooral omdat diens volkse gevatheid hem dan altijd in de steek liet en hij die grappen wat gelaten over zich heen liet komen.

Ze liepen naar het parkeerterrein achter het bureau, waar ze in Van de Kooijs auto stapten, die ze vaak namen als ze samen op pad gingen omdat Van de Kooij gewoon heel erg graag autoreed. Het was een net iets te grote wagen, die wel iets weg had van een klein formaat Hummer. Rijsbergen voelde zich altijd een beetje belachelijk als ze in deze auto over de goed geasfalteerde Nederlandse wegen reden, maar hij moest toegeven dat het een comfortabele wagen was. Het feit dat je net iets hoger zat dan de overige automobilisten op de weg gaf een zeker gevoel van superioriteit, volgens hem de ware reden waarom zijn collega hem had aangeschaft.

'Later vandaag wil ik nog bij De Haan en die mevrouw met die moeilijke achternaam langs, Fay,' zei Rijsbergen toen ze bijna op de plaats van bestemming waren.

'Fay Spežamor.'

'Precies. Gisteren zei die vrouw iets over verkiezingen waarbij Zoutman verkozen werd. Daar kan misschien iets zitten. We moeten weten wie de tegenkandidaten waren, wat er gebeurd is, wie steunde wie... Zulke zaken.'

Doordat de straat voor het gebouw van de vrijmetselaars was afgezet, konden ze direct voor de deur parkeren.

'Rechercheur,' begroette een agent, die de wacht hield bij de ingang, hen met een saluut tegen zijn pet. Hij hield het rood-witte lint waarmee de toegang afgezet was omhoog zodat Rijsbergen en Van de Kooij gemakkelijker naar binnen konden.

Ze namen de wenteltrap naar boven. De deur tot de tempel was dicht, maar zat niet op slot. Binnen troffen ze de situatie onveranderd aan.

Alleen lag het ontzielde lichaam van Zoutman nu onder een wit zeil.

Ze naderden het slachtoffer tot op enkele meters.

Rijsbergen ging op zijn hurken zitten, een handeling die onmiddellijk door Van de Kooij gevolgd werd.

'Die bloedvlekken krijg je nooit meer uit die witte tegels natuurlijk,' merkte Van de Kooij op.

Rijsbergen knikte gedachteloos, waarbij het niet duidelijk was of hij zijn partner wel gehoord had. 'Het is geen...' begon hij. 'Het is niet zomaar een moord die iemand in een opwelling begaan heeft, lijkt me. Iemand is hiernaartoe gekomen met het voornemen Zoutman om het leven te brengen. Dit is geen impulsieve daad geweest, geen woedeaanval, geen uit de hand gelopen woordenwisseling. Het hoofd inslaan zou al genoeg geweest zijn. Het was niet nodig om hem nog die winkelhaak door het hart te duwen en die passer door de handen te steken.'

'Dexter zei dat Zoutman toen al dood was,' zei Van de Kooij.

'Dexter' was de bloedspetteranalist van de eenheid die het sporenonderzoek deed. In het echt heette hij gewoon Martin Garens, maar door iedereen werd hij 'Dexter' genoemd. Veel mensen binnen het korps wisten zijn echte naam niet eens.

Zelf had Rijsbergen de Amerikaanse televisieserie over de FBI-bloedspetteranalist annex seriemoordenaar nooit gezien.

'Ik heb Dexter net even gebeld om een eerste update te krijgen,' zei Van de Kooij. 'Zoutman is met een enorme kracht achter op zijn hoofd geslagen en was eigenlijk op slag dood.'

'Precies zoals Dalhuizen al constateerde,' zei Rijsbergen. 'Dus om daarna nog een winkelhaak door iemands borstkas heen te stoten... En dan ook nog de moeite te nemen om met die passer zijn handen te doorboren. Na eerst met een mes het nodige voorwerk te hebben verricht... Dat zijn overbodige handelingen natuurlijk. Tenminste, die waren niet meer nodig om hem doder te maken dan hij al was en zijn dus ook niet gebruikt om hem een bekentenis te ontfutselen.'

Rijsbergen richtte zich weer op, met de duim en wijsvinger van zijn rechterhand zijn kin omvattend. 'Het is vast iets symbolisch,' dacht hij hardop na. 'Misschien is er binnen die club iemand die ons er meer over kan vertellen. Heb je verder nog iets gehoord?'

'Ja, dat het er niet goed uitzag, qua sporen dan. Die gasten zeiden dat er op de hamer, de passer en de winkelhaak geen vingerafdrukken zaten, alsof die helemaal schoongeveegd waren.'

'Hm,' bromde Rijsbergen. 'Dat was te verwachten. Of de moordenaar droeg handschoenen. Of moordenaars natuurlijk. De ene houdt hem aan de praat, de andere besluipt hem van achteren.'

'En verder...' zei Van de Kooij. 'Ze hebben natuurlijk heel veel voetstappen gevonden, maar die zijn feitelijk waardeloos, want er hebben gisteren tientallen mensen gelopen hier. Op geen enkele manier is daar iets uit op te maken. Die van de moordenaar of moordenaars zullen er ongetwijfeld tussen zitten, maar dat is niet vast te stellen. In het bloed zijn ook geen haren aangetroffen, er is niet per ongeluk een voetafdruk in achtergelaten, dus dat leidt allemaal nergens toe.'

'Geen camera's natuurlijk,' zei Rijsbergen. 'Geen foto's gemaakt... Niemand die weet wie er wanneer nog in het gebouw was, wie als laatste met Zoutman gesproken heeft. We weten eigenlijk niet eens wie er überhaupt allemaal geweest is. Er zit niets anders op dan toch maar te gaan praten met iedereen van wie we de naam hebben. Kijken of iemand iets is opgevallen.'

Ze liepen terug naar de hal, waar zojuist twee mannen en een vrouw met een brancard de trap op kwamen.

'Kunnen we hem meenemen?' vroeg de vrouw, die voorop liep.

'Dat is goed,' zei Van de Kooij. 'Ons werk zit erop hier.'

Ze manoeuvreerden de brancard langs hen heen en gingen de tempel binnen.

Vanaf een afstandje keken Rijsbergen en Van de Kooij toe hoe de drie het witte plastic weghaalden waardoor het lijk onbarmhartig zichtbaar werd.

Er was geen privacy in de dood.

De vrouw sloot de ogen van Coen Zoutman, maar zijn mond hing nog half open, als die van een dronkenman die op de vloer in slaap gevallen is. Met grote voorzichtigheid werd het lichaam op de brancard gelegd. Op de grond waar Zoutmans hoofd gelegen had, bleef een halve cirkel van bloedspetters achter, als een duivels halo.

Zo aan je einde te komen, dacht Rijsbergen. *Al die wijsheid vergaard, al die boeken bestudeerd, de halve wereld rondgereisd om dan in een zaaltje in Leiden je hersens in te laten slaan.*

'Rechercheur Rijsbergen!' klonk het van beneden. 'Kunt u even komen?'

'We komen eraan!' riep Van de Kooij in zijn plaats terug.

De zwarte bodybag waarin Coen Zoutman inmiddels lag, werd ondertussen dichtgeritst. Nadat hij vastgegespt was, droegen de twee mannen en de vrouw hem met kleine pasjes naar buiten.

Rijsbergen wierp een laatste blik op het ingepakte lichaam.

Het leek alsof ze een gigantische cocon van een of ander insect met zich meevoerden, die na verloop van tijd zou ontpoppen om in een nieuwe gedaante tevoorschijn te komen.

7

Peter liet de grote poortdeur van het Jean Pesijnhofje achter zich dichtvallen, waarbij hij altijd weer het gevoel had een oase van rust te verlaten. De oorspronkelijke betekenis van het woord 'paradijs', dat was afgeleid van het oud-Perzische 'pairidaēza' – 'ommuurde tuin' – kwam er ten volle tot zijn recht. Daarbuiten was de grote, boze wereld, het Westen zoals de vrijmetselaars het uitdrukten, de maatschappij met al haar problemen, gekonkel, jaloezie en hebzucht.

Een enkele keer lukte het hem om het serene gevoel een tijdje vast te houden, maar vaker verliet dit hem al voordat hij het einde van de straat had bereikt. De ene keer doordat een fietser hem woest bellend rakelings passeerde, dan weer doordat iemand op een lawaaierige scooter hem bijna van de sokken reed, en ook soms doordat een miezerige, koude motregen hem abrupt terugbracht naar het hier en nu.

'*We are stardust,*' zong Peter zachtjes voor zich uit.

'*We are golden...*'

Hij liep links om de Pieterskerk heen.

'*We are billion year old carbon, and we got to get ourselves back to the garden...*'

Nadat ze door de politie thuis afgezet waren, hadden Peter en Fay nog een tijd op de bank gezeten. Ze hadden hun thee gedronken zonder veel tegen elkaar te zeggen.

Alena, Fays moeder die bij haar en Fays twaalfjarige dochter Agapé inwoonde, was even naar beneden gekomen, gekleed in een ouderwetse nachtjapon. Met een slaperig gezicht had ze verbaasd gevraagd wat ze nog zo laat op deden, maar Fay had haar gezegd dat ze het de volgende ochtend wel uit zou leggen.

Op Fay had de moord op Coen Zoutman vanzelfsprekend een grotere indruk gemaakt dan op Peter. Zij had vaak in Coens nabijheid verkeerd, veel met hem gesproken en veel naar hem geluisterd tijdens de tweewekelijkse bijeenkomsten van de loge. Hij was haar leermeester geweest.

'Wie doet er nou zoiets?' was ze zichzelf maar hardop af blijven vragen. 'Zó'n lieve man. Zo'n líéve man...'

Eenmaal in bed had ze lange tijd wakker gelegen in Peters armen. Haar tranen hadden een grote, natte plek op zijn T-shirt achtergelaten. Ook hij kreeg het beeld van de verbrijzelde schedel van Coen Zoutman maar niet van zijn netvlies – evenmin als de doorboorde handen, als die van een moderne Christus.

Peter was wakker geworden van de vertrouwde geluiden die vanuit de keuken geklonken hadden. Alena was zoals altijd vroeg in de weer geweest, koffiezettend en de tafel dekkend. Voorzichtig om de nog diep in slaap verkerende Fay niet wakker te maken, was hij uit bed gekropen en naar beneden gegaan.

Hij had Alena verteld over de dramatische gebeurtenissen van de avond ervoor. Ze had erbij moeten gaan zitten toen hij in grote lijnen de situatie geschetst had die hij en Fay in de tempel van de vrijmetselaars hadden aangetroffen. Alena had er plotseling oud uitgezien, alsof de rimpels rond haar mond zich verdiept hadden. Ze had op het puntje van de bank gezeten, friemelend aan de theedoek op haar schoot.

Agapé was ook naar beneden gekomen en had met haar vrolijke gekwebbel gelukkig al snel voor een lichte noot gezorgd.

Tijdens de koffie had Peter een app van Jeffrey Banks ontvangen, de directeur van het Leiden American Pilgrim Museum. Hij had gevraagd of Peter tijd had om even naar het museum te komen. Er zou een Amerikaanse delegatie langskomen die de herdenking van het Pilgrimsjaar voorbereidde.

Dat moet Tony Vanderhoop en zijn groep zijn, dacht Peter. *Dat kan niet anders.*

In een klein stadje als Leiden had je voortdurend te maken met dergelijk toeval en met wegen die elkaar onverwacht kruisten. In de veertig jaar dat Peter in Leiden woonde, was bij elke nieuwe ontmoeting vroeg of laat gebleken dat je over gemeenschappelijke kennissen beschikte.

Die middag had hij alleen een werkcollege op het programma staan. Dus had hij teruggeappt dat hij graag even langskwam.

Al is het maar om even de zinnen te verzetten, had hij gedacht.

Peter liep via het Pieterskerkhof de Pieterskerk-Choorsteeg in.

Mijn hemel wat ben ik moe, dacht hij.

Het was vanzelfsprekend een korte nacht geweest, maar hij was sowieso nooit helemaal uitgerust als hij bij Fay vandaan kwam.

Omdat er in haar slaapkamer geen ruimte was voor een volwaardig tweepersoonsbed, hadden ze bij de IKEA in Delft een uitschuifbed gekocht, dat in de praktijk niet erg comfortabel bleek. Bij haar blijven slapen had daardoor altijd iets weg van een logeerpartijtje.

In het kleine huisje had dus ook haar moeder Alena, die heel haar arbeidzame leven als docente klassieke talen op een middelbare school had gewerkt, een kamer. Na de dood van Fays man was ze bij haar dochter en kleindochter ingetrokken, waardoor dit vrouwenhuishouden van drie generaties was ontstaan.

Het was een perfecte regeling die ze zo met elkaar getroffen hadden. Alena was thuis als haar kleindochter uit school kwam. Ze kookte en zorgde dat alles aan kant was als Fay rond vijven uit haar werk kwam. Ook had Fay nooit gedoe om een oppas te vinden, als ze er spontaan opuit wilde.

Het derde kamertje in het huis was voor Agapé – Grieks voor 'liefde' – uitgesproken als Achápie. Al snel was gebleken dat de meeste mensen de naam verbasterden tot 'Aag' of 'Aagje'. Het was een zeer levenslustig en pienter meisje dat de schoonheid en intelligentie van haar moeder geërfd had.

Peter liep de Breestraat in en passeerde het imposante stadhuis, waarvan de gevel schitterend baadde in het gouden licht van de voorjaarszon.

Hij sloeg links af bij de Koornbrugsteeg en stak de Koornbrug over. Onmiddellijk ging hij rechtsaf de Nieuwe Rijn op en sloeg de Beschuitsteeg in.

Vanaf het begin van de steeg zag hij dat zich voor de deur van het museum enkele mensen verzameld hadden, tussen wie hij de lange gestalte van Tony Vanderhoop ontwaarde – met zijn schijnbaar onafscheidelijke honkbalpet op.

Ook Jeffrey was er. Hij stond tussen het groepje en de voordeur opgesteld, als een portier die nog niet besloten had om de bezoekers toegang te verlenen.

Hoewel ze nog nooit buiten de muren van het museum hadden afgesproken om samen eens wat te drinken, was er van het begin af aan sprake geweest van een goede verstandhouding tussen Peter en Jeffrey. Om het contact een vriendschap te noemen, ging wat ver, maar het kwam er toch aardig bij in de buurt.

Hij had Peter weleens toevertrouwd dat hij de aandacht voor de Pilgrim Fathers en het herdenkingsjaar weliswaar toejuichte, maar toch forse bezwaren had tegen met name de mythologisering van die hele geschiedenis. Als nuchtere wetenschapper hield hij zich graag bij de feiten, waarop je weliswaar geen natie bouwen kon, maar die wel dichter lagen bij wat er daadwerkelijk gebeurd was. Hij verzette zich tegen het al te eenvoudige beeld van onverschrokken mannen en vrouwen die Leiden verlieten omdat ze bang waren daar hun identiteit te verliezen en in Amerika vanuit het niets een ideale, op zuiver christelijke waarden gebaseerde samenleving opbouwden.

Tony's wenkbrauwen gingen omhoog toen hij Peter zag. Hij glimlachte en leek oprecht blij te zijn hem weer te zien

Nu hij dichterbij was, herkende Peter ook de andere mensen van het gezelschap, twee mannen en drie vrouwen, die op hun beurt geen blijk van herkenning gaven toen ze hem zagen.

Jeffreys gezicht lichtte op. Hij was zichtbaar opgelucht nu hij er niet meer alleen voor stond.

Peter schudde de handen van alle mensen die er stonden.

'Wat een verschrikkelijke geschiedenis van gisteren,' zei Tony. 'De dood van Coen... Mijn oprechte condoleances.'

'Bedankt,' zei Peter. 'Zelf kende ik Coen niet zo heel goed, maar mijn vriendin Fay is lid van de loge. Zij is er kapot van.'

'Ik kan het me voorstellen,' zei Tony. 'Ik ben er ook kapot van. Als vrijmetselaars zijn we allemaal broeders en zusters. Ook al hebben we elkaar nooit ontmoet, we zijn één.' Tony zweeg, alsof hij voor het moment het onderwerp liever wilde laten rusten.

'Kom,' zei Peter. 'Laten we naar binnen gaan.'

Ze gingen de ruimte binnen die ingericht was als woonkamer.

'Wat een schitterende plaats is dit zeg,' zei een van de vrouwen van wie Peter de naam niet onthouden had. 'Dit moet absoluut een van de hoofdattracties worden binnen ons programma.'

Er hebben hier nooit Pilgrims gewoond, had Peter willen zeggen, maar hij besloot het openbaren van dergelijke informatie aan Jeffrey over te laten.

'Zoals jullie misschien al gehoord hebben,' nam Tony het over, 'wordt er op dit moment in Plymouth, Massachusetts, hard gewerkt aan de restauratie van de Mayflower II, een replica die in 1955-1956 gebouwd is. Als die opnieuw zeewaardig wordt bevonden, vaart hij in het herdenkingsjaar misschien naar Plymouth, Engeland en naar Delfshaven.'

'En dat is maar een van de vele dingen,' vervolgde de vrouw naast hem. 'In Leiden, in Boston en in Plymouth is de lijst met activiteiten al heel lang, de lijst met plannen is mogelijk nóg langer. Er zal een feestelijke ingebruikneming zijn van een onderzoekscentrum, al is dat misschien een beetje een groot woord, maar toch, er zal in elk geval een onderzoekstak zijn die zich geheel zal richten op de geschiedenis van de Pilgrim Fathers. Die tak zal deel gaan uitmaken van Erfgoed Leiden en Omstreken.'

Die laatste mededeling leek ook voor Jeffrey nieuw te zijn. Verheugd keek hij de groep rond, alsof hij het zelf was die dit nieuws zojuist onthuld had. Onmiddellijk leek hij ook wat meer te ontspannen nu hij wist dat hij hier structureel iets duurzaams aan over zou houden.

'En vanzelfsprekend,' ging de vrouw verder, 'zal Jeffrey daar een grote rol in spelen.'

Een kind dat voor zijn verjaardag zojuist het meest begeerde cadeau van zijn verlanglijstje had uitgepakt, had niet verrukter kunnen kijken.

Jeffrey ging de kring rond om iedereen wild de hand te schudden, hetgeen ze allemaal met een milde glimlach ondergingen.

Ze brachten een kort bezoek aan de beide ruimtes van het museum. Aangezien de Amerikanen al goed op de hoogte waren van de geschiedenis van de Pilgrims, beperkte Jeffrey zich tot wat achtergronden van het gebouw zelf.

Nadat er nog wat foto's waren gemaakt, gingen ze naar buiten.

'Loop je met ons mee, Peter?' vroeg Jeffrey. 'We maken een korte wandeling door de stad, langs plekken die te maken hebben met de Pilgrim Fathers. Duurt een uurtje, niet langer.'

Peter keek op zijn horloge. Hij had nog voldoende tijd voordat zijn college begon. 'Dat is goed, Jeffrey,' zei hij.

Via de Nieuwstraat liepen ze langs de Openbare Bibliotheek naar de Burcht, die altijd een enorme indruk maakte op iedereen die hem voor het eerst zag.

Midden in de stad doemde een enorme, in de negende eeuw kunstmatig opgeworpen heuvel op, een zogenoemde motte, die zich twaalf meter boven het maaiveld verhief. Daarbovenop stond een hoge ringburcht, een cirkelvormige stenen muur van zes meter hoog met kantelen. Boven aan de binnenzijde was een houten rondgang geconstrueerd zodat je er kon wandelen, met een fantastisch uitzicht over de stad, de middeleeuwse huizen, de kerken, de kleine straatjes.

De Amerikaanse bezoekers maakten foto's met een gretigheid alsof ze voor een cursus de opdracht hadden elk detail van het bouwwerk vast te leggen.

Daarna wandelden ze via de Oude Rijn door de Haarlemmerstraat naar de gestileerde ruïne van de Vrouwekerk – voorheen de Onze Lieve Vrouwekerk, maar na de Reformatie van naam veranderd – aan het Vrouwenkerkhof.

Jeffrey vertelde dat de resten van deze kerk, waar de Pilgrims samenkwamen, bijna verwijderd waren door een overijverig stadsbestuur. Eén telefoontje van het Amerikaanse Ministerie van Buitenlandse Zaken, was voldoende geweest om het plan van de baan te vegen.

Was Philippe de la Noye er immers niet gedoopt? Deze in Leiden geboren hugenoot vertrok als negentienjarige met het tweede schip van de Pilgrims naar Amerika, waar zijn verre nazaat – de naam was inmiddels verbasterd tot Delano – Franklin Delano Roosevelt president zou worden van de Verenigde Staten.

Op het kleine pleintje voor de overblijfselen van de kerk wees Jeffrey op de langwerpige, donkere stenen in geometrisch patroon, die symbolisch de graven weergaven die er in vroegere tijden daadwerkelijk gelegen hadden.

Ze keerden weer terug naar de Haarlemmerstraat en staken via de vernieuwde Catharinabrug de gracht over waar de Oude Rijn en de Nieuwe Rijn samenkwamen. Voor de Waag, een zeventiende-eeuws gebouw in de stijl van het Hollands classicisme, waar vroeger de marktgoederen gewogen werden, bleven ze staan.

Ze liepen naar de plek tegenover de Waag waar volgens de overlevering de Pilgrim Fathers de eerste voet aan Leidse wal zouden hebben gezet. Natuurlijk werd er door de leden van het groepje om beurten geposeerd op de precieze plaats die Jeffrey aangewezen had.

Het is allemaal ook maar een kwestie van geloof, dacht Peter. Als je maar met genoeg overtuiging zegt dat dit of dat precies hier of daar plaatsgevonden heeft en je houdt dat maar lang genoeg vol, dan gelooft iedereen je. Na verloop van tijd zal niemand het meer accepteren als iemand vraagtekens gaat zetten bij een traditie die zo ontstaan is.

Terwijl ze door de smalle Mandenmakerssteeg in de richting van de drukke Breestraat liepen, vertraagde Tony zijn pas wat, opzettelijk zo leek het. Omdat Peter hem niet in zijn eentje achter de groep aan wilde laten lopen, begon hij in hetzelfde tempo te lopen.

'Weet je, Peter,' zei Tony toen ze op zo'n afstand van de anderen waren, dat niemand hen kon horen. 'De moord op Coen Zoutman gisteravond... Zijn dood heeft me om meerdere redenen geschokt, niet alleen omdat die zo bruut en onverwacht was. Ik heb het gevoel een vriend verloren te zijn, terwijl dat natuurlijk absurd is, omdat ik hem gisteren pas voor het eerst heb ontmoet.'

Peter knikte begrijpend.

'Hoe moet het voor jou dan wel niet zijn? En voor jouw vriendin?'

'Het is een tragedie. Zoals ik al zei, kende ik hem zelf niet goed, maar het geweld waarmee hij om het leven is gebracht heeft me enorm geschokt.'

Tony had inmiddels met zijn rechterhand Peters linkeronderarm omvat, alsof hij bang was dat Peter weg zou lopen. De fysieke intimiteit die daarmee gecreëerd werd, vond Peter wat ongemakkelijk.

'Maar ik bedoelde, jij bent toch degene die hem gevonden heeft? Dat hoorde ik vanochtend.'

Onvoorstelbaar hoe snel dergelijk nieuws de ronde doet.

'Dat klopt. Fay en ik hebben hem samen gevonden. Het was afschuwelijk, een nachtmerrie. Ik weet niet hoe ik het anders moet zeggen.'

Tony schudde zijn hoofd, alsof hij het allemaal eigenlijk niet wilde horen.

Ze staken de Breestraat over, waarbij ze Jeffrey en de andere groepsleden nog net de hoek om zagen slaan. Ze versnelden hun pas iets om zich weer bij de groep te voegen.

'Ik weet niet hoe ik het moet zeggen,' zei Tony toen.

Hij fluisterde meer dan dat hij sprak, waardoor Peter gedwongen was met zijn bovenlichaam schuin opzij vooraf te buigen om hem goed te kunnen verstaan.

'We hebben de laatste tijd in toenemende mate te maken met... bedreigingen aan ons adres. Wij vrijmetselaars dan... Ook in de vs. Ik vraag me af... Er zijn brieven en anonieme mails binnengekomen op ons hoofdkantoor in Boston. Soms lijkt het alsof we in een film zitten, Peter. We krijgen van die brieven waarbij de letters uit kranten geknipt zijn, *very old-school*. We weten niet goed uit welke hoek het precies komt.'

'En denk je dat er een verband is met wat er hier is gebeurd?'

'Ik weet het niet. Dat zou de politie uit moeten zoeken natuurlijk.'

'Heb je dit al aan de politie verteld?'

'Ik zal vanmiddag een bezoek brengen aan het bureau. De politie wil ons spreken. Vanavond vliegen we alweer naar de vs.'

Eindelijk liet Tony Peters arm los.

'We hebben veel idioten rondlopen in de vs, dat hoef ik jou niet te vertellen,' zei Tony met een glimlach. 'Er zijn complotdenkers die denken dat wij vrijmetselaars zo ongeveer achter elk kwaad in de wereld schuilgaan, dat we de hand hebben gehad in 11 september, dat we achter elke bankencrisis zitten die maar plaatsgevonden heeft of plaatsvindt, dat we aan de basis hebben gestaan van de Franse Revolutie, aan de aanval op Pearl Harbor, *you name it*... de Illuminati, de Novus Ordo Seclorum, de zogenaamde Nieuwe Wereldorde, al die vrijmetselaarssymbolen op het 1-dollar biljet, het Alziend Oog en de niet afgebouwde piramide. Ach, je kent al die verhalen waarschijnlijk wel. Je zou erom kunnen lachen als het niet zo triest was.'

De groep was stil blijven staan op de Langebrug, de vijfhonderd meter lange, gedempte gracht. Aan deze gracht had de beroemde schilder Jan Steen gewoond en had Rembrandt van Rijn zijn eerste schilderlessen van Jacob van Swanenburg gekregen.

Jeffrey vertelde hier het verhaal van James Chilton, een van de latere Pilgrim Fathers, die in 1619 door jongeren met stenen bekogeld werd, omdat ze dachten dat hij remonstrantse kerkdiensten hield. Deze groep gelovigen had zich tegen de leer van de Nederduits gereformeerde kerk gekeerd, de heersende kerk in de Republiek der Zeven Verenigde Nederlanden.

Met die zo geroemde tolerantie viel het in Nederland toen dus ook wel mee, dacht Peter. Dit was iets wat hij zijn studenten altijd bij probeerde te brengen. *De mythe van de volledige vrijheid van godsdienst en geweten is zo diep geworteld in het verhaal dat Nederland van zichzelf geschapen heeft. Daar is geen kruid tegen gewassen.*

'Maar waarom dan nu?' wilde Peter van Tony weten. 'Waarom komen die bedreigingen dan nu?'

'Tja, waarom nu? Het zijn rare tijden. Mensen die het idee hebben dat ze de wereld niet langer begrijpen, dat ze er geen vat meer op hebben. Misschien is de wereld te groot geworden. Al de ellende die elke dag weer onze huiskamers binnenkomt, via internet, via onze smartphones. Vroeger konden mensen bij alle ellende die hun overkwam, elke ziekte, misoogst, de dood van een kind, een schipbreuk, nog wijzen naar een god of naar goden. Gelovigen zijn in feite de eerste complotdenkers van de geschiedenis: iets gebeurt niet zomaar, er zit iemand achter, met een bepaald plan. Het is een straf omdat de mensen zich niet aan de goddelijke regels hebben gehouden, niet hebben geofferd of omdat twee goden ruzie hebben, weet ik veel. Maar nu, er gebeuren nog steeds verschrikkelijke dingen in de wereld, volkomen zinloze, toevallige rampen waar geen enkele bedoeling achter zit. Zonder geloof in God kom je dan al snel uit bij mensen, het liefst bij geheimzinnige genootschappen die allemaal uit zijn op de werelddominantie.'

'Denk je dat het uit die hoek komt?'

Tony stak zijn onderlip wat naar voren om aan te geven dat hij het ook niet wist.

Een volgende stop was de vroegere Stinksteeg, tegenwoordig de William Brewstersteeg genoemd, naar de Pilgrim Father die er een drukkerij had gehad. Deze drukkerij was uiteindelijk gesloten, zo legde Jeffrey uit, onder druk van de Engelse koning Jacobus I nota bene, die ontstemd was geweest over de publicatie van het boek *Perth Assembly*. Brewster had zich gedwongen gezien, tot aan zijn vertrek naar Amerika, naar Leiderdorp te vluchten. Al die zaken, al die onrust hadden uiteindelijk bijgedragen aan het besluit van de Pilgrims hun heil elders te zoeken.

Via kruip-door-sluip-doorstegen kwamen ze uit in de Lokhorststraat, waar Jeffrey bij de Latijnse school kort vertelde over Rembrandt die daar als kleine jongen naartoe ging.

Rembrandt was drie jaar oud geweest toen de Pilgrims arriveerden en veertien toen een deel van de groep vertrok, dus het kan niet anders dan dat hij John Robinson en de andere Pilgrims in het kleine centrum weleens tegen het lijf gelopen was – een detail dat de Amerikanen op de een of andere manier in verrukking bracht.

Als een volleerd gids ging Jeffrey de groep vooruit, het Gerecht op. Ze sloegen er links af de Muskadelsteeg in en liepen links om de Pieterskerk heen in de richting van het Jean Pesijnhof, waar Fay woonde.

Ik zeg Fay even gedag, dacht Peter. *Even kijken hoe het met haar is.*

'De Pieterskerk bezoeken we op de terugweg even,' zei Jeffrey. 'Dan drinken we daar even koffie in het café, maar ik wil nog twee, drie dingen laten zien.' Hij opende de grote deur die toegang gaf tot het hofje. Er klonken uitroepen van verbazing toen ze het voorportaal passeerden en de Amerikanen zagen dat er een binnentuin lag, omringd door met wat voor hen toch sprookjesachtige kabouterhuisjes moesten zijn.

'Op deze plek woonden John Robinson en veel van de Pilgrim Fathers,' vertelde Jeffrey. 'Het oorspronkelijke hofje is helaas afgebroken, maar dit is wel de exacte plaats waar het gestaan heeft.'

Peter zag dat Fays fiets weg was.

Misschien is ze toch even naar haar kantoor op de universiteit gegaan.

Ze gingen weer naar buiten.

'Nog wel aardig om te vermelden,' zei Jeffrey, terwijl hij in de richting van een toren van de Pieterskerk wees. 'Sinds kort is er een heuse escaperoom in de Pieterskerk.'

'Ah, met puzzels?' zei een vrouwelijk lid van de groep enthousiast. 'Daar ben ik gek op!'

'Ja precies. Maar het leuke is dus dat die hele escaperoom momenteel de Pilgrim Fathers als thema heeft. Ik heb hem zelf al gedaan, tamelijk ingenieus moet ik zeggen. En het feit dat je in een echte oude ruimte van de kerk bent, draagt bij aan de sfeer natuurlijk.'

'En is het je gelukt om te ontsnappen?' wilde de vrouw weten.

'Dat laat ik in het midden,' antwoordde Jeffrey lachend. 'Maar ik kan hem jullie van harte aanbevelen. Als jullie tijd hebben, zou ik het doen. Er is ook een Engelse versie, dus we kunnen straks wel even informeren naar de beschikbaarheid. Het thema verandert elke paar jaar, maar voorlopig zijn het de Pilgrims dus.'

Vervolgens liepen ze nog naar een plek aan het Rapenburg. Daar, voor de oude universiteitsbibliotheek, waren de Pilgrims in 1620 op hun bootjes gestapt en naar Delfshaven vertrokken, vanwaar ze naar Engeland waren gevaren.

De wandeling eindigde bij de Vliet. Hier hadden de Pilgrim Fathers definitief het Leids grondgebied verlaten. Er stond een standbeeld dat een persoon voorstelde die de reizigers symbolisch voor een laatste keer uitzwaaide.

De groep liep terug in de richting van de Pieterskerk.

Peter had toch een wat onbevredigd gevoel aan het gesprek met Tony overgehouden – alsof ze het niet afgemaakt hadden.

'Om nog op ons gesprek terug te komen, Tony,' zei Peter. 'Je hebt dus geen idee uit welke richting die bedreigingen komen? En waarom denk je dat die iets te maken zouden kunnen hebben met wat er hier gebeurd is?'

'Het is maar een gok,' zei Tony. 'Ik weet het ook niet. Ik zal het melden aan de politie vanmiddag. Maar weet je, dit is zomaar een los idee, hoor, misschien moet je het zoeken in de richting van de katholieke kerk. Er zijn nog genoeg orthodoxe leden die nog steeds niet geaccepteerd hebben dat de wil van Rome al lang geen wet meer is. Ze beschouwen ons als ongelovige duivelaanbidders. Maar we hebben zoveel groepen in de vs. We hebben radicale evangelisten, *trigger-happy new-born christians* die iederéén uit de weg willen ruimen die niet *Pro Life* is, we hebben fascistische *white-supremacist militias*, er zijn boom aanbiddende hippies die de Pilgrim Fathers en misschien ook wel de vrijmetselaars zien als het begin van alle ellende in de vs, het begin van het einde van de inheemse bevolking. Zo kan ik nog wel een tijdje doorgaan, echt. Het is niet voor niets dat de vrijmetselaars in dictatoriale regimes vaak als eerste verboden worden.'

'Wie zal het zeggen,' mompelde Peter voor zich uit. 'Wie zal het zeggen.'

Maar dat is allemaal in de vs, dacht hij. *Hoe kan wat daar gebeurt in 's hemelsnaam verbonden zijn met die afschuwelijke moord op Coen Zoutman hier?*

Ze waren bij het Academiegebouw en de Nonnenbrug aangekomen.

Peter schudde de handen van al de leden van de groep, die hij uiteindelijk helemaal niet gesproken had. Hij stak zijn hand op naar Jeffrey.

'*Well*, Peter,' zei Tony. 'Het spijt me dat we elkaar onder deze omstandigheden hebben leren kennen, maar ik hoop dat we elkaar op een dag onder betere omstandigheden zullen treffen.'

'Dat hoop ik ook.'

'Mocht je op een dag de grote oversteek wagen,' zei Tony, 'voel je vrij om mij, of ons te bezoeken.' Hij overhandigde Peter zijn visitekaartje.

Peter glimlachte. Van een collega die een tijdje in de vs had gewoond, had hij begrepen dat je dergelijke opmerkingen van Amerikanen met een flinke korrel zout moest nemen. Het '*you can visit me anytime*' was meer smalltalk dan een uitnodiging daadwerkelijk langs te komen.

Maar wie weet, dacht Peter.

Bij het afscheid kreeg hij van Tony de broederlijke *bear hug* waar Amerikanen het patent op leken te hebben.

Terwijl hij wegwandelde, vroeg Peter zich nog wel af waarom Tony hem überhaupt apart genomen had om hem te vertellen wat hij verteld had, maar hij vond het een beetje raar om nu nog terug te gaan en dat te vragen.

Tegen mensen die je waarschijnlijk toch nooit meer gaat zien, kun je weleens openhartiger zijn dan je misschien gewoon bent. Het kan ook opluchten je verhaal juist te vertellen aan een buitenstaander, die je aanhoort, als een biechtvader.

Peter kon er de vinger niet goed op leggen, maar hij had het vreemde gevoel dat er iets anders gebeurd was, iets wat het niveau van het simpele gesprek dat ze gevoerd hadden oversteeg.

Alsof je naar een film keek waarvan de ondertiteling een andere tekst toonde dan die door de acteur uitgesproken werd.

8

Rijsbergen en Van de Kooij liepen achter de verpleegkundigen aan de trap af, die het lichaam van Coen Zoutman naar beneden brachten. In de sociëteitsruimte stond Frank Koers, de beheerder van het gebouw, hen op te wachten. Op een van de tafels had hij de plattegrond van het gebouw uitgespreid. Op de vier hoeken ervan stonden glazen om te voorkomen dat het grote vel papier terug zou schieten in zijn oorspronkelijke opgerolde vorm.

Als generaals die een landkaart bestuderen om een aanvalsplan te bedenken gingen ze rond de tafel staan.

Frank Koers gleed met zijn wijsvinger over het bouwplan. 'Hier,' zei hij, 'in de tempel zelf is er maar één in- of uitgang zoals jullie zien, de toegangsdeur. Geen geheime ontsnappingsroutes, geen verborgen tunnels of deuren. In 1950 heeft Jan Neysingh, de toenmalige gemeente-architect, op de eerste verdieping een initiatiezaal ontworpen.'

Rijsbergen knikte. Hij knipperde kort met zijn ogen, alsof hij een mentale foto nam van het bouwplan dat voor hem lag.

'En hier,' zei Frank Koers, terwijl hij zijn vinger opnieuw over het papier liet glijden, 'op de begane grond hebben we de hoofdingang, het halletje met de toiletten. Dan de toegang tot deze ruimte met daar...' Hij wees met zijn linkerhand naar een deur in de hoek van de zaal. '...een kleine kamer, die je weer toegang geeft tot een grotere ruimte die aan de tuin grenst. Via die deuren...' Hij wees naar de twee tuindeuren. '...kun je naar buiten. Er is een ommuurde binnenplaats, met hoge muren, daar kom je niet zomaar overheen.'

'Maar als je daar wél overheen klimt?' vroeg Van de Kooij, die driftig aantekeningen maakte. 'Waar kom je dan uit?'

'Dan kom je in de achtertuinen van de huizen in dit blok,' zei Frank. 'Als je over alle muren zou klimmen, kom je uiteindelijk uit bij de achterkant van de synagoge aan het Levendaal. Maar zelf ben ik nooit buiten ons eigen binnenplaatsje geweest. U zult dan zelf een kijkje moeten nemen.'

'Laten we dat maar doen dan', zei Van de Kooij energiek, terwijl hij de laatst opgeschreven woorden enkele malen onderstreepte. Rijsbergen rolde even met zijn ogen, maar dat ontging zijn ondergeschikte.

Ze sloegen de tuindeuren open en betraden de binnenplaats, waar duidelijk weinig gebruik van gemaakt werd. De tegels zaten onder het mos; er stonden een paar groen uitgeslagen plastic tuinstoelen, en er lag een hoopje zand waar hoog opgeschoten, maar inmiddels verdord onkruid op stond. Langs de muur liep een perk van een meter breed, dat slechts uit aarde bestond, die grotendeels met dun mos begroeid was.

'Jullie technische team heeft hier gisteren ook al rondgelopen, met sterke lampen', zei Koers. 'Ze hebben veel foto's gemaakt, dus als iemand voetsporen achtergelaten heeft, dan zullen ze die wel ontdekt hebben. Maar ik denk dat je in één oogopslag wel kunt zien dat daar...' Hij wees naar de strook aarde. '...al in lange tijd niemand meer een voet heeft gezet.'

'Een beetje sportief iemand komt hier wel overheen, toch?' zei Van de Kooij tegen niemand in het bijzonder. Om te tonen dat hij zelf aan deze beschrijving voldeed, deed hij alvast zijn jasje uit.

'Stop maar even, Spider-man', zei Rijsbergen.

'Het lijkt me niet waarschijnlijk dat de dader op deze manier het pand heeft verlaten. Dat zou te veel aandacht trekken en je schiet er ook niet zoveel mee op, want hierachter zit gewoon weer een andere tuin met een muur. Je kunt alleen via een woning weer op straat komen. Dat is wat deze persoon ook gedaan heeft, gewoon via onze voordeur naar buiten lopen.'

'Het kan ook zo', zei Van de Kooij, die zijn jas op de grond gooide en een aanloop nam. Met een grote stap sprong hij over de aarde heen, en met beide handen greep hij de bovenkant van de muur vast. Met zijn voeten vond hij steun op de hier en daar uitstekende stenen, als een alpinist die zich vastklampt aan een bergwand.

Verrassend snel was hij boven op de muur. Wat triomfantelijk keek hij naar beneden, waarna hij zich omdraaide om het terrein achter zich te overzien. 'Inderdaad', zei hij. 'Ik zie tuintjes.'

'Kom maar naar beneden, collega', zei Rijsbergen.

Hij glimlachte naar Frank Koers, alsof hij zich wilde verontschuldigen voor het gedrag van zijn collega.

Van de Kooij wekte de indruk, dat hij graag bereid was geweest om ook de andere muren in de tuinen te slechten op zijn zoektocht naar eventuele sporen. Na nog een keer achterom te hebben gekeken, als een veldheer te paard die het slagveld overziet, sprong hij naar beneden.

Ze gingen weer naar binnen.

'Wij gaan bij wat huizen in dit blok aanbellen,' zei Rijsbergen, een mededeling die zowel voor Koers als voor Van de Kooij bedoeld leek. 'Iedereen gaat ook nog een officieel schrijven van de politie krijgen met het verzoek zich te melden als men iets gezien heeft. Bent u hier straks nog?'

'Ja, ik ben nog wel even bezig met het opruimen van de zaal. Jullie dienst heeft hier ook alles bekeken, de vuilnisbakken leeggehaald, nóg meer foto's genomen. Ze vonden het jammer dat we alle kopjes, bordjes en glazen al afgewassen hadden. Maar goed, ik heb nog genoeg te doen vanochtend.'

Ze namen afscheid van de beheerder. Eenmaal buiten liepen ze het Steenschuur af in de richting van de Korevaarstraat, waar ze rechts afsloegen.

Bij veel huizen waar ze aanbelden werd niet opengedaan. De paar mensen die wel opendeden, hadden niets gezien of gehoord. Niet eens iedereen was op de hoogte van de moord, die vlak om de hoek plaatsgevonden had.

Bij één iemand hadden ze een kijkje in de achtertuin mogen nemen, waar Rijsbergen alleen maar bevestigd werd in zijn vermoeden dat de dader niet op die manier weggekomen was.

'Laten we maar teruggaan naar het bureau,' zei hij.

Zonder veel te zeggen liepen ze terug naar het Steenschuur, waar ze de auto geparkeerd hadden.

Net nadat Van de Kooij uitgeparkeerd had, vloog de deur van Steenschuur nummer 6 open.

Frank Koers kwam op hen afgerend en klopte dringend op het autoraam, dat Van de Kooij onmiddellijk liet zakken.

'Ik dacht jullie auto al te horen, ik wachtte op jullie. Kunnen jullie even mee naar binnen komen? Ik heb iets gevonden.'

Van de Kooij parkeerde de auto opnieuw.

Ongeduldig van zijn ene voet op zijn andere wippend stond Koers in de deuropening op hen te wachten.

Hij ging hen voor de sociëteitsruimte in, waar alles weer aan kant was, en liep naar de tafel, waar de plattegrond van het gebouw nog steeds uitgespreid lag. Toen ze dichterbij gekomen waren, zag Rijsbergen dat er nu ook een verkreukeld servet, van een wat zwaardere papierkwaliteit, op lag dat er eerder niet was geweest.

'Hier,' zei Frank. 'Ze hebben bij het leeghalen van de vuilnisbakken dit over het hoofd gezien. Het was tot een prop verfrommeld.'

Rijsbergen boog zich voorover om beter te kunnen zien wat er op het nu uitgevouwen servetje stond.

'Ik wilde alles weggooien, maar toen zag ik hier...' Hij wees op een hoekje. '...opeens een pennenstreep. Ik vouwde het open, en voilà!'

Ze keken naar een zo op het oog haastig getekende plattegrond, met in een priegelig handschrift de functies van de verschillende ruimtes erbij geschreven.

Het was een plattegrond van het vrijmetselaarsgebouw.

9

Peter had honger gekregen van de wandeling en besloot in de kantine van het Lipsiusgebouw aan de Cleveringaplaats even te gaan lunchen.

Die middag stond er één college op het programma, een Inleiding tot de Geschiedenis van de Gouden Eeuw. Eigenlijk was het meer een combinatie van een college en een werkgroep. In een serie van twaalf bijeenkomsten verzorgde Peter de inleiding op een bepaald thema. Na een korte pauze waren twee studenten vervolgens verantwoordelijk voor de praktische verwerking van de kennis. Alles was toegestaan, een debat met prikkelende stellingen, een spelvorm, een discussie over iets uit de actualiteit wat met het door Peter behandelde onderwerp te maken had.

Veel van zijn studenten zagen vreselijk op tegen het deel dat zij moesten verzorgen, sommigen hadden letterlijk rode vlekken in de nek van de spanning, maar uiteindelijk viel het achteraf altijd ontzettend mee.

Niet lang geleden was de Faculteit Archeologie verhuisd naar het Bio Science Park, een anoniem en buitengewoon oninspirerend terrein aan de rand van de stad. Behalve de Faculteit Archeologie waren er ook veel bedrijven gevestigd, die een directe band hadden met de universiteit, waaronder veel farmaceutische bedrijven.

Peter had het geluk verbonden te zijn aan twee faculteiten, ook aan die van Geesteswetenschappen, waar Geschiedenis onder viel. Om die reden was het hem toegestaan zijn intrek te nemen in het gebouw van Geschiedenis, al liet hij vanzelfsprekend één of twee keer per week zijn gezicht bij zijn collega's van Archeologie zien.

Het uitzicht was er ten opzichte van zijn vorige kantoortje niet op vooruitgegaan – en dat was een understatement. Vanuit zijn kantoortje keek hij uit op een blinde muur van kleine bakstenen, die de Hortus Botanicus begrensde. Maar de vele voordelen van het feit dat hij in het centrum kon blijven – vlak bij de universiteitsbibliotheek en het Lipsiusrestaurant en in de buurt van waar Fay, Judith en Mark werkten – wogen duidelijk op tegen het verminderde uitzicht.

Judith Cherev was een vrouw die Peter meer dan twintig jaar geleden had leren kennen toen hij haar had begeleid bij haar eindscriptie over het Jodendom in Leiden – zij een studente van begin twintig en hij een docent van bijna veertig. In de loop van de jaren was er een diepe vriendschap tussen hen ontstaan. Judith werkte inmiddels zelf ook aan de Leidse universiteit, als docent Jodendom bij Religiewetenschappen. Daarnaast was ze freelanceonderzoekster voor het Joods Historisch Museum in Amsterdam.

Haar partner, Mark Labuschagne, was hoogleraar Nieuw Testament, gespecialiseerd in het vroege christendom, maar ook goed thuis in de antieke godsdiensten. Hij las Grieks, Latijn en Aramees, bijna zoals gewone stervelingen Engels lazen. In het verleden had hij meer dan eens op de gesloten afdeling van het psychiatrisch ziekenhuis Endegeest in Oegstgeest gezeten. Zoals wel vaker bij briljante geesten was de scheidslijn tussen genialiteit en gekte dun.

Peter, die voor een niet-gelovig iemand een bovengemiddelde interesse had voor het christendom en een meer dan basale kennis van de Bijbel, sprak vaak en graag met Mark over zaken die met het christelijk geloof te maken hadden.

Judith en Mark woonden beiden in hun eigen huisje in het Groot Sionshof, een van de tientallen hofjes die Leiden rijk was, groene oases van rust in de stedelijke woestijn van steen en beton.

Peters nieuwe kantoor was even groot als het oude, dus de inrichting had hij volkomen gelijk kunnen houden. De boekenkasten, zijn bureau, de lange bank en de salontafel stonden op dezelfde plaats, en aan de muur hingen nog altijd dezelfde drie posters: die van Paus Johannes Paulus II in zijn pausmobiel, het schilderij van Gustaaf Wappers met de voorstelling van burgemeester Van der Werff, die zijn lichaam tijdens het Spaanse Beleg aan de hongerende bevolking ter consumptie aanbood, en een reproductie van Leonardo da Vinci's *Het Laatste Avondmaal*.

Peter groette enkele passerende studenten, al herkende hij ze niet van gezicht. Maar ze leken hem te kennen, en dus zei hij gedag terug.

Hij lunchte in de kantine van het Lipsius, een kop soep met een broodje en een salade, terwijl hij de *Mare* las, het wekelijkse universitaire krantje.

Omdat hij inmiddels al zo lang aan de universiteit verbonden was, kende hij veel mensen over wie geschreven werd.

Peter schrok toen hij op zijn horloge keek: het was al bijna één uur, het tijdstip waarop de werkgroep officieel begon. Nu bestond er gelukkig de traditie van het 'universitair kwartiertje', waardoor een college altijd pas een kwartier na het hele uur aanving, maar hij moest zich desalniettemin een beetje haasten.

Hij bracht zijn dienblad weg en liep naar het Geschiedenisgebouw, dat naast het Lipsiusrestaurant lag. In zijn kantoortje pakte hij wat hij nodig had voor zijn college.

Op het schermpje van zijn mobiel zag hij dat hij een oproep van iemand gemist had, die een bericht had achtergelaten.

Terwijl hij zich terughaastte naar het Lipsius, waar op de eerste verdieping de collegezalen lagen, luisterde hij zijn voicemail af.

'Hallo, meneer De Haan,' klonk tot zijn verrassing de stem van de rechercheur die hij de avond eerder aan het Steenschuur ontmoet had. 'Dit is Rijsbergen. Graag komen wij vanmiddag even bij u langs om u en uw partner nog eens te spreken.'

De agent had een telefoonnummer achtergelaten met het verzoek zo spoedig mogelijk contact met hem op te nemen. Peter stak de telefoon in zijn zak, omdat er toch geen tijd genoeg was om terug te bellen.

De gang was leeg toen hij er aankwam. Hij mopperde binnensmonds, bang dat de studenten allemaal direct weggegaan waren, maar al snel zag hij door het raam naast de deur dat ze nog keurig binnen zaten. Na een kort excuus begon hij zijn verhaal al af te steken, terwijl hij zijn jas uitdeed, zijn spullen uit zijn tas haalde en de computer opstartte, omdat hij niet nog meer tijd wilde verliezen.

Terwijl hij in grote lijnen de ontstaansgeschiedenis van de VOC schetste, typten de studenten ijverig de woorden op die hij uit het hoofd sprak – tenminste, hij hoopte dat ze dat deden. Bijna allemaal hielden ze hun aantekeningen bij op laptops, dus hij zag alleen de opengeklapte schermen, als een veld vol zwarte grafzerken.

Voor hetzelfde geld zitten ze op Facebook te chatten of kijken ze een aflevering van hun favoriete serie op Netflix.

Iets korter ging hij nog in op de geschiedenis van de West-Indische Compagnie, de WIC, die georganiseerd was naar het model van de VOC. Hij

vertelde dat de WIC in de zeventiende en achttiende eeuw het staatsmono-
polie bezat op de handel en scheepvaart op West-Afrika ten zuiden van de
Kreeftskeerkring, op Amerika en op alle eilanden tussen Newfoundland en
Straat Magellaan.

Na de koffiepauze namen twee studenten het college van Peter over, onder
wie Sven, de jongen die de open avond van de vrijmetselaars had bezocht.
Sven droeg hetzelfde T-shirt als de vorige avond. Opnieuw viel het Peter
op dat hij zeer regelmatig met zijn rechterwijsvinger zijn bril op zijn neus
omhoogduwde. Het was niet duidelijk of het echt nodig was of dat het een
soort zenuwtrek was geworden.

De andere jongen, halflang haar tot op de schouders, had een zwart, ver-
wassen T-shirt aan met de naam van een band die Peter niet kende.

'Vandaag willen Stefan en ik het niet zozeer hebben over de afschuwelijke slavenhandel van de WIC,' ging Sven er bij het begin van zijn presentatie
direct met gestrekt been in, 'waar we al die prachtige grachtenpanden in
Amsterdam aan te danken hebben – dat verhaal is volgens ons wel bekend.'

'In onze presentatie,' nam Stefan het van Sven over, 'staan we stil bij de
desastreuze gevolgen die de komst van de kolonisten heeft gehad voor de
indiaanse bevolking van de Amerika's, Noord én Zuid. Het T-shirt dat Sven
vandaag draagt, verwijst naar de protesten van de indianen in Zuid-Ameri-
ka tegen het vijfhonderdste herdenkingsjaar van de landing van Columbus
op de Bahama's in 1492. Zij verzetten zich tegen de feestelijke viering van
deze gebeurtenis, omdat sinds zijn komst de oorspronkelijke bewoners ge-
decimeerd werden. Vandaar dat zij "we zullen niet dansen op de graven van
onze vaders" als hun motto kozen.'

'Maar uiteindelijk dragen álle kolonisten schuld,' zei Sven. 'De Fransen,
de Engelsen, de Nederlanders met hun WIC, de Ieren... Iedereen die maar
naar de Amerika's gegaan is om daar land te stelen en een samenleving te
ontwrichten – met als enige doel het eigen gewin. Daarom zitten Stefan en
ik in een actiegroep die tijdens het Pilgrimsjaar aandacht wil vragen voor
de geschiedenis van de Noord-Amerikaanse indianen.'

'In onze ogen,' ging Stefan verder, 'is er sprake geweest van een genocide op de Amerikaanse indianen, een doelbewuste poging om een in hun
ogen minderwaardig ras van de aardbodem weg te vagen. Deze poging, die
grotendeels geslaagd is, werd overigens op Bijbelse gronden gemotiveerd.
Amerika was het nieuwe beloofde land.'

Onder de studenten ontstond er wat onrust bij het woord 'genocide'.

'Straks willen we natuurlijk weten wat jullie ervan vinden,' ging Sven verder, 'maar ik weet nu al dat er mensen zullen zijn die gaan zeggen: er zijn toch geen concentratiekampen opgezet? Er is toch geen conferentie geweest waarbij besloten werd tot een *Endlösung*? Maar we kunnen de kolonisten niet los zien van de ramp die zij hebben veroorzaakt onder de indiaanse bevolking, de oorspronkelijke bevolking van Amerika. Veel kolonisten zijn de geschiedenisboekjes in gegaan als dappere pioniers die onverschrokken op zoek gingen naar een plek waar ze vrijelijk hun godsdienst konden beleven. De vrijheid die zij zelf zochten, de vrijheid om inderdaad hun godsdienst uit te oefenen, om los van elke staatsbemoeienis vorm te geven aan hun eigen levens, om zonder angst voor lijf en leden te kunnen leven, de vrijheid die ze daar inderdaad vonden, is ten koste gegaan van de vrijheid en de levens van honderdduizenden, van miljoenen andere mensen. De geschiedenisboekjes in de Verenigde Staten cultiveren de mythe van "het lege land", het beloofde land zoals ik net al zei, dat al die eeuwen slechts wachtte op ontginning door de godsvruchtige pelgrims die vervolging in Europa ontvlucht waren.'

Stefan nam het woord weer over.

'Zoals Sven al terecht opmerkte, was het geen leeg land. Sterker nog, het was al duizenden jaren bewoond. De indianen hadden er weliswaar geen steden gebouwd en geen land gecultiveerd en ze kenden geen eigendom van grond zoals wij dat kennen, maar er waren wel territoria, die stammen als de hunne beschouwden, en oorlogen – we hoeven ook weer geen nobele wilden van ze te maken – maar ze zetten er geen hekken omheen. Ze jaagden, maar doodden alleen wat ze direct voor eigen gebruik nodig hadden, leefden in overeenstemming met de natuur, putten haar niet uit. In zijn beroemde toespraak, waarin hij reageerde op de oproep van toenmalig president Franklin Pierce om het land van de indianen te kopen, zei Chief Seattle, het toenmalige opperhoofd van de Sioux-indianen, dan ook...'

Hij keek even op zijn blaadje om een stukje voor te kunnen lezen: 'Als wijzelf de prikkeling van de lucht, en het kabbelen van het water niet kunnen bezitten, hoe kunt u het dan van ons kopen? Hoe kan men de lucht, de wind of de warmte van het land kopen of verkopen? Elk stuk land is heilig voor mijn volk. Elke spar, die glanst in de zon, elk zandstrand, elke nevel in de donkere bossen, elke open plaats, elke zoemende bij is heilig in de gedachten en de herinneringen van mijn volk.'

Stefan keek weer het zaaltje in.

'En daarom –' zei hij, maar hij kreeg de kans niet om zijn zin af te maken.

'Sorry, jongens,' zei Peter. 'Ik ga jullie even onderbreken. Straks kunnen we ingaan op het zware begrip genocide, maar voor nu even het volgende. Het is prachtig allemaal, die toespraak van Chief Seattle, maar ik wil als historicus toch even een opmerking plaatsen. Of gaan jullie zelf nog vertellen dat Chief Seattle die hele toespraak waarschijnlijk nooit op die manier uitgesproken heeft?'

'Nee, eh... hoe bedoelt u?' vroeg Stefan.

Zijn schouders zakten duidelijk zichtbaar wat naar beneden.

'Luister, Stefan,' zei Peter, terwijl hij opstond. 'Ik heb me een tijd geleden eens heel grondig in deze kwestie verdiept naar aanleiding van een afstudeerscriptie van een student. Het zit zo. Heel in het kort: deze Chief Seattle heeft wel degelijk in 1854 een toespraak gehouden, maar waarschijnlijk heeft niemand er aantekeningen van gemaakt. Een journalist die erbij was, dr. Henry A. Smith, heeft er bijna drieëndertig jaar later, drie-en-der-tig jaar, een verslag van geschreven in zijn krant, in 1887. Op zich zijn er dus geen twijfels over dat deze toespraak gehouden is, maar de toespraak werd in de inheemse taal van Seattle gehouden, het Salish, een taal die Smith niet machtig was.'

Vanuit zijn ooghoeken zag Peter dat enkele studenten hem openlijk vol bewondering aankeken.

'Jullie mogen zo verder, hoor, maar ik onderbreek jullie omdat ik dit toch een belangrijke les vind voor jullie historici. Die Smith verstond de taal niet, dus iemand moet hem verteld hebben wat de inhoud was van de toespraak. Pas drieëndertig jaar daarná publiceert hij erover. Dan was er in de jaren zestig van de twintigste eeuw nog een dichter, William Arrowsmith, die een tweede versie van de toespraak uitgaf, waarbij hij zich baseerde op dat artikel van Smith. Hij nam er hele delen van over, maar voegde er ook eigen ideeën aan toe. Als laatste kwam er in de jaren tachtig een derde versie, en dat is de versie waaruit jij nu citeert, waarvan op internet al die prachtige citaten staan, waar al die posters van zijn, een versie die weinig meer te maken heeft met de oorspronkelijke woorden die Chief Seattle sprak. Deze versie is van een docent van de universiteit van Texas, Ted Perry, en was oorspronkelijk bedoeld voor een film over ecologie. Het stuk dat hij schreef paste heel goed bij het groeiende milieubewustzijn, waarbij indianen de oerhoeders van Moeder Aarde werden, een heel romantisch beeld dat gemakkelijk ingang vond bij natuurbeschermers. Ik vind het dus prima dat je Chief Seattle citeert, het ís ook een inspirerende toespraak, dat vind ik óók. Maar het is dus wel goed om te beseffen dat je die woorden met een korreltje zout moet nemen en om je af te vragen of dat indiaanse opperhoofd deze woorden echt uitgesproken heeft.'

Peter ging weer zitten.

Stefan stond er plotseling verloren bij, zijn aantekenbriefje vasthoudend als een klant bij de sigarenboer met een niet-winnend lot in de hand.

'Maar dan nog,' zei een studente, die haar vinger meer voor de vorm opstak, want terwijl ze dat deed, begon ze al te praten. 'Dat opperhoofd heeft waarschijnlijk iets dérgelijks gezegd, misschien niet in die woorden, maar het is wel bekend dat de inhoud van de toespraak overeenkomt met het indiaanse wereldbeeld, waarbij de natuur als levend ervaren wordt. Dan maakt het in principe niet zoveel uit hoe hij het gezegd heeft, toch?'

'Precies,' voegde Sven zich bij de discussie. 'Het gaat om de kracht van verhalen, minder belangrijk is of iets echt gebeurd is of niet, maar of mensen gelóven dat het gebeurd zou kunnen zijn.'

'Dat is een heel interessante opmerking, Sven,' zei Peter. 'Maar dan verlaat je het terrein van de geschiedschrijving en betreed je feitelijk een ander gebied, dat van de mythologie of het rijk van de *alternative facts*.'

Enkele studenten grinnikten na die laatste opmerking.

'Ja maar,' zei Sven, 'dat is toch een net zo legitiem studieveld? Of vergis ik me? Hele naties worden toch gebouwd op een combinatie van waarheid en verzinsels? Zelf hebben wij burgemeester Van der Werff, die zijn lichaam tijdens het Spaanse Beleg aanbood aan de Leidse bevolking. Of een ander verhaal uit die tijd: de weesjongen Cornelis Joppenszoon, die hier op de Lammenschansweg een nog warme pot hutspot vond en zo ontdekte dat de Spanjaarden op de vlucht geslagen waren voor de Watergeuzen. Al die verhalen zijn aantoonbaar niet waar, maar voor het wij-gevoel van een gemeenschap zijn ze altijd belangrijk geweest.'

'Dat is waar,' zei Peter.

'Uiteindelijk bepaalt toch de meerderheid of iets geloofwaardig genoeg is om door te geven?' zei Stefan. 'De winnaars bepalen toch wat echte geschiedenis is en wat niet?'

'Maar dan nog,' wierp Peter ertegenin, 'blijft het de taak van de historicus, dus van ons historici, om de feiten en de fictie, de waarheid en de verzinsels van elkaar te scheiden.'

'Maar dat...' zei Sven, duidelijk tevreden over het bruggetje dat hij gevonden had om weer terug te kunnen keren naar zijn eigen verhaal, 'dát is waar Stefan en ik het dus over wilden hebben. Aan de ene kant is er het verhaal van de winnaars, zoals dat van de kolonisten –'

'Kun je toch misschien nog verder uitleggen,' zei hetzelfde meisje dat eerder al gesproken had, 'wat je bedoelde met die genocide? Ik vind dat nogal een heftige vergelijking.'

'Klopt,' zei Sven, 'dat is het ook. Genocide wordt door de Verenigde Naties omschreven als "de ontzegging van het recht van bestaan van een gehele menselijke groep". Er zijn onderbouwde schattingen dat het aantal indianen afnam van ongeveer twaalf miljoen in 1500 tot ongeveer tweehonderdvijftigduizend in 1900, wat het de meest grootschalige uitroeiing in de geschiedenis van de mensheid maakt. Natuurlijk, veel indianen zijn overleden aan ziektes omdat ze in aanraking kwamen met ziektekiemen waar ze niet tegen bestand waren, maar heel veel zijn toch overleden tijdens directe confrontaties met de blanken. Zo kun je de geschiedenis van de WIC niet, of niet meer, vertellen zonder de enorme schaduwzijde die ermee verbonden is.'

Er ontstond een discussie tussen de studenten, waar Peter zich verder niet mee bemoeide, maar die hij met enige tevredenheid aanhoorde.

Natuurlijk was de gekozen stelling met betrekking tot de genocide ongenuanceerd, maar ze leverde in elk geval een levendige uitwisseling van ideeën op.

Het was inmiddels drie uur geweest. Enkele studenten maakten al aanstalten hun spullen in te pakken. Ook Peter borg zijn aantekeningen op. Later zou hij die uitwerken tot een rapportje dat hij zou gebruiken bij zijn eindgesprekjes met de studenten. Naast een gewoon cijfer voor een tentamen kregen ze voor de presentatie een vinkje, als die naar behoren was geweest.

Toen hij opkeek, zag Peter dat alle studenten vertrokken waren op Sven en Stefan na. Ze keken wat verwachtingsvol naar hem op.

'Jullie presentatie was in orde, hoor,' zei Peter. 'Wat kort door de bocht hier en daar, maar goed, voor de discussie is dat wel fijn. Het was ook interessant om het te hebben over feit en fictie en de nobele taak van ons historici om die van elkaar te scheiden.'

Ze knikten.

'Als u het leuk vindt,' zei Sven, 'kunt u weleens een keer langskomen bij een van onze bijeenkomsten. Op de Haagweg.'

'Ah,' zei Peter. 'Jullie actiegroep.' Hij lachte even. 'Niet geringschattend bedoeld, hoor, jongens, maar ik kan me er wel een voorstelling van maken wat en op welke manier jullie zulke zaken bespreken. Mijn ervaring is dat bij een actiegroep als die van jullie de nuance nogal eens wil ontbreken, of dat er vaak geen mensen zijn die een voldoende tegengeluid laten horen. Of er echt verstand van hebben. Het spijt me, Stefan, maar zoals jij met die toespraak van Chief Seattle kwam zonder dat je de achtergronden ervan had uitgezocht... Hier is het niet erg. Ik bedoel, we zijn in een leeromgeving, maar zo'n actiegroep is al veel meer het echte leven. Dan kunnen emoties en het gebrek aan kennis een gevaarlijke combinatie opleveren.'

Sven en Stefan keken oprecht verontwaardigd.

'Maar...' zei Sven, waarbij duidelijk te zien was dat hij aan het nadenken was over hoe hij zo respectvol mogelijk kon zeggen wat hij wilde zeggen. 'Ik denk dat het u zal meevallen. En als u er niet bent, kunt u er moeilijk over oordelen, toch? Misschien kunt ú degene zijn die dat tegengeluid binnen onze actiegroep laat horen.'

'Precies,' vulde Stefan hem aan. 'Dan kunnen wij met u sparren, in een goede discussie. Wij proberen tenslotte met argumenten onze tegenstanders het zwijgen op te leggen. Elke andere manier om iemand monddood te maken is een zwaktebod.'

'Wie weet, jongens,' zei Peter, waarmee hij een einde wilde maken aan het gesprek.

'Erg, hè?' zei Sven nog.

Peter keek hem onderzoekend aan.

'Van gisteren, bedoel ik,' zei Sven, verbaasd dat Peter hem niet onmiddellijk begreep. 'Bij de vrijmetselaars, de moord op de voorzitter.'

'O, natuurlijk, verschrikkelijk,' zei Peter.

Daar is hij ook geweest natuurlijk.

Peter had soms de neiging om de verschillende werelden waarin hij verkeerde van elkaar te scheiden – de universiteit, thuis, hij en Fay, de stad – alsof het verschillende compartimenten waren die los stonden van elkaar. Net als wanneer je iemand die je alleen van achter de kassa in de bioscoop kent soms even niet kunt plaatsen als je hem of haar buiten die vertrouwde omgeving ziet.

'Ik heb de beelden op het journaal gezien vanmorgen,' zei Sven. 'Erik en ik waren al weg toen de politie kwam.'

'Ah, oké. Wij waren er nog. Het was een hele consternatie inderdaad. Diep tragisch natuurlijk.'

Sven knikte.

'Zullen we gaan?' zei Stefan met een kort rukje aan het jasje van Sven.

'Dan gaan we nog even wat drinken.'

Nadat ze afscheid hadden genomen, liep Peter met zijn spullen onder zijn arm terug naar zijn kantoor.

Stefans woorden over het 'onze tegenstanders het zwijgen opleggen' en 'iemand monddood maken' bleven nazeuren in zijn hoofd, als een opkomende kiespijn.

Fragment 3 – De Pilgrims als inwoners van Leiden (zomer 1611)

De afgelopen twee jaren zijn zwaar geweest. De twee vluchtpogingen uit Engeland hadden de meesten van ons van onze laatste penning beroofd, dus met weinig meer dan de kleding die we aanhadden en de paar bezittingen die we konden dragen, zijn we hier aangekomen.

Aan werk is er geen gebrek hier, dat is ons geluk geweest, en in de minder goede buurten van de stad vonden we onderkomens, vaak met verschillende families in één ruimte. Het licht van buiten drong in die eerste onderkomens nauwelijks naar binnen, wel het water uit de hemel en de ontelbare ratten, muizen, luizen en wie weet met welk ongedierte we het dak boven ons hoofd nog meer deelden. Lopend door de nauwe stegen bleef je regelmatig met een schoen in de stugge modder steken.

De meesten van ons werken in de lakenfabrieken, zwaar en vies werk. Van het loon dat we krijgen moeten we niet alleen in ons levensonderhoud voorzien, maar ook de huur betalen. Anderen werken in de brouwerijen van de stad, weer anderen als brillenmaker, timmerman of pijpenmaker. Enkelen doen het goed, zeer goed, zij zijn zelf de handel in gegaan, een enkeling werkt als docent aan de universiteit. Nicholas (Claverly – PvV) maakt naam als pijpenmaker en William heeft een methode ontwikkeld waarmee mensen Engels kunnen leren. De studenten uit Frankrijk, Denemarken, de Zuidelijke Nederlanden en Nederland staan bij hem in de rij om door hem onderwezen te worden. Het is wonderlijk om al die mensen uit al die verschillende windstreken te horen converseren met elkaar in de taal die wij als kind van onze ouders hebben geleerd. Het gemak waarmee mensen zich door het systeem van William het Engels eigen maken is indrukwekkend. Wat zou het toch gemakkelijk zijn als op een dag de hele wereld het Engels machtig zou zijn?

Hoeveel gemakkelijker zouden we met elkaar kunnen spreken, hoeveel minder misverstanden zouden er wel niet zijn tussen mensen en hoeveel minder conflicten en misschien wel oorlogen? Het Latijn is voor de geleerde mensen, maar ons Engels kan iedereen met een normaal verstand leren spreken!

Zo goed en zo kwaad als het gaat, proberen we elke zondag bij elkaar te komen in het huis van John. Niet lang geleden heeft hij met een paar anderen van onze groep een huis gekocht in de Kloksteeg, recht tegenover de Pieterskerk. Het huis is verbouwd tot een woonhuis voor John en zijn gezin en tot ontmoetingsruimte en kerk. Vanuit de goedheid van zijn hart heeft hij in de tuin nog eenentwintig kleine huisjes laten bouwen voor de allerarmsten van de groep, die oorspronkelijk met hem vanuit Scrooby naar hier gekomen zijn. Ik schaam mij niet te zeggen dat ook mijn gezin en ik daartoe zijn gaan behoren. Voor ons was de overgang naar Nederland groter dan voor de mensen met wie we nu dit hofje delen. In Engeland heb ik een goede opleiding genoten. Mijn familie en ik waren weliswaar niet rijk, maar ook niet onbemiddeld. We hadden een huis, grond, vee, personeel... We hadden enig kapitaal. Ik had een vaste betrekking als gemeentesecretaris. Alles wat we hadden, zijn we kwijtgeraakt. Slechts onze handen bezitten we nu nog, waarmee we ons brood proberen te verdienen. Is het offer dat we hebben gebracht te groot geweest? Hebben we spijt van de beslissing ons leven in Engeland achter ons te laten? Nee, natuurlijk niet! We hebben huis en haard verlaten om eindelijk echt vrij te zijn, om een leven te kunnen leiden zoals wij dat willen en om God te kunnen dienen zoals wij dat wensen te doen!

De verbetering ten opzichte van ons vorige huis in Leiden is onvoorstelbaar groot. In plaats van in een lekkend huis in de duistere stegen van Leiden zit ik nu op een stoel aan een tafeltje voor het huis, met een groene binnentuin voor me. Nog steeds moeten we hard werken, maar het thuiskomen is nu anders.

Hier gaan we ook ter kerke, omdat we in de andere kerken van Leiden niet welkom zijn. Als separatisten horen we niet bij de Gereformeerde Kerk. Daardoor mengen we minder met de rest van de bevolking, maar de vraag is of dat wel zo erg is. Een enkeling heeft het poorterschap aangevraagd, waarmee je officieel toetreedt tot de bevolking van Leiden. Het maakt het leven gemakkelijker, omdat je meer rechten en mogelijk-

heden hebt. Vooral degenen onder ons die zich in de handel begeven, hebben het gedaan, omdat voor kooplieden het poorterschap verplicht is. Wij blijven liever onderdaan van Engeland, als kinderen die door een hardvochtige vader weggestuurd zijn, maar die hopen op een dag door hem weer in genade aangenomen te worden.

Op zondag hebben we twee diensten. De eerste is 's ochtends heel vroeg, nog voordat wij ook maar iets van vast voedsel tot ons hebben genomen. Niet elke zondag houden we een communie, maar als we die hebben, zijn we er zeker van dat de sacrale hostie, het lichaam van onze Heer en Heiland, en de wijn, zijn kostbare bloed dat wegneemt de zonden der wereld, zich niet mengen met het profane voedsel in onze magen. We beginnen met een lang gebed, dat we gezamenlijk uitspreken, staand, zoals onderdanen voor hun koning uit respect opstaan. We zingen graag de psalmen, slechts gedragen door onze stemmen. Rechtstreeks vanuit onze harten stijgen de woorden op naar God. John leest een stuk voor uit de Bijbel, compleet met uitleg, adviezen voor een goede levenswandel en bemoedigingen, omdat het niet altijd gemakkelijk is. Altijd weer weet hij de juiste woorden te vinden, zodat wij sterker dan toen we kwamen weer heen gaan. Soms voelen we ons immers als schapen onder de wolven en moeten we voorzichtig zijn als slangen, argeloos als duiven. Want ook hier in Leiden zijn twisten ontstaan, het soort twisten dat we dachten in Amsterdam achter ons gelaten te hebben! De discussies over de voorbestemming – heeft God het lot van ieder mens reeds in het Boek des Levens opgetekend of kunnen wij zelf ons lot nog beïnvloeden? – gaan mijn pet meestal te boven. De spanningen lopen soms hoog op, maar ik hoop dat wij erbuiten gehouden worden!

Vervolgens gebruiken we in gezamenlijkheid een maaltijd, als broeders en zusters, voor sommigen van ons het beste maal van de week, al zullen enkelen zich misschien schamen dit toe te geven. Eenieder neemt mee wat hij of zij naar draagkracht bijdragen kan; geen van ons beschouwt datgene als een persoonlijk eigendom. Net zoals eenieder bijdraagt naar wat hij kan aan het fonds dat we samen hebben. Het penningske van de weduwe heeft voor ons een even grote betekenis als een grotere som geld van een rijker lid van de groep!

John heeft ons erop voorbereid dat onze plaats misschien niet hier is, dat er mogelijk een dag zal komen waarop we ook deze stad zullen moeten verlaten. *Er zijn nog andere werelden, andere plekken waar we misschien heen kunnen, heen móéten, om vrij te zijn, vrijer dan we hier zijn.*

In de middag houden we een tweede bijeenkomst, die een ander karakter heeft. Natuurlijk openen we met gebed en lezen we een Bijbeltekst, die van commentaar en uitleg wordt voorzien, maar daarna hebben we de kans om als gelijken van gedachten te wisselen. Wat is er gebeurd? Welke moeilijkheden en zorgen leven er? Hoe staat het met de prijs van het voedsel? Heeft iedereen nog werk? Zijn er problemen met taal? Zijn er aanvaringen geweest met andere gelovigen? De vrouwen luisteren toe en kunnen zo ook leren van wat de mannen met elkaar bespreken. Wij hebben geen geheimen voor elkaar.

Soms hebben we gasten van buiten. We willen laten zien dat we niets te verbergen hebben, integendeel. Een enkele keer komt iemand van de universiteit spreken. Meerdere mensen hebben zich al bij ons aangesloten! Vooral mensen uit de Zuidelijke Nederlanden, Walen, voelen zich thuis in onze gemeenschap.

Het knaapje dat de speciale gunsteling van Josh Nunn lijkt te zijn groeit op tot een jongen die nog steeds weinig spreekt in het openbaar, maar die met de dag meer zelfvertrouwen lijkt te krijgen. Hij is lid van het huishouden van Josh. Hoewel hij nog steeds nauwelijks van Josh' zijde wijkt, heb ik hem de laatste tijd regelmatig op straat zien lopen – alleen of een enkele keer met leeftijdsgenoten, al houdt hij zich afzijdig van hen. Het privéonderricht aan de jongen gaat onverminderd voort. Mogelijk ziet Josh in hem een toekomstig leider van onze gemeenschap en bereidt hij hem voor op die rol.

10

Op het bureau van rechercheur Rijsbergen lagen keurige stapels A4'tjes, lijsten met namen van mensen die op de bewuste avond aanwezig waren in de tempel aan het Steenschuur, een plattegrond van het gebouw, enkele printjes van Wikipedia over de vrijmetselaars en van de homepage van de Leidse loges en, keurig in een plastic hoesje, een kopie van het servetje dat huismeester Frank Koers gevonden had.

Rijsbergen pakte het hoesje op om de plattegrond nog eens van dichtbij te bekijken. Het was een met pen geschetste indeling van het gebouw, met slordige lijnen getekend, alsof het in grote haast gedaan was. Met extra dikke lijnen was ingetekend waar de voordeur en de achteruitgang zich bevonden. Nauwelijks te ontcijferen getallen moesten waarschijnlijk afstanden voorstellen.

Het waren in feite twee tekeningetjes: ruwe schetsen van de beide verdiepingen. De tempel zelf was het meest gedetailleerd weergegeven. Precies was aangegeven wat waar stond, met de juiste benamingen ernaast gekrabbeld. Hier en daar had de punt van de pen door het papier heen gedrukt, alsof de ondergrond zacht geweest was.

Een bovenbeen misschien?

Er stonden vraagtekens op plekken waar wel een deur was aangegeven, maar waarbij de tekenaar wellicht geen toegang had gehad tot de ruimte die zich daarachter bevond.

Hij staarde een tijd naar het papier, zich afvragend wat de tekening in 's hemelsnaam betekenen kon.

Dat de tekening is weggegooid tijdens de open avond wil nog niet zeggen dat die dezelfde avond ook gemaakt is, dacht Rijsbergen, terwijl hij het hoesje weer terug op tafel legde.

Het gebouw van de vrijmetselaars zat buiten de logeactiviteiten altijd op slot, en slechts een paar mensen hadden een sleutel van de voordeur.

Niemand met een sleutel die vrij toegang heeft tot het gebouw zou gehaast en heimelijk een plattegrond van het gebouw hoeven tekenen – om die vervol-gens in een prullenbak te gooien... Maar wie heeft dan een dergelijke schets gemaakt, precies de voor- en achteruitgang – als mogelijke vluchtwegen – be-nadrukkend? En waarom heeft diegene het servetje zo achteloos als bewijsma-teriaal achtergelaten? Een onbegrijpelijke actie.

De originele tekening was naar het lab gestuurd om op DNA-sporen on-derzocht te worden. Het was een schot in het duister natuurlijk, maar wie weet leverde het een bruikbaar spoor op. Mochten ze als ultimum remedium wangslijm gaan afnemen van iedereen die maar in het gebouw geweest was, dan zouden ze misschien ontdekken wie de maker van deze tekening was.

Zo jammer dat we de tekening niet zelf gevonden hebben. Nu bevat die ook sporen van de huismeester doordat die het servet in zijn ijver helemaal heeft gladgestreken.

Peinzend schudde Rijsbergen zijn hoofd. Stel dat de moordenaar – of moordenaars – de plattegrond in handen had gehad. Dan zou het wel van een onvoorstelbare domheid getuigen hem vervolgens weg te gooien. Nu deden criminelen wel vaker domme dingen natuurlijk. Bij sommigen had het DNA op een achteloos weggegooid sigarettenpeukje hen uiteindelijk de das omgedaan of een gebitsreconstructie op basis van een bijtpatroon in een klokhuis dat in de buurt van de plaats delict gevonden was. Maar dit? Iets dergelijks stak je toch net zo gemakkelijk in je binnenzak in plaats van het in een prullenbak te gooien? Misschien was het paniek geweest? Was de persoon betrapt, waar hij ook maar mee bezig was geweest?

Rijsbergen kon er geen touw aan vastknopen.

In het gunstigste geval zouden er op het papier DNA-sporen zitten, hoe miniem ook. In tv-series zat de dader op basis van zulke sporen binnen vijftig minuten – inclusief de reclameblokken – achter slot en grendel. Aan het publiek, de nabestaanden en de slachtoffers van een misdrijf was het tegenwoordig dan ook niet altijd gemakkelijk aan het verstand te brengen als je na een week de dader nog steeds niet te pakken had.

Zelfs als ze de persoon vonden van wie het DNA afkomstig was, moesten ze nog bewijzen dat hij of zij inderdaad de persoon was die de tekening had gemaakt. Het DNA kon via allerlei andere scenario's op het papier terecht-gekomen zijn. En dan moesten ze nog aantonen dat de verdachte het stuk papier daadwerkelijk daar achtergelaten had – en niet iemand anders die hem misschien een loer wilde draaien.

Hij opende zijn computer om de aantekeningen na te lezen die hij van het gesprek had gemaakt dat hij eerder die middag met Tony Vanderhoop had gehad.

Van de Kooij en enkele andere collega's hadden de overige leden van de Amerikaanse delegatie gesproken. Het was niet zozeer een verhoor geweest, als wel een gesprek dat deel had uitgemaakt van de gewone procedure om iedereen te horen die aanwezig was geweest. Deze avond al zouden Vanderhoop en de anderen terug naar Boston vliegen.

Met een zelfverzekerdheid die Amerikanen eigen leek, was Vanderhoop Rijsbergens kantoor binnengestapt. 'Een heel goede middag,' had hij gezegd, waarbij hij hem langdurig de hand had geschud alsof hij een onzichtbare fotograaf de tijd had willen geven dit moment vast te leggen.

Nadat ze waren gaan zitten, stak Rijsbergen direct van wal.

'Is u gisteravond iets bijzonders opgevallen?' vroeg hij. 'Iets wat ons mogelijk kan helpen bij ons onderzoek?'

Vanderhoop dacht een lang moment serieus na, maar had daarbij meer iets weg van een acteur die de opdracht van de regisseur had gekregen een ernstig gezicht te trekken.

'Nee, niet echt,' zei hij uiteindelijk. 'We hebben met veel mensen gepraat. Ik ben aan veel broeders en zusters voorgesteld. De namen van de meesten ben ik vanzelfsprekend alweer vergeten. Ik ben bang dat ik u niet kan helpen verder, maar...'

'Maar wat?'

'Maar u moet weten dat onze loges in Boston de laatste tijd regelmatig bedreigingen hebben ontvangen, die aan ons vrijmetselaars waren gericht. Misschien is het de moeite waard om uit te zoeken of hier iets dergelijks speelt?'

Rijsbergen maakte er een aantekening van, maar hij zag niet direct in hoe bedreigingen zo ver van huis ook maar iets te maken konden hebben met wat er in Leiden voorgevallen was. Toen viel zijn oog op het plastic hoesje met de tekening van de plattegrond. Hij pakte het op om het aan Vanderhoop te laten zien, die er welwillend maar niet-begrijpend naar keek.

'Ik heb begrepen van mijn collega dat u met andere mensen in de achtertuin hebt gestaan op de bewuste avond, klopt dat?' vroeg hij.

'Dat... klopt,' zei Vanderhoop, plotseling op zijn hoede zo leek het, alsof hij bang was dat hij met een ondoordacht antwoord in een val zou lopen. 'We hebben buiten met wat mensen staan praten, zoals ik al zei, van de meeste mensen weet ik de namen natuurlijk niet meer, enkele gezichten zou ik misschien nog wel herkennen, maar wie daar allemaal bij waren... Het was een tamelijk grote groep. Enkele mensen rookten. Vieze gewoonte... Ik heb met Peter de Haan gesproken. Hij was samen met twee jonge mannen, maar hun namen herinner ik me niet. Ook na de presentatie hebben we nog even buiten gestaan.'

Rijsbergen liet een betekenisvolle stilte vallen, alsof hij iets op het spoor was maar geen volledige openheid van zaken wilde geven.

'Maar waar kijken we precies naar?' vroeg Vanderhoop, met zijn eerdere zelfverzekerdheid.

'Dit is een stuk papier met daarop een plattegrond van het gebouw, met grote haast getekend zo lijkt het. De huismeester vond dit in een van de prullenbakken van de kantine.'

'Iemand heeft een schets gemaakt van het gebouw en die in een prullenbak gegooid?'

'Daar lijkt het wel op, ja.'

'Dat is heel vreemd, toch? Waarom zou iemand dit tekenen en het vervolgens weggooien?'

'Vertelt u het me maar.'

Al die tijd had Vanderhoop strak naar het papier gekeken, maar nu keek hij opeens bruusk op, alsof hij iets vies geroken had. 'Wat suggereert u?' vroeg hij toen, met plotseling iets scherps in zijn stem.

'Ik suggereer helemaal niets,' antwoordde Rijsbergen rustig.

'Nee, het spijt me. Ik ben helemaal *blank* hier. Zoals ik al zei, we stonden met een groep mensen buiten, met een kop koffie. Later zijn we naar binnen gegaan. Een aantal broeders en zusters vertelde over waarom ze tot de vrijmetselaars toegetreden waren – zo heeft iemand me erna uitgelegd, want het gesprek werd natuurlijk in het Nederlands gevoerd. Daarbij is mij niets vreemds opgevallen.'

Opnieuw staarde hij naar de plattegrond.

'Nee, sorry,' zei hij toen. 'Ik kan u hier niet verder mee helpen.'

Uiteindelijk hadden Rijsbergen en Vanderhoop nog in harmonie afscheid genomen van elkaar, zoals je wel gedag zegt tegen mensen met wie je op vakantie op een terrasje aan de praat geraakt bent – met een zekere afstandelijke hartelijkheid omdat je weet dat je elkaar waarschijnlijk toch nooit meer zult ontmoeten.

Vanderhoop had tot slot nog zijn visitekaartje gegeven, dat Rijsbergen voorzichtig tussen duim en wijsvinger aangepakt had. Zodra Vanderhoop zijn kamer verlaten had, had hij het kaartje met zijn pen in een speciaal plastic hoesje geschoven, dat hij daarna dicht had geseald. Hij had er een stickertje op geplakt met de datum en de naam 'Tony Vanderhoop'.

Nadat de Amerikaan met zijn groep was vertrokken, was Van de Kooij naar Rijsbergens kantoor gekomen, met in zijn hand een paar A4'tjes. Energiek had hij de stoel, waar kort ervoor Tony Vanderhoop nog op gezeten had, naar achteren getrokken. Hij was op het uiterste randje ervan gaan zitten, alsof hij bang was dat op het zitvlak nog iets van de warmte van Vanderhoops achterwerk achtergebleven was.

'Ben je iets wijzer geworden van het gesprek met hem?' vroeg hij. 'Denk je dat hij er iets mee te maken heeft?'

'Wie? Tony?' vroeg Rijsbergen op zijn beurt. 'Ik weet het niet. Ik vond het een beetje een bijzondere man, maar dat is niet voldoende. Het enige wat écht tegen hem pleit, is dat hij in het gebouw was gisteravond, maar datzelfde geldt voor nog zestig of zeventig anderen. Ik zie vooralsnog geen enkel motief. Op dit moment weten we gewoon nog te weinig om ook maar iets zinnigs te kunnen zeggen. Net als die Peter de Haan en Fay Spežamor… Die lijken gewoon op het verkeerde moment op de juiste plaats te zijn geweest of op het juiste moment op de verkeerde plaats. Maar wie weet wat er nog naar voren komt. Hoe dan ook…'

Nadat hij nog enkele zinnetjes had opgeschreven, legde hij zijn pen neer. 'En jij, ben jij nog iets wijzer geworden?'

'Nee, eigenlijk niet,' antwoordde Van de Kooij. 'Vreselijk aardige mensen allemaal, ontzettend behulpzaam, maar ze wisten niets te vertellen wat we niet al wisten. Van iedereen wel de gegevens genoteerd natuurlijk, kopietjes gemaakt van de paspoorten et cetera.'

'Dat is goed. Hoeveel namen hebben we inmiddels?'

'Een stuk of zestig dacht ik. Dat betekent dat er tien of twintig ontbreken.'

'Nou, dat schiet allemaal niet op. Er zit toch weinig anders op dan dat we gewoon de lijst afgaan en de mensen bezoeken van wie we wél de naam hebben. Jij en ik beginnen met Peter de Haan en zijn partner. Doe er bij ons nog een paar namen bij, verdeel de rest onder de anderen van het team.

Als we er allemaal vijf of zes doen, hebben we iedereen in twee, drie dagen gesproken. En morgen of overmorgen komt het NFI waarschijnlijk al met de uitslag van wat er aan DNA gevonden is op die plattegrond.'

'Dat is goed, ik zal de indeling maken,' had Van de Kooij gezegd, voordat hij snel was opgestaan.

Er was in elk geval één iemand die zin had in de dagen die voor hen lagen.

11

Peter zat op zijn kantoor. Hoewel het strikt verboden was, had hij toch de brand gestoken in een van de vijf cigarillos die hij placht te roken door de week. Op zondagavond stopte hij er altijd vijf in zijn zilverkleurige sigarendoosje, één voor elke dag. Hij had het raam wijd opengezet en zat schuin op de vensterbank, terwijl hij de rook naar buiten blies. Op zich was dat een zinloze actie, want door de wind waaide de rook net zo hard weer terug de kamer in. Maar op deze manier dacht hij de rookmelder te misleiden, die centraal op het plafond bevestigd was.

Hij probeerde de werkgroep van die middag te recapituleren. Misschien had hij strenger in moeten grijpen toen de term 'genocide' te berde werd gebracht. Hoewel er ontegenzeggelijk sprake geweest was van een decimering van de oorspronkelijke indiaanse bevolking, was de term 'genocide' problematisch, omdat dit een zeker vooropgezet plan suggereerde.

Hij nam een trekje van zijn sigaar, hield de rook even in zijn mond en blies die in een lange rechte streep door zijn getuite lippen naar buiten.

Het was ook wel goed dat er een tegengeluid zou klinken bij de herdenking van het vertrek van de Pilgrims uit Leiden vierhonderd jaar geleden. Wellicht was het een goede gelegenheid ook deze minder fraaie kant van de geschiedenis te belichten en om de huidige positie van de indiaanse bevolking onder de aandacht te brengen.

Eenmaal op zijn kantoor had hij direct rechercheur Rijsbergen teruggebeld.

Die had hem gezegd dat ze ergens tussen vijf en zes bij Fay langs zouden komen en dat het voor hen het gemakkelijkst was als hij er dan ook zou zijn.

Het was bijna halfvier nu. Normaal gesproken zou Peter nog tot een uur of zes doorwerken, maar daar stond zijn hoofd op dat moment absoluut niet naar. Hij voelde een grote behoefte om bij Fay te zijn.

Er werd op de deur geklopt, die geopend werd zonder op antwoord te wachten.

Snel gooide Peter het stompje van zijn sigaartje naar buiten en pakte het spuitbusje dat in de vensterbank stond. Hij spoot na het roken altijd wat pufjes luchtverfrisser in het rond om de rooklucht te maskeren.

Toen de deur helemaal open was, bevroor Peter in zijn houding, met de spuitbus in zijn hand, als een graffitispuiter die door de politie op heterdaad wordt betrapt.

Het was Mark, die onmiddellijk in de lach schoot. 'Aan het begin van de gang kun je die sigaarlucht al ruiken, hoor!' zei hij. 'Daar helpt die toiletverfrisser echt niet tegen.' Hij sloot de deur achter zich en kwam binnen. 'Ik kwam even langs om te vragen hoe het met je is. Ik heb gehoord wat er gisteravond gebeurd is. Judith vertelde me dat jij en Fay naar die open avond zouden gaan.'

'Ah, dank je, attent van je.'

Mark ging op de driepersoonszitbank zitten, die Peters kantoor zo'n huiselijke uitstraling gaf.

'Maar het was afschuwelijk,' zei Peter. 'In één woord afschuwelijk.'

'Bizar ook. Zo'n moord tijdens een open avond met tientallen bezoekers. Agatha Christie is er niets bij.'

'Je hebt gelijk, dat is al vreemd, maar... Je weet dat Fay en ik hem als eerste gevonden hebben, hè?'

'Echt? Man!' Mark, die tot dan toe op het puntje van de bank gezeten had, liet zich achterovervallen, waardoor hij er uiteindelijk wat vreemd onderuitgezakt bij zat. 'Wat een drama!' zei hij. 'Fay kende hem toch behoorlijk goed?'

'Ja, inderdaad. Hij was de voorzitter van haar loge, dus ja, ze heeft veel met hem gesproken. Zelf had ik hem maar een paar keer ontmoet, maar evengoed... Om die man dan zo te vinden...'

En nu je mond houden, sprak Peter zichzelf streng toe.

Maar Mark leek niet geïnteresseerd in de manier waarop Fay en hij Coen Zoutman hadden gevonden.

'Hoe is het met Fay?'

'Ja, wat zal ik zeggen?' zei Peter. 'Slecht natuurlijk, ze is compleet van de kaart. Ze heeft geen flauw idee wie dit gedaan zou kunnen hebben. Een goede man, die Zoutman, deed geen spreekwoordelijke vlieg kwaad.'

'Het is een raadsel dus.'

Peter vertelde in het kort over de ontmoeting met de Amerikanen bij het Leiden American Pilgrim Museum.

'Daarna ben ik hiernaartoe gekomen. Behalve met die man heb ik er met niemand nog over gesproken, hoewel, dat is niet helemaal waar. Er was een student in mijn werkgroep die er gisteravond ook was. Met hem heb ik heel kort gepraat, maar meer niet.'

'En nu? Wat ga je doen?'

'Nu? Ik ga zo maar eens op huis aan, of beter gezegd, naar Fay, kijken hoe het met haar is.' Peter liep naar zijn bureaustoel om zijn colbertje weer aan te trekken. 'Wat ga jij doen?'

'Terug naar kantoor, een uurtje, en dan ga ik ook naar huis, denk ik. Ik wil thuis ook nog wat werken en ik ben aan de beurt om te koken vanavond. Judith heeft gisteren gekookt.'

Hoewel Peter erg gelukkig was met Fay, kon hij het niet helpen dat hij na al die jaren op zulke momenten nog altijd een warme vlaag van jaloezie door zijn lichaam voelde gaan. Hij kon zich ertegen verzetten wat hij wilde, hij kon het proberen weg te redeneren, hij kon zich onmiddellijk het huiselijke geluk van hem en Fay voor de geest halen, samen zittend voor haar huis met de krant, een glas wijn in de handen en Agapé die in de tuin van het hofje met een bal speelde...

Maar dan nog steeds, op dit soort momenten, als Mark achteloos vertelde dat hij ging koken, dan zag Peter zichzelf plotseling in Marks plaats, roerend in verschillende pannen die op het vuur stonden, een mooi biertje op het aanrecht, de dauwdruppels op het glas. En dan Judith, die met rode wangen van de buitenlucht binnenkwam, hem van achteren omhelsde, hem teder in zijn nek zoende en even zo tegen hem aan geleund bleef staan...

Maar goed...

Mark wilde opstaan, maar plofte weer terug op de bank toen zijn telefoon ging. Hij leunde schuin opzij om het mobieltje gemakkelijker uit zijn broekzak te kunnen pakken.

'Met Mark,' zei hij. Wat langer dan gebruikelijk is bij een normaal gesprek luisterde hij naar wat iemand aan de andere kant van de lijn vertelde.

'Ja, dat klopt,' hoorde Peter hem toen zeggen.

'Hm... inderdaad. Het Sionshof... Ja, daar woon ik.' Hij keek met gefronste wenkbrauwen naar Peter om aan te geven dat hij ook niet precies begreep waar dit gesprek heen ging. 'Wát?' riep hij toen uit. 'Wát hebben ze gedaan?' Hij luisterde nog kort naar de persoon die zijn of haar verhaal aan het afronden was. 'Goed, ik kom eraan,' zei hij toen.

'Wat was dat?' vroeg Peter zodra Mark had opgehangen.

'Er was iets… Eh… Dat was iemand van de woningbouwvereniging, die ons hofje beheert. Namens alle bewoners ben ik de contactpersoon met de stichting.' Hij zweeg even. 'De gevel van ons hofje is met rode verf besmeurd.'

'Nou ja zeg.'

'Ja, maar… Dat is nog niet het enige. Dat zou nog een toevallige daad van vandalisme kunnen zijn, maar dat is het dus niet.'

'Want?'

'Van het woord "Zion" boven de deurpost hebben ze "Zionisten" gemaakt. Erboven staat "dood aan de".'

'Waar slaat dát dan op?'

'Ja, dat slaat helemaal nergens op natuurlijk. Het heet het Groot Sionshof nota bene…' Mark hield de eerste 's' langer aan, als een slang. 'De beeldhouwer die de naam in de gevel moest beitelen, heeft zich vergist, waardoor het nu met een "z" geschreven is in plaats van met een "s", maar dan nog. Als demonstranten een punt tegen Israël willen maken, dan slaat deze actie werkelijk helemaal nergens op. Het hele hofje heeft niets met Joden te maken; er is niets Joods aan.'

Toen keken ze elkaar verschrikt aan. Ze waren allebei op precies dezelfde gedachte gekomen. Het was dan ook niet verwonderlijk dat ze op hetzelfde moment dezelfde naam uitspraken.

12

'Judith!' schreeuwde Mark toen ze haar telefoon opnam. Met een angstige blik in zijn ogen stond hij van de bank op, terwijl hij zijn linkerhand op zijn hart legde, alsof hij dat zo wilde kalmeren. 'Waar ben je?' vroeg hij, nog steeds op een veel te luide toon.

Peter, die gespannen naar Mark had staan kijken, voelde dat zijn schouders omlaagzakten.

'Ze is op haar kantoor!' riep Mark naar Peter, alsof die helemaal aan de andere kant van een groot plein stond. 'Fijn, lieverd,' zei hij, rustiger nu. 'Ik ben zo opgelucht.'

In het kort vertelde hij aan Judith wat er bij de poort van hun hofje was gebeurd. Aan zijn reactie te horen, leek Judith zich geen moment zorgen te maken dat die protestactie op welke manier dan ook tegen haar gericht kon zijn. Mark deed wat halfslachtige pogingen toch een verband te leggen tussen het vandalisme en het feit dat zij er woonde, maar hoe meer hij dat probeerde, des te onwaarschijnlijker ook Peter die relatie leek.

'Ik kom naar je toe, schat,' zei hij.

Peter kon niet horen wat Judith zei, maar blijkbaar protesteerde ze.

'Nee, dat ís niet overdreven,' zei Mark. 'Ik wil je gewoon graag even zien. Ik ben geschrokken. Dan kunnen we later samen naar huis.'

Blijkbaar had Judith zich laten overtuigen, want Mark zei dat hij er onmiddellijk aan kwam.

'Ze is op kantoor,' zei hij nogmaals, dus geheel ten overvloede. Hij stak zijn hand op en ging zonder verder nog iets te zeggen weg.

Peter zuchtte diep, ook uit opluchting dat de zorgen om Judith een storm in een glas water bleken te zijn geweest.

Het zijn absurde dagen dit, dacht hij. *Niet gek dat mijn zenuwen zo gespannen zijn.*

Hij belde Fay.

'Hey,' zei ze, als iemand die net uit een diepe slaap wakker geworden is.

'Hoe is het, lieverd?' vroeg hij.

'Ach, wat zal ik zeggen. Het is zo verdrietig allemaal.'

'Ik kom naar je toe. Goed?'

'Dat is goed,' zei ze.

'Zijn Alena en Agapé er?'

'Die zijn samen naar het museum, Oudheden. Daarna gingen ze pannenkoeken eten.'

'Ah, leuk.'

'Ja,' zei Fay, nog steeds op vlakke toon. 'Maar dan ga ik me nu snel aankleden. Ik moet mijn fiets nog even ophalen eigenlijk, die heb ik bij mijn kantoor laten staan gisteren. Ach, dat doe ik anders morgen wel.'

Toen Peter het huisje binnenkwam, hoorde hij het water van de douche lopen. De woonkamer en de keuken waren helemaal aan kant. Ongetwijfeld had Alena daar de hand in gehad.

Hoewel de meeste mannen er waarschijnlijk niet aan zouden moeten denken zoveel in het gezelschap van hun schoonmoeder te moeten verkeren, kon Peter het goed met Alena vinden. Het was een zeer belezen vrouw, goed op de hoogte van de actualiteit, waar ze graag op een prettige, nuchtere manier haar visie op gaf.

Fay was voorzichtig geweest met het introduceren van Peter bij Agapé. Hoewel het meisje pas enkele maanden oud was toen haar vader stierf en dus geen enkele herinnering aan hem had, wilde Fay niet een nieuwe 'vader' in haar leven brengen zonder eerst wat zekerheid te hebben over de duurzaamheid van de relatie. Van het begin af aan was er een natuurlijk contact geweest tussen Peter en Agapé, die hem gewoon bij zijn voornaam aansprak – al had Fay weleens verteld dat ze op school aan kinderen vertelde dat hij 'een soort van nieuwe papa' was.

Op het aanrecht stonden uitnodigend twee glazen en een reeds geopende fles rode wijn.

Nog geen vijf minuten nadat Fay de douche had uitgezet, kwam ze naar beneden.

Ze omhelsde Peter, die zijn gezicht in haar natte, heerlijk fris ruikende haren begroef.

'Kom,' zei ze. 'Laten we drinken.'

Ze liep naar het aanrecht, waar ze voor hen beiden een glas wijn inschonk.

Toen ze op de bank zaten, vertelde Peter over de besmeuring van het Sionshofje. 'Echt afschuwelijk die antisemitische leuzen,' zei hij. 'En zó dom ook, dat hele hofje heeft daar helemaal niets mee te maken natuurlijk.' Fay zuchtte geërgerd.

'En geen spoor van de daders natuurlijk,' zei ze.

'Nee, ik ben bang van niet. Mark maakte zich zorgen om Judith. Hij was bang dat iemand het misschien ook op haar gemunt zou kunnen hebben.'

'Dat lijkt me niet erg waarschijnlijk. Denk je?'

'Nee, het is gewoon een heel stomme actie. Het zal vast met een sisser aflopen, maar het is vervelend ja. Het sláát ook nergens op. Zó zinloos.'

'En zo laf ook.'

Toen Peter een tweede slokje van zijn wijn nam, zag hij dat Fay haar glas al leeg had. Ze liep naar de keuken om zichzelf opnieuw in te schenken. Nadat ze dat glas staand bij het aanrecht had geleegd, schonk ze een derde glas tot aan de rand vol.

'Doe je wel rustig aan, lieverd?' vroeg Peter.

'Sorry,' verontschuldigde Fay zich. 'Ik heb gewoon even behoefte aan verdoving, denk ik.' Ze liep heel behoedzaam terug naar de bank, haar ogen strak op het glas gericht om niet te morsen. 'Die rechercheur belde nog,' vertelde ze. 'Hij had eerst geprobeerd jou te pakken te krijgen, maar belde toen mij. Hij en zijn collega komen straks even langs om ons te spreken.'

'Ja, dat weet ik. Hij heeft mijn voicemail ingesproken. Maar waarom eigenlijk?' zei hij. 'We hebben ze toch alles verteld gisteren?'

'Hij wilde ons tóch nog even spreken. Ook om van mij nog meer te horen over die verkiezingen waarbij Coen als voorzitter uit de bus kwam. Misschien denken ze dat daar toch iets te vinden is.'

'En wat denk jij?'

'Ik weet het niet. Er was toch wat...' Fay begon zachter te praten, alsof ze bang was dat er iemand meeluisterde. 'Het is niet allemáál koek en ei bij de loge. Er was toch wel wat verzet tegen zijn voorzitterschap.'

'Dat heb je me nooit zo verteld.'

'Nee, het was ook gewoon gedoe. Sommigen vonden het irritant dat toch weer een man het voorzitterschap opeiste, nu er dan eindelijk een geméngde loge was. Anderen vonden hem wat te vrij. Er zijn ook bij de vrijmetselaars mensen die wat meer leiding nodig hebben, mensen die van een Achtbare toch meer –'

Het scherpe geklingel van de deurbel legde haar het zwijgen op.

Bij Fays voordeur hing een grote, ouderwetse bel, een bronzen geval met een klepel en een kleine ketting waar je aan moest trekken. Bij Peter bracht het geluid elke keer weer herinneringen aan zijn lagere school naar boven, waarbij het hulpje van de week met precies zo'n bel mocht klingelen om het einde van een pauze aan te geven.

Peter stond op om open te doen.

Rijsbergen en Van de Kooij stonden voor de deur.

'Ah,' zei Rijsbergen. 'Wat fijn dat u er ook bent.'

Ze stapten de huiskamer binnen en gingen zitten. Beiden hadden hun jas opengedaan, maar hielden die aan.

'Willen jullie iets drinken?' vroeg Fay.

'Nee, bedankt,' zei Rijsbergen. 'We zullen jullie niet lang storen, hoor, maar we wilden jullie toch nog even spreken. Met name over die verkiezingen die u gisteren terloops noemde. Ik zou daar toch graag wat meer over horen.' Hij pakte een klein aantekeningboekje, dat hij geopend op zijn schoot legde.

'Dat is goed,' zei Fay.

Ze sprak met vaste stem, maar omdat Peter haar beter kende wist hij dat ze zich inspande om niet aangeschoten over te komen. Ze had in nog geen vijf minuten twee glazen wijn achterovergeslagen.

'Ik heb geen geheel nieuwe informatie hoor, maar er is toch… Hoe zal ik het zeggen?' Fay nam opnieuw een flinke slok. 'Coen was de voorzitter…' begon ze aarzelend. 'Hij was de eerste voorzitter, de eerste Achtbare Meester, sinds de oprichting van onze loge, de eerste gemengde loge van Leiden, maar zijn voorzitterschap was niet helemaal onomstreden. Er waren destijds meerdere kandidaten, natuurlijk, zou ik bijna zeggen, en Coen won die verkiezingen – hoewel "verkiezingen" een wat te groot woord is – met overmacht. Hij had de steun van veruit de meeste leden.'

'Hoe ging dat kiezen?' wilde Rijsbergen weten. 'Met handen opsteken? Deden jullie briefjes in een stembus?'

'Dat laatste ja,' zei Fay.

'Dat zijn dan toch gewoon verkiezingen?' merkte Van de Kooij op.

'Jawel, maar niet met een campagne of iets dergelijks, of met verkiezingsposters. Uiteindelijk moet je toch weten wie de meeste steun geniet. Het opsteken van handen wezen de leden af, omdat je dan niet anoniem bent natuurlijk, dus deze geheime stemming was het meest logisch. Dan krijg je achteraf geen gedoe, geen scheve gezichten van: jij staat eigenlijk niet achter mij.'

'Tja,' zei Rijsbergen. 'Dat is waar, maar dan heb je weer het probleem dat mensen gaan zitten gokken wie er al dan niet op hen gestemd heeft. Maar goed, de heer Zoutman won?'

'Ja, hij kreeg bijna twee derde van de stemmen, meen ik me te herinneren, dat zullen zo'n veertig stemmen zijn geweest. Er waren nog twee andere kandidaten die ieder ongeveer tien stemmen kregen.'

'Dus hij kon op een brede steun rekenen van een meerderheid van de mensen?'

Fay knikte.

'Denkt u zelf,' vroeg Van de Kooij, 'dat we de dader of daders onder zijn tegenstanders moeten zoeken?'

'Het ging niet zozeer om de functie van het voorzitterschap,' zei Fay nadenkend. 'Dat is voor een deel een erebaan natuurlijk, maar uiteindelijk ben je toch de eerste onder je gelijken.'

'*Primus inter pares*,' zei Van de Kooij, de rollende 'r' van zijn Leidse accent extra aanzettend, zo leek het.

'Inderdaad,' beaamde Fay. 'De Achtbare Meester bepaalt niet het beleid of iets dergelijks. Maar hij leidt wel de discussies, is het gezicht naar buiten toe in zekere zin. Op momenten zoals de open avond voert hij het woord. Hij geeft interviews als er eens een aanvraag is. Er was toch wel sprake van een zekere...' Ze worstelde zichtbaar met de juiste keuze van haar woorden. '...een zekere richtingenstrijd, al zou je dat misschien niet zo verwachten bij de vrijmetselaars, maar ja, het blijft mensenwerk natuurlijk.'

'Hoe bedoelt u dat?' nam Rijsbergen het gesprek weer van Van de Kooij over.

'Wij vrijmetselaars laten ons er juist op voorstaan,' legde Fay uit, 'dat we niet dogmatisch zijn, dat we elkaar de ruimte geven om anders tegen hetzelfde aan te kijken, dat alles bediscussieerbaar is, niets vastligt. Ook de symbolen die we gebruiken niet. Ik denk dat Coen daar die avond nog een opmerking over heeft gemaakt. Volgens mij had hij het over het Alziend Oog dat zich aan de muur achter hem bevond. Hij had ons kunnen vertellen hoe hij dat ziet, wat het voor hem persoonlijk betekent, maar dat hoefde dan totaal niet overeen te komen met hoe andere mensen ertegenaan kijken. Maar er waren ook minder...' Weer die aarzeling. '...ik kan het toch niet anders omschrijven dan minder rijpe geesten, mensen die daar geen genoegen mee konden nemen. Zo van: "Dat Alziend Oog is het Oog van God, dat alles ziet. Het vormt een aansporing om ook goed te zijn als je alleen bent, als er geen andere mensen getuige zijn van wat je doet. Geen andere uitleg mogelijk. Punt. Einde discussie." '

'En dat gaat precies in tegen de hele geest van de vrijmetselarij natuurlijk,' deed nu eindelijk ook Peter een duit in het zakje.

'Een richtingenstrijd zei u?' vroeg Rijsbergen. 'Tussen?'

'Nou dát dus, wat ik net zei. Een richtingenstrijd tussen mensen die uitgaan van een vaststaande geschiedenis, van de letterlijkheid van verhalen, van een zekere eendimensionaliteit van symbolen, een contradictio in terminis natuurlijk...' Ook zij liet de 'r' flink rollen, waarbij ze Van de Kooij even plagerig aankeek. '...omdat symbolen voortdurend van betekenis veranderen, afhankelijk van wie ernaar kijkt. Zelfs afhankelijk van wannéér je ernaar kijkt, in welke fase van je leven. En aan de andere kant zijn er mensen, zoals Coen en zoals ik ook, bij wie niet de letterlijkheid van overgeleverde verhalen centraal staat, maar de allegorische betekenis ervan, de boodschap die erin verscholen ligt, de onderstroom in een traditie. En dan zeg ik "minder rijpe geesten", omdat er wat durf voor nodig is, wat wijsheid en levenservaring om vaststaande interpretaties los te durven laten.'

Peter schoot de parallel te binnen van hoe Jezus aan het gewone volk altijd verhalen vertelde, maar aan zijn leerlingen 's avonds uitlegde wat de werkelijke betekenis van het verhaal was. De simpele boeren en arbeiders hadden genoeg aan het verhaal zelf en de letterlijke betekenis – hetgeen ook vandaag de dag nog gold voor de overgrote meerderheid van de gelovigen – maar mensen op een hoger niveau, ingewijden, konden meer aan.

'Ik weet niet of deze botsing tussen twee culturen, als je het zo kunt noemen,' besloot Fay haar verhaal, 'voldoende is voor iemand om die arme Coen het hoofd in te slaan, maar ik neem aan dat jullie op dit moment niets of niemand uit willen sluiten, toch?'

'Klopt, klopt,' zei Rijsbergen. Hij sloeg zijn aantekeningboekje dicht.

'Goed,' zei hij op een toon die aangaf dat het gesprek wat hem betrof afgelopen was. 'Dat is het dan wel weer voorlopig.'

'Niet helemaal,' zei Fay.

Peter keek haar zo mogelijk nog verbaasder aan dan Rijsbergen en Van de Kooij.

'Hoe bedoelt u?' vroeg Rijsbergen, die zijn boekje weer opende.

'Ik denk...' Fay liet een korte pauze vallen, die een dramatisch effect had.

'...dat ik een verklaring heb voor de manier waaróp Coen omgebracht is.'

Fragment 4 – John Robinson en het geestelijk
leven van de Pilgrims (1617)

Sta me toe iets meer te vertellen over onze geestelijke voorganger, John
Robinson, die ik het voorrecht heb vanaf het allereerste begin te kennen.
Hij is geboren in 1576 in Sturton le Steeple, een plaatsje niet ver
van Scrooby. In 1596 haalde hij zijn graad in de theologie aan het
Corpus Christi College in Cambridge, pas twintig jaar oud! Hier
was het dat John kennismaakte met de puriteinse ideeën waartoe
hij zich vanaf het allereerste begin aangetrokken voelde. Elizabeth
I was onze koningin. Het was in die tijd nog geen probleem als je je
aangetrokken voelde tot opvattingen die afweken van de Moeder-
kerk, zolang je maar niet te ver van het door Rome gebaande pad
afdwaalde. En alles ging ook goed, totdat James I, de Hollanders hier
noemen hem Jacobus, de troon besteeg. De relatieve vrijheid die we
tot dan toe hadden genoten – hier zouden ze lachen om wat wij toen
als "vrijheid" zagen – hield op. Van het ene op het andere moment
moesten de geestelijken weer terug in het strakke gelid en mochten ze
het evangelie niet langer aan een eigen interpretatie onderwerpen.
Onze John, die inmiddels predikant was geworden, predikte zonder
schroom zijn puriteinse ideeën vanaf de kansel. Hiermee overschreed
hij een grens, waardoor hij in het jaar des Heeren 1603 ontslagen
werd. Ook werd hem te verstaan gegeven dat hij op geen enkele wijze
meer prediken mocht.

Maar John was niet bereid om dat wat hij als de waarheid beschouwde op te geven. 'Als ik zou zwijgen, zouden de stenen het uitschreeuwen,'
vertelde hij me.

En gaf hij op? Keerde hij als een geslagen hond terug naar zijn vroe-

gere meester? Nee! En daarom hebben we in hem zo een geweldige lei-
der gevonden, een nieuwe Mozes, die ons uiteindelijk zou wegleiden uit
onze slavernij.

Het duurde niet lang of hij trad definitief toe tot de gelederen der
separatisten, eerst elders, maar na een jaar sloot hij zich bij ons aan,
de gemeenschap van Scrooby. Al snel werd hij een van onze leiders. Hij
stond aan de basis van veel beslissingen die achteraf bezien het lot van
onze groep hebben bepaald: het oprichten van de Scrooby Church, het
vertrek vanuit Engeland naar de Nederlanden en later vanuit Amster-
dam naar Leiden.

Omdat onze eerdere dominee in Amsterdam achterbleef, werd John
de geestelijk leider van de groep in Leiden. In 1615 schreef hij zich in aan
de Leidse universiteit omdat hij een zoeker is. Dat is hij in feite heel zijn
leven geweest. Hij wijst niets af, staat altijd open voor nieuwe ideeën.
Hij onderzoekt alles en behoudt het goede. Hij gelooft voor alles in de
discussie, in het vrij uitwisselen van ideeën. 'Zelfs als je tegenstander
aperte onzin verkondigt, dan nóg is het leerzaam,' hield hij mij eens
voor. Toen ik hem niet-begrijpend aankeek, legde hij me uit dat pas in
het gesprek met de ander, dus ook met iemand die ideeën huldigt die niet
de jouwe zijn, het in elk geval duidelijk wordt wát jouw ideeën zijn, ook
al heb je op dat moment zelf misschien niet de juiste woorden om ze tot
uitdrukking te brengen.

Vele uren brengen we samen pratend door, voor het huisje dat ik door
zijn goedgeefsheid het mijne noemen mag. Nu klinkt 'praten' als het uit-
wisselen van ideeën op hetzelfde niveau, tussen gelijken, maar daarvan
is feitelijk geen sprake. Hoewel ik me op geen enkel moment onwaardig
of de mindere voel, is de verhouding tussen ons veeleer een verhouding
als tussen een meester en zijn leerling. We bevinden ons niet op hetzelf-
de niveau. Die paar keren dat ik hem tot nu toe met een inzicht of een
antwoord heb verrast, zijn in al die jaren op de vingers van twee handen
te tellen, maar nog steeds gloei ik van trots als ik terugdenk aan de paar
momenten waarop John stilviel en iets mompelde als 'verdraaid, je hebt
gelijk', 'zo had ik het nog nooit bekeken' of 'je verwoordt het beter dan ik
gekund had'.

Als ik zo naar onze gesprekken kijk, zijn er drie zaken die telkens
opnieuw maar weer terugkomen, in verschillende hoedanigheden: vrij-

heid, gelijkheid en democratie, drie zaken waar hij met heel zijn hart, met heel zijn ziel en met heel zijn verstand in gelooft.

John vertelde me eens: 'Ik beschouw deze waarheden als vanzelfsprekend: dat alle mensen als gelijken worden geschapen, dat zij door hun Schepper met zekere onvervreemdbare rechten zijn begiftigd, dat zich daaronder bevinden het leven, de vrijheid en het nastreven van geluk.' Hij heeft de woorden voor me herhaald zodat ik ze opschrijven kon, want toen hij ze zo voor het eerst, spontaan zo leek het me, uitsprak, drongen ze rechtstreeks door tot mijn hart.

En hij vertelde me ook dat mochten we Leiden ooit verlaten en de kans krijgen in een maagdelijke omgeving vanaf de bodem een nieuwe samenleving op te bouwen, precies déze woorden de leidraad van die nieuwe maatschappij zouden moeten vormen, een hedendaags Atlantis, een waar Utopia, een nieuw Beloofd Land. Onder deze door hem zo hoog geachte en geprezen vrijheid verstaat hij ook de vrijheid om zelf zijn interpretatie van de Bijbel te zoeken. Bovendien, zo vindt hij, is elke gemeente vrij en zelfstandig en vrij van inmenging door de staat. Zoals ik hierboven al schreef, heeft hij dus ook gelijkheid hoog in het vaandel staan, omdat het niet uitmaakt wie je bent of wat je doet. In zijn eigen leven geeft hij handen en voeten aan deze overtuiging, alleen al door tijd met mij door te brengen. Zonder aanzien des persoons discussieert hij met mij of met wie maar ook bij ons komt zitten – al hoop ik altijd stiekem dat niemand anders tijd of gelegenheid heeft erbij te komen. 'Wie zijn wij te oordelen over andere mensen,' zo zei hij eens. 'Alleen God bepaalt of je bij het Laatste Oordeel gered zult worden of niet.' De derde pijler onder zijn levensvisie is democratie, omdat de gemeente zelf bepaalt wie hen zal leiden. Natuurlijk hebben ook wij ouderlingen, mannen die in zekere zin boven de 'gewone' gemeenteleden gesteld worden, maar zij zijn niet meer dan vertegenwoordiger van die gemeente, bedoeld om de dagelijkse gang van zaken te regelen. De gemeente kiest haar ouderlingen, een functie waar iedere volwassen man voor in aanmerking komt – waar kun je nog meer gelijkheid vinden dan hier? – en kan die ook zelf weer afzetten als ze niet naar tevredenheid functioneren.

Soms probeert John mij en de mensen die zich om ons heen hebben verzameld in te wijden in de hevige discussie die plaatsvindt binnen het Nederlandse calvinistische geloof, maar de echte finesses daarvan ontgaan mij eerlijk gezegd. Toch kan het zelfs eenvoudigen van geest niet ontgaan dat de twist, die zijn oorsprong vindt in de ruzie tussen de twee hoogleraren Gomarus en Arminius, zich niet langer alleen maar binnen de muren van de Academie afspeelt. Wat ik ervan begrijp, zit het zo. Volgens Gomarus staat het oordeel van God over een mens al voor de schepping vast, dus een mens heeft daar geen invloed op. Hooguit kun je uit je daden een soort van indicatie halen welke kant het op zal gaan. Volgens Arminius heeft de mens een vrije wil om wel of niet voor de weg van God te kiezen. Hij geeft hun de middelen om te kunnen kiezen, maar weet bij voorbaat al welke keuze iemand zal maken. Op sommige avonden, als John weer eens heeft deelgenomen aan een openbare discussieavond op de universiteit, is hij zo verhit en opgewonden dat het lang duurt eer hij de slaap kan vatten – zo bekende hij mij eens. John heeft de kant gekozen van Gomarus – hetgeen hem in Leiden duidelijk niet door iedereen in dank wordt afgenomen.

De aangenomen 'zoon', zoals iedereen de jongen beschouwt die van het begin af aan onder Josh Nunns vleugels verkeert, is inmiddels opgegroeid tot een knappe en pientere jongeman, een volwaardig lid van de gemeenschap. Soms neemt hij het woord tijdens onze diensten op zondag, iets wat door sommige leden met enige aarzeling – of is het jaloezie? – geaccepteerd wordt. Niet alleen het ontbreken van een formele opleiding om een preek te kunnen houden en de Schrift op een juiste manier uit te kunnen leggen, voeren mensen als bezwaar aan – nooit openlijk overigens, maar altijd wanneer zij zich onbespied wanen. Een zwaarwegender argument is dat de jongen soms de neiging heeft er een wat al te vrije interpretatie op na te houden, alsof hij op zoek is naar het verhaal dat mogelijk achter een verhaal schuilgaat. Alsof er een betekenis in verscholen ligt die ons gewone stervelingen tot dan toe is ontgaan.

13

'Wat bedoelt u?' vroeg Rijsbergen, terwijl hij zijn ogen tot spleetjes samenkneep. 'U heeft een verklaring voor de manier waarop Coen omgebracht is?'

'Ik heb een idee over de moord zélf, natuurlijk niet over de dader, maar de symboliek in de wijze waarop de Achtbare Meester is vermoord, ligt er dik bovenop. De eerste keer dat we elkaar spraken, was ik nog te overweldigd en te moe om het te zien.'

Ze had de onverdeelde aandacht van Rijsbergen en Van de Kooij, die net als zijn meerdere zijn ogen samenkneep.

Peter keek haar van opzij wat verrast aan. *Waarom heeft ze dit mij niet verteld,* dacht hij.

'Wat is volgens u de symboliek die schuilgaat achter deze moord?' vroeg Rijsbergen.

'Het ligt heel erg voor de hand,' zei Fay. 'Als jullie mij vandaag niet hadden gesproken, zou iemand anders het jullie een dezer dagen vast ook wel hebben verteld. Waarschijnlijk hebben jullie de drie korte pilaren in de tempel wel gezien waarop kaarsen staan die tijdens het ritueel aangestoken en later weer gedoofd worden.'

Rijsbergen knikte, waarna Van de Kooij snel volgde.

'Die worden de drie pilaren of de drie zuilen van Wijsheid, Kracht en Schoonheid genoemd. Daar is nog oneindig veel meer over te vertellen, maar dat zal ik nu niet doen. Wij vrijmetselaars zeggen dat de Wijsheid verwijst naar het Verstand of de Rede, de Kracht naar de Wil en de Schoonheid naar het Gevoel of de Emotie. Je zou ook kunnen zeggen: de zuilen staan voor het denken van de mens, het handelen en het voelen.'

'Dat klinkt logisch,' zei Rijsbergen.

'De moordenaar was hiervan op de hoogte – of de moordenaars natuurlijk,' vervolgde Fay. 'Weten jullie trouwens al of er sprake is van één dader of van meerdere daders?'

'In dit stadium van het onderzoek houden we nog rekening met elke mogelijkheid. Maar als ik het wist, zou ik het u vanzelfsprekend niet kunnen vertellen.'

'Natuurlijk, natuurlijk,' zei Fay snel. 'Goed, het denken, het handelen en het voelen dus. De moordenaar heeft het hoofd van de Achtbare Meester ingeslagen – althans, dat is mijn theorie – om zo het denken van de meester uit te schakelen. Hij heeft de handen doorboord zodat hij niet meer kan handelen; zijn handen zijn letterlijk gebonden. En zijn hart, de zetel van het gevoel, is vernietigd om zo het voelen voorgoed onmogelijk te maken.'

Terwijl Rijsbergen opschreef wat Fay zojuist verteld had, keek Van de Kooij schuin mee op zijn papier, alsof hij wilde controleren of haar woorden goed werden genoteerd.

'Dat verklaart dan waarschijnlijk de moeite die de dader heeft genomen om het slachtoffer op deze manier toe te takelen,' zei Rijsbergen toen hij alles had opgeschreven. 'Maar dat wil nog niet per se zeggen dat de moordenaar al lang vertrouwd was met de symboliek. Het is ook heel goed mogelijk dat het die avond ter sprake is gekomen tijdens de lezing die de voorzitter gehouden heeft. Of dat de dader het op internet gevonden heeft. Die kennis is niet geheim, toch?'

Rijsbergen had het niet kunnen laten het woord 'geheim' op een licht ironische toon uit te spreken, maar als Fay dat al had opgemerkt, liet ze daar niets van laten blijken.

'Nee hoor,' antwoordde Fay rustig. 'Op zich is die kennis algemeen toegankelijk. Het zou me niet verbazen als deze informatie op de pagina staat van de eerste de beste treffer die je op internet aanklikt. Maar u heeft gelijk: de manier waarop de moord gepleegd is, duidt er misschien alleen op dat de moordenaar op de hoogte was van de symboliek van de drie zuilen, maar zegt niets over hoelang hij al over deze kennis beschikte of hoe hij daaraan is gekomen.'

'Goed,' zei Rijsbergen. 'De bizarre setting van de moord lijkt me hiermee verklaard. Laten we hopen dat dit ook de oplossing van de zaak dichterbij brengt.'

Na nog enkele beleefdheden uitgewisseld te hebben, vertrokken de rechercheurs.

Niet veel later kwamen Alena en Agapé thuis. Fay gooide snel het restant wijn uit haar glas in de gootsteen en hield haar gezicht onder de kraan om zich op te frissen.

Het meisje mocht nog even opblijven, voordat Alena en Fay naar boven gingen om haar naar bed te brengen, een vast ritueel.

Alena vertelde Agapé altijd een verhaal voor het slapengaan. Ze las niet voor, maar vertelde uit het hoofd, waarbij ze kon putten uit een ongelooflijk rijk reservoir van Griekse mythen en sagen, Tsjechische volksverhalen en Europese sprookjes en fabels – vaak goed passend bij het jaargetijde of de omstandigheden van het moment. Alena was een geliefde docente geweest bij wie zelfs de drukste klassen aan haar lippen hadden gehangen zodra ze een verhaal begon te vertellen.

Peter ging er regelmatig bij zitten om te luisteren naar Alena, die met haar geoefende vertelstem in enkele zinnen hele werelden kon oproepen vol feeën, elfen, in het bos achtergelaten weeskinderen, goden en helden, die allerlei avonturen beleefden. Als Alena voor de tweede of derde keer hetzelfde verhaal vertelde, verzon ze telkens weer nieuwe details of gaf ze er net een andere wending aan, waardoor je toch altijd weer verrast werd.

Peter klapte Fays laptop open om zijn mails te checken. Haar Outlook stond nog open. Vlak voor hij het programma weg wilde klikken, viel zijn oog op een mapje in de lange rij mapjes die Fay had aangemaakt.

Fay was een zeer geordend persoon. Haar inbox bevatte nooit meer dan een paar berichtjes, omdat ze alles zo veel mogelijk direct afhandelde. Ze beantwoordde een mail onmiddellijk, gooide de oorspronkelijke mail dan weg of bracht die onder in een van haar vele mapjes.

Een van die mapjes heette 'Coen Zoutman'.

Er stond een (1) achter zijn naam, een nog niet geopende mail. Blijkbaar had ze het zo ingesteld dat zijn mails direct naar deze map toe geleid werden.

Dat is vreemd, dacht Peter. *Ze heeft me nooit verteld dat ze überhaupt met hem mailde.*

Snel keek hij in de richting van het trapgat om te zien of er iemand aankwam, maar het bleef stil. Hij opende het mapje en zag dat veel mails de afgelopen dagen verstuurd waren.

Peter aarzelde om een mail te openen, maar deed dit uiteindelijk toch niet. Van elke mail kon hij wel telkens de eerste zinnetjes lezen.

Coen Zoutman

Hopelijk vinden we een moment om van gezicht tot gezicht...

Coen Zoutman

Je hebt gelijk, Fay, zoals altijd...) Het is een delicate...

Coen Zoutman

Vertel aan niemand wat wij besproken hebben Fay. Het is...

Coen Zoutman

Ik begrijp dat jij graag wilt weten wat ik jou precies wil...

Coen Zoutman

Schrik niet als je dit leest, maar ik heb een vreemd gevoel...

Gefrustreerd om zijn eigen rechtschapenheid omdat hij het vertrouwen van Fay niet wilde beschamen, bleef Peter zitten. Toen hij de map wilde sluiten, klikte hij per ongeluk op de nog niet geopende mail.

Peter vloekte binnensmonds.

Coen Zoutman

Dat is goed, Fay. Tot vanavond!

Gr, Coen

De mail was de vorige dag verstuurd, een paar uur voor de moord op Coen.

Wat moet ik doen, vroeg Peter zich af, terwijl hij de cursor rusteloos over het scherm heen en weer liet schieten.

In de inbox staan nog meer ongeopende mails, dus er is een grote kans dat ze vandaag helemaal nog niet gekeken heeft. De inhoud van deze mail is ook niet belangrijk eigenlijk. Als ik hem laat staan, ziet ze dat ik in haar mail heb zitten snuffelen...

Nu hoorde hij voetstappen bovenaan de trap.

Gejaagd klikte hij op de mail om hem te verwijderen en opende hij de map met 'verwijderde mails' om de mail definitief te verwijderen. Hij sloot het programma af en opende zijn eigen mailbox. Net toen de onderbenen van Fay zichtbaar werden in het trapgat, had de Outlookpagina plaatsgemaakt voor de homepage van de Universiteit Leiden.

'*All work and no play makes Peter a dull boy,*' zei Fay lachend toen ze beneden was.

Alena was boven gebleven.

'Wat zit je te doen?' vroeg ze.

'Niks, ik...' Hij logde in op het mailprogramma van zijn werk. 'Ik kijk even naar mijn mail. Er is niks bijzonders eigenlijk.' Snel opende hij een willekeurig berichtje, waarna hij pas weer opkeek. 'Hoe is het met Agapé?' vroeg hij. 'Ging ze snel slapen?'

'Ja,' zei Fay met een warme glimlach. 'Zoals bijna altijd was ze al vertrokken voordat mam klaar was met haar verhaal.' Ze nestelde zich naast hem op de bank, haar benen onder haar lichaam gevouwen, en liet zich schuin tegen Peter aan zakken, die zijn arm om haar heen sloeg.

'Dat kan eigenlijk allemaal ook wel tot morgen wachten,' zei hij, waarna hij de laptop dichtklapte en op de salontafel zette.

'Goed zo.' Fay gaf hem een zoen in zijn nek en bleef tegen hem aan liggen.

Hoewel hij normaal gesproken dit soort momenten koesterde, voelde hij zich toch wat vreemd, alsof niet de vertrouwde Fay naast hem zat, maar een onbekende.

Wat verberg je voor mij, dacht hij.

'Ik besef nog steeds niet wat er nu eigenlijk gebeurd is,' zei Fay. 'Die Coen... Ik hoop dat ze snel iemand op het spoor zullen zijn.'

Dit is niet het moment haar te vragen naar de uitgebreide mailwisseling met Coen, dacht Peter. *Er zal zich vast snel een andere gelegenheid voordoen.*

'Kom,' zei ze toen, waarbij haar stem een zekere geforceerde opgewektheid had. 'Laten we gewoon maar een film kijken. We kunnen het er wel heel de avond weer over gaan hebben, maar dat brengt ons ook niks verder.' Ze deed de televisie aan en schakelde naar het menu met de opgenomen programma's. 'Een tijd geleden heb ik *Fahrenheit 451* opgenomen. Heb je die weleens gezien?'

'Nee, maar het boek heb ik wél gelezen. Heel lang geleden. Op de middelbare school voor mijn lijst nog, denk ik.'

'Zullen we die doen? Het is er nog niet van gekomen te kijken.' Zonder op zijn antwoord te wachten, drukte ze op start.

De film, een oude uit 1966, deed door de kleuren en het acteerwerk hopeloos gedateerd aan, maar het gegeven was interessant en bij vlagen zelfs heel actueel. Het verhaal speelde zich af in de vierentwintigste eeuw in een land waar niemand meer boeken leest, omdat mensen er geen tijd voor hebben, maar ook omdat de regering vindt dat mensen door de ideeën uit boeken alleen maar op verkeerde gedachten gebracht kunnen worden.

De hoofdpersoon, Guy Montag, was brandweerman en zijn hoofdtaak was het verbranden van boeken die sommige opstandige mensen nog steeds stiekem in hun huizen verborgen hielden – de titel verwees naar de temperatuur waarbij papier spontaan vlam vat.

Guys echtgenote wilde vierentwintig uur per dag vermaakt worden. Ze had permanent een klein oortje in om naar de radio te luisteren. Daarnaast was haar blik voortdurend gericht op een van de drie tv's in het appartement die de hele dag aanstonden.

Guy kwam in opstand tegen het systeem en moest uiteindelijk vluchten. Hij belandde in een bos buiten de stad waar veel mensen zoals hij bleken te leven. Ze hadden boeken uit het hoofd geleerd, zodat de inhoud ervan nooit verloren kon gaan. Daarmee waren ze in feite 'levende boeken' geworden. De film eindigde met een scène waarin mensen door het bos dwaalden, terwijl ze hardop stukken uit boeken citeerden.

Tijdens de film keek Peter af en toe opzij naar Fay, die geconcentreerd naar het scherm keek, met een kleine denkrimpel tussen haar wenkbrauwen.

Wat vertel je mij niet, dacht Peter. *Hoe goed ken ik jou? Hoe goed kennen mensen elkaar eigenlijk?*

Door deze gedachten had hij niet goed zijn aandacht bij de film kunnen houden, maar hij kende het verhaal toch al. De actualiteit van het thema verraste hem toch nog: de moderne mens die permanent vermaakt wil worden, een oortje met muziek in terwijl je een gesprek voert, de ogen gericht op beeldschermen om maar niets te missen.

Om die reden liet hij regelmatig heel bewust zijn telefoon een dag thuis, omdat ook hij vaker dan hij eigenlijk wilde op zijn schermpje zat te turen. Deze digitale pauze gaf hem zo veel rust, dat hij zich afvroeg waarom hij het niet vaker deed.

Fay maakte zich los. Ze mompelde iets als 'slapen' en ging naar boven.

Peter bleef nog even zitten. Hij nam de laptop op schoot en klapte die open.

Fay had één wachtwoord voor al haar programma's en accounts die daarom vroegen, een combinatie van haar naam en die van Agapé, plus het geboortejaar van Agapé.

Ik kan ze net zo goed even bekijken, dacht Peter. *Ze merkt er toch niks van. En ik héb er al één gezien.*

Hij startte haar Outlook en opende het mapje 'Coen Zoutman'. Minstens een minuut zweefde zijn wijsvinger boven de linkermuisknop waarmee hij met één klik een mail kon openen.

Maar ik wil ook niet in een relatie terechtkomen waarin je stiekem elkaars mails leest. Dat is het begin van het einde.

Toen klikte hij alles weg.

Morgen vraag ik haar er wel naar. Dan zal ze het me uit kunnen leggen. Er zal vast een eenvoudige verklaring voor zijn.

Zachtjes sloot hij de klep van de laptop.

En waarom zouden geliefden ook alles aan elkaar moeten vertellen? Fay weet toch ook niet alles van mij?

Hoewel hij moe was en het het gemakkelijkst was geweest om gewoon tegen Fay aan te kruipen, had hij een grote behoefte om in zijn eigen bed de nacht door te brengen. De afstand die hij voelde tussen hem en Fay, leek op dat moment niet te overbruggen door eenvoudigweg naast haar te gaan liggen.

Staand aan de keukentafel schreef hij een briefje dat hij naar huis ging, omdat hij de volgende dag vroeg aan de slag wilde en zijn boeken thuis lagen.

Dat is niet helemaal eerlijk, dacht hij.

Maar dat is Fay ook niet.

14

De volgende ochtend gingen Rijsbergen en Van de Kooij op weg naar het mortuarium. Over de doodsoorzaak van Coen Zoutman bestond vanzelfsprekend geen twijfel, maar Rijsbergen wilde graag met de patholoog-anatoom spreken om de laatste stand van zaken direct uit diens mond te vernemen. En wellicht had het slachtoffer nog spullen op het lichaam gehad. Bonnetjes, briefjes, visitekaartjes... in een broekzak, in de binnenzak van zijn colbert, in zijn portemonnee... Alles grepen ze in dit stadium van het onderzoek aan, want alles kon belangrijk zijn.

Het onderzoeksteam had in korte tijd al ongeveer de helft van de mensen op de lijst van gasten gesproken, maar hoewel ze stuk voor stuk de gelegenheid hadden gehad – ze waren tenslotte in het gebouw geweest ten tijde van de moord – had zijn team met enige zekerheid al de mensen die het gesproken had van de verdachtenlijst af kunnen halen. Het bleken vooral goedhartige zestig- en zeventigplussers te zijn die op de open avond afgekomen waren. De meesten waren direct na de toespraak van de Achtbare Meester naar beneden gegaan om met elkaar een borrel te drinken. En degenen die boven waren gebleven om hem een vraag te stellen, hadden zich daarna bij hen gevoegd. Het was moeilijk voorstelbaar – niet helemaal uit te sluiten natuurlijk – dat een dergelijke bezoeker na afloop van het vragen stellen met een smoesje naar het toilet was gegaan, even snel Zoutman de schedel had ingeslagen, zijn handen en hart had doorboord en vervolgens weer doodgemoedereerd naar het gezelschap terug was gekeerd. Bovendien was bij de moord veel geweld gebruikt, een kracht waarover de meeste van deze ouderen niet beschikten.

Het was een chaotisch geheel. Er waren te veel mensen bij betrokken. Er waren te veel mensen aanwezig geweest op de bewuste avond, mensen die allemaal hun voetstappen, haren en vingerafdrukken achtergelaten hadden.

Van de Kooij draaide de auto het terrein op waar het mortuarium gevestigd was.

De balie waar ze zich moesten registreren, zat in een veel te grote ruimte, die leeg was op twee zitbanken, een bijzettafeltje en een kapstok na, waar ze hun jassen ophingen.

De hal was een soort serre, die er wel later tegenaan gebouwd leek, als in een uiterste poging licht te laten doordringen tot in wat feitelijk toch een dodenrijk was.

In zijn lange loopbaan had Rijsbergen in Leiden niet zo heel vaak met een moord te maken gehad. De keren dat hij het mortuarium had bezocht, waren op de vingers van één hand te tellen. Net als de meeste mensen – tenminste zo had hij altijd aangenomen – vond hij een bezoek aan dit gebouw buitengewoon vervelend. Hij kon zich dan ook niet voorstellen dat iemand zich na een jarenlange studie vrijwillig dag in dag uit bezig wilde houden met het ontleden van lichamen, op zoek naar de oorzaak van iemands dood.

Van de Kooij, daarentegen, leek zich bijna te verheugen op de aanblik van Zoutmans ontzielde lichaam, met zo'n energieke tred stapte hij naast Rijsbergen voort.

Voorbij het bewakingspoortje stond Pieter-Nicolaas van Eijk, een opgewekte veertiger, met een sterk wijkende haarlijn en een stevige bril met een zwart, modieus montuur. Hij droeg feloranje sneakers onder een strakke, nieuw uitziende spijkerbroek met daarboven een smetteloos witte laboratoriumjas. Voordat hij beiden de hand schudde, overhandigde hij Rijsbergen en Van de Kooij een identieke soort jas om aan te trekken.

'Kom,' zei Van Eijk. 'Dan gaan we naar beneden.'

Ze daalden via een brede trap af tot een kleine hal, waar verschillende gangen op uitkwamen. Elke gang werd afgesloten door een glazen schuifdeur.

Waarom zijn zulke plaatsen toch altijd onder de grond, vroeg Rijsbergen zich af.

Van Eijk toetste een code in op een klein kastje naast de deur, die zacht zoemend openging. Voor hen strekte zich een brede ziekenhuisachtige gang uit. Het licht uit de op regelmatige afstand van elkaar geplaatste tl-bakken weerspiegelde op de strakke, geboende linoleumvloer. Ze passeerden enkele bordeauxrode deuren, die ook allemaal slechts geopend konden worden door het intypen van een cijfercode op een kastje aan de muur.

Op regelmatige afstanden van elkaar hingen ingelijste posters met, tot

Rijsbergens verrassing, Nederlandse gedichten, die allemaal de dood als thema hadden. Hij constateerde tevreden dat de meeste gedichten hem bekend voorkwamen. Natuurlijk ontbrak 'Insomnia' van J.C. Bloem niet:

Denkend aan de dood kan ik niet slapen,
En niet slapend denk ik aan de dood,
En het leven vliedt gelijk het vlood,
En elk zijn is tot niet zijn geschapen.

Zelf hield Rijsbergen het liefst vast aan de uitspraak van de oud-Griekse filosoof Epicurus, die de menselijke angst voor de dood op eenvoudige wijze bezwoer: 'Als wij er zijn, is de dood niet; en als de dood er is, zijn wij niet.'

Aan het einde van de gang sloegen ze rechts af waarna Van Eijk zo plotseling stilstond, dat Rijsbergen en Van de Kooij tegen hem op botsten.

Met zijn linkerhand schermde Van Eijk het kleine toetsenbord af, terwijl hij de knopjes indrukte. 'Over de doodsoorzaak zelf heb ik weinig te vertellen; dat zal jullie niet verrassen,' zei hij terwijl ze naar binnen liepen.

Is het hier echt kouder dan op de gang, vroeg Rijsbergen zich af. *Of verbeeld ik me dat maar?*

De lange wand was keurig verdeeld in een tiental zilverkleurige vierkanten met handvaten, waarachter de laden met lichamen schuilgingen. In het midden van de ruimte stond een smalle, hoge metalen tafel met daarnaast een tafel vol instrumenten, mesjes, spatels en glimmende schalen van verschillende afmetingen.

Van Eijk liep naar de enige lade waar een labeltje aan het handvat hing. Soepel en bijna geluidloos kwam de baar met een onder een wit zeil verscholen lichaam tevoorschijn.

'Kun je ons toch iets vertellen over wat je gevonden hebt?' vroeg Rijsbergen.

'Natuurlijk,' antwoordde hij. 'Ik geef je straks het rapportje mee, hoor, maar over de doodsoorzaak kunnen we kort zijn. Zijn schedel is verbrijzeld door minstens twee, mogelijk drie slagen op zijn achterhoofd, met een hard voorwerp. De man was al dood voordat hij de grond raakte – geen twijfel over mogelijk. De dader moet een sterk iemand zijn geweest. Er is veel kracht voor nodig. Of veel woede... In elk geval, hij – of zij, we mogen niets uitsluiten – zal ongeveer even groot zijn geweest als het slachtoffer, of misschien iets groter. De dader is waarschijnlijk een rechtshandig iemand, anders zou hij of zij de andere kant van de schedel geraakt hebben. Het is goed mogelijk dat er bloed van de heer Zoutman op de moordenaar terechtgekomen is. Ik denk zelf dat de eerste klap al een daalder waard was zogezegd.'

'Dus het doorboren van het hart en de handen…' Van de Kooij maakte zijn zin niet af.

'Ja, dat is erna gebeurd, het rondpompen van het bloed was toen al gestopt. Ach, het staat allemaal in het rapport. We kunnen in elk geval stellen dat de heer Zoutman niet gemarteld is voordat hem de genadeklap toegediend werd.'

'Dus niet om hem bepaalde informatie te ontfutselen,' concludeerde Van de Kooij, die zeer dicht bij de baar stond alsof hij wilde laten zien dat hij als geharde agent niet bang was voor de dood.

Rijsbergen bleef op enkele meters afstand staan.

'Nee, inderdaad,' beaamde Van Eijk. 'De interpretatie van die handelingen laat ik aan jullie over, dat is jullie terrein.'

'*Unless you are good at guessing, it is not much use being a detective,*' merkte Rijsbergen glimlachend op.

'Eh… *I guess,*' zei Van Eijk aarzelend.

'Het doorboren van het hart en de handen was een duidelijk symbolische handeling,' zei Rijsbergen. 'Het is me al uitgelegd. Het gaat bij de vrijmetselaars om denken, voelen en handelen. De moordenaar –'

'Of moordenares,' onderbrak Van de Kooij hem.

'De moordenaar…' zei Rijsbergen geërgerd, maar hij bedacht zich waardoor hij zijn eerdere zin niet afmaakte. 'Of denk je dat een vrouw tot iets dergelijks in staat is?'

'We moeten niets uitsluiten,' zei Van Eijk. 'Het moet dan wel een verdomd sterke vrouw geweest zijn, maar die zijn er ook tenslotte.'

'Waarom heb je de lade eigenlijk geopend?' vroeg Rijsbergen. 'Wilde je ons iets laten zien?'

'Ja, dat klopt. Twee dingen eigenlijk. Om te beginnen iets op het lichaam, een tatoeage die ik zo een-twee-drie niet thuis kan brengen.' Hij pakte een punt van het zeil beet. 'Ik haal een deel van de bedekking weg,' waarschuwde hij. 'Ik zal alleen dat deel van het lichaam laten zien dat nodig is om de tatoeage te tonen.'

'Dat is fijn,' zei Rijsbergen, maar Van de Kooij had zichtbaar moeite de teleurstelling op zijn gezicht te verbergen.

Van Eijk sloeg het witte laken een stukje terug, waardoor een deel van de linkerhelft van Zoutman zichtbaar werd. Zijn arm lag gestrekt langs zijn lichaam en was zeer wit.

Een gevoel van diepe treurnis overviel Rijsbergen. *Daar lig je dan... dacht hij. Met al je kennis en ervaring, met al je wijsheid... En wat hebben we eraan? Wat nemen we mee? Wat laten we achter?*

Rijsbergen hoefde het lichaam niet aan te raken om te weten dat het steenkoud was; het straalde dezelfde kille hardheid uit als een gebeeldhouwd stuk marmer.

Uit zijn borstzak haalde Van Eijk een uitschuifbaar aanwijsstokje waarmee hij een plekje op Zoutmans lichaam aanwees, een stukje naast diens linkerborst, daar waar zijn oksel zo ongeveer begon. Er was een kleine tatoeage te zien, ter grootte van een muntje van vijf eurocent.

Hij liep even weg en kwam terug met een vergrootglas, dat hij aan Rijsbergen gaf.

Met het vergrootglas voor zijn rechteroog boog hij voorover om de tatoeage beter te kunnen bekijken. Het was een vreemde sensatie de huid van een ander mens, een dood mens in dit geval, van zo nabij te aanschouwen. De rimpels, de kleine haartjes, de moedervlekjes en andere oneffenheden waren goed te zien – een te grote intimiteit in feite waar de overledene niets meer tegenin te brengen had.

De tatoeage bestond uit een driehoek met de punt naar boven, waarbij iets boven de liggende lijn van die driehoek, links en rechts, twee kleine horizontale streepjes naar een kleiner driehoekje voerden, dat evenwijdig liep aan de buitenste lijnen, als een piek op een lijn van een hartbewakingsmonitor in het ziekenhuis. Op de punt van het kleine driehoekje was een klein cirkeltje getekend.

'Het is inderdaad... bijzonder,' wist Rijsbergen met enige moeite uit te brengen voordat hij het vergrootglas aan Van de Kooij doorgaf, die ongeduldig van zijn ene voet op zijn andere voet wipte.

'Ik heb er een foto van laten maken,' zei Van Eijk. 'Die heb ik laten vergroten, zodat het allemaal wat beter te zien is en zodat jullie hem weer aan andere mensen kunnen laten zien.'

'Heb je een A4'tje voor me?' vroeg Rijsbergen.

'Dat is goed. Kom anders maar even mee.'

Van Eijk liep even naar een eikenhouten bureau, dat in de hoek van de kamer stond en dat door zijn ouderwetse robuustheid wat detoneerde in de verder functionele, steriele omgeving.

Met een potlood tekende Rijsbergen de tatoeage na in de hoop dat de handeling van het eenvoudige natekenen iets bij hem zou oproepen. Even later liet hij het resultaat aan Van Eijk zien.

Van Eijk knikte. 'Het lijkt wel een soort van piramide,' zei hij.

'Ja, of...' zei Rijsbergen nadenkend. 'Of twéé piramides, achter elkaar. Of twee bergen met een... zon ertussen?'

'Dat is ook mijn associatie ja, een zon.'

'Harry Potter!' riep Van de Kooij. 'Dáár doet het me aan denken!'

Verbaasd keken Rijsbergen en Van Eijk in zijn richting.

Van de Kooij sloeg het laken terug om het lichaam weer te bedekken en legde het vergrootglas neer. Toen haalde hij zijn mobieltje uit zijn binnenzak. Al typend op het kleine schermpje kwam hij hun kant op gelopen.

'Hier,' zei hij. Met iets van triomf hield hij zijn telefoon omhoog. 'The Deathly Hallows.' Hij had een pagina van Wikipedia geopend. 'De relieken van de dood' genaamd.

'Tja,' zei Rijsbergen. 'Het heeft er wel iets van weg. Het is een driehoek met een cirkel ja, maar om nou te zeggen...'

Van de Kooij draaide zijn telefoontje weer om en begon voor te lezen.

'Wanneer één persoon rechtmatig eigenaar van deze drie objecten is, mag deze persoon zich "Meester van de Dood" noemen. De Zegevlier, een onoverwinnelijke toverstaf. Dat is de verticale streep... Dan de Steen, waarmee je doden tot leven kunt wekken. Dat is de cirkel. En de Onzichtbaarheidsmantel, waarmee je... Dat spreekt voor zich, als je die omdoet ben je onzichtbaar. Dat is de driehoek.'

'Ja hoor, professor Perkamentus,' zei Rijsbergen. 'De voorzitter is stiekem een fan van Harry Potter en laat deze... Wat zijn het? Relieken van de dood op zijn lichaam tatoeëren. Je hebt de zaak opgelost. We kunnen naar huis.' Wat bedremmeld stopte Van de Kooij de telefoon terug in zijn broekzak.

'Je moet echt met iets...' zei Rijsbergen, nog steeds geërgerd. Hij hield het blaadje op een armlengte van zich vandaan. 'Het doet me meer denken aan...' vervolgde hij, iets rustiger nu. 'Het doet me meer denken aan dat Alziend Oog, zoals we dat ook in de tempel zagen. Je weet wel, op de muur boven de zetel van de voorzitter. *Anyways...* We zullen de tekening laten zien aan experts, misschien dat die ons meer kunnen vertellen.'

Nu pas viel zijn oog op een losstaand kledingrek waar plastic hoezen aan kledinghangers hingen, als in een stomerij. Zelfs door het plastic heen was het bloed op de kleding die aan Zoutman had toebehoord duidelijk zichtbaar.

'En dat andere dat je ons wilde laten zien?' vroeg Van de Kooij.

'Ah, dat is hier,' zei Van Eijk, die uit een bakje op zijn bureau een forse envelop pakte, waaruit hij een plastic hoesje haalde, dat met een sealstrip was gesloten.

'Dit komt uit zijn colbertje, verdeeld over verschillende zakken. Hij had geen portemonnee of telefoon bij zich.'

Rijsbergen nam het hoesje aan en zag onmiddellijk dat er, behalve een visitekaartje, wat pasjes en losse papiertjes, een langwerpige, witte envelop in zat.

'Jullie hebben de envelop dichtgelaten?' vroeg hij.

'Nee, de envelop was niet dicht. We hebben de brief bekeken, hoewel brief... Het zijn verhalen uit de Bijbel. Zowel op de envelop als op de papieren daarin zijn vingerafdrukken gevonden, maar die behoorden allemaal toe aan het slachtoffer. De inhoud van de envelop is voer voor jullie misschien.'

'Misschien had hij de envelop aan iemand willen geven die avond,' opperde Van de Kooij. 'En kwam het er niet van.'

Zonder het hoesje open te maken bekeek Rijsbergen het visitekaartje dat Coen Zoutman als voorzitter van de loge gebruikt moest hebben. Zijn naam stond erop vermeld, zijn functie en verder de adresgegevens van de vrijmetselaars aan het Steenschuur, compleet met website en e-mailadres.

Een logo, of een symbool, dat de hele linkerhelft van het kaartje in beslag nam, trok zijn aandacht.

Hij pakte de tekening van de tatoeage en hield die naast het visitekaartje.

'Dit heeft wel iets weg van elkaar toch?'

Van Eijk en Van de Kooij bogen zich beiden voorover om de twee afbeeldingen te kunnen bestuderen.

'Ja, inderdaad,' zei Van de Kooij met enige tegenzin.

'Ik zie bij allebei een driehoek inderdaad,' zei Van Eijk. 'Met cirkel erin... Misschien is het een variatie op hetzelfde thema.'

'Ja,' zei Rijsbergen.

Hij maakte het plastic hoesje open en schudde de inhoud ervan leeg op een tafel: het visitekaartje, pasjes en papiertjes en een gesloten envelop.

Van Eijk reikte latex handschoentjes aan, die ze alle drie aandeden. Hij haalde de vellen papier uit de envelop. Ze waren dichtbeschreven met de hand, in een sierlijk, onmiskenbaar ouderwets handschrift.

Hardop las Rijsbergen het briefhoofd voor, een soort motto dat Coen Zoutman aan zijn schrijven meegegeven had, als de opdracht in een boek.

Begrijpen jullie het dan nog niet, en ontbreekt het jullie aan inzicht?
Zijn jullie dan zo hardleers? Jullie hebben ogen, maar zien niet?
Jullie hebben oren, maar horen niet?
MARCUS 8: 17-18

'Het is een...' Rijsbergen bladerde de rest van de tekst snel door. 'Het is een aardige lap tekst. Kunnen we een kopie meekrijgen anders?'

'Er zit een kopie in de map die ik jullie zo meegeef,' zei Van Eijk. 'Samen met het autopsierapport, foto's van de tatoeage, kopieën van het visitekaartje, de pasjes enzovoort. Alles is ook nog eens gescand. Ik zal jullie alles straks ook als één bestand via de mail toesturen.'

'Bedankt,' zei Rijsbergen, die de brief teruggaf. 'Het mysterie heeft zich eerder verdiept, zo lijkt het, maar de kans is groot dat hier wel stukjes bij zitten die later nodig zijn om de puzzel compleet te maken.' Hij deed de latex handschoenen uit.

Van Eijk overhandigde de map aan Rijsbergen.

Samen liepen ze weer terug naar de uitgang.

'Die gedichten op de gang...' begon Rijsbergen. 'Dat vind ik toch wel bijzonder.'

Van Eijk begon te stralen.

'Ja,' zei hij opgewekt. 'Dat is mijn persoonlijke project. Poëzie en liefde is een mooie combinatie, maar in de dood zit ook veel poëzie.'

Op hun weg terug naar boven probeerde Rijsbergen zich een regel uit een oud gedicht te herinneren. Toen ze hun jassen weer aanhadden, wist hij het opeens weer. 'Niet het snijden doet pijn...' Het kwam een beetje out of the blue na de stilte die eraan voorafgegaan was. '...maar het afgesneden zijn.'

'Vasalis,' zei Van Eijk. 'Mooi. Over het menselijk lijden... In één zin gevat, schitterend.' Hij dacht nog even na en zei toen: 'En over de mens... De mens die gebroken is en altijd maar op zoek is naar een manier om weer heel te worden.'

Fragment 5 – William Brewster en de Pilgrim Press (1619)

De andere persoon aan wie ik in dit verslag enkele pagina's wil wijden, is William Brewster. Hij is wél in Scrooby geboren, dus hij kende iedereen van de groep, sommigen letterlijk al vanaf hun geboorte. Datzelfde gold voor zijn vader. Die was postmeester in Scrooby en kende in die hoedanigheid natuurlijk ook alle families in Scrooby en wijde omgeving.

De familie Brewster woonde in Scrooby Manor, een versterkt huis dat door onze vroegere koningen gebruikt werd als ze op doorreis door Engeland waren. Bij de functie van postmeester hoorde een goed salaris, zodat Brewster Sr. William en zijn broers naar een goede universiteit kon sturen. William heeft aan de universiteit van Cambridge gestudeerd en het in 1583 zelfs tot persoonlijk assistent van Sir William Davidson geschopt, Elizabeths minister van Buitenlandse Zaken. Om zijn functie uit te oefenen was William tussen 1584 en 1587 al eens in Nederland. In die tijd heeft hij ook Leiden bezocht. Dus toen we een andere plek zochten na ons ongelukkige verblijf in Amsterdam, was hij de eerste die de naam Leiden naar voren bracht.

Hij heeft er nooit veel over willen zeggen, maar zijn baas, Sir William Davidson, raakte op de een of andere wijze betrokken bij een mislukte aanslag op Mary Stewart. Of dit nu zo was of niet, de suggestie alleen al was voldoende om bij Elizabeth uit de gratie te raken, die hem een zo hoge boete oplegde dat hij geruïneerd raakte.

William raakte hiermee ook zijn baan als assistent kwijt en keerde weer terug naar ons in Scrooby, waar hij met enige moeite de baan van zijn vader als postmeester kon overnemen. Een van de regels die voor iedere ambtenaar gold, was dat je je moest houden aan de godsdienst van de staat, de Church of England. Hij deed dit aanvankelijk zeer *trouw, in elk geval hield hij de schijn op, maar dit begon hem meer en meer tegen te staan.*

Onze streek stond bekend om zijn sympathieën voor puriteinse en separatistische gedachten, waar William trouwens in Cambridge ook al kennis mee gemaakt had. In die tijd heb ik hem pas echt leren kennen. Natuurlijk wist ik voor die tijd al wie hij was, maar vanaf toen begon hij kerkdiensten van separatistische dominees te bezoeken. Op een gegeven moment nodigde hij dominee Richard [Clyfton – PvV] uit om bij hem langs te komen in Scrooby Manor.

Door deze herhaalde bezoeken werd Scrooby Manor al snel het centrum van de separatisten uit de omgeving van Scrooby.

Ook ik werd een regelmatige bezoeker van de bijeenkomsten in Scrooby Manor. De eerste paar jaar werden we met rust gelaten door de autoriteiten, eigenlijk een beetje tot onze verbazing. We deden niets wat de staat ondermijnde natuurlijk, maar per slot van rekening was William nog altijd een ambtenaar in dienst van de overheid die openlijk geen belijdend lid van de staatsgodsdienst was. Misschien had het zo moeten blijven, misschien hadden we ons op de vlakte moeten houden. Maar vanuit onze vurige wens om ons geloof te kunnen belijden zoals wij dat wilden, richtten we in 1606 de separatistische Scrooby Church op.

Ongelukkigerwijs viel de oprichting van onze kerk samen met de aanstelling van een nieuwe aartsbisschop in York, die – zoals iedereen die nieuw is in een functie en energiek aan de wereld wil tonen dat hij inderdaad de juiste man op de juiste plek is – er onmiddellijk werk van maakte om alle niet-officiële kerken te sluiten.

Door de aankondiging van de sluiting van onze kerk waren we al tot de conclusie gekomen dat onze toekomst niet langer in dit land lag. William vertelde ons over de vrijheid in Nederland en de tolerantie die er heerste ten aanzien van andersgelovigen. Vanaf dat moment begonnen we onze ontsnapping naar de Lage Landen te plannen.

De nieuwe aartsbisschop daagde William, als initiator van onze kerk, voor de kerkelijke rechter, maar hij kwam niet opdagen. Zelfs als hij wél had willen komen, had hij niet gekund, want hij zat op dat moment in de gevangenis van Boston, na onze eerste mislukte poging Engeland te ontvluchten.

Bij verstek werd hij veroordeeld tot een boete, en een bevel tot arrestatie werd uitgevaardigd. De officier belast met de arrestatie kon hem echter niet vinden en had ook geen idee waar hij was. Het was zeer vreemd dat zij zelf niet op de hoogte bleken van het feit dat William reeds achter slot en grendel zat!

Uiteindelijk werd hij vrijgelaten, waarna we een tweede poging konden ondernemen om Engeland te verlaten, waar we ditmaal wel in slaagden.

William woont nu vlak bij ons. De uitgang van zijn huis is aan de Stinksteeg, maar officieel maakt het onderdeel uit van een ander huis aan de Pieterskerk-Choorsteeg. Omdat er zo een groot gebrek aan woningen is in Leiden, hebben ze het huis waar William woont destijds achter een bestaand huis gebouwd. Het nieuwe stuk loopt door achter het huis van de buren en heeft hierdoor een l-vorm als plattegrond. Het is een vreemde constructie, maar die komt goed van pas omdat William in 1616 met het idee kwam om onze eigen drukkerij, de Pilgrim Press, op te richten, en die kon zo een beetje verborgen blijven, weg van nieuwsgierige ogen.

John kreeg van steeds meer mensen het verzoek om zijn ideeën op papier te zetten. Uiteindelijk besloot hij dit inderdaad te doen. Hij had zijn boek natuurlijk gemakkelijk bij een van de vele drukkerijen hier in Leiden kunnen laten drukken, maar er was nog een reden om voor onszelf te beginnen. In Engeland heerst namelijk nog altijd een strenge censuur, waardoor boeken met afwijkende ideeën moeilijk te verkrijgen zijn.

Als een overheid bang is voor ideeën die afwijken van de eigen, dan kan dat alleen maar betekenen dat ze zelf ook ziet dat die laatste niet goed zijn. Dat is wat John altijd beweert. Als je ervan overtuigd bent dat jij daadwerkelijk de waarheid in pacht hebt, dat er niets gaat boven wat jij vindt, waarom zou je dan bang zijn voor ideeën van andere mensen? Die delven als vanzelf het onderspit natuurlijk, want de waarheid kan per definitie elke aanval van een minder waar idee aan!

Als het mensenwerk is wat wij willen en doen, zal het op niets uitlopen; maar komt het van God, dan kunnen ze ons toch niet vernietigen. Anders zou zelfs kunnen blijken dat ze zich tegen God verzetten. Dus waar kwam dan toch die angst voor ons en voor onze ideeën vandaan?

We besloten dus voor onszelf te beginnen. Ik schrijf nu wel 'we', maar mijn rol in deze operatie is bescheiden natuurlijk. Tegelijkertijd tekent het wel hoe één we ons voelen als groep, hoezeer wij allen betrokken zijn bij alles wat welk lid van onze gemeenschap ook maar onderneemt.

Met een drukkerij in eigen beheer kunnen we nu ook boeken drukken die in Engeland verboden zijn. Zelfs Nederlandse drukkers willen zich niet altijd aan de meest opruiende boeken wagen. Want de vrijheid is in Nederland dan wel groot, maar elke drukker is verplicht om naam en adres in het drukwerk te vermelden, zodat die eventueel ter verantwoording kan worden geroepen, mocht dat nodig zijn. De vreemde constructie van het huis kwam ons nu dus goed van pas. Zijn huis is immers officieel onderdeel van het huis aan de Pieterskerk-Choorsteeg, maar zijn woonadres is de Stinksteeg. Hij gaf dat laatste dus op als zijn eigen adres, maar de Pilgrim Press registreerde hij op de Pieterskerk-Choorsteeg. In Leiden zullen we op deze manier niet veel mensen om de tuin leiden waarschijnlijk, maar vanuit Engeland zal het toch veel moeite kosten te achterhalen wie of wat erachter zit.

Ik ben de tel kwijtgeraakt, maar ik denk dat we sinds de oprichting van onze drukkerij ergens tussen de vijftien en de achttien boeken uitgebracht hebben. Daar zitten boeken bij die elke willekeurige drukker zonder enig gevaar had kunnen uitbrengen, maar ook boeken die in elk geval in Engeland als opruiend zullen worden beschouwd.

Ik denk dat we onze hand overspeeld hebben met het uitbrengen van ons laatste boek, Perth Assembly *van David Calderwood, dat – laten we het maar even eenvoudig houden – een ánder beeld van de geloofsartikelen geeft dan het officiële beeld van James I. Omdat dit boek niet in Engeland gedrukt kon worden, kwam David Calderwood bij ons uit, bij William moet ik zeggen. In wijnvaten smokkelden ze het boek uiteindelijk naar Schotland, een avontuur een roman waardig! Maar toen aan het hof bekend werd dat het boek toch gedrukt en verspreid was, hadden we ons de toorn van de koning zelf op de hals gehaald. Er werd een onderzoek gestart naar de herkomst van het boek, een onderzoek dat doodliep in Engeland. Het spoor leidde al snel naar de Nederlanden, als usual suspect voor alle boeken met een verdachte herkomst. Ik weet niet hoe ze zo snel bij William uitkwamen, maar het is een feit dat er al snel een verzoek bij de Nederlandse autoriteiten en daarna* bij het Leidse stadsbestuur lag om William op te sporen. Wij begrijpen dat dit een groot dilemma is voor de Nederlanden omdat ze Engeland graag te vriend willen houden. Aan de andere kant, wat is al het gepraat over vrijheid waard als je bij de eerste de beste tegenwind onmiddellijk overstag gaat! En een persoon uitlevert die juist om de vrijheid naar de vrijhaven Leiden is komen zeilen! De vrijheid om te zeggen en te schrijven en te drukken en uit te geven wat je maar wilt, is immers ontzettend belangrijk voor de Nederlanders. Het vormt een belangrijk deel van wie ze zijn!

Williams compagnon Thomas [Brewer – PvV] werd ontboden op het stadhuis. Naar alle eerlijkheid kon hij verklaren dat William gewoon in Leiden was. De autoriteiten vroegen of William en Thomas zich vrijwillig in hechtenis wilden laten nemen, waarmee ze instemden. Ze hoopten dat op die manier de zaak wat kalmeren zou. Niet veel later werden ze in het stadhuis ingesloten, bereid te lijden voor een doel dat zij hoger achtten, en van meer waarde, dan het verloochenen van hun diepste overtuigingen enkel en alleen om hier op aarde ons tijdelijk bestaan met enkele ademtochten te verlengen!

En ja, willens en wetens hadden zij de regels overtreden om in het boek niet de naam en het adres van de drukkerij te vermelden. En na de Synode van Dordrecht (1618-1619 – PvV) was de vrijheid van pers zelfs in Nederland enigszins ingeperkt: er mochten geen boeken meer uitgegeven worden die niet in overeenstemming waren met de officiële leer van de Nederlandse gereformeerde kerk. Dit alles heeft ons er uiteindelijk toe doen besluiten om met pijn in ons hart, maar noodgedwongen, de Pilgrim Press te sluiten.

William vroeg aan het bestuur van Leiden om zijn vrijwillige hechtenis te mogen verlaten, en hij kreeg die toestemming. Hij is ondergedoken uit angst vroeger of later uitgeleverd te worden aan Engeland. Onze William bleek de situatie zeer goed te hebben ingeschat want de Engelse ambassadeur was buiten zichzelf van woede toen hij vernam dat William hem andermaal ontkomen was. Hij liet zelfs een waar opsporingsbevel tegen hem uitvaardigen, maar William bleef onvindbaar.

De Engelse overheid richtte nu haar woede op Thomas, die zij verantwoordelijk hielden voor de ontsnapping van William. De Nederlandse

regering was bereid hem aan Engeland te overhandigen om zo het on-
derzoek naar de hele gang van zaken te vergemakkelijken, onder de strik-
te voorwaarde dat hij na uiterlijk twee maanden weer op Nederlandse
bodem terug zou keren. Engeland ging hiermee akkoord. Zo boden de
Nederlanden een onderdaan van de Engelse koning meer veiligheid dan
de Engelse koning zelf. Wij denken dat hij het alleen hieraan te danken
heeft dat hij zijn bezoek aan Engeland overleefd heeft.

Het lijkt erop dat wij onze langste tijd hier gehad hebben...

15

Op de wekkerradio zag Peter dat het al acht uur was geweest. Normaal stond hij rond zevenen op, omdat hij zijn werkdag het liefst om acht uur begon. De laatste weken had hij veel bij Fay geslapen, en nu had hij voor het eerst in een lange tijd een goede nachtrust gehad.

Misschien moet ik vaker eens thuis slapen, dacht hij. *En misschien is het een goed idee als Fay en ik elkaar wat meer ruimte geven de komende tijd.* Het vele samenzijn in haar kleine huisje was gezellig, maar met vier personen zat je ook veel op elkaars lip natuurlijk.

Hij pakte zijn telefoon om te zien of er berichtjes binnen waren gekomen terwijl hij had geslapen. Voor het slapengaan had hij een appje aan Judith gestuurd om te vragen naar de bekladding van de poortdeur van het hofje. Soms appten ze terwijl ze allebei nog in bed lagen – Mark was dan al beneden aan het werk of zette koffie.

Maar nu zag hij dat ze sinds de vorige avond niet online was geweest.

Net op het moment dat hij zijn mobiel weg wilde leggen, zag hij dat de vinkjes bij zijn appje aan Judith blauw werden. Haar status veranderde van *laatst gezien* om 23:17 in *online* en toen in *Aan het typen...*

Ze had blijkbaar heel wat te vertellen, want het duurde even voordat haar tekst verscheen.

Judith

Hey goedemorgen, alles goed hier hoor. Er is een bedrijf gekomen om de gevel schoon te maken, het bleek een gemakkelijk te verwijderen soort te zijn, misschien wel iets op waterbasis, ik weet het niet. Politie zei al dat de kans dat ze de daders pakken vrijwel nul is. Ze gaan een buurtonderzoek doen, maar niemand kijkt vanuit een huis uit op die poort. Of er moet net iemand langsgelopen zijn, maar ze zullen wel iemand op de uitkijk gehad hebben.

08:04

Peter
Goedemorgen, schoonheid.)

08:04

Peter
Fijn dat het opgelost is, maar blijft vervelend. Ongerust?

08:04

Judith
Ja, irritant, zo'n domme actie… Dus niet echt ongerust. Ze zullen vast niet geweten hebben dat er een Joods iemand woont.

08:05

Peter
Nee

08:05

Judith
Een statement maken tegen de bezetting van Palestina, oké. Ik sta zelfs achter hun standpunten waarschijnlijk, maar om nu een hofje te bekladden omdat er 'Zion' op een gevelsteen staat, is wel ontzettend simpel.

08:05

Judith was lid van *Een Ander Joods Geluid*, een Joodse organisatie die zich richtte op het Israëlisch-Palestijnse conflict en de situatie in Israël. De leden wilden dat Israël zijn rol als bezetter eindigde en stopte met de schendingen van mensenrechten, een stellingname die hun door veel Joden binnen Israël en daarbuiten niet in dank afgenomen werd.

Judith
Irritant.

08:05

Peter

Tja... Maar de politie zal toch wel weten welke groepen zich in Leiden bezighouden met zulk soort zaken? Zo groot is Leiden nou toch ook weer niet dat er allerlei cellen kunnen bestaan waar de politie geen zicht op heeft. ☺

08:05

Judith

Dat zou ik ook denken. Maar goed. Ik ga uit van een eenmalige actie. Mark was geschrokken, die lieverd. Dacht dat de actie speciaal tegen mij gericht was.

08:05

Aan het icoontje in de linkerbovenhoek van zijn scherm zag Peter dat er een ander appje binnenkwam.

Dat komt zo wel, dacht hij, terwijl hij verder typte.

Peter

Dat is ook even door mij heen geschoten hoor.

08:06

Judith

En jij bent ook een lieverd. xxx

08:06

Een aangename pijn schoot door zijn onderbuik.

Judith

Ik ga opstaan nu. Mark is beneden. Ik ruik de koffie al... Misschien zie ik je later vandaag. Lunchen? Liefs

08:06

Peter

Is goed. Ik drink ook even koffie en ga zo op pad. Om 13.00 uur?

08:06

Er kwam geen antwoord meer op dat laatste berichtje, hoe vaak hij ook op zijn schermpje keek.

Het andere appje dat was binnengekomen was van Fay. Er waren geen emoticons toegevoegd, maar dat was niet nodig, want de boosheid spatte zo ongeveer van het kleine schermpje af.

Fay
Heb jij in mijn mail zitten kijken?

8:05

Trouble in paradise... dacht Peter.

Hij was al begonnen met het typen van een antwoord, maar hij stopte daarmee. Eigenlijk moest hij haar gewoon bellen natuurlijk om het misverstand uit de wereld te helpen – een misverstand waarvan hij niet begreep waarom dat nu zo opeens ontstaan was. Als hij haar laptop gebruikte om even zijn mail te checken of het nieuws te lezen, stond haar Outlook zo vaak open. Het irriteerde hem opeens dat ze hem deze app had gestuurd; hij vond het wantrouwen dat eruit sprak vervelend.

Zij is nota bene degene die van alles achterhoudt, dacht hij. *Dus wie mag iemand hier nu iets verwijten?*

Plotseling had hij er spijt van dat hij de mails niet gelezen had. Het was nu toch al uitgekomen dat hij in haar mail had zitten kijken.

Natuurlijk kon Fay aan de blauwe vinkjes bij het appje zien dat hij het gelezen had. Ook zou ze kunnen hebben gezien dat hij aan het typen was geweest, maar zijn boodschap afgebroken had.

Jij bent boos? Nou, ik ben ook boos, dacht Peter, die besloot voorlopig niet te reageren. *Kinderachtig misschien, maar laat haar maar even zweten nu.*

Er kwamen geen berichtjes meer van haar.

Mijn niet-reageren zal ze – terecht natuurlijk – vast opvatten als een schuldbekentenis, vermoedde Peter. *Hoe kan ze trouwens weten dat ik gekeken heb?*

Kort na elkaar kwamen er een paar appjes binnen van Piet van Vliet, een taalwetenschapper die werkzaam was bij Erfgoed Leiden en Omstreken aan de Boisotkade.

Peter wachtte met antwoorden tot Piet uitgetypt was.

Piet

Een goedemorgen, mijn waarde Peter! Kan ik vandaag even bij je langskomen? Ik heb iets fantastisch om je te laten zien!!!

08:06

Piet

Jou als Leids historicus zal dit zeker interesseren, ik moest meteen aan je denken.

08:06

Piet

Ik ben gestuit op een nog nooit eerder ontdekt manuscript van een Pilgrim Father, een unieke vondst!! Een kijkje van binnenuit zoals we nog maar zelden hebben gehad.

08:08

Piet

Het document werpt nieuw licht op de tijd van de Pilgrims in Leiden, maar roept ook nieuwe vragen op!!

08:08

Piet

Het is te veel om in een appje op te schrijven!! Ik loop vanochtend gewoon even langs. Tot later, Piet

08:10

Peter

Over een uurtje ben ik op mijn kamer. De rest van de dag geen afspraken, alleen een lunch met Judith. Ik zie je wel verschijnen.

08:12

Piet

Uitstekend. Dan zie ik je zo. Ik moet toch even naar de UB. Doe later vooral de hartelijke groeten aan de verrukkelijke mevrouw Cherev!!

08:12

De verrukkelijke mevrouw Cherev...

Judith bezocht met enige regelmaat het archief, een bezoek waar Piet altijd bijzonder van genoot, zo had hij Peter meer dan eens toevertrouwd.

Ouwe snoeperds zijn we, dacht Peter met iets van ergernis. Hij besloot zijn telefoon helemaal uit te zetten. *Laat Fay maar even in onzekerheid*, dacht hij. *Wat een rare toestand is dit toch opeens... Spanningen binnen die gemeenschap naar aanleiding van verkiezingen? Een uitgebreide mailwisseling tussen Fay en Coen waar ze me nog nooit iets over verteld heeft.*

Nadat hij had gedoucht, dronk hij een kop thee in het kleine keukentje van zijn vierkamerappartement. Hij woonde al vijfentwintig jaar in het lage flatgebouw van drie verdiepingen dat aan de universiteit van Leiden toebehoorde. Het was een groot complex, dat een behoorlijk deel van de Boerhaavelaan besloeg en zelfs nog de hoek om sloeg, de Van Swietenstraat in. Er woonden veel buitenlanders met een tijdelijk contract bij de universiteit, promovendi en bezoekende hoogleraren, maar dus ook mensen als Peter, die er na zijn promotie gewoon was blijven wonen.

Het appartement was eigenlijk te groot voor hem: een ruime woonkamer, een slaapkamer en studeerkamer en zelfs een logeerkamer, al kon hij zich niet heugen dat daar ooit iemand gelogeerd had. Permanent stond er een rek waar altijd wel was aan te drogen hing, een strijkplank waarop hij één kledingstuk per keer streek – dat wat hij die dag aan wilde trekken – en tegen het logeerbed aan zijn racefiets, die hij in een opwelling had gekocht omdat hij meer wilde bewegen, maar die hij tot nog toe niet vaak gebruikt had.

Zijn telefoon stond nog steeds uit toen hij door de lange Boerhaavelaan richting de Rijnsburgerweg liep. Zoals altijd keek hij, al wandelend langs de enorme, licht ruisende populieren die langs de hele laan stonden, met enige jaloezie naar de herenhuizen aan het begin van de Boerhaavelaan, fantaserend dat hijzelf daar zou wonen. Maar iets dergelijks kon hij zich op geen enkele wijze veroorloven, en bovendien, wat zou hij met drie, misschien wel vier keer zoveel ruimte moeten?

Hij liep door de spoortunnel – door de vele fout geparkeerde fietsen was het er altijd een chaos – in de richting van het Schuttersveld. De zonnewijzer bij molen De Valk was helaas verdwenen bij de herinrichting van het plein ten behoeve van de zeven verdiepingen tellende, ondergrondse parkeergarage waar al jaren aan gewerkt werd, de diepste parkeergarage van Europa.

Zijn ochtendwandeling was een vast ritueel geworden in de afgelopen vijfentwintig jaar. Via de Prinsessekade liep hij het Rapenburg op, de 'Goudkust' van Leiden. Hij had eens een tijd elke dag vanaf dezelfde plek een foto genomen, op hetzelfde tijdstip. Maar toen hij het een paar keer vergeten was en gesmokkeld had door de foto op de weg terug naar huis te maken of de volgende dag, had hij dat project uiteindelijk opgegeven. Voor zijn geestesoog had hij al een mooie *timelapse* gezien, het voorbijglijden van de tijd, het wisselen van de seizoenen...

Hij sloeg rechts af de korte Groenhazengracht op om bij het Friese bakkertje wat broodjes te halen, omdat hij nog niet ontbeten had. Op zijn werk had hij een klein koelkastje staan, waar wat ontbijtspulletjes in stonden. In het verleden had hij nog weleens op de grote bank in zijn kantoortje geslapen, maar sinds hij met Fay was, was dit niet meer voorgekomen.

Misschien breken die tijden wel weer eerder aan dan ik ooit had kunnen vermoeden, dacht hij toen hij met de papieren zak met de nog warme broodjes de Doelengracht op gewandeld was.

Hij passeerde de poort met daarbovenop het beeld van Sint Joris te paard, die de reeds op de grond liggende draak een laatste fatale slag toebracht met zijn speer. De draak stond voor de lage lusten in de mens die hij overwinnen of 'doden' moest om zijn ziel niet omlaag te laten trekken in het aardse of helse moeras.

Na zijn ontbijt achter de computer had hij weliswaar enkele mailtjes weggewerkt, maar door het gedoe rond Fay kon hij maar moeilijk zijn aandacht erbij houden.

Verder was hij benieuwd naar het manuscript dat Piet van Vliet had ontdekt. Taalwetenschapper van huis uit, had die zich als onderzoeker steeds meer op het terrein van de geschiedenis begeven. Zijn hulp werd door veel mensen ingeroepen bij het ontcijferen van manuscripten uit de zestiende of zeventiende eeuw, de periode waar hij zich in het bijzonder in gespecialiseerd had.

Peter stond op, geërgerd over zijn onvermogen zich op zijn werk te kunnen concentreren.

Wat houdt Fay toch achter, vroeg hij zich af. *Een moordzaak is toch ernstig genoeg om alle informatie te delen die kan leiden tot de oplossing ervan?*

Waarom houdt ze in 's hemelsnaam voor zich dat ze tot vlak voor Coens dood een uitgebreide e-mailcorrespondentie met hem heeft onderhouden? Misschien is het toch een goed idee haar ermee te confronteren. Ik heb de mails niet ingezien – ik heb er niet over gelogen – maar wel ongewild de eerste zinnen gelezen.

Peter besloot even een sigaartje te roken. Hij pakte zijn doosje tevoorschijn en haalde er eentje uit, dat hij alvast in zijn mond stak. Buiten ging hij op een laag muurtje bij de fietsenstalling zitten.

Met elk trekje van zijn sigaar voelde hij zich rustiger worden.

Toen hij opkeek, zag hij Piet van Vliet al aan komen lopen met de voor hem kenmerkende veerkrachtige tred, die van een man die opgewekt door het leven stapt. Piet zwaaide al toen hij zich op grote afstand bevond. In zulke situaties vond Peter het altijd lastig om te bepalen of hij iemand aan moest blijven kijken – welk gezicht trok je dan die vijftien, twintig seconden? – of casual opzij moest kijken alsof iets anders even zijn aandacht getrokken had, totdat de persoon zich op slechts een paar meter afstand van hem bevond.

Hij besloot zich te concentreren op het laatste trekje van zijn sigaar. Het stompje gooide hij in de aarde aan de voet van een boom.

Inmiddels was Piet op een armlengte afstand van hem blijven staan.

'Peter,' zei hij terwijl hij hem enthousiast de hand schudde. 'Long time no see, kerel. Fijn dat je even tijd hebt. Hoe is het?'

Peter ging staan. 'Goed, goed, dank je, Piet. Ik ben benieuwd naar wat je me te vertellen hebt.'

'Ja, het is leuk, hoor. Ik...' Piet keek wat schichtig om zich heen. 'Zullen we even naar jouw kantoor gaan? Dat praat wat makkelijker.'

'Ja, eh... dat is goed,' zei Peter, die zich plotseling afvroeg of de hele ontdekking misschien toch wat geheimzinniger was dan Piet in zijn berichten had doen voorkomen. 'Is het geheim dan? Dat we het niet op straat kunnen bespreken?'

'Nee, hoor,' antwoordde Piet lachend. 'Het is meer... Misschien toch wel een klein beetje, maar binnen word ik minder afgeleid. Het praat gewoon wat rustiger. Bovendien kan ik je dan op je computer ook alvast wat laten zien.'

Eenmaal in Peters kantoor ging Piet ongevraagd achter de computer zitten, wat Peter ondanks hun amicale omgang toch wat brutaal vond.

Piet opende zijn eigen mailprogramma, scrolde door wat mails heen en dubbelklikte toen hij de juiste gevonden had. In een zwierige beweging draaide hij zich om in de richting van Peter, die op de bank was gaan zitten, alsof híj de bezoeker was in deze kamer.

'Ik heb een manuscript gevonden uit de tijd van de Pilgrim Fathers, zoals ik je al appte,' zei Piet. 'Het is echt een geweldig mooi document volgens mij, uniek. Iemand die er van het begin af aan bij betrokken is geweest, bij de vlucht uit Engeland naar Amsterdam, het vertrek naar Leiden en uiteindelijk de overtocht naar Amerika. Een gewone man, zeer ontwikkeld, maar geen prominent lid van de gemeenschap. Het is iemand die verslag doet van de alledaagse gebeurtenissen, de strubbelingen... Het is geen dagboek, er zitten vaak ook jaren tussen twee fragmenten... Misschien zijn er delen zoekgeraakt, we weten het niet. Verder zijn er wat raadselachtige verwijzingen die we niet goed kunnen plaatsen, maar goed, misschien worden die later nog wel duidelijk. We zijn het aan het vertalen nu, aan het omzetten naar het Nederlands, een moeilijke klus omdat het handschrift moeilijk te lezen is. Bovendien is het zeventiende-eeuwse Engels doorspekt met veel zeventiende-eeuwse Nederlandse woorden. Zin voor zin veroveren we, alinea voor alinea. Soms puzzelen we uren op één bepaalde frase. Het is niet gemakkelijk, maar ik krijg hulp van een specialist op dat gebied, dus we vorderen gestaag.'

'Dat klinkt geweldig, Piet,' zei Peter, die oprecht blij was voor hem, maar ook blij was met de afleiding die dit nieuws bracht in de stroom van de vreemde gebeurtenissen van de laatste dagen. 'Maar waarom heeft nog nooit eerder iemand dat manuscript gevonden dan?'

'Dat is nog het mooiste van het verhaal, echt stof voor een speelfilm. Stel je de openingsscène voor, een woest aantrekkelijke taalwetenschapper annex historicus lijkt "another day at the office" te hebben in het depot. Hij bekijkt manuscripten, maakt aantekeningen van wat hij vindt. Eeuwenoud stof dwarrelt op en wordt goed zichtbaar in de banen zonlicht die schuin door de hoge ramen van de verder slecht verlichte ruimte binnenvallen.'

'Maar het depot heeft toch geen ramen en is toch juist goed verlicht?'

'Ja, ja, natuurlijk, maar voor de film dan, hè? Dat woest aantrekkelijke van mij is ook niet waar,' zei hij lachend.

Vertel nou maar, dacht Peter. 'Ga verder.'

'En dan opeens...' vervolgde Piet. 'De achtergrondmuziek valt stil, de kijker wéét dat er iets te gebeuren staat. De onderzoeker reikt naar een oud boek, maar is onvoorzichtig.'

Piet was gaan staan nu, helemaal opgaand in zijn rol.

'Het boek valt, in slow motion stel ik me zo voor. Wanhopig probeert de wetenschapper het kostbare boek nog op te vangen voordat het op de grond belandt en mogelijk onherstelbaar beschadigd raakt, een schandvlek op zijn professionele blazoen! Het boek valt toch. Hij heeft het niet kunnen voorkomen. Het valt open, eeuwenoude pagina's worden blootgesteld aan het onbarmhartige zonlicht. En dan... We zoomen eerst in op de tekst, dan glijdt de camera heel langzaam over de bladzijde heen en stopt het beeld op de hoek van de pagina. Die is wat omgekruld en we zien het onmiddellijk: dit is geen gewone pagina, maar hier zijn twee bladzijden op vernuftige wijze aan elkaar geplakt. Welk geheim is hier al die honderden jaren verborgen gehouden? Waarom heeft iemand de moeite genomen iets op een zo sluwe manier te verbergen?'

'Zo is het echt gegaan?' vroeg Peter, onder de indruk van Piets vertelkunst.

'Zo is het gegaan Peter, en niet anders,' zei Piet, die weer ging zitten.

'Ik pakte het boek op, zag dat er inderdaad bladzijden tegen elkaar aan geplakt zaten, op zo'n manier dat het eigenlijk niet te zien was. Het is dus goed voorstelbaar dat al de mensen die het boek voor mij in handen hebben gehad er nooit iets van gemerkt hebben. Maar om een lang verhaal niet nog langer te maken... We hebben het boek heel precies onderzocht, want meer bladzijden leken er zo uit te zien. Onder laboratoriumomstandigheden hebben we de bladzijden van elkaar gescheiden, met van die kleine chirurgische mesjes. Het boek is daarbij licht beschadigd geraakt natuurlijk, maar we hebben zo wel een kleine twintig dichtbeschreven vellen gevonden, echt geweldig.'

'Wow, Piet, dat is inderdaad fantastisch, gefeliciteerd.'

'Bedankt,' zei Piet, die een bescheiden gezicht probeerde te trekken, maar daar totaal niet in slaagde. 'Maar ik dacht direct aan jou, natuurlijk, onze stadshistoricus... Je houdt je ook bezig met de Pilgrim Fathers toch?'

'Inderdaad,' zei Peter. 'Het is niet de focus van mijn onderzoek, maar als je je als historicus met Leiden bezighoudt, kun je niet om ze heen natuurlijk.'

'En je bent ook vrijwilliger bij Jeffrey in het museum?'

'Dat klopt ook, je bent goed geïnformeerd.'

'Daarom wilde ik je op de hoogte stellen. Als je het leuk vindt, kan ik zo af en toe updates sturen over de vertaling die we aan het maken zijn.'

'Dat zou ik heel erg leuk vinden!' reageerde Peter enthousiast. 'Echt geweldig. Wat is het beeld dat er tot nu toe uit naar voren komt?'

'We hebben nu zes fragmenten vertaald. Ik heb ze hier als bijlage in mijn mail staan. Ik zal ze meteen even doorsturen. Zoals gezegd, geen geheimzinnigheid. Ik geloof altijd in het delen van bronnen en informatie. Zo zou wetenschap moeten zijn wat mij betreft.' Hij draaide zich om, vroeg om Peters mailadres, waarna hij de mail met de bestanden verstuurde.

Een pingetje gaf aan dat de mail aangekomen was.

'Goed,' zei Piet, terwijl hij opstond om plaats te maken voor Peter. 'Ik zal je niet langer ophouden. Ik was op weg naar de UB, ik heb wat boeken aangevraagd. Het vertalen is een heidens karwei, omdat zoals ik al zei het handschrift soms moeilijk leesbaar is. We kunnen ook niet altijd alle woorden direct thuisbrengen. We willen het niet alleen vertalen, maar er tegelijkertijd een soepel lezende, moderne tekst van maken. Dat je als je het leest denkt: hé, dit had vandaag de dag door iemand geschreven kunnen zijn.'

'Ja, mooi is dat,' beaamde Peter. 'Als mensen zo vanuit een ver verleden tot ons spreken, uiteindelijk gewoon mensen zijn zoals jij en ik.'

'Precies,' zei Piet. 'Het bijzondere is dat we een originele tekst uit die tijd hebben, een document, een ooggetuigenverslag dat daarna door niemand meer gelezen is, echt heel bijzonder. Maar de inhoud zelf is over het geheel genomen nog niet heel schokkend. Het meeste was al bekend uit andere bronnen, maar er is wél iets geks met die tekst. De schrijver verwijst voortdurend naar een jongetje dat onder de hoede staat van ene Josh Nunn – iemand die we verder niet kennen. Het is zijn protegé, een leerling zo lijkt het die een speciale positie inneemt. Voor de mensen destijds was het ook niet duidelijk wat de rol van dat ventje nu precies was. Hij is uiteindelijk naar Amerika vertrokken, terwijl die Josh achterbleef.'

Piet zweeg even, alsof hij overwoog of hij nog meer zou vertellen.

'En in het zesde fragment... Weet je, je zult het gewoon wel zien. We hopen dat er nog meer informatie naar boven komt. We hebben nu meer dan tachtig procent vertaald van wat we gevonden hebben.'

'Dat klinkt interessant allemaal,' zei Peter, die niet kon wachten om met lezen te beginnen.

Nadat Piet weggegaan was, ging Peter zitten en klikte hij op de eerste bijlage van de mail die Piet hem zojuist gestuurd had.

Hij begon te lezen.

Fragment 1 – Vlucht uit Engeland (januari 1609)

We hebben het gered. We zijn veilig.
Voor nu.

16

Rijsbergen zat aan zijn bureau met de map die hij van de patholoog-anatoom Van Eijk had meegekregen. Hij had het autopsierapport vluchtig doorgelezen, maar daar hadden geen nieuwe zaken in gestaan.

Op de papiertjes in Zoutmans zakken hadden betekenisloze dingetjes gestaan – er was een boodschappenlijstje bij geweest waar letterlijk 'boter, kaas, eieren' op stond – en de bonnetjes waren van de supermarkt, de stomerij en een boekhandel. Niet lang geleden had hij bij boekhandel De Kler het boek *Bronnen van de westerse esoterie* aangeschaft van Jacob Slavenburg. 'De esoterische traditie is beter te begrijpen als men kennis heeft van de archetypische beelden uit de scheppingsmythen,' had Rijsbergen op de site van de auteur gelezen, maar daar was hij zelf niet veel wijzer van geworden.

Het enige bijzondere was dus de envelop met daarin een aantal met de hand uitgeschreven verhalen uit het Oude Testament. Rijsbergen had contact opgenomen met de opleiding Religiewetenschappen van de Universiteit Leiden die hem in contact had gebracht met hoogleraar Mark Labuschagne. Deze zou als Bijbelkenner mogelijk meer licht kunnen werpen op de vraag waarom Coen Zoutman uitgerekend deze verhalen had overgeschreven. Verder zouden ze er natuurlijk binnen de loge van de vrijmetselaars nog navraag naar doen. Misschien was het een voordracht die hij nog had willen houden?

Rijsbergen stopte de papieren terug in de map, klapte die dicht en ging naar de verhoorruimtes, waar gescheiden van elkaar twee jongemannen op hen zaten te wachten: Sven Koopman en Erik Laman, die beiden de open avond van de vrijmetselaars hadden bezocht.

Kort nadat Rijsbergen en Van de Kooij van het mortuarium waren teruggekeerd, hadden leden van het onderzoeksteam de beide studenten opgebracht. Het aanvankelijk routinematige bezoek aan de eerste student – de rechercheurs gingen een voor een de mensen langs die op de lijst stonden – had een onverwachte wending gekregen.

Bij het beantwoorden van de meest eenvoudige vragen was Sven gaan stotteren en zweten, had hij zichzelf tegengesproken, vervolgens een advocaat willen spreken waar hij toen weer op teruggekomen was. Ongevraagd had hij direct zijn kennis Erik erbij betrokken.

Voor de rechercheurs was dit genoeg aanleiding geweest Sven mee te nemen voor verder verhoor en Erik door enkele collega's op te laten halen.

De rechercheurs hadden Rijsbergen al verteld dat Sven Geschiedenis studeerde en nota bene bij Peter de Haan college volgde. Dat was wel weer ontzettend toevallig allemaal, maar ook weer niet zó gek in een klein stadje als Leiden.

Toen Rijsbergen en Van de Kooij de verhoorkamer betraden, zat Sven met het hoofd voorovergebogen, alsof hij in gebed was.

De ruimte was een eenvoudige kamer, niet zoals je wel in films ziet met een grote spiegel waarachter een team agenten en psychologen stond opgesteld om elke stembuiging van de verdachte te duiden. De ramen hadden draadglas, maar waren gewoon doorzichtig zodat iedereen die passeerde, kon zien dat er zich niets ongeoorloofds afspeelde.

Wél hing er hoog in een van de hoeken een camera die het verhoor opnam, een maatregel ter bescherming van zowel de verdachte als de agenten. Van niemand konden de woorden na afloop van het verhoor verdraaid worden. De interpretatie van wat er was gezegd, was weer wat anders, maar dat was voer voor de rechters en advocaten in de rechtszaal.

Eerst stelde Rijsbergen zichzelf en Van de Kooij voor en legde hij de reden uit van het gesprek dat ze gingen hebben. Nadat hij nog geïnformeerd had naar Svens studie en achtergrond, stelde hij vervolgens op rustige toon zijn eerste vraag. 'Waarom werd je nou zo zenuwachtig van mijn collega's, Sven?'

'Niets bijzonders,' zei Sven. 'Ik ben nog nooit van mijn leven met de politie in aanraking gekomen.'

'Maar dan is er toch ook juist niets aan de hand?' vroeg Rijsbergen. 'Waarom zou je dan gaan stotteren, rood worden en jezelf tegenspreken?'

Dat laatste las hij voor uit het verslagje dat zijn collega's van het bezoek aan Sven hadden gemaakt.

'Of om een advocaat vragen?' voegde Van de Kooij eraan toe, een stuk ongeduldiger. 'Is er iets wat je ons wilt vertellen? We halen het toch wel uit je, dus je kunt er net zo goed direct mee voor de dag komen. We kunnen je eerst drie plus drie dagen in verzekering stellen en dan hebben we nog voorlopige hechtenis. Weet je hoelang dat is?'

Sven schudde van nee.

'Dat zijn meer dan honderdtien dagen Sven, meer dan drie maanden. Dan praat je wel, hoor. Je kunt dus net zo goed –'

'Dat is, denk ik, niet nodig, collega,' onderbrak Rijsbergen hem. 'Mij lijkt Sven een redelijke jongen, verstandig ook. Nog nooit met de politie in aanraking geweest. Natuurlijk wil hij gewoon meewerken. Hij vindt het ook afschuwelijk dat die arme meneer Zoutman omgebracht is.'

'Dáár heb ik niks mee te maken,' zei Sven aanvankelijk fel, maar het laatste woord klonk gesmoord omdat hij volschoot. 'Dáár heb ik niks mee te maken,' herhaalde hij. Hij moest een paar keer zijn opkomende tranen wegslikken. 'Er zijn getuigen,' zei hij toen, rustiger. 'Na de voordracht van meneer Zoutman stonden we met een paar mensen buiten. Totdat jullie kwamen, hebben we daar een biertje staan drinken.'

'Ik geloof je, Sven,' zei Rijsbergen op vaderlijke toon. 'Ik geloof je.'

Sven ging meer rechtop zitten en glimlachte, als een student die net gehoord heeft dat hij een voldoende voor een mondeling examen heeft gehaald. 'Dank u wel,' zei hij.

'Maar dan moet je me toch nog wel even iets vertellen, Sven,' ging Rijsbergen verder. 'Je zei net: "Dáár heb ik niks mee te maken." Dat vind ik wel interessant, toch collega?'

Van de Kooij knikte. 'Dáár heb ik niks mee te maken,' imiteerde hij op pesterige toon de stem van Sven.

Rijsbergen keek zijn collega met gefronste wenkbrauwen aan. 'Hoe dan ook, beste Sven,' zei hij. 'Met die moord hebben jij en je vriend niets te maken. Waar heb je dan wél iets mee te maken?'

Sven zakte weer onderuit.

'Wáár heb je dan wél mee te maken, Sven?' vroeg Rijsbergen.

'Denk aan die honderdtien dagen in de gevangenis, Sven,' moedigde Van de Kooij hem aan. 'Daar zitten de echt zware jongens te wachten op zo'n heerlijk snoepje als jij, hoor.'

Rijsbergen kon het niet helpen dat hij in de lach schoot. Hij tilde zijn rechterhand een stukje van de tafel om Van de Kooij het zwijgen op te leggen. 'Mijn collega heeft iets te veel Amerikaanse series gekeken ben ik bang,

Sven. Maar hij heeft wel een punt. Het is beter als je gewoon openheid van zaken geeft.'

Sven bedekte zijn gezicht met beide handen, als een klein kind dat denkt daarmee onzichtbaar te worden. 'We waren ons aan het oriënteren,' zei hij uiteindelijk.

'Ah, nu komen we ergens, Sven. Dat vind ik fijn,' zei Rijsbergen. 'Waar waren jullie je precies op aan het oriënteren?'

Van de Kooij schoof de map die voor Rijsbergen op tafel lag naar zich toe. Hij pakte het plastic hoesje met daarin de plattegrond die de dag ervoor gevonden was. Vervolgens liet hij de tekening aan Sven zien. Die sloot zijn ogen, maar opende ze al snel weer.

'Heeft het hiermee te maken?' vroeg Van de Kooij.

'Ja,' gaf Sven toe. 'Ik heb die tekening gemaakt. Maar... Hoe komt u daaraan?'

'Daar kunnen we geen mededelingen over doen,' zei Van de Kooij op gewichtige toon. 'Maar interessanter, Sven, vind ik de vraag wat het voorstelt.'

'Het is een plattegrond.'

'Een plattegrond,' herhaalde Van de Kooij, alsof hij een buitenlander was die Nederlandse woordjes oefende. 'Dat zien wij ook wel.'

'Een plattegrond ja.'

'Waarom teken jij een plattegrond van het gebouw van de vrijmetselaars, Sven?' vroeg Rijsbergen vriendelijk.

Sven had het hoesje van Van de Kooij overgenomen.

'Waarom teken jij een plattegrond van het gebouw van de vrijmetselaars, Sven?' vroeg Rijsbergen nog maar een keer. 'En waarom gooi je die vervolgens weg? Dat is misschien nog wel het meest raadselachtige aan het geheel. Heb je net zo'n schitterende tekening gemaakt, heel je ziel en zaligheid erin gelegd... Gooi je hem weg!'

Van de Kooij lachte en schudde het hoofd alsof iemand hem net iets verbazingwekkends had verteld.

'Ik en mijn, eh... vriend Erik,' zei Sven. 'Het is niet echt een vriend, meer een kennis. Ik ken hem uit het Leidse actiewezen.'

'Het Leidse actiewezen.'

'U weet wel... Antiglobaliseringsgroepen, milieuactivisten... De Vrijplaats Leiden aan de Middelstegracht met de Fabel van de Illegaal, die opkomt voor vluchtelingen en illegalen... Zulk soort mensen.'

Rijsbergen knikte begrijpend.

'Vorige week hadden we een bijeenkomst op de Haagweg, u kent dat wel, het cultureel centrum Haagweg 4. Die was bedoeld om de acties te coördineren rond het Pilgrimsjaar. Het is dan vierhonderd jaar geleden dat de Pilgrims uit Leiden vertrokken en dat gaat heel groots herdacht worden, vanuit Amerika, Engeland en dus ook Nederland. Leiden speelt daarbij een grote rol. Nu is het zo... Het is een lang verhaal eigenlijk, maar het komt erop neer dat wij vinden dat de insteek van deze herdenkingen te positief is. De komst van de Pilgrims in Amerika heeft min of meer geleid tot de ondergang van de inheemse cultuur, van de indianen die er al woonden. Wij willen dat er in dat jaar ook aandacht geschonken wordt aan al de negatieve effecten van deze kolonisatie, aan de schaduwzijde van deze hele geschiedenis.' Al pratend kreeg hij meer overtuiging in zijn voorkomen. Hij was rechterop gaan zitten, bijna op het puntje van zijn stoel. 'Ik vertel dit,' zei hij, 'om alles even in het juiste kader te zetten.'

Nu kreeg hij iets onuitstaanbaar wijsneuzerigs over zich.

'Er is dus een actiegroep,' ging hij verder, 'waar Erik en ik deel van uitmaken. En Erik wilde... Hij wil er diep in duiken. Die Pilgrim Fathers worden algemeen beschouwd als de grondleggers van wat uiteindelijk de Verenigde Staten zouden gaan worden. Maar Erik is ervan overtuigd dat ook de vrijmetselaars in deze hele geschiedenis een cruciale rol gespeeld hebben. Er is volgens hem een duidelijke link tussen de vrijmetselaars en de stichting van de Verenigde Staten. Veel van de Founding Fathers zoals George Washington en Benjamin Franklin waren vrijmetselaars. Dus om iets te begrijpen van de idealen op basis waarvan de Verenigde Staten gesticht werden, is het goed om je te verdiepen in de gedachtewereld van die vrijmetselaars.'

'En dán, Sven?' vroeg Rijsbergen, iets ongeduldiger inmiddels. 'Voor het herdenkingsjaar van de Pilgrims gaan jullie je verdiepen in de vrijmetselaars?'

'Zoals ik al zei,' zei Sven, die iets van zijn eerdere overtuiging verloren had. 'Erik zei dat we naar het grotere plaatje moesten kijken. Er zijn heel veel complottheorieën waarin de vrijmetselaars een centrale rol spelen...'

'Alles goed en wel, Sven,' zei Rijsbergen. 'Maar ik zie dan nog steeds niet... Gisteren heb ik op Wikipedia wat zitten lezen over die vrijmetselaars. Pas ergens aan het begin van de achttiende eeuw werd in Engeland de eerste loge opgericht, meen ik me te herinneren. Die Pilgrims vertrokken uit Leiden in...'

'1620,' maakte Sven zijn zin af.

'Precies,' zei Rijsbergen, die met de toppen van de vingers kort zijn voorhoofd masseerde. 'Dus dat is zo'n honderd jaar daarvoor! En in Leiden –'

'Klopt,' zei Sven, als een leraar die een leerling complimenteert omdat die een juist antwoord gegeven heeft. 'De Leidse loge Vertu is opgericht in 1757, de zevende in Nederland. In 1717 werd in Engeland de eerste loge opgericht, de eerste grootloge om precies te zijn. Een aantal Engelse loges besloot zich te verenigen.'

'Maar sorry, beste Sven, ik ben toch bang dat we afdwalen,' onderbrak Rijsbergen hem.

'Vertel nou maar gewoon wat jullie daar deden,' zei Van de Kooij, die er kennelijk ook genoeg van gekregen had.

Rijsbergen knikte goedkeurend. 'We hebben nog steeds geen antwoord op de beginvraag, Sven,' zei hij. 'Waarom heb jij die tekening gemaakt?'

'Ik heb die tekening gemaakt,' zei Sven, 'omdat Erik en ik op een ander moment terug wilden komen. Erik hoopte dat als we een keer ongestoord rond konden neuzen we misschien wel zaken zouden vinden die ons kunnen helpen. Het klinkt een beetje dom nu, maar –'

'En dan? *Hasta la victoria siempre?* Dat klinkt inderdaad nogal dom allemaal, Sven,' zei Rijsbergen geïrriteerd. Op basis van zijn onderbuikgevoel, dat hem zelden tot nooit in de steek gelaten had, 'wist' hij dat dit de echte reden was geweest van het maken van de plattegrond.

Wat een verspilling van onze tijd en energie dit, dacht hij.

'Maar daaróm dus,' probeerde Sven zich nog te rechtvaardigen. 'Zodat we ons thuis konden voorbereiden. De bedoeling was niet alleen alle ruimtes aan te geven, maar ook de plekken waar kastjes en kasten zijn, misschien zouden we in die tempel iets vinden, konden we kijken in afgesloten ruimtes.'

'En dán?' riep Rijsbergen uit, terwijl hij gefrustreerd met zijn vlakke hand op de tafel sloeg.

Sven maakte zichzelf kleiner, als een kind dat een standje krijgt.

'Wat had je bij een inbraak gehoopt te vinden, Sherlock Holmes?' vroeg Rijsbergen, met stemverheffing. 'Een kast waarop staat: ALLE GEHEIMEN VRIJMETSELAARS? Met als waarschuwing in vette rode letters: GEHEIM! ALLEEN INGEWIJDEN MOGEN DIT LEZEN?'

Sven lachte schaapachtig, alsof ook hij nu besefte dat de hele onderneming van het begin af aan inderdaad belachelijk was. 'Ik weet niet wat we...' protesteerde hij zwakjes, 'of wat Erik probeerde te vinden. Het was zijn idee eigenlijk. Ik heb de tekening alleen maar gemaakt. Ik denk dat hij inderdaad hoopte iets van een archief te vinden dat niet toegankelijk was voor buitenstaanders, alleen voor leden zogezegd... Maar nu alles zo is uitgekomen en zoals u het nu zegt, klinkt dat wel een beetje... raar ja.'

'Nog een laatste vraagje dan,' zei Rijsbergen. 'Ik wil alleen nog weten waarom je een tekening maakt en die vervolgens weggooit.'

'Dat deed ik,' zei Sven, 'toen de politie na de ontdekking van de moord op de voorzitter arriveerde. Erik en ik stonden met een paar mensen in de achtertuin. Er kwam iemand die ons vertelde wat er gebeurd was en die zei dat we allemaal binnen moesten komen. Ik raakte in paniek. Ik stelde me zo voor hoe raar het eruit zou zien als jullie die plattegrond zouden ontdekken. Misschien zouden we voor vertrek allemaal wel gefouilleerd worden. Precies de reden waarom ik hier nu zit. Dat het verdacht is om een tekening op zak te hebben van het gebouw waar zojuist een moord gepleegd is. Ik ging als laatste naar binnen, verfrommelde de tekening tot een prop en gooide die in een prullenbak. Ik dacht er niet echt over na, voelde me wel opgelucht dat ik het gedaan had. Totdat jullie collega's vanmiddag langskwamen, toen kreeg ik opeens een angstvisioen dat mijn plattegrond gevonden was.'

'Inderdaad,' zei Van de Kooij triomfantelijk.

'En toen dacht ik: ik wil alles uitleggen, kán ook alles uitleggen, want ik heb niets te maken met de moord, maar dan wil ik wel graag een advocaat. Ik heb te vaak in de krant gelezen over rechercheurs die tijdens een verhoor last krijgen van een tunnelvisie zoals toen met die Schiedammer parkmoord. Tegelijkertijd bedacht ik dat een advocaat eigenlijk niet nodig was, omdat ik feitelijk niets te verbergen heb.'

Rijsbergen knikte, terwijl hij iets van een spijtig glimlachje trok.

Het verhaal snijdt hout, dacht hij. En als er geen moord gepleegd was, zou die plattegrond waarschijnlijk ook nooit gebruikt zijn. Zulke wilde plannen zijn te kinderlijk en worden bijna nooit tot uitvoer gebracht.

Het verhoor dat Rijsbergen en Van de Kooij daarna met Erik hadden was veel korter, omdat dit voornamelijk bestond uit het checken van de informatie die Sven hun eerder gegeven had.

Eriks verhaal kwam volledig overeen met dat van Sven. Hij deed nog een zwakke poging om het plan op een dag in te breken bij de vrijmetselaars te verdedigen, maar strandde net als Sven toen hij uit moest leggen wat hij daar in 's hemelsnaam had gedacht aan te zullen treffen.

Ongevraagd begon Erik opeens over de bekladding van het Sionshofje. De daders waren volgens hem te vinden in de kringen van de mensen die ook samenkwamen op de Haagweg 4. Hij gaf hun de namen van enkele personen die zich in het bijzonder richtten op de in hun ogen onrechtmatige bezetting van de Palestijnse gebieden door Israël.

In de wandelgangen had hij de plannen voor deze protestactie bij het hofje opgevangen, die hem van het begin af aan volkomen onzinnig had geleken. Hoewel deze drie jongens onmiskenbaar links waren, kwam hun taalgebruik door hun haat jegens Israël zo goed als overeen met dat van extreemrechtse antisemieten. Om die reden mocht Erik ze niet en had hij besloten hun namen door te geven.

Rijsbergen had de namen genoteerd om door te geven aan een andere afdeling die deze jongens op zou zoeken.

Uiteindelijk werden Sven en Erik naar huis gestuurd.

Ze spraken niet met elkaar. Door de grote ramen van de ontvangsthal kon Rijsbergen zien dat de een links afsloeg de Langegracht op en de ander rechts af.

Ze hadden elkaar niet gegroet.

Rijsbergen liep terug naar zijn kantoor. Uit de map haalde hij de kopieën van Zoutmans geschrift om later op de dag aan professor Mark Labuschagne voor te kunnen leggen.

'Exodus' stond er op de eerste pagina. 'Het verhaal in een notendop.'

Fragment 6 – Van Leiden naar Amerika (1620)

We gaan naar Amerika.

Hoewel 'we'... De meesten van ons zullen in Leiden achterblijven. Een aantal van onze groep is al eerder teruggegaan naar Engeland. Het leven hier was toch harder dan zij aankonden, dus verkozen zij terug te keren naar Scrooby – ook geen gemakkelijk bestaan, maar tenminste in een bekende omgeving. Zelfs het risico bij thuiskomst in het gevang gegooid te worden, leek hun een aanlokkelijker vooruitzicht dan nog langer hier te moeten blijven.

Hier helpen we elkaar zoveel als we kunnen, maar er zijn grenzen aan wat je voor een ander kunt doen. Veel van ons kunnen slechts met moeite het eigen hoofd boven water houden. Natuurlijk blijven er ook mensen hier die het zich niet kunnen veroorloven om de grote oversteek te maken, hoewel er volgens John en William altijd wel regelingen te treffen zijn. Het geld voor de reis kan voorgeschoten en eenmaal in Amerika terugbetaald worden.

Onze groep wordt ook ouder. Er zijn weliswaar nieuwe leden bijgekomen en er worden kinderen geboren, maar eigenlijk te weinig om van een gezonde groei te kunnen spreken. Als we hier nog een paar jaar blijven, zal onze groep waarschijnlijk uiteenvallen en in zijn geheel opgaan in de Leidse bevolking. Met betrekking tot dat laatste, we zien nu al dat onze kinderen, die al van jongs af aan mee moeten werken om bij te dragen aan het inkomen van het gezin, meer en meer betrokken raken bij het leven waar wij ze liever van weghouden: ruwe spelletjes op straat, maar vooral het gokken en drinken, waar een grote aantrekkingskracht van uitgaat die zij door hun leeftijd nog niet goed kunnen weerstaan.

Wij willen de zondagsrust in ere houden, maar daar hebben de meeste Leidenaren geen boodschap aan. Voor ons wordt het steeds moeilijker om onze kinderen op te leggen die rust op zondag wél te eerbiedigen.

Maar houd je zoon van twintig maar eens tegen als hij door zijn kameraden van het werk wordt opgehaald, die naar de herberg willen om daar te drinken en de hemel weet wat nog meer te doen wat God verboden heeft. Er zijn publieke vrouwen... Een dagloon is er zo doorheen in een dergelijke poel van verderf! Of houd je zoon maar eens tegen die niet langer het zware werk volhoudt in de scheepstimmerwerf of in de smidse en ervoor kiest zeeman te worden of soldaat.

Gaat in door de enge poort, want wijd is de poort en breed de weg, die tot verderf leidt; velen zijn er die daardoor ingaan; want eng is de poort, en smal de weg, die ten leven leidt, en weinigen zijn er, die hem vinden.

En daarom, zo hebben we besproken, is de tijd gekomen dat we weer verder trekken. Pelgrims zijn we, op de weg van God. We weten dat Amerika een land van belofte is, het beloofde land voor ons wellicht. Aan de goddeloze heidenen die er wonen en die al sinds mensenheugenis rechtstreeks op hun eeuwige folteringen in de hel afstevenen, kunnen we het goede nieuws vertellen van onze Heer en Heiland, die zelfs voor hen gestorven is ter vergeving van hun zonden. En wij zullen er eindelijk vrij kunnen zijn, zonder over onze schouder te hoeven kijken, zonder bang te zijn dat uit Engeland een bevel komt deze of gene uit te leveren. We zullen kunnen gaan lezen wat we willen, gaan prediken wat we willen, vrijuit met elkaar kunnen discussiëren wat we willen. En tegelijkertijd kunnen we de inktzwarte zielen redden van de wilden die nog onwetend in volkomen duisternis dwalen!

We leven in het jaar des Heeren 1620. Het bestand van twaalf jaren dat Nederland en Spanje met elkaar in 1609 gesloten hebben, loopt ten einde. In het Heilige Roomse Rijk wordt reeds heftig gevochten (begin Dertigjarige Oorlog – PvV).

Teruggaan naar Engeland is voor de meesten van ons geen optie. Hoewel we hier Engelsen gebleven zijn en vol trots hebben vastgehouden aan onze eigen levenswijze, willen we niet meer terug.

Maar toch zit me iets dwars, zeker als ik nu teruglees wat ik vandaag geschreven heb. Alles klopt, het verlangen in vrijheid ons eigen geloof te belijden, de angst om als groep op te gaan in de Leidse bevolking, *de bezorgdheid om de zielen van onze kinderen die hier dag in dag uit blootgesteld worden aan en bezoedeld worden door de ergste zonden en verlokkingen die de Boze maar heeft kunnen bedenken om de mens weg te leiden van de Enige Weg die tot het Heil leidt. De armoede, het harde werken, de theologische disputen waar wij ook tegen onze wil in bij betrokken zijn geraakt, maar... Dit geldt voor ons allemaal, wij ondergaan allemaal hetzelfde lot.*

Maar John wil blijven.

Ik schrijf het nog een keer.

John Robinson blijft hier.

En er is een hele kring van intimi om John heen, waartoe ik mezelf helaas uiteindelijk toch niet rekenen mag, die ook gaat blijven. Dit zijn mensen die het zich zouden kunnen veroorloven om naar Amerika te trekken, mensen die zelfs genoeg geld hebben om ánderen mee te nemen.

Het is moeilijk er de vinger op te leggen, onmogelijk in feite. Al de door mij genoemde argumenten snijden hout, er is niets tegenin te brengen, maar als ze voor ons gelden, gelden ze ook – misschien nog wel méér! – voor John en de mensen om hem heen.

Is er een andere reden die hen hier houdt?

Er is duidelijk een tweedeling ontstaan tussen de mensen die vertrekken en de mensen die besloten hebben te blijven. Onder die laatste groep zijn ook mensen die nu nog niet over voldoende middelen beschikken om mee te gaan, maar wellicht over een aantal jaren wel.

Hoezeer het me ook spijt, ook mij en mijn familie ontbreekt het momenteel nog aan middelen voor de grote oversteek.

Het gaat mij meer om de mensen die met gemak de overtocht kunnen betalen, maar ervoor kiezen hier te blijven. Met alle bezwaren die er zijn.

Waarom blijven zij hier?

Buiten mijn zicht om lijkt er een tweedracht te zijn ontstaan in de groep, geen kristalheldere scheidslijn waarbij het voor iedere toeschouwer in één oogopslag duidelijk is hoe de verhoudingen liggen, geen twee groepen die tegenover elkaar staan of die gescheiden van elkaar plaatsnemen tijdens de diensten. Het lijkt veel subtieler te liggen dan dat. Er lijkt een groep te zijn rond Josh Nunn en een groep rond William Brewster. William heeft nu al enkele keren openlijk en heftig zijn afkeer uitgesproken over een in zijn ogen te vrije uitleg van een Bijbeltekst. Rond hem hebben zich mensen verzameld die zijn mening lijken te delen, al lijken de groepen niet helemaal vast te liggen, waardoor het me niet lukt goed zicht te krijgen op wie tot welke 'partij' behoort. Dit zijn de mensen die vastbesloten zijn Leiden in te ruilen voor Amerika. Rond Josh Nunn staan de mensen, onder wie opmerkelijk veel lieden die in de bouw werkzaam zijn overigens, metselaars et cetera – wie oren heeft, die hore – die ervoor kiezen in Leiden te blijven. Josh, die in goeden doen is geraakt, bezit tegenwoordig een eigen loge in de schouwburg, waar de kerngroep regelmatig samenkomt om tijdens de pauzes van een voorstelling met elkaar te overleggen.

Josh heeft overigens weer een nieuwe jonge jongen onder zijn hoede genomen, met wie hetzelfde proces opnieuw een aanvang lijkt te nemen: ze trekken zich samen terug. Josh is zichtbaar veel aan het woord – soms zitten ze samen in de tuin van ons hof – en de jongen knikt net zo ernstig als tien jaar eerder zijn voorganger deed.

Dat is nog wel het meest bevreemdende van alles: de positie van de – voormalige? – oogappel van Josh, de knaap die nu een volwassen vent is, in de kracht van zijn leven. Dit is de jongen die de afgelopen tien of elf jaren in Josh' aanwezigheid verkeerde, alsof hij diens schaduw was. De jongen naar wie Josh goedkeurend knikkend en trots als een plaatsvervangende vader opkeek als hij weer eens het woord nam tijdens een dienst – tot groeiende ergernis van de leden van de andere partij. Deze jongen dus.

Die gaat naar Amerika.

17

Twee keer had Peter de vertaalde fragmenten die Piet van Vliet hem opgestuurd had inmiddels gelezen.

De eerste keer snel, gescand bijna, als iemand die van zijn geliefde een brief krijgt en die snel doorleest om te zien wat de teneur is.

De tweede keer aandachtig, rustig, zichzelf dwingend om af en toe pas op de plaats te maken en aantekeningen te noteren. Het was inderdaad precies zoals Piet had gezegd: in grote lijnen stond er niets in wat af leek te wijken van het verhaal dat ze al kenden. De vlucht uit Engeland, het snelle vertrek uit Amsterdam, de elf jaren in Leiden met de armoede en de godsdienstige twisten.

Dat hele gedoe met het jonge knaapje, dat onder de bescherming leek te staan van de figuur die Josh heette, kon Peter ook niet goed plaatsen. Hij merkte dat zijn eerste gedachten direct in de richting van een schandknaap gingen, maar dat was misschien een afwijking of een open zenuw van deze tijd dat je die associatie onmiddellijk legde.

Verder had Peter nog nooit eerder gehoord over onenigheid of tweespalt binnen de groep.

Zouden er dan toch ook nog andere dan de algemeen bekende redenen zijn geweest waarom meer dan de helft van de Engelse puriteinen uiteindelijk in Leiden achterbleef, vroeg hij zich af. *En wat zou die verwijzing betekenen naar die groep rond Josh Nunn?*

Er kwam een mailtje binnen van Mark. Hij was benaderd door rechercheur Rijsbergen met het verzoek vanmiddag om drie uur even naar het bureau te komen. Coen Zoutman bleek een envelop vol Bijbelteksten bij zich te hebben gehad op de avond waarop hij was vermoord. Ze hoopten dat Mark als hoogleraar meer inzicht kon verschaffen in deze kwestie. 'Twee weten meer dan één,' had Mark getypt, 'dus ik wil je vragen even met me mee te gaan.'

Peter stuurde een mailtje terug dat dit goed was wat hem betrof.

Hij schrok op toen hij zag dat het al kwart voor één was. Snel schakelde hij zijn telefoon in om te zien of er nog berichtjes waren. Er was alleen een appje van Judith, die de lunchafspraak bevestigde.

Fay hield zich dus aan dezelfde radiostilte als hij.

Toch geïrriteerd hierover haastte hij zich naar het LAK.

In de grote hal van het Lipsiusgebouw, zoals het LAK enige jaren geleden hernoemd was, stond hij toch nog enige tijd te wachten op Judith, die nooit op tijd kwam.

Er was veel bedrijvigheid van studenten om hem heen. De lange banken en zitjes waren allemaal bezet. Veel mensen zaten te eten en tegelijkertijd te werken, de laptops opengeklapt.

Even later kwam Judith zijn kant op gelopen. Het zachte middaglicht, dat uit de hoge ramen schuin naar binnen viel, bescheen haar lange zwarte haar, dat slordig bijeengehouden werd door een grote haarclip. Ze droeg een kleurige blouse, van een afstand leek het op iets met een batikmotief, daaroverheen een spijkerjasje en daaronder een wijde, fleurige rok en hoge laarzen van zwart leer.

Haar gezicht lichtte op toen ze hem opmerkte. Gewoontegetrouw kuste ze hem een keer licht op zijn wang.

Hij snoof de geur van haar haren op en sloot kort zijn ogen.

'Alles goed?' vroeg ze lachend, maar met een serieuze ondertoon.

'Jawel,' zei hij. 'Jawel. Het zijn krankzinnige dagen gewoon.'

'Ik begrijp het, lieverd. Het ís ook veel allemaal.'

Nadat ze bij de verschillende voedseleilanden in de kantine een lunch samengesteld hadden, liepen ze met hun dienbladen de ruimte in met de lange tafels waarvan zo goed als alle plaatsen bezet waren. Aan de raamkant, met uitzicht op de Witte Singel, kwamen net twee plekken vrij.

'Gáát het wel een beetje met jullie?' vroeg Judith. 'Het zal jullie niet in de koude kleren gaan zitten dit.'

'Nee, klopt. Het was afschuwelijk … Die arme man. En dan voor Fay helemaal, ze kende hem zo goed, veel beter dan ik natuurlijk. Op haar heeft dit allemaal vanzelfsprekend een veel grotere impact.'

'Ach, arme Fay,' zei Judith. 'Maar gelukkig hebben jullie elkaar.'

'Inderdaad.'

Dat valt nog te bezien, dacht Peter.

'Is er al meer duidelijkheid over de moord?' vroeg Judith.

'Niet echt nee. Ik heb niet de indruk dat ze heel erg opschieten.'

In het kort vertelde hij over het gesprek dat hij en Fay de dag ervoor hadden gehad met de politie en wat de stand van zaken was.

'Vanmiddag gaan Mark en ik nog naar het politiebureau,' zei Peter. 'Ze willen ons teksten laten zien die Coen Zoutman bij zich droeg op het moment dat hij werd vermoord. Bijbelteksten, dus zo kwamen ze bij Mark uit.' Hij nam een paar happen van zijn soep. 'En jij?' vroeg hij toen. 'Al klaar voor je vertrek zondag?'

Judith had een beurs gekregen om drie maanden onderzoek te doen aan Harvard University.

'Zo goed als. Er zijn nog wel wat losse eindjes hier, wat zaken die ik moet afronden. Ik heb vanmorgen een lijstje gemaakt waar ik onverwacht toch nog een beetje van schrok. Mensen bellen, nog een paar papers nakijken, wat afspraken met studenten over scripties zodat ze de komende tijd weer vooruit kunnen. Thuis ligt alles wel klaar om ingepakt te worden. Ik moet eigenlijk alleen nog wat boeken uitzoeken om mee te nemen. Hoewel, ik zal het daar druk genoeg hebben, vermoed ik, dus heel veel tijd om te lezen zal ik niet hebben. De tijd zal voorbijvliegen, maar ik zal jullie wel missen, hoor. Ik zal jóú missen.'

Peter glimlachte. 'Voor degenen die achterblijven, lijkt de tijd altijd langzamer te gaan. Degene die weggaat, heeft zóveel nieuwe indrukken.'

'Dat is waar,' zei ze. 'En zo ongeveer op de helft van mijn tijd daar komt Mark langs, dus dat breekt de periode mooi in tweeën. Maar mijn uitnodiging blijft staan, hè, dat weet je. Ik zou het echt gezellig vinden als jij mij ook zou komen bezoeken – of als jullie sámen komen.'

Peter twijfelde of hij Judith iets moest vertellen over de situatie die tussen hem en Fay ontstaan was. Over haar mailwisseling met Coen Zoutman waarover ze gezwegen had en over haar boze app van die morgen.

'Weet je…' begon hij, maar hij maakte zijn zin niet af.

Ik ga haar niet lastigvallen met de relatieperikelen van mij en Fay, dacht hij. Overdreven lang blies hij over de soep op zijn lepel voordat hij een hap nam.

Waarom zou ik eigenlijk ook niet gaan? Misschien ook wel een goed idee er eens even tussenuit te zijn.

Hij voelde dat Judith naar hem keek, maar hij bleef zich concentreren op zijn tomatensoep.

Misschien is het ook wel slim wat afstand te nemen van alles. Nieuwe dingen zien, nieuwe ervaringen opdoen...

Hij legde zijn lepel neer en keek Judith aan, die hem inderdaad aan zat te staren. 'Ik doe het!' zei hij toen. 'Laat ik eens gek doen.'

De glimlach op Judiths gezicht had nauwelijks groter kunnen zijn. 'Meen je dat echt?' vroeg ze. Haar wangen kregen een lichtrode kleur.

'Ja, ik meen het.'

Ze ging staan en boog zich over de tafel heen. Peter stond half op, een beetje onhandig omdat zijn stoel door ruimtegebrek niet goed naar achteren geschoven kon worden.

Judith kuste hem op zijn wang, terwijl ze de achterkant van zijn hoofd met haar rechterhand omvatte. 'Dat vind ik echt fijn,' zei ze. Ze bleef hem stralend aankijken, nadat ze weer waren gaan zitten.

'Ach, weet je,' zei Peter. 'Over drie weken heb ik geen colleges meer staan. En er zijn niet echt andere verplichtingen die me hier houden. Ik moet wat zaken afronden; er zijn twee artikelen die ik nog af wil schrijven, maar daarvoor hoef ik niet per se hier achter mijn bureau te zitten.'

Judith knikte, langzaam, alsof ze het nog niet kon geloven. 'Weet je,' zei ze, 'ik heb het een beetje voor me gehouden. Ik probeer een beetje stoer te doen, maar stiekem zag ik er toch wel erg tegen op om drie maanden weg te gaan. Ik ben nog nooit zo lang in mijn eentje van huis geweest. Mark komt na zes weken. Als jij dan misschien daarvoor nog zou kunnen komen. Dan ben ik daar misschien maar twee of drie weken alleen. Dat zou ik echt heel erg fijn vinden, Peter.'

'Het is goed, Judith,' zei Peter. 'Het is een beetje een spontane ingeving, maar het voelt wel goed.'

'En Fay?'

'Ach, dat komt wel goed. Zij heeft het juist druk tot de zomer. Er is dat boek waar ze de laatste hand aan wil leggen. Waarschijnlijk juicht ze het alleen maar toe, omdat ze zich dan helemaal dááraan kan wijden zonder zich om mij te hoeven bekommeren. Alleen maar het boek, Agapé en haar moeder. Ze zal blij zijn.'

Het vooruitzicht van een reis van twee, drie weken naar de Verenigde Staten, waar hij pas twee keer in zijn leven was geweest, trok hem plotseling enorm. 'Ik moet dan wel snel een vlucht boeken en een hotel reserveren.'

'Dat laatste hoeft niet, gek. Harvard heeft me een appartement ter beschikking gesteld. Ik heb de foto's gezien. Het is best ruim. Er staat een slaapbank in de woonkamer, dus het is ingesteld op meer mensen dan alleen de gastonderzoeker.'

'Zal Mark dat niet raar vinden?'

'Raar? Waarom?' Ze trok een oprecht verbaasd gezicht. 'Ah, nee joh,' zei ze toen ze begreep wat Peter bedoelde. 'Doe normaal. Mark is niet alleen de minst jaloerse persoon ter wereld – ik geloof eerlijk gezegd dat hij überhaupt de emotie jaloezie niet kent – maar in jouw geval is er natuurlijk al helemáál geen reden. Of denk je dat Fay het raar vindt?'

'Nee, ik denk dat Fay er hetzelfde in staat.'

'Nou dan, perfect toch? En ik neem aan dat je dan niet al die tijd in Boston blijft, het mág hoor, maar je zult ook wat willen zien, denk ik... New York is niet ver weg natuurlijk... Leuk, leuk, leuk...'

Peter besloot om na de lunch onmiddellijk online een vlucht te boeken naar Boston.

Natuurlijk zal Fay het niet direct leuk vinden, maar voor ons kan het misschien ook geen kwaad om even een rustmoment in te lassen.

Judith en Peter spraken niet meer totdat ze hun borden leeggegeten hadden.

Af en toe keken ze elkaar vluchtig aan – een onwetende buitenstaander had zomaar kunnen denken dat ze een vers stel vormden dat nog volop in de aftastfase zat.

Na het eten had Peter voor beiden nog een kopje koffie gehaald om zo het samenzijn nog even te kunnen rekken.

'Heb je trouwens nog iets gehoord van die bekladding van het hofje?'

'Nee,' zei Judith. 'Ik hoop dat er snel iets bekend wordt. Die actie was echt te dom voor woorden, maar toch zal ik blij zijn als ze de daders ervan oppakken.'

'Als ze eens wisten dat jij met Een Ander Joods Geluid nota bene aan hun kant staat.'

'Ja, inderdáád. Niet met het "dood aan..." natuurlijk, maar ik zou graag met ze in gesprek gaan, ook als ze eenmaal gepakt zijn. Het lijkt wel alsof in dit conflict alle redelijkheid aan het verdwijnen is, echt. In Israël begint bij veel mensen ook een houding te ontstaan van: hier is alleen ruimte voor ons Joden... Die kolonisten in die illegale nederzettingen, afschuwelijk gewoon. Die veroordeling laatst van die soldaat die een Palestijnse arrestant, die gewond op de grond lag, dwars door het hoofd schoot. Die arme jongen kon geen kant op.'

'Ik heb de beelden gezien, ja. Maar jullie proberen toch juist dat tegengeluid te laten horen?'

'Ja, wij beginnen zo langzamerhand meer en meer op een roepende in de woestijn te lijken ben ik bang, létterlijk in de woestijn.'

Ze hadden hun koffie op en kwamen overeind. Nadat ze hun spullen weggebracht hadden, namen ze afscheid in de hal.

'Morgen wil ik een tijdje in het café van de Pieterskerk gaan zitten werken,' zei hij. 'Als je zin hebt in een góéde kop koffie? En tijd hebt natuurlijk.'

Peter wilde Judith graag nog even voor zichzelf hebben, op een rustiger plek dan hier, waar ze omringd werden door al die honderden mensen.

'Dat is goed,' zei ze lachend. 'Voor jou maak ik altijd wel tijd, hoor.' Ze omhelsde hem waarbij ze hem iets langer vasthield dan ze normaal gesproken deed.

Peter begroef zijn gezicht opnieuw een kort moment in haar haren en drukte er een kus op.

'Ik ben echt blij dat je naar Amerika komt,' zei ze. 'Wel echt doen, hè? Ik zal nu teleurgesteld zijn als je ervan afziet.'

'Nee, nee, ik kom echt, beloofd,' zei hij.

Eenmaal terug op zijn kantoor boekte hij inderdaad onmiddellijk een vlucht naar Boston, die hij betaalde met zijn creditcard. De bevestigingsmail stuurde hij door naar Judiths mailadres.

'Ik houd me aan mijn woord...' typte hij, met een groeiend gevoel van opwinding.

De paar afspraken die hij voor die periode al had staan, konden per mail of anders via Skype afgehandeld worden. Een enkele afspraak moest maar naar voren gehaald worden – of juist verzet worden. De meeste studenten zouden waarschijnlijk blij zijn als de deadline voor hun scriptie werd verschoven.

Hoewel het niet nodig was – buiten de collegeperiodes om beschikte hij tot in hoge mate over zijn eigen tijd – stuurde hij een mail naar de voorzitters van de opleidingen Geschiedenis en Archeologie en naar de beide administraties.

Hij ging op de bank zitten om nog wat te lezen voordat hij met Mark naar het politiebureau ging.

Nu de euforie wat wegebde, voelde hij zich een beetje schuldig omdat hij deze grote beslissing genomen had zonder eerst met Fay te overleggen. *Misschien is het toch een wat te impulsieve beslissing geweest.*

18

Mark reageerde enthousiast toen Peter hem vertelde dat hij zojuist een vlucht naar Boston had geboekt om Judith op te zoeken.

'Dat is echt fijn, Peter,' zei Mark.

Ze waren met de fiets op weg naar het bureau aan de Langegracht. Mark legde zijn hand op Peters onderarm en liet hem daar even liggen.

'Dan zal ze zich echt minder alleen voelen daar. En wie weet overlapt jouw verblijf nog net dat van mij. Je moet straks maar even de exacte data doormailen. Ik weet niet eens meer op welke dag ík nu precies ga.'

'Dat is goed,' zei Peter. 'Volgens mij komt het zo uit dat ze drie weken alleen is, dan ben ik er drie weken, dan jij ben jij er drie weken en dan is ze weer drie weken alleen.'

'Perfect.'

Mark haalde zijn hand weg.

De rest van de fietstocht vertelde Peter in grote lijnen over het manuscript dat Piet van Vliet had gevonden en over de fragmenten die hij had gelezen.

Ze zetten hun fietsen voor het politiebureau in de rekken. Binnen meldden ze zich bij de receptie, waar Rijsbergen hen al snel op kwam halen.

Hij keek Peter even verrast aan.

'Mark is een goede vriend van mij,' zei Peter. 'Hij heeft me gevraagd mee te komen. Ik weet er ook het een en ander van.'

'En twee weten meer dan één,' zei Mark.

Even leek Rijsbergen te aarzelen, maar toen zei hij dat ze met hem mee konden komen.

'Er zijn twee dingen,' zei Rijsbergen zodra ze in zijn kantoor waren, 'die ik u, of beter gezegd jullie, voor wil leggen. Het gaat om een brief die we vonden in de binnenzak van de colbert van de heer Coen Zoutman. Of een brief... Het zijn deels verhalen uit het Oude Testament die hij met de hand heeft overgeschreven en van commentaar heeft voorzien. Wij willen graag weten waarom de heer Zoutman uitgerekend deze verhalen heeft overgenomen, én waarom hij ze bij zich droeg. Die laatste is een wat lastiger te beantwoorden vraag, maar bij de eerste kunt u me wellicht wél helpen.'

'En dat tweede ding?'

'Dat is meer...'

Rijsbergen pakte een map tevoorschijn waaruit hij de foto's van de tatoeage haalde, die hij aan zijn bezoekers gaf.

'Deze tatoeage trof de patholoog-anatoom aan op het lichaam van Coen Zoutman, tussen de linkerborst en zijn oksel.'

Peter en Mark bestudeerden de foto's, draaiden ze om en hielden ze in allerlei verschillende posities.

'Vanzelfsprekend gaan we dit nog verspreiden onder de vrijmetselaars.'

'Sorry, ik heb dit nog nooit eerder gezien,' moest Mark toegeven. 'De driehoek is op zich een oud symbool, binnen het Christendom duidt het op de Vader, de Zoon en de Heilige Geest. Het kan ook een symbool zijn voor vrouwelijkheid, vanwege... Afijn, dat lijkt me wel duidelijk. Maar in deze combinatie?'

'Het lijken ook wel twee driehoeken,' giste Rijsbergen. 'Of twee bergen? Twee piramides?'

'En dat rondje een zon misschien?' opperde Peter.

'Of die cirkel markeert een plaats?' deed Mark een duit in het zakje.

'In de tempel van de vrijmetselaars is wel het Alziend Oog van God afgebeeld. Zou dat het misschien kunnen zijn?' dacht Rijsbergen hardop.

Hij typte snel iets op zijn computer en draaide het scherm naar Peter en Mark toe toen hij had gevonden wat hij zocht.

'Dat zou nog kunnen eventueel,' zei Mark nadenkend, terwijl hij de foto zo hield dat de punt van de driehoek naar boven wees. 'Maar dan weet ik niet wat die kleinere driehoek erbinnenin doet.'

Rijsbergen liet het visitekaartje zien van Coen Zoutman.

Peter en Mark viel ook de overeenkomst op tussen de tatoeage en het gestileerde Alziend Oog, maar waren niet overtuigd.

'Het spijt me,' zei Mark. 'Ik kan u niet helpen. Wat ik wel kan doen, is de afbeelding posten op een website die zich bezighoudt met symbolen en cryptologie. Niet deze foto vanzelfsprekend, maar een goede tekening ervan. Wie weet of dat iets oplevert. Leden van die community posten wel vaker zulk soort oproepen. Niet geschoten is altijd mis.'

'Dat is goed,' zei Rijsbergen. 'Maak straks even een schetsje, dan kunt u dat mee naar huis nemen.'

'En die brief?' wilde Peter weten.

'Die heb ik hier,' zei Rijsbergen. 'Het is een behoorlijke lap tekst, maar de verhalen zullen jullie vast bekend voorkomen, dus dan lees je er wat sneller doorheen dan ik.'

Mark nam de vellen papier aan, waarna hij hardop de beginzinnen voorlas.

Begrijpen jullie het dan nog niet, en ontbreekt het jullie aan inzicht?
Zijn jullie dan zo hardleers? Jullie hebben ogen, maar zien niet?
Jullie hebben oren, maar horen niet?

MARCUS 8: 17-18

'Dit zijn de woorden die Jezus tegen zijn leerlingen sprak,' legde Mark onmiddellijk uit. 'Dit is na het wonder waarbij Jezus met maar zeven broden en een paar vissen vierduizend mensen gevoed had. Nadat iedereen verzadigd was, verzamelden zijn leerlingen de stukken brood die nog waren overgebleven; dat bleken zeven volle manden te zijn. Direct erna stapten Jezus en zijn leerlingen in een boot. De leerlingen hadden maar één brood bij zich in de boot. Toen Jezus dit merkte, zei hij: "Waarom praten jullie erover dat je niet genoeg brood hebt?" Daarna volgt die beroemde uitspraak van Jezus die de heer Zoutman tot het motto van zijn brief gekozen heeft.'

'En waarom zou hij...' wilde Rijsbergen vragen.

'Blijkbaar wil hij iets vertellen wat vanzelfsprekend lijkt, of logisch, maar wat niet gezien wordt door de meeste mensen. Ziende blind zijn zij.'

Nadat Mark de eerste pagina snel had gelezen, gaf hij die door aan Peter. Het was een tijd stil in de kamer.

Exodus: het verhaal in een notendop

1

Alles begint bij Abraham.

In opdracht van een hem onbekende God krijgt Abram, zoals hij dan nog heet, de opdracht om met zijn familie weg te trekken uit Haran, een plaats die tegenwoordig iets meer dan veertig kilometer van Şanlıurfa ligt, een stadje in het zuidoosten van Turkije. Eerder was zijn vader, Terach, weggetrokken uit het Chaldeeuwse Ur, in het huidige zuidoosten van Irak, om in Kanaän, de huidige Westelijke Jordaanoever, te gaan wonen. Verder dan Haran zijn ze nooit gekomen.

Abram kreeg van God de belofte dat Hij hem tot een groot volk zou maken en dat Hij hem het land Kanaän zou geven – tot op de dag van vandaag vormt deze belofte de basis onder de claim van Joodse kolonisten die nederzettingen bouwen op Palestijns grondgebied.

De belofte van veel nakomelingen – 'ik zal je rijkelijk zegenen en je zoveel nakomelingen geven als er sterren aan de hemel zijn en zandkorrels op het strand langs de zee' – leek al snel te stranden door de onvruchtbaarheid van zijn vrouw, Sarai. Maar op een dag kwam God zelf op bezoek, in het gezelschap van twee engelen. Sarai, dat 'vorstelijk' betekent, heette inmiddels Sara, 'vorstin', en Abram heette nu Abraham. De toegevoegde letter 'Hee' symboliseerde Gods genade. Sara bakte pannenkoeken voor God en zijn hemelse gezellen, die zij met veel smaak oppeuzelden.

God herhaalde zijn belofte van een ontelbaar nageslacht aan Abraham en aan de negentigjarige Sara, die begrijpelijk moest lachen toen ze dit hoorde. In de tussentijd had Abraham, op aandringen van Sara, een bijvrouw bezwangerd, Hagar. Zij kreeg een kind, Ismaël, maar er ontstond een probleem toen Abraham en Sara inderdaad een kind kregen, Isaäk, zoals God had beloofd. De oplossing was om Hagar en Ismaël weg te sturen, de woestijn in, waar ze op wonderbaarlijke wijze overleefden. Ismaël werd volgens de overlevering de stamvader van de moslims. Abraham kreeg vervolgens de opdracht van God om zijn enige zoon Isaäk te offeren. Trouw volgde hij deze opdracht, en samen met zijn

zoon ging hij op pad. Na drie dagen reizen bond hij zijn zoon vast op het
meegebrachte hout dat ze samen zorgvuldig opgestapeld hadden. Net op
het moment dat hij zijn zoon de keel wilde doorsnijden, hoorden ze een
ram blaten, die met zijn hoorns in een doornstruik vast was komen te
zitten. In plaats van zijn zoon offerde Abraham de ram – met het Of-
ferfeest herdenken de moslims dit wonder elk jaar nog. Voor christenen
is dit verhaal een vooruitspiegeling van het latere verhaal van Jezus, de
enige zoon die door zijn hemelse Vader wél opgeofferd wordt.

Stel je de terugreis eens voor van Abraham en Isaäk. Hoe zou de zoon
naar zijn vader gekeken hebben?

2

Isaäk kreeg op zijn beurt twee zonen: Esau en Jakob. Jakob ontfutsel-
de het eerstgeboorterecht van Esau in ruil voor een bord linzen. Ja-
kob trouwde meerdere vrouwen en kreeg twaalf zonen, onder wie zijn
oogappel Jozef, bij zijn lievelingsvrouw Rachel. De elf broers waren zo
jaloers op de voorkeurspositie van Jozef, die de gave bezat om dromen te
kunnen voorspellen en andermans dromen uit te leggen, dat ze hem op
een dag verkochten aan langstrekkende slavenhandelaren, die hem op
hun beurt in Egypte weer aan een hooggeplaatste hofdienaar, Potifar,
verkochten. Binnen korte tijd wist Jozef carrière te maken. Na zijn goede
uitleg van een droom van de farao, die droomde over zeven magere koei-
en die zeven vette koeien opaten – Jozef verklaarde dat na zeven vette
jaren zeven magere jaren zouden volgen, dus de goede oogsten moes-
ten bewaard worden – klom hij op tot onderkoning van Egypte. Zijn elf
broers en hun vader Jakob waren niet zo gelukkig: door een hongersnood
gedwongen reisden ze naar Egypte om aan het hof om voedsel te bede-
len, onwetend dat de man op de troon voor wie zij door het stof kropen
Jozef was. Tot hun schande herkenden ze hem uiteindelijk als de door
hen verkochte broer.

Zo kwam het volk van Israël volgens de bijbel in Egypte terecht. Na een
lange tijd overleed de farao die hun goedgezind was geweest en verdwe-
nen de herinneringen aan Jozef. Inmiddels werkten de Hebreeën, zoals
ze genoemd werden, in slavernij. In de onbarmhartig hete zon moesten

ze van leem stenen bakken om de Egyptische steden mee te bouwen. Omdat het volk te groot werd, beval de farao alle nieuwgeboren jongetjes te doden. Het jongetje Mozes ontsnapte aan een gewisse dood doordat zijn moeder hem in een met pek dichtgesmeerd biezen mandje in de Nijl zette. Hij werd gevonden door een Egyptische prinses, waarna hij als een prins aan het hof opgroeide. Pas op veertigjarige leeftijd ontdekte hij dat hij eigenlijk behoorde tot het slavenvolk, en op een dag sloeg hij een opziener dood die een Hebreeuwse slaaf mishandelde. Mozes vluchtte naar de plaats Midjan in de woestijn, waar hij opgenomen werd door de herder Jethro en zijn familie. Mozes trouwde diens dochter Sippora, met wie hij twee zoons kreeg: Eliëzer, 'God is mijn helper', en Gersom, 'vreemdeling'. De naam Gersom verklaarde Mozes met de woorden: 'Ik ben een vreemdeling geworden. Ik woon in een land dat ik niet ken.'

Na precies veertig jaar – hij was toen tachtig en herder – zag hij op een van zijn tochten met zijn kudde een brandende braamstruik die niet door de vlammen verteerd werd. Vanuit het vuur sprak God voor de eerste keer tot hem. Hij noemde Zich 'ik ben die ik ben'. Mozes kreeg de opdracht 'zijn' volk uit Egypte weg te leiden.

Mozes keerde terug naar Egypte, maar tot tien keer toe weigerde de farao de Hebreeën te laten gaan. Tien plagen kwamen over Egypte: water veranderde in bloed; kikkers teisterden het land; luizen plaagden mens en dier; steekvliegen dreven de mensen tot waanzin; de pest brak uit onder het vee; zweren bedekten de huid van de Egyptenaren; een onweer van hagel en vuur vernietigde de oogst; een onafzienbare hoeveelheid sprinkhanen trok over het land; drie dagen heerste er een totale duisternis, en ten slotte stierven alle eerstgeborenen van elke familie. Telkens werden de Hebreeën gespaard. In het laatste geval doordat ze hun deurposten besmeurd hadden met het bloed van een geslacht lammetje, waardoor de Engel des Doods wist dat hij dat huis over moest slaan. Nadat zijn eerstgeboren zoon gestorven was, besefte de farao dat hij niet winnen kon. De Hebreeën mochten vertrekken. De Bijbel noemt zeshonderdduizend mannen, los van de vrouwen, kinderen en slaven.

Al vrij snel kreeg de farao spijt van zijn beslissing en zette hij met zijn manschappen de achtervolging in.

Mozes en de Hebreeën waren inmiddels aanbeland bij de Schelfzee. Ze konden geen kant op toen ze het Egyptische leger zagen naderen. Op bevel van God stak Mozes zijn staf in het water, waardoor de zee openspleet. De mensen konden over de bodem van de zee lopen, maar toen de Egyptenaren hen probeerden te volgen, sloot het water zich weer zodat de farao en zijn soldaten verdronken.

3

Nog maar nauwelijks ontkomen aan de moordende hand van de Egyptenaren, begonnen de Hebreeën te klagen over het gebrek aan water en voedsel. Op bevel van God gooide Mozes een stuk hout in een zoute poel, waarna het water prompt zoet en drinkbaar werd. Dagelijks daalde er manna neer uit de hemel, dat op de grond bleef liggen nadat de ochtenddauw opgetrokken was. Het leek op korianderzaad, maar dan wit, en het smaakte als honingkoek. Het moest direct verzameld en dezelfde dag gegeten worden. Een dag later was het namelijk bedorven en zat het vol wormen. Alleen op de dag voor de sabbat mocht een dubbele portie worden verzameld – die dan niet bedierf – want op de sabbat zelf was geen verse manna te vinden. Het woord manna betekent letterlijk 'Wat is dat?', omdat de Hebreeën die vraag stelden toen ze de spijs voor het eerst zagen. Ook daalden grote hoeveelheden kwartels neer, die gegeten konden worden.

Aangekomen bij de berg Sinaï toonde God zich dan eindelijk aan Zijn volk, dat echter bang werd en Mozes vroeg de leiding te nemen. Hij ging de berg op, waar hij veertig dagen en nachten verbleef zonder te eten of te drinken. Van God ontving hij de Tien Geboden, met nog heel veel andere leefregels. God beloofde hem dat Hij hen zou helpen de Kanaänieten in het Beloofde Land uit te roeien. Ook kreeg Mozes precieze instructies voor het bouwen van een tabernakel, een verplaatsbare tent die dienstdeed als plaats van aanbidding voor de Hebreeën en symbool stond voor Gods verblijf in hun midden.

Eenmaal beneden ontdekte Mozes dat het volk onder leiding van zijn broer Aäron een gouden kalf had gemaakt door al het goud van de sieraden om te smelten, een zichtbare god die ze konden aanbidden. Uit woede smeet hij de stenen tafelen kapot, liet drieduizend mensen executeren en ging opnieuw de berg op, weer veertig dagen zonder te eten en te drinken. Voor de tweede keer ontving hij de Tien Geboden. Toen hij weer beneden was, bouwden ze de tabernakel en een kist, de Ark des Verbonds, met daarin de stenen tafelen, die op een draagbaar vervoerd werd. God ging wonen in de Ark des Verbonds en liet zichzelf zien in de vorm van een wolk. Als de wolk stilstond, dan sloegen de Hebreeën daar hun kamp op. Als de wolk verder trok, dan ging het volk erachteraan. Zo leidde Mozes hen naar de grens met het Beloofde Land. Vanwege zijn eigen zonde – om water te laten verschijnen had hij een keer met zijn stok drie keer op een rots geslagen in plaats van één keer zoals God hem opgedragen had – mocht hij het Land wel zien, maar er niet binnentrekken. Vanwege de zonden van het volk moest het voor straf in totaal veertig jaar in de woestijn verblijven. Aan de Jordaan, tegenover de stad Jericho, sloegen ze hun tenten op.

Op honderdtwintigjarige leeftijd stierf Mozes. Hij werd door God zelf, met Zijn eigen handen, begraven op een plek die aan niemand ooit bekend is geworden.

4

Toen de Hebreeën het Beloofde Land onder leiding van Mozes' opvolger Jozua in trokken, slachtten ze vele, vele tienduizenden mensen af, wier enige misdaad daaruit bestond dat ze al woonden in het land dat aan de Hebreeën beloofd was. Als we de in de Bijbel genoemde doden bij elkaar optellen, komen we tot een aantal van minstens zeshonderdduizend mensen die gedood werden bij de verovering van het Beloofde Land.

Ik eindig met drie verhalen.

Numeri 31: 7-18

Wraak op de Midjanieten en verdeling van de buit

Ze [de Hebreeën] trokken tegen de Midjanieten ten strijde, zoals de HEER Mozes had bevolen, en doodden alle mannen, onder wie de koningen van Midjan: Ewi, Rekem, Sur, Chur en Reba. En naast de vijf Midjanitische koningen doodden ze ook Bileam, de zoon van Beor. De Hebreeën namen de Midjanitische vrouwen en kinderen gevangen,

maakten zich meester van de runderen en het overige vee van de Midja-
nieten en van al hun bezittingen en legden de steden waarin ze woonden
en hun tentenkampen in de as. De geroofde bezittingen en de hele buit
aan mensen en dieren namen ze mee, en ze brachten zowel de gevan-
genen als de buitgemaakte goederen naar Mozes, de priester Eleazar en
het volk van Israël, in het kamp op de vlakte van Moab, aan de Jordaan,
ter hoogte van Jericho.
Mozes, de priester Eleazar en de leiders van de gemeenschap verlieten
het kamp en gingen hun tegemoet. Toen werd Mozes woedend op de be-
velhebbers, de aanvoerders van duizend en de aanvoerders van honderd
man, die daar uit de strijd terugkeerden. 'U hebt de vrouwen in leven
gelaten?' zei hij. 'Juist zij waren het die de Hebreeën, op aanraden van
Bileam, destijds bij de Peor verleid hebben tot ontrouw aan de HEER, *en*
dat veroorzaakte de plaag die de gemeenschap van de HEER *getroffen*
heeft. Dood daarom alle kinderen van het mannelijk geslacht en alle
vrouwen die met een man hebben geslapen, maar laat meisjes die nog
nooit met een man hebben geslapen in leven.'

Deuteronomium 7: 1-3; 12; 16; 21-24

Omgang met andere volken

Straks zal de HEER, *uw God, u naar het land brengen dat u in bezit zult*
nemen, en veel volken voor u op de vlucht jagen: de Hethieten, de Girga-
sieten, de Amorieten, de Kanaänieten, de Perizzieten, de Chiwwieten en
de Jebusieten – zeven volken die groter en machtiger zijn dan u. Wan-
neer de HEER, *uw God, u de overwinning op hen schenkt, moet u hen*
doden. U mag geen vredesverdrag met hen sluiten en hen niet sparen.
Sta ook geen huwelijksverbintenissen met hen toe; sta uw dochter niet
af aan een van hun zonen en zoek bij hen geen vrouw voor uw eigen
zoon. [...]
Wanneer u zich gehoorzaam houdt aan deze voorschriften zal de HEER,
uw God, zich van zijn kant houden aan wat hij uw voorouders in zijn
goedheid heeft beloofd. [...] Daarom moet u alle volken die hij aan u
uitlevert vernietigen, zonder medelijden te tonen. Dien hun goden niet,
want dat zou uw ondergang betekenen. [...]

Wees dus niet bang voor hen, want de HEER, *uw God, een machtige en ontzagwekkende God, is in uw midden. Wanneer hij die volken voor u op de vlucht drijft, zal hij dat geleidelijk doen. U moet hen niet in één keer uitroeien, anders krijgt u te maken met grote aantallen roofdieren. De* HEER *zal u de overwinning schenken en paniek onder hen zaaien, tot ze zijn uitgeroeid. Hij zal hun koningen aan u uitleveren en u zult het land zuiveren van alles wat aan hen herinnert; steeds verder zullen ze teruggedrongen worden, tot u ze allemaal uitgeroeid hebt.*

2 Kronieken 25: 1-2; 11-12

De goede koning Amasja

Amasja werd op vijfentwintigjarige leeftijd koning. Negenentwintig jaar regeerde hij in Jeruzalem. Zijn moeder was Jehoaddan. Ze was afkomstig uit Jeruzalem. Hij deed wat goed is in de ogen van de HEER. *[...] Amasja raapte al zijn moed bijeen en trok aan het hoofd van zijn leger op naar de Zoutvallei, waar hij tienduizend Seïrieten doodde. Tienduizend anderen, die de slag overleefden, werden door de Judeeërs gevangengenomen en meegevoerd naar de top van een rots. Daar werden ze naar beneden gegooid, zodat ze allemaal te pletter vielen.*

Nadat Mark het laatste blaadje aan Peter gegeven had, wachtte hij even tot hij klaar was. Ze hadden beiden niet veel tijd nodig gehad de teksten te lezen, omdat er niets in stond wat hun niet al bekend was. Het was inderdaad, zoals de kop aangekondigd had, de geschiedenis van de uittocht van de Hebreeën uit Egypte in een notendop – plus in het kort de voorgeschiedenis. Ook de geschiedenissen waarmee Coen Zoutman geëindigd was, die verhaalden van de onvoorstelbare wreedheden waarmee de verovering van Palestina met de goedkeuring en medewerking van hun God gepaard was gegaan, kenden ze: het vernietigen van hele volken, het slechts sparen van maagden, het platbranden van de veroverde steden, het afvoeren van de buit, het vee, de oogsten. Het van een rots te pletter gooien van tienduizend tegenstanders die de strijd overleefd hadden.

'En?' vroeg Rijsbergen hoopvol. 'Ik bedoel, ik heb het natuurlijk ook gelezen. Het basisverhaal ken ik nog van vroeger, maar... Enig idee waarom de heer Zoutman nu juist deze verhalen heeft overgenomen?'

Peter legde de blaadjes op Rijsbergens bureau. 'Nee,' zei Peter. 'Alles wat in de brief staat is zo'n tweeënhalfduizend jaar geleden al opgeschreven, dus er valt niets nieuws aan te ontdekken.'

'Die verhalen aan het einde zijn best bizar,' zei Rijsbergen. 'Ik bedoel, ik ben van katholieke huize en ben toch wel een beetje vertrouwd met de Bijbel, maar deze verhalen kende ik niet. Staat dat er echt allemaal zo in?'

Mark knikte, spijtig bijna, als iemand die betrapt was op een onwaarheid die hij liever niet uit had willen laten komen.

'Ik bedoel...' zei Rijsbergen. 'Het huidige Internationale Gerechtshof in Den Haag zou er zijn handen aan vol hebben als dit nu plaats zou vinden: het binnenvallen van een land, regelrechte genocide, vernietiging van hele volken, hun cultuur, hun godsdienst, het tot de grond toe afbreken van hun tempels, het vermoorden van krijgsgevangenen, het als buit meenemen van maagdelijke vrouwen... Allemaal zaken die we vandaag de dag als misdaden tegen de menselijkheid zouden bestempelen. En dat staat in de Bijbel?'

'Tja,' zei Mark, 'de Bijbel, het boek dat volgens velen de morele leidraad voor het handelen van de moderne mens zou moeten vormen... Daar blijft weinig van over inderdaad als je zulke verhalen leest. Maar weet u, meneer Rijsbergen, die hele uittocht uit Egypte...' Hij stiet een spottend lachje uit, alsof hij zich een dwaze daad uit zijn jeugd herinnerde. 'Het blijft toch altijd een raadsel waarom mensen dat verhaal maar letterlijk blijven nemen.'

'Zelf denk ik ook niet dat die precies zo plaatsgevonden heeft,' zei Peter. 'Maar het verhaal moet toch wel een kern van waarheid bevatten? Misschien is het een kleinere groep geweest, of een paar families die weggetrokken zijn. En hebben ze die geschiedenis later gecombineerd met andere, oudere verhalen. Wie zal het zeggen?' Hij wierp een vlugge blik op Rijsbergen. Dit was misschien niet direct de tijd en de plaats om een dergelijke discussie te voeren, maar Rijsbergen keek zeer geïnteresseerd toe.

'Vertel maar,' zei Rijsbergen, met een knikje naar Mark. 'Het kan voor mij geen kwaad hier wat meer over te leren en wie weet levert het toch nog iets op voor het onderzoek.'

'Dat is goed, want kijk...' zei Mark. 'Om maar eens iets te noemen: het kunnen sowieso geen zeshonderdduizend mannen geweest zijn, zoals in het boek Exodus expliciet vermeld staat. Als je dan nog de vrouwen en kinderen mee zou tellen, de oude mannen en het dienstpersoneel – jazeker, de slaven hadden op hun beurt blijkbaar ook weer personeel – dan kom je al snel aan twee tot tweeënhalf miljoen mensen. Maar andere historici komen tot drie of zelfs wel vier miljoen zielen. Zoveel mensen woonden er in die tijd in heel Egypte niet eens! Zo'n grote ontvolking zou zeker zijn sporen nagelaten hebben in de geschiedschrijving van de Egyptenaren. Die stonden erom bekend alle gebeurtenissen nauwkeurig op te tekenen. Op het moment dat de voorhoede van die vier miljoen mensen het Beloofde Land had bereikt, zou de achterhoede zich nog in Egypte bevinden! Na eeuwenlang zoeken is er geen spoor van archeologisch bewijs gevonden van de aanwezigheid van zo'n grote groep mensen in de woestijn. Hoe zou zo'n grote groep ook kunnen leven in die vijandige woestijnomgeving? Ja, er daalde manna uit de hemel en ze aten kwartels, maar hoeveel manna en hoeveel tientallen miljoenen kwartels heb je wel niet nodig om veertig jaar lang al die miljoenen mensen te voeden?'

'Dat zijn lastige kwesties ja, van dat manna en die kwartels,' gaf Peter toe.

'In Egypte woonden rond de tijd van de veronderstelde uittocht maar twee tot tweeënhalf miljoen mensen,' ging Mark verder. 'Meer mensen kon die smalle strook groen langs de Nijl niet eens voeden. En dan zouden er meer Israëlieten op een nóg kleiner, veel minder vruchtbaar, stuk grond wél genoeg voedsel kunnen verbouwen?'

Mark zat nu helemaal op zijn praatstoel.

'Nog helemaal los van het feit dat het Beloofde Land waar ze heen "vluchtten" in die tijd ook gewoon bezet was door de Egyptenaren. Dat is alsof een groep Joden uit Nazi-Duitsland vlucht en dan na een barre tocht opgelucht het door de Duitsers bezette Frankrijk bereikt! Waar ze vervolgens ongestraft iedereen uitmoorden die er maar woont.'

'Daarom zeg ik ook,' herhaalde Peter, 'dat ik niet denk dat het zo gegaan is. Het zijn geloofsverhalen. Het is geen geschiedschrijving zoals wij die nu kennen.'

Hier heb ik het nota bene net over gehad met mijn studenten, dacht Peter.

'Dat is allemaal goed en wel,' zei Mark, 'maar dit geloofsverhaal is wel de basis van Israël geworden. Op basis hiervan is de natie Israël gebóuwd nota bene. Haal het weg en ook dat bouwwerk stort in elkaar.'

Had Sven niet precies zoiets opgemerkt, dacht Peter. *'Hele naties worden*

toch gebouwd op een combinatie van waarheid en verzinsels?' had hij gezegd.
'Al die verhalen zijn aantoonbaar niet waar, maar voor het wij-gevoel van een
gemeenschap zijn ze altijd belangrijk geweest.'

Het was even stil.

'Kunt u hier iets mee?' vroeg Peter aan Rijsbergen.

'Ik vind het sowieso interessant,' zei Rijsbergen. 'Ook dat hele idee van zo'n verhaal dat niet letterlijk zo gebeurd is. Ik denk dat mevrouw Spežamor in ons gesprek gisteren zoiets bedoelde toch, toen ze sprak over die richtingenstrijd bij de vrijmetselaars? Weet je, een onderzoek als dit... Misschien verschilt dat in sommige opzichten niet eens zo heel veel met het wetenschappelijk onderzoek dat jullie aan de universiteit doen. Daar sla je toch ook paden in die later dood blijken te lopen? En soms zit je op een spoor dat nergens toe lijkt te leiden, maar dat levert dan toch nog onverwacht een goed resultaat op. Zo in het begin kan alles betekenis hebben, juist omdat je nog geen goed kader hebt. Ik vergelijk het weleens met wandelen door een onbekend gebied: achteraf weet je wat de kortste weg was geweest.'

Peter en Mark knikten allebei.

'Maar...' zei Rijsbergen. 'Om dit nu even af te ronden. Jullie hebben dus eigenlijk ook geen idee waarom hij uitgerekend déze verhalen bij zich had? Er staan geen nieuwe zaken in? De verhalen zijn niet op een andere manier naverteld, er zijn geen dingen weggelaten of aan toegevoegd?'

Gelijktijdig schudden Peter en Mark het hoofd.

Op dat moment ging de telefoon op Rijsbergens bureau over.

Hij gebaarde dat Mark en Peter nog even moesten blijven zitten.

Peter pakte de blaadjes met het keurige, regelmatige handschrift van Coen nog eens op. Hij kneep zijn ogen tot spleetjes en keek naar de tekst, in de hoop een verborgen boodschap te ontdekken, bijvoorbeeld door zich alleen te focussen op de beginletters van elke zin, maar dat leverde niets op.

'Wát?' riep Rijsbergen hard uit, wanhopig bijna. Hij luisterde weer even naar wat de persoon aan de andere kant van de lijn te melden had. Nadat hij de verbinding verbroken had, bleef hij even zitten met de hoorn in zijn handen.

'Wat is er?' vroeg Peter geschrokken. 'Is er iets ergs gebeurd?'

'Ja,' zei Rijsbergen. 'De zaak is zojuist gecompliceerder geworden.'

19

In het donkere water van het Galgewater was een lichaam gevonden. Het slachtoffer was tegen de kade, half onder de Rembrandtbrug, aan gedreven. De handen waren samengebonden.

Vanaf het lage muurtje rond molen De Put was met hoge witte schermen een wijde, halve cirkel gecreëerd om het nieuwsgierige publiek op afstand te houden. Ook aan de overzijde, aan de kant van Rembrandts geboortehuis, was een dergelijke constructie neergezet. Toch was niet te voorkomen dat vanaf de kade verderop mensen het hele tafereel filmden. *Aan wie zou je dit willen laten zien dan*, dacht Rijsbergen geërgerd. *'Heb je nog wat leuks meegemaakt vandaag?' 'Ja nou, er lag een dood iemand in de gracht en die heb ik gefilmd. Kijk, ik heb al 150 likes!'* Twee agenten zaten in een politiebootje te wachten op verdere orders.

De ambulance stond er al, toen Rijsbergen en Van de Kooij samen met enkele politiewagens arriveerden.

Willem zag dat Anton Dalhuizen er ook al was, de GGD-arts die als forensisch geneeskundige opgepiept werd voor de eerste lijkschouwing bij onnatuurlijk overlijden.

Ze liepen naar de man die de ontdekking had gedaan. Zijn gezicht had een asgrauwe kleur. Aan zijn voeten zat een hond geduldig te wachten, midden in de plas water die om hem heen ontstaan was.

De agent aan wie de getuige zijn verhaal had verteld, deed kort verslag. Staand op de verlaagde kade had de man af en toe een tennisbal het water in gegooid, die zijn hond telkens opgehaald had. Bij de laatste keer was de bal wat afgedreven, maar in plaats van hem in zijn bek te nemen en terug te komen, was de hond hard gaan blaffen en was hij snel naar zijn baasje toe gezwommen. Toen die had gezien waar zijn hond van was geschrokken, had hij onmiddellijk 112 gebeld.

'Wat denk jij?' vroeg Van de Kooij toen ze de trapjes af liepen naar de kade.

'Het is wel... bijzonder,' zei Rijsbergen aarzelend. 'Het is bijzonder, bedoel ik, dat er in Leiden zo kort na elkaar twee moorden plaatsvinden. Je bent dan toch automatisch geneigd te denken...'

'Dat die met elkaar te maken hebben.'

'Ja, precies.'

De agenten in het bootje keken op naar Rijsbergen en Van de Kooij, die als havenmeesters boven hen uittorenden.

'Haal hem maar uit het water, jongens,' zei Rijsbergen.

Ze duwden zich van de kade af. De motor van het bootje pruttelde zachtjes toen ze in de richting van het drijvende lichaam stuurden.

'En stuur in 's hemelsnaam die mensen aan de overkant weg!' riep Rijsbergen tegen niemand in het bijzonder, maar onmiddellijk kwam een vijf-, zestal agenten in beweging. In korte tijd hadden ze de wijde omgeving vrijgemaakt – al hadden ze natuurlijk geen controle over mensen die vanachter de ramen van hun huizen toekeken.

Een van de agenten in het bootje had het slachtoffer bij de kraag van zijn jas gevat. De boot ging in zijn achteruit, en zo sleepten ze het lichaam langzaam mee. Met een paar mannen hesen ze het de kade op.

'Kijk,' zei iemand. 'Zijn benen zijn ook samengebonden.'

'Je zou toch denken dat er getuigen moeten zijn,' dacht Van de Kooij hardop. 'Dit doe je toch niet ongemerkt...'

'Hij kan hiernaartoe gedreven zijn,' wierp Rijsbergen tegen. 'Of hij is vanuit een bootje overboord gezet, dat kan vrij onopvallend neem ik aan.' Hij zuchtte diep.

Twee verpleegkundigen hadden een brancard neergelegd, waar ze het lichaam met vereende krachten op legden.

Inmiddels had ook Dalhuizen zich bij hen gevoegd. 'De patholoog-anatoom moet vaststellen of deze man verdronken is of dat hij al dood was toen hij in het water terechtkwam,' zei hij, nadat hij bij de brancard was neergeknield. Meer voor de vorm dan iets anders hield hij twee vingers tegen de hals van de dode aan.

'Zou je in kunnen schatten hoelang hij in het water gelegen heeft?' vroeg Rijsbergen.

'Dat is lastig precies te zeggen... De huid ziet er redelijk normaal uit, nog niet erg verkleurd, voelt nog stevig aan. Het lichaam is niet opgezwollen, de ogen zitten goed in de kassen, dus heel lang kan hij ook nog niet dood zijn.

De haren zitten nog goed vast... Mijn eerste inschatting is dat hij minder dan vierentwintig uur dood is. En dat is ook de tijd dat hij maximaal in het water gelegen heeft, misschien korter als hij elders overleden is.' Hij stond weer op. 'Zoals ik al zei, Van Eijk zal hier definitief uitsluitsel over moeten geven, maar ik verwacht niet dat hij tot spectaculair andere conclusies zal komen dan ik.' Hij deed zijn latex handschoenen uit.

'Bedankt, Anton,' zei Rijsbergen glimlachend. 'Je hebt ons al goed geholpen voor nu.'

'Heren,' zei Dalhuizen. Dat was blijkbaar zijn vaste afscheidsgroet, want direct erna liep hij terug naar zijn auto.

Rijsbergen keek op het slachtoffer neer.

Het was een jongeman, met een onmiskenbaar buitenlands uiterlijk, Zuid-Europees misschien, een baard van enkele dagen en een smal, ascetisch gezicht. De huid was paarsig blauw van de onderkoeling, en zijn lange haar lag in slierten over zijn voorhoofd.

'Heb je handschoentjes voor me?' vroeg Rijsbergen aan een van de verpleegkundigen.

De man haalde uit een zak van zijn overall latex handschoentjes, die hij aan Rijsbergen gaf.

Nadat Rijsbergen die aangetrokken had, ging hij snel door de zakken van de broek en de jas van het slachtoffer. Hij vond een portemonnee en niet alleen een smartphone, maar ook een eenvoudige, ouderwetse Nokia.

Bruinig water droop in een dun straaltje uit beide toestellen en de portemonnee op de grond.

Rijsbergen opende de portemonnee op zoek naar een rijbewijs of iets anders met een foto erop.

Er zat een collegekaart in.

Rijsbergen haalde hem eruit en bracht hem tot vlak voor zijn ogen. 'Y. Falaina,' las hij langzaam voor.

'Klinkt zoals die Belgische voetballer,' zei Van de Kooij. 'Kom, hoe heet die nou? Enorme krullenbol.'

'Is dit belangrijk nu, Hiddink?' vroeg Rijsbergen.

'Nou ja, misschien heeft deze jongen dezelfde nationaliteit.'

Dat is waar, dacht Rijsbergen.

'Fellaini,' zei Van de Kooij toen. 'Marouane Fellaini. Speelt voor de Rode Duivels en bij Manchester United. Hij heeft Marokkaanse ouders.'

Noord-Afrikaans... Zo ziet hij er ook wel een beetje uit. Zuid-Europees zou ook nog kunnen of Midden-Oosters.

'Hoe dan ook,' zei Rijsbergen. 'We gaan uitzoeken wie dit is, of beter gezegd... wie dit was. Haal jij even plastic zakjes uit de auto, dan kunnen we deze dingen meteen meenemen. De technische recherche kan de telefoons onder handen nemen, wij pluizen de inhoud van de portemonnee straks op het bureau wel uit.'

Rijsbergen wachtte tot Van de Kooij terugkwam.

De verpleegkundigen waren begonnen het slachtoffer met gordels vast te maken. Er werd een omslag van stug plastic over hem heen geslagen.

In een flits verscheen er een beeld voor Rijsbergens geestesoog.

Zou hij misschien ook...

'Wacht eens!' riep hij.

Hij hurkte bij de brancard en legde de portemonnee en de telefoons op de grond. Vervolgens sloeg hij de doek terug, ritste met enige moeite de jas van het slachtoffer open en knoopte het overhemd deels open. Daaronder droeg de jongen een hemd. Met twee handen trok hij het hemd, het overhemd en de jas opzij, waardoor hij zicht kreeg op de linkerborst.

Daar, op precies dezelfde plek als bij Coen Zoutman, tussen de tepel en het begin van de oksel in, was een stukje huid ter grootte van een stuiver weggesneden.

'Wat zie je?' vroeg Van de Kooij ongeduldig.

'Ik zie, ik zie wat jij niet ziet...' zei Rijsbergen, die de kleding weer een beetje op zijn plaats duwde. Met een kort knikje richting de mannen van de ambulance gaf hij aan dat ze hun werk af konden maken. Hij stond op en deed de portemonnee en de telefoons in de zakjes die Van de Kooij had gehaald.

Samen deden ze een paar stappen naar achteren, weg van de anderen.

'En?' vroeg Van de Kooij nogmaals.

'Er is een stukje huid weggesneden op dezelfde plek als waar Zoutman die tatoeage had,' zei Rijsbergen half fluisterend.

'Bizar,' was alles wat Van de Kooij uit kon brengen. 'Bizar.'

'Wij gaan terug,' zei Rijsbergen. 'Zeg tegen die andere gasten dat ze onmiddellijk beginnen met een uitgebreid buurtonderzoek. Bij alles en iedereen aanbellen. En laat iemand contact opnemen met het Leidsch Dagblad, Leiden TV, TV West, Sleutelstad FM et cetera. Laat de details vanzelfsprekend in het midden, maar laat ze via hun websites, via Facebook, via de radio of wat dan ook een oproep voor getuigen doen. Iedereen die de afgelopen vierentwintig uur iets ongewoons heeft gezien, hier op het Galgewater of waar dan ook.'

'Dat is goed,' zei Van de Kooij, die met ferme passen op een groepje agenten afstapte, duidelijk genietend van zijn positie om anderen orders te kunnen geven.

De agenten verdeelden zich in groepjes en zwermden uit over de buurt, terwijl de deuren van de ambulance zacht werden gesloten.

Even later reden Rijsbergen en Van de Kooij terug naar het bureau. In de smalle straatjes rond het Galgewater viel van de Kooijs auto nóg meer uit de toon dan op de gewone weg.

Aan Rijsbergens voeten lagen de plastic zakjes met daarin de mobiele telefoons en de portemonnee van het slachtoffer.

Door de tatoeage en de verwijderde huid waren Coen Zoutman en deze Y. Falaina natuurlijk onmiskenbaar met elkaar verbonden – dat kón gewoon niet anders.

Maar hoe dan, vroeg Rijsbergen zich af. *Was de jongen ook lid geweest van de vrijmetselaars? Hebben meer mensen van die club een dergelijke tatoeage? Is het een speciaal groepje van ingewijden?*

Ze reden de Blauwpoortsbrug over en sloegen links af de Turfmarkt op. In de verte doemde de machtige stadsmolen De Valk op, die de entree tot de binnenstad van Leiden domineerde.

Our weapon is our knowledge. Als vanzelf kwamen de woorden van Hercule Poirot bij Rijsbergen naar boven. *But remember, it may be a knowledge we may not know that we possess...*

Soms ligt de oplossing voor het grijpen, dacht Rijsbergen. *Alle kennis bevindt zich al in ons, we hoeven haar alleen maar naar boven te halen, haar te zien... Het gaat erom op een juiste wijze de puntjes met elkaar te verbinden zodat er een betekenisvol plaatje ontstaat.*

Eenmaal op het bureau bracht Van de Kooij direct de telefoons naar de technische recherche. Ze verwachtten niet dat het ontgrendelen van de telefoon grote problemen op zou gaan leveren. In het algemeen gebruikten alleen doorgewinterde criminelen cryptofoons met niet of nauwelijks te kraken beveiligingscodes, maar Rijsbergen schatte deze jongeman niet direct zo in. De waterschade zou misschien nog wel een probleem kunnen vormen.

Van de Kooij zou contact zoeken met de Leidse vrijmetselaars om te vragen of deze Y. Falaina bij hen bekend was. En daarnaast zou hij in het computersysteem proberen te achterhalen of er informatie over hem te vinden was.

Op zijn kantoor spreidde Rijsbergen de inhoud van de portemonnee uit op een dienblad. Die collegekaart zat er dus in, verder een bankpasje en wat kortingspasjes, niets bijzonders. Er was wat kleingeld en een briefje van twintig euro, maar geen bonnetjes of briefjes die een aanwijzing zouden kunnen bevatten.

Rijsbergen ging zitten en zuchtte diep.

Hercule, Hercule... What would you do?

Het Engels in zijn hoofd klonk met een sterk Frans accent.

Difficulties are there to be overcome...

Rijsbergen belde de jongens van de technische recherche, die beloofden onmiddellijk iemand langs te sturen om de portemonnee en de inhoud ervan aan een nader onderzoek te onderwerpen. Daar verwachtte hij echter niet al te veel van. De moordenaar – of moordenaars, of moordenares – zou de portemonnee wel verdonkeremaand hebben als hij had gewild.

Er werd twee keer fel geklopt.

Direct erna kwam Van de Kooij binnen, die onmiddellijk met de deur in huis viel. Hij had een blaadje in zijn hand, maar las daar niet van voor.

'Yona Falaina heette hij. De achternaam lijkt Grieks te zijn. De voornaam is van oorsprong Hebreeuws – 'duif' betekent die. Dat is zo ongeveer het meest concrete wat we hebben kunnen vinden. Verder nauwelijks iets en al helemaal niets waar we wat aan hebben. Hij woonde sinds een jaar of vijftien in Nederland, legaal, BS-nummer klopt, hij heeft een geldig paspoort en een geldige verblijfsvergunning, geen strafblad, gemeentelijke belastingen keurig betaald, geen bekeuringen, niets. Als je zijn naam googelt, vind je alleen afbeeldingen van damesschoenen op E-bay en kleurige kunstnagels – ik weet ook niet waarom. Geen familie, geen lidmaatschappen, er is niet één foto van hem te vinden. Hij zit niet op Facebook, lijkt geen betaald werk te hebben gehad en was een soort spookstudent, maar hij moet wel een bron van inkomsten hebben gehad – of over eigen kapitaal hebben beschikt, dat zoeken we nog uit – want hij huurde een kamer in Leiden. We hebben een adres waar nu een auto heen is.'

Van de Kooij was bijna buiten adem, zo snel had hij deze informatie op

Rijsbergen afgevuurd. Hij deed geen moeite te verbergen hoe trots hij was op het feit dat hij in zo'n korte tijd zo veel informatie gevonden had met betrekking tot iemand over wie zo weinig te vinden viel.

'Goed gedaan, Sherlock,' zei Rijsbergen. 'We moeten... Een tekenaar moet dan maar op basis van de foto's die bij molen De Put gemaakt zijn, een goede profieltekening maken. Die kunnen we gaan verspreiden. We kunnen die als eerste aan die vrijmetselaars laten zien. Híj moet Coen Zoutman toch in elk geval gekend hebben, lijkt me, de man met wie hij dezelfde tatoeage gedeeld lijkt te hebben. Of laat ik het zo zeggen, een tatoeage op dezelfde plek... Als hij Zoutman kende, kenden anderen hem waarschijnlijk ook. En laat de financiële recherche naar zijn bankrekening kijken. Waar kwam zijn geld vandaan? Wat deed hij ermee?'

'Er is nog iets anders.' Van de Kooij toonde Rijsbergen het blaadje dat hij in de hand hield.

Er was een afbeelding te zien.

'Waar kijken we naar?' vroeg Rijsbergen.

'Dit is hét basissymbool van de vrijmetselaars: de passer en de winkelhaak. Ik heb het net uitgeprint.'

'Het zijn inderdaad twee driehoekachtige vormen,' zei Rijsbergen aarzelend. 'Ik zie ook dat bolletje bovenaan een van die driehoeken, maar in die tatoeage staan die twee driehoeken anders afgebeeld, toch? En die G?'

'Ja, die G is er niet inderdaad.'

'Waar staat die eigenlijk voor?'

'Kan voor van alles staan,' zei Van de Kooij. 'Ik heb er net over gelezen. Van wat we tot nog toe gehoord hebben, lijkt het typisch voor de vrijmetselarij. Ik bedoel, het wordt niet ingevuld, maar overgelaten aan de leden zelf in zekere zin. De G kan staan voor God, Gnosis, Geest, de Grote Geometer – voor God als Opperbouwmeester van het heelal.'

Rijsbergen keek nog eens goed naar het plaatje. 'Ik ben niet overtuigd,' zei hij toen, 'al komen de twee driehoeken en het bolletje er wel in terug. Laten we het in elk geval in gedachten houden. Ga nu eerst die andere zaken uitzoeken waar ik het net over had.'

Zichtbaar verheugd over de nieuwe opdrachten keerde Van de Kooij zich om en verliet de kamer.

'*It ain't necessarily so...*' zong Rijsbergen zachtjes voor zich uit. '*It ain't necessarily so... Things that you're liable to read in the Bible... It ain't necessarily so...*'

Waarom komt nu uitgerekend dit liedje bij me naar boven, zo vroeg hij zich af. Hij opende YouTube om het op te zoeken, een 'gouwe-ouwe' uit de musical *Porgy and Bess* van George Gershwin.

Rijsbergen kende het vooral in de uitvoering van de Britse band Bronski Beat uit de jaren tachtig. Hij klikte het clipje aan en leunde achterover, de handen achter het hoofd geslagen, de ogen gesloten.

Ah, daar komt het... dacht Rijsbergen.

'*Jonah he lived in a whale... Jonah he lived in a whale... He made his home in that fish's abdomen... Jonah he lived in a whale...*' klonk de ijle stem van Jimmy Sommerville.

De associatie ligt voor de hand: Yona, Jonah.

De telefoon ging.

Snel zette hij de muziek uit.

'Ha, Rijsbergen,' klonk de stem van Michiel Kooman van de technische recherche.

'Hallo, Michiel,' zei Rijsbergen. 'Je hebt iets voor me?'

'Ja, en nee...' antwoordde Michiel. 'Het verkrijgen van toegang tot die telefoons was een eitje, geen noemenswaardige beveiliging, een gewone pincode, maar die hadden we zo te pakken. Met die smartphone belde hij niet en werd hij niet gebeld. Hij had de locatieservices helemaal uitgezet en de locatiegeschiedenis van Google uitgeschakeld. Ook had hij de functie uitgezet die ervoor zorgt dat apps scannen naar draadloze netwerken. Ik kan nog wel even doorgaan, maar het komt erop neer dat hij de telefoon vooral thuis gebruikt lijkt te hebben om er dingen op op te zoeken. Helaas was de zoekgeschiedenis zo ingesteld dat die zichzelf voortdurend wiste. Maar misschien kunnen we dat nog op de een of andere manier achterhalen.'

'Dat is wel bijzonder toch allemaal?'

'Ja, zeker. Het was in elk geval iemand die graag voor zichzelf hield waar hij was of was geweest. Het lijkt me ook zo iemand die dan één keer in de zoveel tijd geld pinde en overal contant betaalde. We gaan het zien.'

'En die andere telefoon?'

'Dat is eigenlijk een nog raarder verhaal,' zei Michiel met oprechte verbazing in zijn stem. 'Het is een prepaidtelefoon. Misschien kocht hij regelmatig een nieuwe, want deze ziet er ook nieuw uit.'

'En daar belde hij wel mee?'

'Ja, inderdaad,' zei Michiel. 'En het rare is, de contactenlijst is helemaal leeg. Maar twee dagen geleden is hij een aantal keren gebeld door een en hetzelfde nummer, dat hij niet heeft opgenomen. Het zou kunnen zijn dat hij toen al dood was en om die reden niet opgenomen heeft. Het nummer is ook niet gewist.'

'Ja?' vroeg Rijsbergen met een groeiend gevoel van opwinding.

'Dat nummer hebben we gebeld, en dan krijgen we een voicemail.'

'Van wie?'

'Van Coen Zoutman.'

20

Peter en Mark kwamen bij het Geschiedenisgebouw aan, nog napratend over wát het kon zijn geweest dat de zaak verder had gecompliceerd. Wat besluiteloos stonden ze met hun fietsen in de hand.

'Anders drinken we even een kop koffie samen,' stelde Mark voor. 'En laat me dat manuscript van die Pilgrim Father zien. Ik ben er toch wel benieuwd naar.'

'Dat is goed,' zei Peter.

Het is ook fijn nu even gezelschap te hebben.

'Maar strikt genomen is de schrijver van dat document eigenlijk geen Pilgrim Father, want hij is blijkbaar in Leiden gebleven.'

Ze gingen naar binnen.

'Hoe vindt Fay het eigenlijk dat jij zomaar drie weken op pad gaat?' vroeg Mark zodra ze in Peters kantoortje waren.

Peter rommelde wat met het koffiezetapparaat om zichzelf wat meer tijd te geven om te antwoorden. 'Om eerlijk te zijn...' zei hij. 'Ik moet het haar nog vertellen. Ik heb haar verder niet meer gesproken.'

Mark kneep zijn ogen wat samen.

'Maar, eh...' zei Peter, 'ze zal het vast geen probleem vinden, denk ik. Ze wil ook dat boek eindelijk eens afmaken waar ze al zo lang aan werkt, dus dan komt het ook wel goed uit dat ze mij drie weken niet om zich heen heeft.'

Dat laatste was min of meer als grap bedoeld, maar Mark lachte niet.

'Het gaat toch wel goed tussen jullie?' vroeg hij, met een ondertoon van bezorgdheid. 'De reis is toch geen vlucht voor een bepaalde situatie?'

Het was niet de eerste keer dat Peter verrast werd door Mark, die in het algemeen niet bekendstond als iemand met een groot empathisch vermogen. Soms kon hij onverwacht scherp uit de hoek komen. 'Nee, er is niets,' zei hij snel. 'Niets ernstigs in elk geval. Gewoon, elke relatie heeft zijn ups en downs toch?'

'Dat zeggen ze, maar Judith en ik hebben nog nooit een "down" gehad, hoor. Of niet dat ik dat gemerkt heb,' zei Mark lachend.

Terwijl de koffie pruttelde, koppelde Peter zijn laptop los van het dockingstation op zijn bureau en ging hij naast Mark op de bank zitten. Hij opende de documenten die Piet van Vliet hem opgestuurd had. 'In het laatste fragment staat iets opmerkelijks. Je zult het straks zelf wel lezen. Er lijkt een groep te zijn ontstaan, mensen die zich hadden verzameld rond bouwlieden, metselaars...'

'Bíj die Engelse puriteinen?'

'Ja, het is wat cryptisch allemaal, hoor, je moet het zelf maar even bekijken. Maar de auteur schrijft er nog bij: "wie oren heeft, die hore", voor de goede verstaander dus, alsof hij hint op iets maar niet alles durft of wil zeggen. En direct erna volgt een zin over de hoofdrolspeler binnen die groep, Josh Nunn, die een eigen loge heeft in de schouwburg.'

Mark keek hem verbaasd aan.

'Bouwlieden, metselaars...' zei Mark aarzelend. 'En een loge? In een schouwburg weliswaar, maar toch. Het kán bijna niet zijn wat ik denk.'

'Jij denkt zeker ook aan de vrijmetselaars?'

'Ja, natuurlijk,' antwoordde Mark. 'Die combinatie van mensen uit de bouw en een loge... Dat zou wel héél bijzonder zijn! Dat is ongeveer honderd jaar voordat de eerste loge van de vrijmetselaars in Engeland opgericht werd. Als Piet een verband kan leggen tussen de vrijmetselaars en de Engelse achterblijvers, die dan de voorlopers zouden zijn geweest van de Leidse loge... Ik bedoel, het kán bijna niet, maar áls hij hier meer bewijs voor vindt en tot een theorie uit kan werken, wil ik er graag meer van weten.'

Sinds jaar en dag verzamelde Mark theorieën die geschaard zouden kunnen worden onder de noemer 'alternatieve wetenschap'. Veel ervan kreeg hij ongevraagd opgestuurd van mensen die meenden een door iedereen over het hoofd geziene bijbelcode te hebben gevonden en die dit aan de hand van ingewikkelde en niet te volgen berekeningen aan wilden toonen – meestal ging dit over Openbaring, het laatste en met afstand meest raadselachtige boek van de hele Bijbel, vol duistere verzen en onheilspellende voorspellingen.

Een bevriende Egyptologe stopte Mark met grote regelmaat enveloppen toe vol dichtbeschreven velletjes papier van mensen die meenden te kunnen aantonen dat de traditioneel in de Egyptologie gevolgde jaartelling niet klopte, of dat de piramides wel door aliens gebouwd móésten zijn, of dat er vergeten – en door regeringen bewust geheimgehouden! – energiebronnen bestonden die in één klap ons huidige energieprobleem op zouden kunnen lossen.

Ooit zou Mark er een boek mee samenstellen, en inmiddels had hij al zó veel materiaal dat dit uit verschillende delen zou kunnen bestaan.

'Maar dat is vrij onwaarschijnlijk, toch?' zei Peter.

'Natúúrlijk is het weinig waarschijnlijk allemaal, maar ook weer niet helemaal onmogelijk. Het zou onwetenschappelijk zijn om alles af te wijzen wat niet past binnen wat we al kennen. Want natuurlijk kunnen er vrijmetselaarachtige groepen bestaan hebben voordat de eerste in Engeland in 1717 naar buiten trad. Verschillende Engelse loges verenigden zich, dus die waren vóór die tijd ook al actief. Wie weet waren er ook dergelijke groepen in Nederland – of in Leiden, wie zal het zeggen – maar dan heeft zich dat echt helemaal buiten het oog van de officiële geschiedenis afgespeeld. Als dus de Pilgrims en de vrijmetselaars met elkaar te maken hebben, dan zouden we de geschiedenis zoals wij die kennen met meer dan honderd jaar naar voren moeten schuiven. In 1734 werd in Den Haag met hulp van vrijmetselaren uit Engeland en Frankrijk de eerste loge in Nederland opgericht, de *Loge du Grand-Maître des Provinces Unies et du ressort de la Généralité...*' Mark sprak de Franse naam met een perfecte Franse dictie uit. '...en onze Pilgrims vertrokken in 1620. Het verband is gewoon nog nooit eerder gelegd.'

'Maar de meesten bleven achter.'

'Dat is waar, maar dan nog. Kijk, niets is onmogelijk, maar het is gewoon helemaal nieuw.'

'Het zou misschien wel iets kunnen verklaren wat ik me al vaker heb afgevraagd,' zei Peter.

'En dat is?'

'Heel simpel. De redenen waarom die Pilgrim Fathers vertrokken, moeten toch ook gegolden hebben voor de achterblijvers? Uiteindelijk is de grootste groep in Leiden gebleven. Waarom vertrokken ze niet allemaal? Een heel voor de hand liggende vraag eigenlijk.'

'Mensen zullen niet genoeg geld hebben gehad voor de overtocht,' zei Mark relativerend. 'Of verliefd zijn geraakt op een lokale schone. Ze zullen bang zijn geworden voor een oversteek van weken op weg naar een onbekende wereld, het beloofde land weliswaar, maar vol gevaren. Ik kan zo nog wel tien redenen bedenken. Achteraf misschien geen onverstandige beslissing om hier te blijven. Onderweg zijn al veel passagiers gestorven, en na die eerste winter nog eens de helft van de mensen die de overtocht wel overleefd hadden, dus de thuisblijvers waren zo gek nog niet misschien.'

'Tja, wie zal het zeggen. Waarschijnlijk was het om die banale redenen als jij zegt. Maar, wat je net zei, over het beloofde land. Het is voor mij toch een beetje alsof er in de Bijbel zou staan dat bij de uittocht uit Egypte het grootste deel van het Joodse volk besloot niet met Jozua het beloofde land in te trekken, maar in de woestijn achter te blijven.'

Mark lachte hard, alsof hij een ontzettend goede grap gehoord had. 'En dat die toen dachten,' zei hij nog steeds lachend, 'het is wel mooi zo. Die Tien Plagen hebben we overleefd, we hebben veertig jaar rondgezworven in de woestijn, de storm is gaan liggen, we blijven lekker hier. Het manna valt vanzelf uit de hemel en de gebraden kwartels vliegen ons in de mond.'

'Ja, zoiets,' zei Peter, die Mark licht geamuseerd aankeek.

Mark zette zijn bril weer op, nog nagrinnikend.

Peter zette de laptop op Marks schoot en stond op om koffie in te schenken. 'Wat stom, ik vergeet dat helemaal te vragen, maar hoe is het afgelopen met de besmeuring van het hofje? Is er nog nieuws?'

'O dat?' zei Mark, die zijn blik al op het scherm gericht had. 'Dat is al heel snel opgelost eigenlijk, verbazingwekkend snel. Ze hebben de daders al te pakken. De agent die me erover belde, klonk zelf ook heel erg verbaasd, alsof hij zelf niet geloofde dat ze het zó snel opgelost hadden.'

'Dat is wel heel sterk dan. Hebben mensen het gezien?'

'Nee, dat niet. De agent deed er nog wat gewichtig over. Hij had het over goed speurwerk en inlichtingen vanuit het veld, goede bronnen et cetera, maar ik kreeg het gevoel dat er gewoon iemand is geweest die die jongens verraden heeft, uit de eigen kring. Actievoerders waren het, die protesteerden tegen de bezetting door Israël van de bezette gebieden.'

'En Judith?'

'Zij was ook opgelucht. Natuurlijk wist ze ergens ook wel dat het niet tegen haar gericht was, of dat dat niet waarschijnlijk was, laat ik het zo zeggen.'

'Fijn dat ze zondag kan afreizen en dit dan opgelost is.'

'Inderdaad,' zei Mark. 'Maar goed, ik ga nu even lezen.'

Peter deed het raam open en ging half op de vensterbank zitten.

'Geen bezwaar als ik...' begon hij, maar Mark ging zo in de tekst op, dat hij zijn zin niet af hoefde te maken. Peter stak een sigaartje op, nam een voorzichtig eerste trekje en liet de rook uit zijn mond ontsnappen. Langzaam, met kleine slokjes, dronk hij zijn hete koffie. Voor het eerst vandaag ontspande hij enigszins. Hij sloot zijn ogen en probeerde zich te concentreren, al wist hij niet goed wát precies zijn focus moest zijn.

Is het nou iets wat Mark net gezegd heeft? Of iets wat we gelezen hebben in die Bijbelverhalen die Coen Zoutman bij zich had?

Peter nam nog een trekje, terwijl hij zijn ogen gesloten hield, bang om het denkproces te verstoren als hij ze opende. Hij had het gevoel iets op het spoor te zijn, maar hij kon er zijn vinger niet op leggen. Soms had hij dat ook weleens tijdens het werken aan een artikel, dat zich ergens in zijn achterhoofd een idee ontwikkelde, meer een gevoel dan iets wat hij onder woorden brengen kon.

Even later deed hij zijn ogen open en keek op naar Mark, die nog verdiept was in het document.

Ik kan net zo goed een tweede sigaartje opsteken, dacht Peter. *Mark is een snelle lezer, maar dit duurt nog wel even.*

Peter gaf het op. Zijn ervaring was dat het niet heel veel zin had om zich op dit moment te veel te focussen op dat vage gevoel. Het was uiteindelijk beter het te laten rusten, alsof je een goed stuk vlees liet stoven op een laag vuur zonder de deksel ervan af te halen zodat het proces van garing niet verstoord werd.

'Fascinerend materiaal,' zei Mark enthousiast toen Peter zijn tweede sigaartje opgerookt had. 'Echt fascinerend. Veel is al bekend natuurlijk, maar om het verhaal zo van binnenuit te lezen... Mooi.'

'Veel is al bekend, zoals je zegt,' zei Peter. 'Maar voor mij was het toch nieuw dat er blijkbaar spanningen waren binnen die groep, daar had ik nooit zo over gehoord. Dat verklaart misschien ook dat uiteindelijk meer dan de helft in Leiden achterblijft, toch? En die verwijzingen naar dat jongetje... Dat is ook een beetje vreemd.'

'Ja, inderdaad. Dát is toch wel nieuw ja, van die tweespalt. Interessant. En het jongetje... Misschien de beoogde nieuwe leider? Iemand die ingewijd wordt? Wie zal het zeggen?'

Mark scrolde een stuk omhoog in de tekst, totdat hij de passage gevonden had waar hij kennelijk naar op zoek was.

'Maar dit hier is zoals jij net al zei toch écht wel bijzonder hoor, Peter,' zei hij toen. Marks rechterwijsvinger zweefde een halve centimeter boven het scherm, als iemand die leert lezen. 'Rond Josh Nunn staan de mensen – onder wie opmerkelijk veel lieden die in de bouw werkzaam zijn overigens, metselaars et cetera – wie oren heeft, die hore – die ervoor kiezen in Leiden te blijven,' las hij voor. 'Dat uitdrukkelijk vermelden van die metselaars is wel apart.'

'En dan vooral...' zei Peter, die weer naast Mark was gaan zitten, 'dat citaat "wie oren heeft, die hore".'

'Dat nadrukkelijke noemen van die ene beroepsgroep vind ik intrigerend, met name door dat citaat erachter inderdaad, waardoor het nóg meer nadruk krijgt.'

Mark wilde de laptop aan Peter teruggeven, maar bedacht zich halverwege die handeling. 'Wil je me de documenten straks even mailen?'

'Natuurlijk, geen probleem. Piet zegt zelf altijd dat hij groot voorstander is van het zo veel mogelijk delen van materiaal.' Peter stond op en zette zijn laptop weer terug op het bureau. 'Ik ga op huis aan, naar Fay,' zei hij. 'Goed dat we elkaar even gesproken hebben, Mark. We hebben het over veel dingen gehad en om de een of andere rare reden heb ik het gevoel dat ik dichterbij een oplossing gekomen ben. Al weet ik nog niet welke oplossing.'

'Dat klinkt hoopgevend,' zei Mark lachend. 'Maar goed, ouwe reus, ik ga ook op pad. We zien elkaar zaterdag bij La Bota.'

'Dat is goed.'

Zaterdag zouden Fay en Peter samen met Judith en Mark uit eten gaan, bij wijze van afscheidsetentje van Judith.

Fijn dat ik Judith tóch nog eventjes alleen zie morgen, dacht Peter.

Ze liepen naar buiten en namen afscheid.

Peter sloeg rechts af de Doelensteeg in, op weg naar Fay, en Mark liep de andere kant op, in de richting van zijn kantoor aan de Witte Singel.

Op de brug over het Rapenburg stond hij stil, doelloos, opeens twijfelend of hij wel naar Fay toe zou gaan.

Ik kan haar niet blijven ontlopen natuurlijk.

Hij stak de brug over en vervolgde zijn weg langs het Rapenburg. De uitdrukking 'met lood in de schoenen' drong zich aan hem op.

Het was stil bij het huisje van Fay.

Agapé was naar haar korfbaltraining, wist Peter, en Alena ging dan vaak mee.

Misschien is ze niet thuis, dacht hij hoopvol. *Dan kan ik in elk geval zeggen dat ik langs ben geweest.*

Hij ging naar binnen.

Ik moet haar ook vertellen dat ik over drie weken naar Boston vertrek.

'Lieverd?' zei hij aarzelend toen hij in de huiskamer was.

'Fay?' riep hij, wat harder nu.

Hij had zich al omgedraaid om weg te gaan, toen toch nog onverwacht Fays stem klonk.

'Ik ben boven!' riep ze naar beneden.

Vrijwel direct erna hoorde hij haar voetstappen op de trap.

Op de laatste trede bleef ze staan, als iemand die een zwembad in wil, maar terugschrikt voor het koude water.

'Waarom heb je mijn berichtje niet beantwoord?' vroeg Fay.

Peter was in de deuropening blijven staan, zijn hand nog op de knop alsof hij op het punt stond gedag te zeggen en niet net binnen was gekomen.

'Ik snapte niet goed waar dat zomaar vandaan kwam,' zei Peter, die nu de deur achter zich sloot en de woonkamer binnenstapte.

'Zomaar vandáán kwam?' herhaalde Fay verontwaardigd. 'Jij hebt toch in mijn mails zitten kijken? En je hebt zelfs een mail geopend en daarna verwijderd!'

'Maar hoe –'

'Ik zag gisteren dat er een mail van Coen was. Zijn mails worden automatisch in een mapje geplaatst. Alleen zíjn berichten komen daarin.'

'En waarom –'

'Dat is helemaal niet aan de orde, Peter. Ik ben aan níemand verantwoording schuldig voor wat ik doe. Ook aan jou niet. Ook hier niet voor. Het gaat niemand iets aan.'

Peter slikte.

Door haar vriendelijke verschijning werd Fay regelmatig onderschat door mensen – ook Peter vergiste zich soms nog steeds in haar. Niemand verwachtte dat ze in discussies zo buitengewoon fel voor de dag kon komen.

'Heb je ook andere mails gelezen?' wilde ze weten.

'Nee,' zei Peter.

Ik kan net zo goed openheid van zaken geven.

'Luister,' zei hij. 'Laten we even gaan zitten, goed?'

Fay ging in de fauteuil zitten, terwijl Peter op de bank plaatsnam.

'Ik opende de laptop,' zei hij. 'Je mailprogramma stond nog open. Ik zag dat je een mapje "Coen Zoutman" had. Dat vond ik bijzonder, omdat je me nooit hebt verteld dat jullie überhaupt mailden met elkaar.'

'En dat hóéf ik jou ook helemaal niet te vertellen.'

'Je hebt gelijk,' zei Peter, die zijn handen ophief ter verdediging. 'Ik zag ook dat er een nieuw mailtje binnengekomen was en klikte op de map. Op dat moment besefte ik – zo is het echt gegaan – dat ik niet in je mails mocht neuzen en wilde ik de map weer sluiten, maar toen klikte ik per ongeluk op de nieuwe mail. Er stond alleen: "Tot vanavond." Meer niet. En toen dacht ik… Het was stom van me, sorry Fay. Maar toen dacht ik: deze mail bevat geen belangrijke informatie verder, dus laat ik hem weggooien voordat Fay ziet dat ik hem geopend heb.'

'Het was zijn laatste mail aan mij, Peter.'

'Ja, ik weet het.'

'Natuurlijk had ik gezien dat er een bericht was van hem, maar ik dúrfde het mapje niet eens te openen. Ik heb de laptop direct dichtgeklapt, ik schrok me rot. Irrationeel, ik weet het, maar ik dúrfde niet te kijken wat hij me geschreven had. En het was alsof…' Haar stem raakte plotseling verstikt door tranen.

Zal ik naar haar toe gaan, dacht Peter. 'Sorry, lieverd,' zei hij. 'Het was stom van me. Ik had het gewoon meteen moeten zeggen.'

'Het was alsof…' zei Fay, die niet inging op Peters excuses. 'Het klinkt absurd, maar het was net alsof ik hem nog even in leven hield door de mail niet te openen. Het is niet… niet rationeel natuurlijk. Nu ik het zo hardop uitspreek, besef ik hoe raar dat klinkt.' Ze haalde haar neus op.

'Maar toen ik vanmorgen toch de moed bij elkaar geraapt had, zag ik dat de mail weg was. In de map met verwijderde mails heb je altijd een tijdje de mogelijkheid om verwijderde mails terug te halen.'

Niet aan gedacht, dacht Peter.

'Dus zo vond ik de mail terug. Er stond inderdaad niets schokkends in, maar het was wél zijn laatste berichtje aan mij. En los daarvan vind ik het gewoon niet fijn als je in mijn mail neust.' Ze keek hem scherp aan. 'Heb je echt geen andere mails zitten lezen?'

'Nee, echt niet,' zei Peter. 'Ik doe dat toch niet? Normaal gesproken dan. Dit is een rare situatie, een rare tijd… Hoe vaak heb ik al niet op je computer zitten werken? En hoe vaak heb je wel niet alles openstaan? Ik sluit altijd alles zonder ook maar te kijken. Je vertrouwt me toch wel?'

Fay bleef hem strak aankijken.

'Echt, Fay, het spijt me. Ik zal het niet meer doen.'

Ze leek besloten te hebben het er maar bij te laten, voor nu. Als een tegenstander op de grond ligt, heeft het geen zin meer het gevecht nog voort te zetten.

'Je had het nog heel gemakkelijk kunnen herstellen ook. Je kunt een mailtje markeren als "nog niet gelezen". Dan zou ik niks in de gaten hebben gehad.'

'Ah,' zei Peter oprecht verbaasd. 'Die functie kende ik niet.' Glimlachend keek hij haar aan. 'Dan weet ik dat voor de volgende keer,' grapte hij in een poging de lucht te klaren, maar Fay lachte niet mee.

'Goed,' zei ze, waarbij de scherpte nog niet helemaal uit haar stem verdwenen was.

'Is er soms iets wat ik moet weten?' kon Peter toch niet nalaten te vragen. 'Waarom reageer je hier zo heftig op? Ik begrijp dat het niet fijn is als iemand je mail leest als je dat niet wilt, maar dit? Is er soms iets wat ik had kúnnen lezen wat je voor me verborgen wilt houden?'

Fay schudde heftig van nee.

Het duurde net een fractie van een seconde te lang voor ze daarmee begon, vond Peter. *Maar ik ben niet in de positie nu om door te vragen naar haar correspondentie met Coen Zoutman.*

'Goed,' zei hij toen. 'Zullen we het hier maar bij laten dan?'

Even hing er een stilte in de lucht, alsof de twee acteurs in deze scène wachtten op de aanwijzing van een regisseur.

'Het is al goed,' doorbrak Fay de impasse.

Ze stonden beiden op. Fay kwam op Peter afgelopen om hem te omhelzen. Ook Peter sloeg zijn armen om haar heen.

'Ik heb wél iets te melden trouwens,' zei hij.

Fay liet hem los en deed een stapje naar achteren, op haar hoede zo leek het. 'Vertel,' zei ze zo luchtig mogelijk, maar de spanning in haar stem kon ze niet verbergen.

'Judith heeft me gevraagd haar op te komen zoeken in Boston. En ik heb besloten dat te doen.'

'Oké,' zei ze, zichtbaar opgelucht. Ze lachte. 'Dat is… leuk, toch?'

'Ik ga haar drie weken opzoeken. Tenminste, ik ga drie weken op pad, waarbij ik ook haar opzoek, een weekje misschien. Ze heeft een groot appartement tot haar beschikking, zegt ze.'

'Nou, dat is dan toch goed? Alleen maar fijn voor haar, en voor jou. Je bent al even niet meer op reis geweest. Het zal je goeddoen ook.'

'Ik ga over drie weken al.'

'O.'

Daar was ze toch even stil van. 'Dat is... snel.'

'Ik heb net geboekt.'

'Oké, nou... Je laat er ook geen gras over groeien dan.'

'Nee, inderdaad,' gaf Peter toe. 'Het was een opwelling. Ze vroeg het en ik zei ja. Maar het voelde ook goed. Jij zit ook met je boek, tenslotte.'

'Dat is waar,' zei ze. 'Ik ga het druk hebben. En het brengt onze vakantie-plannen voor deze zomer ook niet in de war. Beter dat je nu gaat dan van de zomer, toch?'

Ze hadden een paar maanden eerder al een vakantie van drie weken ge-boekt naar het Griekse eiland Thera. De eerste echte vakantie – op enkele lange weekenden op Texel na – die ze als 'gezin' zouden vieren.

'Ik ben blij dat je het zo opneemt, Fay.'

'Het is goed, echt. En je hebt gelijk. Ik kan aan mijn boek werken, en jij komt met hernieuwde energie terug.' Na deze woorden liep ze naar het aan-recht om een fles wijn te ontkurken. Ze schonk twee glazen in waarmee ze naar Peter liep. 'Op Boston dan,' zei ze, terwijl ze met hun glazen klonken.

'En op ons...' zei Peter, iets aarzelender.

'En op ons,' zei Fay. 'Nu niet gek gaan doen, hoor.' Na twee snelle slokken ging ze terug naar de keuken. 'Ga je de vrijmetselaars bezoeken in Boston?' vroeg ze.

'Misschien wel een leuk idee. Waarom niet?'

'Ik zou het leuk vinden als je daar even langswipt. Maak een paar foto-tjes, een kort filmpje of zo. Ik ben benieuwd hoe het er daar uitziet, zo'n oude loge.'

'Dat is goed.'

Fay had kennelijk besloten dat het opeens nodig was de bovenkastjes leeg te ruimen en eens goed uit te soppen.

Peter pakte haar laptop. 'Ik ga even je mailtjes lezen,' grapte hij.

Fay kon er nu wel om lachen gelukkig. 'Ik heb ze verplaatst naar een nieuw supergeheim programma waar niemand bij kan,' zei ze.

Ja, ja... dacht Peter. Alles goed en wel, binnen een relatie heeft ieder recht op zijn geheimen, maar je bent niet helemaal eerlijk tegen me, Fay.

Toen de laptop opgestart was, stond Fays Outlook gewoon weer open, alsof ze hem wilde laten zien dat ze hem inderdaad vertrouwde.

Maar in één oogopslag zag hij dat er iets veranderd was.

Na een vluchtige blik op de fanatiek poetsende Fay keek hij bij haar mappen.

De hele map 'Coen Zoutman' was verdwenen.

21

Tegen hun gewoonte in ging Fay eerder dan Peter naar boven. Normaal gesproken gingen ze altijd samen naar boven om in bed nog wat te lezen of te kletsen voordat ze gingen slapen.

Toen Peter zich in de slaapkamer in het donker uitkleedde, hoorde hij aan haar ademhaling dat ze nog niet sliep. Desondanks spraken ze niet met elkaar.

Fay bleef nog even liggen toen hij de volgende ochtend opstond. Ook nu was hij ervan overtuigd dat ze wakker was.

Zonder te ontbijten ging hij de deur uit. Tegen Agapé, die op dat moment al beneden was, zei hij dat hij die dag heel veel moest doen.

Dat laatste was niet eens een leugen, want het wás heel erg druk. Door zijn besluit Judith op te gaan zoeken was veel werk naar voren verschoven. Vrijwel de hele ochtend zat hij aan zijn bureau met een stapel papers die hij na moest kijken. Later op de dag volgde nog een gastcollege dat hij bij zijn collega Job Weststrate zou geven in het kader van een reeks over ideeëngeschiedenis van de zeventiende en achttiende eeuw.

Hij had moeite zich te concentreren, niet alleen vanwege het gedoe met Fay, maar ook door de dood van Coen Zoutman.

Er was de vorige dag nóg een dode gevonden, had Peter gelezen op de site van het Leidsch Dagblad. Een jongeman in het Galgewater. Hij wist niet of die tweede dode iets met Coen te maken had, maar los daarvan was het gewoon een vervelend idee dat hier vlakbij, onder de brug waar hij ontelbare keren overheen liep, een lijk gevonden was.

De politie had in de eerste berichtgeving al duidelijk gemaakt dat het om een misdrijf ging en niet om een noodlottig ongeval waarbij iemand te water was geraakt.

Peter had aandachtig de vrijgegeven foto bestudeerd, maar de persoon leek niet op iemand die hij kende. En de naam Yona Falaina had geen enkel belletje bij hem doen rinkelen. Het had hem toch een vreemd gevoel van opluchting gegeven – in elk geval was het slachtoffer geen student van hem. Het nakijkwerk schoof hij opzij.

Peter zette koffie, en terwijl het apparaat pruttelde, ging hij op zijn vaste stek in de vensterbank zitten om zijn sigaartje te roken.

Er moet toch iets zijn met die mailwisseling, dacht hij. *Is er iets op míjn computer waarvan ik per se niet wil dat iemand het ziet?*

Peter kon niets bedenken.

Het is natuurlijk meer het idee dat iemand ongevraagd kijkt in je mails. Dát kan ik me nog wel voorstellen. Het is meer een kwestie van privacy dan van iets anders.

Het was hem tijdens gesprekjes in de koffiepauze opgevallen dat de meeste van zijn studenten buitengewoon laconiek waren als het onderwerp privacy ter sprake kwam. Dat er een wet ging komen die de overheid meer mogelijkheden gaf te kijken in ieders mail- en telefoonverkeer hield niemand bezig. 'Ik heb toch niets te verbergen,' was de standaardreactie. Maar als hij dan vroeg of hij hun mobieltje even mocht hebben om hun appjes te lezen, weigerden ze altijd.

Ik zou het eigenlijk toch ook niet prettig vinden als Fay al mijn appjes en mails zou lezen, dus zo gek is het allemaal ook weer niet. Het is vooral raar dat ik niet wist dat ze zo'n intensief contact had met Zoutman.

Peter rookte gedachteloos verder tot hij opgeschrikt werd door een korte, scherpe pijn. Het sigarenstompje was zo kort geworden, dat het gloeiende askegeltje zijn vingertoppen schroeide. Hij had nog een trekje van het sigaartje willen nemen, maar nu was er te weinig over om dat te kunnen doen. Met spijt gooide hij het naar buiten.

Hij schonk de koffie in en ging achter zijn computer zitten.

Over iets meer dan drie weken zou hij Judith achternavliegen naar Boston.

Misschien is het dan toch aardig mijn tijd daar ook goed te gebruiken en wat meer met die Pilgrim Fathers te doen, dacht Peter. *Misschien ontdek ik bij de vrijmetselaars van Boston dan ook iets over de eventuele connectie tussen de Pilgrims en de vrijmetselaars. Ik zit toch al redelijk goed in die materie inmiddels. Misschien kan ik met wat mensen daar spreken die zich er ook mee bezighouden? Het is leuk als ik straks aan bezoekers van het Leiden American Pilgrim Museum verhalen kan vertellen die gebaseerd zijn op mijn eigen ervaringen.*

Peter opende de documenten die Piet van Vliet hem had opgestuurd. Hij creëerde een nieuw document en was even bezig met knippen en plakken, maar toen had hij de verschillende fragmenten achter elkaar gezet en er één geheel van gemaakt.

Het zou aardig zijn als Piet er te zijner tijd een boekje van zou maken, dacht Peter, *al bereik je daar natuurlijk altijd maar slechts een beperkte groep mensen mee. Het is nota bene stof voor een roman. Dit verdient een veel breder publiek.* Hij printte alles uit, waarna hij de A4'tjes in een mapje deed, alsof hij een student was die de laatste hand aan een werkstuk legde.

Een paar kwesties uit het manuscript trokken zijn aandacht. Eerst de jonge jongens die Josh onder zijn hoede nam, als een soort protegés. Een van hen vertrok op de Mayflower mee naar Amerika, maar zijn plaats in Leiden werd direct ingenomen door een nieuw iemand. Dan het conflict of de tweespalt die leek te zijn ontstaan binnen de groep. En ten slotte het mogelijke verband tussen de Pilgrim Fathers en de vrijmetselaars – al was dat nog het minst expliciet. Misschien waren die drie zaken wel met elkaar verbonden, maar op een manier die zich – nog? – aan het oog onttrok.

De passages zette hij onder elkaar in een apart document, met erboven voor zichzelf de aanduiding waar ze vandaan kwamen.

Als de mannen vanaf de boot hulpeloos toe moeten kijken hoe hun vrouwen en kinderen door de soldaten meegenomen worden.
Wij waren nog niet aan boord, of we zagen hoe een groep soldaten het strand bestormde.

Ik schreef 'mannen' maar onder ons bevond zich één jonge knaap, die onder de speciale bescherming stond van Josh, een van de andere leiders van de groep. Het ventje week niet van Josh' zijde, hield vaak zijn hand vast – of als dat niet kon de pand van diens jas.

Tijdens de barre overtocht van Engeland naar Nederland die veel langer duurde dan gepland.
Josh deelde het karige rantsoen, dat hem net als de overige opvarenden toebedeeld werd, nota bene nog met het ventje, dat hierdoor de best gevoede passagier van het hele schip was. Niemand kende de jongen, maar ook durfde niemand naar zijn herkomst te vragen. We wisten dat het een wees was – net als Josh zelf had hij geen levende ziel in deze wereld – maar meer dan dat was niet bekend.

Vaak trokken ze zich terug op een rustige plek benedendeks waarbij Josh onophoudelijk op de jongen inpraatte, als een verkoper die op de markt zijn koopwaar aan een klant slijten wil. De jongen leek dan zijn woorden te herhalen, waarbij hij af en toe ernstig knikte.

Als ze eenmaal in Leiden wonen.
Het knaapje dat de speciale gunsteling van Josh Nunn lijkt te zijn groeit op tot een jongen die nog steeds weinig spreekt in het openbaar, maar die met de dag meer zelfvertrouwen lijkt te krijgen. Hij is lid van het huishouden van Josh. Hoewel hij nog steeds nauwelijks van Josh' zijde wijkt, heb ik hem de laatste tijd regelmatig op straat zien lopen – alleen of een enkele keer met leeftijdsgenoten, al houdt hij zich afzijdig van hen. Het privéonderricht aan de jongen gaat onverminderd voort. Mogelijk ziet Josh in hem een toekomstig leider van onze gemeenschap en bereidt hij hem voor op die rol.

Na enkele jaren in Leiden.
De aangenomen 'zoon', zoals iedereen de jongen beschouwt die van het begin af aan onder Josh Nunns vleugels verkeerde, is inmiddels opgegroeid tot een knappe en pientere jongeman, een volwaardig lid van de gemeenschap. Soms neemt hij het woord tijdens onze diensten op zondag, iets wat door sommige leden met enige aarzeling – of is het jaloezie? – geaccepteerd wordt. Niet alleen het ontbreken van een formele opleiding om een preek te kunnen houden en de Schrift op een juiste manier uit te kunnen leggen, voeren mensen als bezwaar aan – nooit openlijk overigens, maar altijd wanneer zij zich onbespied wanen. Een zwaarwegender argument is dat de jongen soms de neiging heeft er een wat al te vrije interpretatie op na te houden – alsof hij op zoek is naar het verhaal dat mogelijk achter een verhaal schuilgaat. Alsof er een betekenis in verscholen ligt die ons gewone stervelingen tot dan toe is ontgaan.

De groep valt uiteen.
We gaan naar Amerika.
Hoewel, 'we'... De meesten van ons zullen in Leiden achterblijven. Een aantal van onze groep is al eerder teruggegaan naar Engeland.

Het leven hier was toch harder dan zij aankonden, dus verkozen zij terug te keren naar Scrooby – ook geen gemakkelijk bestaan, maar tenminste in een bekende omgeving. Zelfs het risico bij thuiskomst in het gevang gegooid te worden, leek hun een aanlokkelijker vooruitzicht dan nog langer hier te moeten blijven.

En iets verderop staat er.

Buiten mijn zicht om lijkt er een tweedracht te zijn ontstaan in de groep, geen kristalheldere scheidslijn waarbij het voor iedere toeschouwer in één oogopslag duidelijk is hoe de verhoudingen liggen, geen twee groepen die tegenover elkaar staan of die gescheiden van elkaar plaatsnemen tijdens de diensten.

[...]

Rond Josh Nunn staan de mensen – onder wie opmerkelijk veel lieden die in de bouw werkzaam zijn overigens, metselaars et cetera – wie oren heeft, die hore – die ervoor kiezen in Leiden te blijven. Josh, die in goeden doen is geraakt, bezit tegenwoordig een eigen loge in de schouwburg, waar de kerngroep regelmatig samenkomt om tijdens de pauzes van een voorstelling met elkaar te overleggen.

Josh heeft overigens weer een nieuwe jonge jongen onder zijn hoede genomen, met wie hetzelfde proces opnieuw een aanvang lijkt te nemen: ze trekken zich samen terug, Josh is zichtbaar veel aan het woord – soms zitten ze samen in de tuin van ons hof – en de jongen knikt net zo ernstig als tien jaar eerder zijn voorganger deed.

Dat is nog wel het meest bevreemdende van alles: de positie van de – voormalige? – oogappel van Josh, de knaap die nu een volwassen vent is, in de kracht van zijn leven. Dit is de jongen die de afgelopen tien of elf jaren in Josh' aanwezigheid verkeerde, alsof hij diens schaduw was. De jongen naar wie Josh goedkeurend knikkend en trots als een plaatsvervangende vader opkeek als hij weer eens het woord nam tijdens een dienst – tot groeiende ergernis van de leden van de andere partij. Deze jongen dus.

Die gaat naar Amerika.

Alles was waarschijnlijk goed te verklaren. Dat jonge jongetje kon best de beoogd opvolger van die Josh zijn geweest, en toen die besloot naar Ame-

rika te vertrekken, was Josh' oog op een nieuwe jongen gevallen. Verder...
Tweespalt ontstaat na verloop van tijd zo vaak in groepen – zeker in religieuze groepen als de protestanten, waar een centraal gezag van een paus ontbreekt en iedereen de autoriteit heeft om de Schrift naar eigen inzicht uit te leggen. Vaak zijn er mensen die terug willen naar de bron, naar de fundamenten van het geloof, omdat ze vinden dat er te vrijelijk met de goddelijk geïnspireerde teksten omgesprongen wordt. En er zijn mensen die vinden dat tijden veranderen, dus ook de manier waarop je met oude teksten en wat daarin staat moet omgaan. Ten slotte werden er ook geen mensen meer gestenigd die hout sprokkelen op de sabbat, een van de vele overtredingen in het Oude Testament waar deze doodstraf op stond.

Dan het verband tussen de vrijmetselaars en de achtergebleven Pilgrim Fathers. Daar waren de aanwijzingen wat te mager voor misschien, hoewel het 'wie oren heeft, die hore' wel intrigerend was.

Ook het feit dat uiteindelijk zo'n grote groep in Leiden achterbleef, was logisch te verklaren. In het document zelf worden redenen genoemd: de overtocht was duur en risicovol, sommigen waren door het verkrijgen van het poorterschap volwaardig Leids burger geworden, ze genoten hier toch een relatief grote vrijheid.

Maar voor mensen die lijf en leden geriskeerd hebben en naar Nederland gevlucht zijn om aan geloofsvervolging te ontkomen, lijkt de vurige wens om in vrijheid het eigen geloof te kunnen belijden wel erg gemakkelijk opgegeven te zijn, dacht Peter. *Misschien kozen ze voor de gemakkelijke weg, sloten ze compromissen en accepteerden ze dat dit het maximaal haalbare was? Misschien waren de mensen die hier bleven minder principieel dan de mensen die vertrokken? En bestond de groep die wegging uit mensen die zich afsplitsten – fundamentalisten die zich verzetten tegen de 'slappe' achterblijvers?*

Met een rode pen omcirkelde Peter een aantal keer het 'wie oren heeft, die hore'.

Toen vertrok hij voor zijn gastcollege naar de collegezaal in het Lipsiusgebouw, waar Job al voor de geopende deur stond. Job was een zeer knappe man van begin veertig, een gecontroleerde stoppelbaard van enkele dagen, geliefd bij zijn studenten vanwege zijn betrokkenheid en meeslepende manier van vertellen.

Zijn ogen lichtten op toen hij Peter in het vizier kreeg, alsof hij bang geweest was dat hij niet op zou komen dagen.

'Fijn dat je er bent, man,' zei Job, terwijl hij Peter met de hand op zijn rug naar binnen dirigeerde.

Er zaten al vijfentwintig of dertig studenten te wachten. Peter herkende enkele gezichten van studenten die ook bij hem college volgden. Sven en Stefan waren er ook.

De eerste begroette Peter met een zeer geforceerde glimlach, als van iemand die zich ergens voor wil verontschuldigen.

Nadat Job Weststrate hem kort geïntroduceerd had, raakte Peter snel op stoom met zijn verhaal over Arminius en Gomarus. Op meeslepende wijze vertelde hij over het hooglopende debat over de leer van de predestinatie, de voorbestemming van de mens, dat deze twee hoogleraren aan het begin van de zeventiende eeuw met elkaar voerden – een debat dat van grote invloed was geweest op de loop van de Nederlandse geschiedenis.

Met een schoolkrijtje schreef Peter af en toe wat steekwoorden op het ouderwetse schoolbord. Het krijtstof aan zijn vingers veegde hij met regelmaat af aan zijn broek, waar een stoffige vlek ontstond, iets wat Fay altijd iets vertederends vond hebben.

De studenten leken geboeid te luisteren. Sommigen knikten op de juiste momenten, anderen fronsten juist hun wenkbrauwen om aan te geven dat ze zich over iets verbaasden.

'Goed mensen,' zei Peter. 'Aan de ene kant hebben we dus Franciscus Gomarus, hoogleraar in de theologie in Groningen, die stelde dat alleen God bepaalt of een mens verlost wordt of niet. In feite komt zijn idee erop neer dat God alles bepaalt en dat de mens geen enkele invloed uit kan oefenen op zijn besluiten. Je kan niet het heil verdienen door goede werken te doen, door de hongerigen te voeden en de dorstigen te laven... Enfin, jullie kennen die Zes Werken van Barmhartigheid allemaal, toch?'

Hij liet een korte stilte vallen en keek het zaaltje in, waar hij uit de glazige blikken waarmee de studenten hem aankeken op kon maken dat ze die werken juist niet kenden.

'Je geeft mensen met honger te eten en mensen met dorst te drinken,' hielp hij hen maar. 'Je bezoekt gevangenen, verzorgt zieken, verwelkomt vreemdelingen en kleedt de naakten. De katholieke kerk, gek op het getal zeven, heeft daar later nog "begraaf de doden" aan toegevoegd. Jezus noemt in Matteüs 25 maar zes goede werken. Maar goed, ik dwaal af. Wat jij hier in dit ondermaanse doet in de circa zesentwintigduizend dagen die een mens gemiddeld gegeven zijn – in onze tijd dan, aan het begin van de zeventiende eeuw stierven mensen in het algemeen op jongere leeftijd – heeft dus geen enkele invloed op Gods besluit of jij voor eeuwig naar de hemel dan wel naar de hel gaat.'

'Maar dat is toch...' zei een student, oprecht verontwaardigd zo leek het.

'Dat is toch...'

'Niet eerlijk?' maakte Peter zijn zin af.

'Ja, als het niet uitmaakt wat je doet, dan kun je net zo goed erop los leven, doen wat je wilt. Als Gods besluit toch al vaststaat.'

'Heel goed,' zei Peter waarderend. 'Dat was ook... Het idee is meer dat God zó soeverein is, zo almachtig, dat jouw kleine mensendaadjes geen invloed hebben op zijn besluit dat altijd wijs en rechtvaardig is. Maar het is in de opvatting van Gomarus, die het weer eens was met Calvijn, toch weer niet zo dat je als mens helemáál ontslagen wordt van verantwoordelijkheid voor je daden. Het is een ingewikkelde kwestie, hoor. In feite ligt je lot al vast, je kunt er als mens geen enkele invloed op uitoefenen, maar toch word je geacht je te houden aan de door God ingestelde zedelijke wetten, aan de Tien Geboden. Voor een deel was deze protestantse opvatting natuurlijk ook een reactie op de totaal uit de hand gelopen leer van de katholieke kerk, die overigens geen enkele basis in de Bijbel had. Dat verhaal kennen jullie toch? De katholieke kerk leerde de mensen dat je je plek in de hemel kan kópen, of beter gezegd, dat je je tijd in het vagevuur, het voorgeborchte – de onaangename wachtkamer vol martelingen voordat je tot de hemel wordt toegelaten – kan verkorten door een aflaat te kopen. En dat je sowieso je plekje in de hemel kan verdienen, als een leerling die zijn diploma haalt door maar hard genoeg te werken. Juist dát idee haalde te veel af van de majestueuze goddelijkheid van God, snappen jullie? Alsof God een soort simpele boekhouder is die op een balans bijhoudt wat je goed gedaan hebt en minder goed, alles optelt, aftrekt en tegen elkaar wegstreept en dan onder de streep uitkomt bij de beslissing of je voor altijd bij Hem kan verkeren, in de hemel, of naar een plek moet gaan waar Hij niet is, waar geen Liefde is, een afschuwelijke plek, de hel dus. Die katholieke kerk had er een hele koehandel van gemaakt, arme mensen gaven hun laatste geld uit aan aflaten die corrupte priesters in eigen zak staken. En zo werkt God niet natuurlijk, bedacht iemand als Luther, dat is een heel kleine, menselijke, al te menselijke God. Bovendien staat er in de Bijbel niets over aflaten en het afkopen van je schuld. Alleen het geloof in God, het geloof in Zijn Zoon, kon je redden. Alleen de Genade van God kon je redden...'

Hij gaf de studenten even de gelegenheid het een en ander op te schrijven.

'Daartegenover stond Arminius,' ging Peter verder, 'een Leidenaar. Hij woonde hier vlakbij trouwens, tegenover de Pieterskerk. Hij verzette zich tegen het standpunt van Gomarus. Volgens Arminius had Gomarus een veel te strikte opvatting van de predestinatie, de voorbestemming van de mens. Hij vond in de eerste plaats – om maar eens iets te noemen – dat de mens de keuze had om al dan niet in God te geloven. De verlossing zou daarmee in zekere zin afhankelijk zijn van de vrije keuze van de individuele mens. Zoals gezegd, het zijn ingewikkelde kwesties, jongens, en wij kunnen ons vandaag de dag eigenlijk niet eens meer vóórstellen dat het dispuut hierover zo ontzettend hoog opliep. Je moet je voorstellen dat dit hét gesprek van de dag was op straat, in de universiteit, iederéén sprak erover, had er een mening over. Vriendschappen werden verbroken als gevolg van uit de hand lopende discussies. Je moet je voorstellen dat je straks met wat mensen gaat lunchen hier in de kantine en dat iedereen verhitte gesprekken voert over theologie, de predestinatie in dit geval, waarbij mensen met gemak hele stukken tekst uit het hoofd kunnen citeren. Kom daar nu nog maar eens om! Dat de gemoederen soms zo verhit raken, dat sommige studenten tegengehouden moeten worden omdat ze op de vuist dreigen te gaan met iemand die hun visie op de voorbestemming niet deelt.'

De studenten lachten.

'Andere tijden, andere tijden... Maar goed.' Peter voelde zijn telefoon trillen in zijn broekzak. Hoewel hij een grote aandrang voelde te kijken, durfde hij dat niet. Hij stond er onder studenten om bekend dat hij buitengewoon fel was op het gebruik van de mobiele telefoon tijdens zijn colleges. Normaal gesproken liet hij zelf zijn mobiel altijd achter in de la van zijn bureau om aan de studenten het goede voorbeeld te geven en te laten zien dat het leven niet ophield als je fysiek gescheiden was van je telefoon. Het overkwam hem zelfs regelmatig dat de batterij van zijn telefoon leeg was en dat hij geen oplader bij zich had, zodat hij urenlang niet telefonisch bereikbaar was – iets waar deze jongere generatie zich niets bij voor kon stellen.

Zo achteloos als hij maar kon, haalde hij de telefoon uit zijn zak om die in de binnenzak van zijn colbertje te stoppen, dat hij over een stoel gehangen had. Op die manier zou hij niet weer afgeleid worden, mocht de mobiel nog vaker overgaan.

Iets minder geconcentreerd dan hij begonnen was, vervolgde hij zijn verhaal. 'De gereformeerde kerk was de officiële kerk van de Republiek der Zeven Verenigde Nederlanden. Ik denk dat meneer Weststrate dit in een eerder college al besproken heeft.'

Zowel zijn collega als enkele studenten knikten bevestigend.

'Na zijn dood hebben de aanhangers van Arminius geprobeerd om binnen die gereformeerde kerk, de staatskerk dus, meer ruimte te vinden voor zijn ideeën. Ze stuurden een verweerschrift naar het centrale bestuur, zo'n verweerschrift heette een "remonstrantie", en daar is hun latere naam "remonstranten" van afgeleid.'

Peter wiste de aantekeningen die hij eerder gemaakt had van het bord en schreef er heel groot de woorden REMONSTRANTEN – ARMINIUS en CONTRA-REMONSTRANTEN – GOMARUS – PRINS MAURITS op.

'Dit is het laatste wat ik wil bespreken, mensen,' zei hij. 'Dan wil ik eindigen met een stuk uit *God in de Lage Landen*, een beetje een onderschatte serie over de geschiedenis van het christendom in Nederland. Maar goed... In 1619 werd in Dordrecht een grote synode gehouden, een kerkvergadering. Uiteindelijk werd daar bepaald dat de leer van Gomarus de officiële lijn van de kerk zou worden. De aanhangers van Arminius, de Arminianen of remonstranten dus, moesten zich inhouden of zouden door hun tegenstanders, de contra-remonstranten, vervolgd worden. Uiteindelijk werd het conflict nog veel groter toen het ook een politieke dimensie kreeg, omdat prins Maurits vond dat de jonge Republiek het beste maar één geloof kon hebben en hij de kant van de contra-remonstranten koos.'

Toen het zachte geratel van de tientallen vingers op de toetsenborden langzaam maar zeker wegstierf, nam Peter even de tijd om het juiste stukje op te zoeken uit een documentaire die hij wilde laten zien.

'We gaan nu kijken naar een stukje uit deze documentaire, die ik overigens van harte kan aanraden om in zijn geheel eens te bekijken. Je moet alleen wel even over de wat theatrale manier van presenteren van Ernst Daniël Smid heen stappen. Kennen jullie hem?'

Er volgde geen reactie.

'Hij is een operazanger, volgens mij, in elk geval zingt hij klassiek repertoire. Anyway… Het aardige is dat hij de verhalen op locatie vertelt, dus in dit stuk komen ook veel bekende plekjes uit Leiden voorbij.'

Vervolgens keken ze een minuut of vijftien naar de presentator, die als een acteur op vaak gedragen toon in schitterende volzinnen het verhaal vertelde dat Peter even daarvoor had verteld. Het geheel werd verlevendigd doordat hij voor het huis stond waar Arminius had gewoond en langs de herenhuizen op het Rapenburg liep.

Peter keek op de klok en zag dat het bijna tijd was.

'Ik ga afronden jongens,' zei hij, terwijl hij op de pauzeknop van de film drukte. 'Zoals deze meneer Smid al uitlegde: er ontstond in zekere zin een enorme intolerantie ten aanzien van andersgelovigen in de Republiek. Alleen gereformeerden was het toegestaan een openbare eredienst te houden, en om een publiek ambt in de Republiek te bekleden moest je ook van gereformeerde huize zijn. Voor de aanvaarding van dat ambt moest de ambtseed worden afgelegd. Op zich hing het dan weer af van het tijdperk en van de regenten van een bepaalde stad of regio of de erediensten van de verschillende godsdiensten of stromingen werden vervolgd. In het begin van de Republiek waren de vervolgingen vooral gericht tegen de rooms-katholieken, de religie van de Spanjaarden, van de "vijand". In het Leiden van de zeventiende eeuw kon je bijvoorbeeld een boete van het voor die tijd waanzinnige bedrag van tweehonderd gulden krijgen als je je huis had opengesteld voor niet-gereformeerde kerkdiensten. Je kon zelfs uit de stad verbannen worden!'

De onrust in het zaaltje nam toe, niet zozeer vanwege zijn laatste mededeling als wel vanwege het feit dat iedereen toe leek aan een kop koffie.

'Dat is ook de tijd waarin de schuilkerken ontstonden waar we er in Leiden nog een paar van hebben,' rondde Peter zijn verhaal af. 'Zoals de Remonstrantse Kerk aan de Hooglandse Kerkgracht en de Sint Lodewijkskerk aan het Steenschuur. Zeer de moeite waard om eens binnen te lopen, bijvoorbeeld op Open Monumentendag. Omdat die kerken niet vol in het zicht aan de openbare weg mochten liggen, liggen ze vaak een beetje verscholen achter huizen.'

Job Weststrate stak zijn hand op om de pauze aan te kondigen.

'Hartelijk dank, collega De Haan,' zei hij oprecht hartelijk. 'Laten we het hierbij houden voor vandaag, dan ga ik na een korte onderbreking verder met precies waar jij gebleven bent, in 1620. Over de radicale Amsterdamse burgemeester Frederick de Vrij die als een moderne Christus op de Dam persoonlijk alle Sinterklaaskraampjes omvergooide om een eind te maken aan dat "paapse feest".

Peter sloeg de uitnodiging van Job af om samen koffie te drinken met de smoes dat hij een afspraak had.

Op weg terug naar zijn kantoor pakte hij zijn mobiel tevoorschijn.

Er was een appje van Fay binnengekomen.

De tekst was kort en simpel.

We moeten praten, Peter.

22

Het autopsieonderzoek dat een dag eerder onmiddellijk na de vondst op het lichaam was uitgevoerd, had aangetoond dat het slachtoffer tussen de twaalf en vierentwintig uur dood was toen het werd gevonden, precies zoals Dalhuizen al vermoedde.

Yona Falaina werd dus ná Coen Zoutman vermoord, wist Rijsbergen nu. Hij bleek niet verdronken te zijn, maar hij was al overleden op het moment dat hij in het water gegooid was.

Alles wees erop dat hij door verstikking om het leven was gekomen. Rond de hals waren geen sporen van verwurging gevonden. Het slachtoffer was toen waarschijnlijk al vastgebonden geweest, want er waren onder de nagels geen DNA-sporen van een andere persoon aangetroffen.

Ze waren meer dan vierentwintig uur verder, en eigenlijk wisten ze nog niets.

Naspeuring in Griekenland via de gegevensbestanden van Interpol had niets bruikbaars opgeleverd. De man stond nergens geregistreerd, had geen enkele wet overtreden, nergens schulden, alle documenten op orde, had nog geen verkeersboete op zijn naam staan... een modelburger van de Europese Unie. Het wachten was nu op antwoorden van de Griekse ambassade, die ging uitzoeken of Yona Falaina familie had die op de hoogte moest worden gesteld van zijn overlijden.

Rijsbergen zat naast Van de Kooij in de auto. Op zijn schoot lag een mapje met daarin een foto van Yona Falaina – afkomstig uit de Gemeentelijke Basisadministratie – en een tekening van Coen Zoutmans tatoeage. Ze zouden een paar sleutelfiguren binnen de vrijmetselaarsgemeenschap bezoeken.

De eerste op de lijst was Jenny van der Lede, die een van de twee tegenkandidaten van Coen Zoutman was geweest tijdens de verkiezingen om het voorzitterschap.

Ze woonde in de Burgemeesterswijk, een van de duurdere wijken van

Leiden, net buiten de Zoeterwoudse Singel, met gewilde jarendertighuizen.

Op weg naar Van der Lede vertelde Van de Kooij honderduit over een van de moordprogramma's waar hij met zijn vriendin, Sharon, thuis op zijn favoriete zender Discovery Channel graag naar keek. Je kon moeiteloos een hele avond vullen met programma's als *Homicide Hunter*, *Deadly Women*, *American Monsters* of hoe die programma's ook allemaal heetten.

Van de Kooij had een eindeloze bewondering voor de volhardende Amerikaanse speurders, die soms jaren na hun pensioen nog die ene onopgeloste moord maar niet uit hun hoofd kunnen krijgen. Het mooist vond hij het ouderwetse speurwerk, het nadenken over motieven, over inconsequenties in verklaringen van getuigen of verdachten die eerder al eens in beeld waren geweest, het doorpluizen van stoffige dossiers uit dozen die al jaren in een of ander magazijn opgeslagen stonden en het uiteindelijk op een logische wijze verbinden van al die aanwijzingen.

Wat een teleurstelling dan, dacht Rijsbergen, *dat je daar in Leiden zo weinig mee te maken krijgt. En dat áls het al op je pad komt, het allemaal niet zo eenvoudig is als op de televisie.*

Want tot nu toe leek werkelijk elk spoor dat ze probeerden te volgen dood te lopen.

In Nederland werd circa tachtig procent van de moordzaken opgelost, maar dat was inclusief de zaken waarbij er in feite helemaal niets opgelost hoefde te worden omdat de dader ter plekke aangehouden werd of zich uit eigen beweging bij de politie meldde. Ook in ongeveer tachtig procent van de gevallen was de dader een bekende van het slachtoffer – je moet tenslotte een reden hebben om iemand om te brengen – iemand bij wie de politie vroeger of later toch wel uitkwam.

De onopgeloste moorden waren in de regel criminele afrekeningen waarbij concurrenten elkaar omlegden of huurmoordenaars ingevlogen werden, die na de moord op de hen onbekende persoon onmiddellijk weer uit Nederland verdwenen.

Van de Kooij parkeerde de auto.

Vanuit de keurig onderhouden voortuin met een bankje dat er – aan het groene mos erop te zien – meer voor de sier stond dan voor daadwerkelijk gebruik, konden ze Jenny van der Lede al in de huiskamer zien zitten. Ze groette met een joviaal handgebaar en kwam direct naar de deur lopen om open te doen.

'Komt u binnen, komt u binnen,' zei de gastvrouw, alsof ze oude vrienden waren die het na veel te lange tijd eindelijk gelukt was om weer eens af te spreken.

Jenny van der Lede was een grote vrouw, met een gezonde blos van iemand die veel buiten is en heldere ogen die bereid leken alles wat op hun pad kwam met belangstelling aan te horen of te onderzoeken.

'Mijn collega's zijn al eerder bij u langs geweest,' opende Rijsbergen het gesprek toen ze eenmaal zaten. De koffie had hij vriendelijk afgeslagen, omdat hij dergelijke gesprekken graag zakelijk wilde houden.

Welwillend knikte Jenny hen toe, ontspannen achteroverleunend in haar fauteuil, wachtend op wat Rijsbergen verder te melden had.

'Ze hebben met u gesproken over de avond zelf natuurlijk, maar ook over de verkiezingen die niet lang geleden plaatsgevonden hebben.'

'Ach, de verkiezingen ja...' zei ze. Ze sloeg haar ene been over het andere, als iemand die er eens goed voor ging zitten om een verhaal te vertellen. Alleen kwam er niets.

'Dit is het moment waarop u ons nog eens vertelt hoe dat in zijn werk gegaan is,' wilde Van de Kooij haar op weg helpen.

'Juist ja,' zei Jenny. 'Die verkiezingen, weet u... Het stelde allemaal niet zo veel voor. Er waren drie kandidaten: Coen en dan twee tégenkandidaten, zo voelde ik het tenminste. We waren bij voorbaat kansloos eigenlijk, en dat is ook gebleken. Hij genoot verreweg de meeste steun van de andere leden.'

'Maar waarom heeft u zich dan toch verkiesbaar gesteld?' vroeg Rijsbergen.

'De andere kandidaat deed het puur op principiële gronden,' zei Jenny. 'Die wilde niet dat het een schijnvertoning zou worden.'

'Maar u?'

'Ik...' zei Jenny met enige aarzeling in haar stem. 'Voor mij was dat ook deels de overweging, een beetje tegenwicht bieden als het ware, maar er zat voor mij toch meer achter. Er waren twee redenen, ook principiële redenen. De eerste was heel eenvoudig. De vrijmetselaars zijn altijd een mannenbolwerk geweest, van het allereerste begin af aan. Met de oprichting van onze Ishtar kwam er dan eindelijk een geméngde loge, waarvan ook vrouwen lid konden worden. En dat dan de eerste voorzitter weer een mán zou worden, dat stak me toch wel. Ik dacht: mógen we eindelijk meedoen, neemt wéér een man de leiding.'

Rijsbergen knikte begrijpend.

'En de tweede reden,' wilde Van de Kooij weten.

'De tweede reden,' zei Jenny, die haar handen vouwde alsof ze voorging in gebed. 'Ik vind – of ik vónd moet ik inmiddels helaas zeggen – Coen te vrij als ik het zo kan uitdrukken. Ik kan er geen ander woord voor verzinnen. Het is moeilijk om de vinger erop te leggen, maar zélfs wij vrijmetselaars... Ik bedoel, wij staan toch bekend om onze vrijzinnigheid, om onze tolerantie ten aanzien van anderen. We dringen niemand onze levenswijze op, we gaan niet langs deuren om zieltjes te winnen, we verdoemen geen mensen die onze visie niet delen tot een eeuwige hel.'

'Maar...' zei Van de Kooij die blijkbaar wat sneller to the point wilde komen.

'Maar zoals Coen erin stond, vond ik toch wat al te... wat al te vrij, zoals ik al zei. Als je iedereen in alles volkomen vrij laat, dan... Ja, dan kan iedereen net zo goed in zijn eentje thuis gaan zitten om zijn eigen gang te gaan. Dan is er niets gemeenschappelijks meer, begrijpt u? Het individu is vrij, maar als alle individuen totáál vrij zijn, blijft er niets meer over van een gemeenschap, dan zijn we niets meer dan mensen die los van elkaar staan. En in een gemeenschap, daar geef je automátisch iets van jezelf op, je levert iets in – je buigt soms het hoofd. Die doorgevoerde autonomie, die obsessieve hang naar onafhankelijkheid waarbij een ieder recht heeft op zijn volstrekt persoonlijke en individuele uitleg. Waar is dan de verbondenheid nog? Dat is ook – op dat punt botste het tussen Coen en mij – voor mij het punt geweest om tegen hem op te staan. Ik vond dat een bepaalde uitleg van een symbool bijvoorbeeld of van een ritueel wel dégelijk meer waarde had dan een andere uitleg. Dat je ook gewoon moest kunnen zeggen: "En zó is het." Of: "Hoe jij het ziet, is verkeerd." Dit is een... minderheidsstandpunt. Ik weet het. Ik heb niet voor niets de verkiezingen verloren natuurlijk, maar ik heb medestanders.'

Jenny haalde een zakdoek uit de zak van haar vestje, waarmee ze haar rood geworden gezicht afveegde. 'Mijn punt is, heren...' ging ze verder.

Ze sprak alsof ze de juiste woorden al pratend aan het zoeken was, maar Rijsbergen vóelde aan alles dat Jenny dit verhaal al heel vaak verteld had.

'Iets wat als tolerantie wordt gepresenteerd, wordt in de praktijk heel gemakkelijk onverschilligheid. Die scheidslijn is veel dunner dan veel mensen denken. "Ik mijn waarheid, jij de jouwe." Het lijkt dan alsof men de ander in zijn waarde laat, maar in feite zeg je: "Eigenlijk interesseert het me niet, het ráákt me niet. Wat jij vindt zal mij nooit veránderen, want ik blijf bij mijn standpunt." Snapt u? Waar is dan het contact nog? Waar is dan de gemeenschap?'

'Dan lijkt u niet helemaal op uw plaats daar,' zei Rijsbergen.

'Jawel, jawel,' haastte Jenny zich te zeggen. 'De basisideeën spreken me aan, ook het zoeken naar de zin van ons bestaan. Zonder dat een veroordelende God over je schouders meekijkt, juist dat spreekt me allemaal aan, maar... de vrijheid die Coen zich veroorloofde, ieder zijn eigen interpretatie... zaken allemaal niet te letterlijk nemen.'

'Iemand anders die ik sprak,' onderbrak Rijsbergen haar, 'noemde mensen als u – die persoon noemde overigens geen namen, hoor – "minder rijpe geesten", mensen die nog wat meer leiding nodig hebben, mensen die de vrijheid blijkbaar nog niet goed aankunnen en bij de hand genomen moeten worden...'

'Ja ja,' zei ze, terwijl ze schamper lachte. 'Zo... superieur weer... Maar wat willen we uiteindelijk?'

Jenny was opgestaan. Haar hoofd was zo mogelijk nog roder geworden. Opnieuw haalde ze haar zakdoek tevoorschijn, waarmee ze nu naast haar gezicht ook haar nek afveegde.

'Wat willen we?' herhaalde ze haar laatste woorden. 'Willen we een stad waarin iedereen vrij is, maar niet verbonden is met elkaar, individuen die niets met elkaar delen? Alsof we losse atomen zijn in een kil universum... Af en toe botsen we tegen elkaar aan. Waar iemand tien jaar dood in zijn huis kan liggen voordat hij ontdekt wordt? Of willen we wonen in een stad waar mensen betrókken zijn bij elkaar, een gemeenschap vormen? Waar mensen létten op elkaar? Waar mensen elkaar áánspreken als iemand van het rechte pad raakt? Natuurlijk lever je daar iets in van je vrijheid zoals ik al zei, iets van je individualiteit, en natuurlijk schik je dan af en toe in, slik je een eigen opvatting weg om mee te gaan in het grotere verhaal. Het gaat om die geborgenheid uiteindelijk die je niet hebt, niet kúnt krijgen, als je elkaar helemaal loslaat, als je iedereen maar zijn of haar gang laat gaan. Dát is de onverschilligheid die ik bedoel, het niet bij elkaar betrokken zijn.'

Jenny was weer gaan zitten. 'Soms heeft iemand gewoon meer gelijk dan iemand anders, niet elke mening is evenveel waard,' ging ze verder. 'En dan gaat het dus niet om "onvolwassenheid" of om "leiding nodig hebben" maar om hoe je met elkaar samen wilt leven – of niet.'

Rijsbergen en Van de Kooij waren even stil na deze woordenwaterval.

Vanuit de gang klonk gestommel van iemand die de trap af kwam lopen. Niet lang erna kwam een man de kamer binnen. 'Sorry,' zei hij. 'Stoor ik?'

'Dit is mijn man, Herman,' zei Jenny, voordat Rijsbergen of Van de Kooij ernaar had kunnen vragen.

Herman kwam naar hen toe lopen om hun de hand te schudden.

'Herman is ook lid van Ishtar,' zei Jenny. 'Hij is een van de mensen die mijn mening deelt over de zaken waar we net over spraken.' Voor Herman vatte ze kort het gesprek samen dat ze hadden gehad.

'Komt u er anders even bij zitten,' nodigde Rijsbergen hem uit. Hij pakte een stoel van de eettafel en zette die naast de fauteuil van Jenny neer.

Hoewel ook Herman een grote man was, misschien wel een kop groter dan Jenny, leek hij in het niet te vallen naast haar.

Alsof hij in haar schaduw staat, dacht Rijsbergen. *Hij zit zelfs wat voorovergebogen om maar niet groter te lijken dan zij.*

'Alles goed en wel, mevrouw,' zei Rijsbergen uiteindelijk. 'Maar –'

'En natuurlijk zou ik nooit iemand om die reden vermoorden,' zei Jenny. 'Of zou ik het goedkeuren dat iemand ánders dat zou doen.'

Het was nauwelijks op te merken geweest, maar Rijsbergen had het toch gezien. Minder dan een fractie van een seconde – het kon net zo goed een zenuwtrek zijn geweest – had Jenny met een schuin oog naar Herman gekeken.

Hm, vreemd, dacht Rijsbergen.

'Ik heb al tegen jullie collega's gezegd,' vervolgde Jenny, 'dat ik géén idee heb wie hierachter zou kunnen zitten. Of ik moet me werkelijk compleet, maar dan ook compleet vergissen in iedereen die daar rondloopt. Dan kan ik meer dan zestig jaar aan mensenkennis overboord kieperen.'

Van de Kooij wilde iets zeggen, maar met een eenvoudig handgebaar belette Rijsbergen dit.

Waarom wierp ze haar man zojuist een snelle blik toe, vroeg Rijsbergen zich af. *De dader moet een sterk iemand zijn geweest*, herinnerde hij zich de woorden van patholoog-anatoom Van Eijk. *Er is veel kracht voor nodig. Of veel woede. Hij of zij zal ongeveer even groot zijn geweest als het slachtoffer, of misschien iets groter. De dader is waarschijnlijk een rechtshandig iemand.*

'Bovendien heeft iedereen me die avond gezien,' zei Jenny nog. 'Na de lezing stond ik de hele avond achter de bar, tot het moment dat de politie kwam. Als ik al een motief had...' Opnieuw dat schampere lachje. '...dan had ik toch zeker niet de gelegenheid.'

Rijsbergen knikte.

'En waar was u?' vroeg Rijsbergen aan Herman.

'Ik?' vroeg Herman, die nu rechtop ging zitten. 'Ik ben na de lezing vrij snel naar huis gegaan. Ik heb nog wel een glaasje wijn gedronken, maar ik was moe, dus ik ben niet heel lang gebleven.'

Rijsbergen bleef Herman strak aankijken, die al even strak terugkeek, alsof ze een wedstrijdje deden wie het eerst met de ogen zou knipperen.

'Dit wens je niemand toe,' zei Herman toen. 'We waren het oneens met hem, maar dit... Afschuwelijk gewoon.'

Rijsbergen pakte de foto van Yona Falaina uit het mapje en liet die aan Jenny en Herman zien. 'Zoals jullie misschien hebben gehoord,' zei hij, 'is er gisteren in het Galgewater een lichaam gevonden, vermoord, zo bleek al snel.'

Jenny en Herman keken aandachtig naar de foto, maar ze gaven in niets te kennen dat ze de persoon herkenden.

'Het is een jongeman, achtentwintig jaar oud, mogelijk uit Griekenland afkomstig oorspronkelijk. Hij woonde in het centrum van Leiden, om de hoek van het vrijmetselaarsgebouw.'

Herman was weer wat voorovergebogen gaan zitten.

'Nee,' zei Jenny gedecideerd. 'Ik ben er zeker van dat ik hem nog nooit eerder heb gezien. Het is een opvallend gelaat, een beetje als een monnik of een priester. Als je hem zo'n zwarte pij van de Grieks-Orthodoxe Kerk aan zou trekken, zou je het onmiddellijk geloven. Maar waarom vraagt u dit? Is de dood van deze jongen op de een of andere manier verbonden met die van Coen?'

'Dat weten we nog niet,' zei Rijsbergen terughoudend. 'Maar u begrijpt, twee moorden in zo'n korte tijd in Leiden. We zijn dan wel geneigd om te denken dat ze met elkaar te maken zouden kunnen hebben.'

Jenny leek niet overtuigd door dit antwoord, maar vroeg verder niet door.

Rijsbergen stopte de tekening terug in de map.

'Zijn jullie vertrouwd met dit symbool?' vroeg hij toen, terwijl hij de afbeelding van Coens tatoeage omhooghield. Hij liet zijn eigen tekening zien, groter dan de originele tatoeage, omdat die duidelijker was en omdat mensen nog niet hoefden te weten dat het om een tatoeage ging.

Welwillend bekeken Jenny en Herman de tekening van de driehoek in de driehoek, met het kleine cirkeltje op de top. Gelijktijdig schudden ze het hoofd.

'Nee,' zei Jenny. 'Als het al met de vrijmetselarij te maken heeft, dan komt het Alziend Oog nog het meest in de buurt, maar op deze manier heb ik dat nog nooit weergegeven gezien.'

'Mij komt het ook niet bekend voor,' zei Herman. 'Waar hebben jullie het gevonden?'

Van de Kooij wierp een snelle blik op Rijsbergen, die kort zijn ogen sloot, hetgeen Van de Kooij terecht opvatte als het teken hier niets over te zeggen. 'We zijn het tijdens ons onderzoek tegengekomen,' zei hij daarom maar.

'Goed,' zei Jenny op een toon die duidelijk bedoeld was om aan te geven dat het gesprek wat haar betrof afgelopen was. 'Ik heb het idee dat u mij maar het halve verhaal vertelt, en dat begrijp ik ook wel. Politieonderzoek en zo.'

Ze stonden op.

'Het spijt me als ik u niet verder heb kunnen helpen,' zei Jenny. 'Het is een verschrikkelijke geschiedenis. Ik breek me ook het hoofd over de vraag wie dit nou toch gedaan kan hebben. Het kán bijna niet iemand van ons geweest zijn, dat bestáát gewoon niet. Binnen de loge had ik waarschijnlijk de meeste moeite met Coen, dat was geen publiek geheim, denk ik, maar verder... Natuurlijk waren er een paar mensen die mij steunden, maar niemand die zo ver zou gaan. Nee, dat wil er bij mij gewoon niet in!'

Ze liepen naar de gang.

'Nee, inderdaad, ik ben het helemaal met Jenny eens' zei Herman nog. 'Het geweld waarmee hij vermoord is. En dat met die passer en die winkelh–'

Nog voordat Herman zijn zin af had kunnen maken, had Rijsbergen zich al omgedraaid. 'Hoe weet u dat?' vroeg Rijsbergen op rustige toon.

Herman deed een paar keer zijn mond open en dicht, zonder iets te zeggen.

Als een vis op het droge.

23

Ruim voor zijn afspraak met Judith zat Peter al in het café van de Pieterskerk, waar op de achtergrond zacht klassieke muziek klonk. Het late middaglicht scheen door de gebrandschilderde ramen van de hoge ruimte. Over twee dagen, op zondag, zou Judith naar Boston vliegen. Drie weken later zou hij haar achternagaan. Zaterdag zouden ze nog een afscheidsetentje hebben met Mark en Fay, maar vandaag zou hij nog even met haar alleen zijn.

Peter kwam zeer regelmatig in het café om een kop koffie te drinken en de krant te lezen. Een enkele keer bracht hij er op een zaterdag of zondag enkele uren door, werkend op zijn laptop, als hij het in het huisje van Fay te benauwd kreeg maar ook weer geen zin had om naar zijn eigen huis aan de Boerhaavelaan te gaan.

De rust werd enkel af en toe onderbroken door het sissen van het espressoapparaat of door toeristen die de kerk wilden bezoeken en bij de bar de entree voldeden.

Soms kwam Frieke, de directrice van de Pieterskerk die hij inmiddels goed had leren kennen, binnenwervelen. Ze kwam vaak even bij hem zitten, een nauwelijks te stuiten spraakwaterval, bij wie tijdens het praten de nieuwe plannen en ideetjes voortdurend over elkaar heen buitelden. Haar levendige enthousiasme en positieve *yes we can*-mentaliteit vond Peter altijd inspirerend.

Peter zat te lezen in de uitgeprinte versie van de toespraak die burgemeester Henri Freylink voor de Historische Vereniging Oud-Leiden gehouden had bij de laatste diesviering.

Ik mag het met u hebben over de identiteit van Leiden. Identiteit, een lekker vaag begrip, wat maakt dat je er van alles bij kunt halen en aan vast kunt plakken. We kunnen het hebben over wat Leiden nu precies tot Leiden maakt, dus wat eigenlijk het karákter van de stad is.

Vanzelfsprekend schonk Freylink ruim aandacht aan de viering van het Leidens Ontzet op 2 en 3 oktober, 'wanneer de liefde voor de stad in alle toonaarden wordt bezongen en tegenwoordig ook via de rood-witte kleding tot uitdrukking wordt gebracht'.

De identiteit van de stad is overigens altijd sterk verbonden met de verhalen over de geschiedenis, het heldhaftig verleden wel te verstaan. Ook jonge naties zoeken altijd voorbeelden uit het soms verre verleden waarmee men kan laten zien hoe groots het volk wel niet geweest is. Vaak gaat dat gepaard met 'invented traditions', tradities die niet zo heel oud zijn, maar de indruk wekken van wel. Dat geldt ook voor Leiden. Ons 3-oktoberfeest staat er bol van.

Peter dacht erover na deze toespraak, die in nog geen twintig A4'tjes een beknopt en helder overzicht gaf van de Leidse geschiedenis, vast onderdeel te maken van een tweedejaarscollege over de geschiedenis van Leiden. *We hebben het van de week in die werkgroep nog gehad over de rol van verhalen en hoe die, of ze nu echt gebeurd zijn of niet, een rol spelen bij natievorming.* Ook besteedde Freylink, zelf historicus, veel aandacht aan de vele immigranten waarmee Leiden altijd te maken had gehad. 'Leiden, Stad van Vluchtelingen' was al jaren het motto waarmee Leiden naar buiten trad.

De bevolking was na het ontzet duidelijk minder homogeen geworden, en het is de vraag hoe die bevolking nu zelf tegenover Leiden stond. Voelden ze zich Leidenaar? Waren ze trots op hun stad, op het verleden ervan? We weten het eigenlijk niet goed. In de honderd jaar na het ontzet kwamen er ook zo veel immigranten de stad binnen, dat zij veruit in de meerderheid waren. Die zullen zich zeker in het begin nog niet zo met Leiden hebben geïdentificeerd. De herkomst was bovendien erg bepalend voor hun sociale leven. Er kwamen zeer veel Vlamingen, maar ook Walen, Duitsers, Engelsen en later hugenoten uit Frankrijk. De Vlamingen bleven heel lang in eigen kring trouwen, en er was relatief weinig verkeer met andere groepen. [...] De meeste nieuwkomers waren natuurlijk gewoon arbeiders. Na enige tijd zullen die zich wel enigszins met hun nieuwe woonplek zijn gaan verbinden.

De mooie gevelsteen aan de Nieuwe Beestenmarkt geeft dat zo tref-
fend weer: Leiden als 'Het land van Beloften'.

Tijdens het lezen zette Peter twee uitroeptekens in de kantlijn van deze passage. Hij had de gevelsteen vaak genoeg gezien. De steen dateerde uit 1611
en markeerde de stadsuitbreiding die toen net plaatsgevonden had. De afbeelding was afkomstig van het tafereel uit het Bijbelboek *Numeri*. Toen de
Hebreeën op de grens van het Beloofde Land stonden, stuurde Mozes er
twaalf verspieders op uit om te zien hoeveel mensen er woonden en hoe
sterk ze waren. Ook moesten ze kijken of het land vruchtbaar was en als
bewijs vruchten meenemen. De verspieders keerden terug, onder meer met
een tros druiven die zo zwaar was, dat twee man hem moesten dragen.

Het land van beloften... Leiden als het Beloofde Land, dacht Peter.

De schuifdeuren gingen open, en Judith kwam binnen.

Ze droeg de haren los, die nog een beetje vochtig waren alsof ze net gedoucht had. Ze had een eenvoudig wit truitje aan onder haar spijkerjasje.
Zoals meestal was ze gekleed in een wijdvallende rok, met daaronder hoge
laarzen. Het hangertje in de vorm van een davidsster om haar nek schitterde even in het licht van de tl-buizen.

Ze schoof naast Peter op de bank en omhelsde hem van opzij. Zoals altijd
begroef hij zijn gezicht kort in haar haren, die inderdaad naar shampoo roken. Ook snoof hij het parfum op dat ze altijd droeg, *Magie Noire*, al sinds
ze elkaar meer dan twintig jaar geleden voor het eerst ontmoetten.

'Fijn hier te zijn,' zei ze.

Ze zeiden niets totdat ze allebei het door hen bestelde kopje espresso
voorgezet kregen.

'Hoe reageerde Fay eigenlijk op je onverwachte vertrek naar de vs?'

'Ze reageerde wel positief,' zei Peter. 'Op zich.'

'Dat klinkt wel heel voorzichtig.'

'Nou ja, het was wat onverwacht ook natuurlijk. En het is al snel, over
drie weken. Dus ze was verrast.'

'Ja, daar kan ik me iets bij voorstellen. Mark was heel blij trouwens.'

'Ja, dat zei hij. We zagen elkaar gisteren toen we samen naar het politie-bureau gingen.'

'Dat is waar ook.'

'Maar uiteindelijk...' Peter nam een slokje van zijn koffie, om meer tijd te winnen. *Zal ik haar vertellen over Fays mailwisseling met Coen die ze geheimge-houden heeft? En nog steeds geheimhoudt.* 'Uiteindelijk?' vroeg Judith.

Het is ook niks, besloot Peter. *Iedereen heeft recht op geheimen. Of in elk geval het recht om zelf te besluiten wat hij wil dat anderen van hem weten.* 'Uiteindelijk kwam het haar ook niet zo slecht uit,' zei hij toen maar. 'Ze wil de laatste hand leggen aan dat boek. En we gaan deze zomer gewoon op vakantie naar Griekenland, met zijn drietjes.'

'Zonder Alena?' vroeg Judith, schalks lachend. Zoals de meeste mensen vond ze het heel bijzonder dat Peter veel tijd doorbracht in het gezelschap van zijn schoonmoeder, noodgedwongen weliswaar, maar dan nog.

'Zonder Alena, ja,' zei Peter. 'Die vindt het heerlijk om het huisje eens drie weken voor zichzelf te hebben.'

'Zijn er nog ontwikkelingen rond de moord op Coen Zoutman?'

'Niet echt. Ik heb er niet veel meer over gehoord. Er is nog een tweede dode gevonden inmiddels.'

'Dat hoorde ik ja. Die jongen in het Galgewater toch? Heeft die er ook mee te maken?'

'Dat weet ik niet eerlijk gezegd, maar twee moorden in zo'n korte tijd. Dan ben je bijna wel geneigd te denken dat die in verband staan met elkaar, maar misschien is het wel gewoon toeval. Wie zal het zeggen.'

Er kwam een groepje toeristen binnen dat bij de bar de entree betaalde om de kerk te mogen bezoeken.

'Zullen wij ook even naar binnen gaan?' vroeg Judith.

'Dat is goed,' zei Peter.

Als Vriend voor het Leven van de Pieterskerk mocht Peter de kerk in wanneer hij maar wilde.

Via een smalle gang liepen ze naar binnen, een overweldigende entree, op welk moment van de dag je ook kwam, in welk jaargetijde dan ook.

De enorme ruimte met de massieve pilaren, de geboende vloer met de enorme grafstenen, de schitterende glas-in-loodramen, de houten kansel, het goudkleurige orgel dat een groot deel van de wand bedekte. Aan alles merkte je dat dit gewijde grond was, een gevoel van eerbied overviel je.

'Wanneer is de begrafenis van Coen eigenlijk?' vroeg Judith.

'Volgende week woensdag. Fay is van de week met andere leden van Ishtar bezig geweest met het uitzoeken van teksten. Als vrijmetselaars kunnen ze putten uit een heel breed arsenaal aan heilige boeken natuurlijk. Ze zitten niet echt vast aan één bepaalde traditie wat dat betreft. Voor wat betreft de muziek hebben ze gekozen voor instrumentele klassieke muziek en een cantate van Bach.'

'Mooi.'

'Ja. Coen had geen familie verder. Hij was niet getrouwd en had geen kinderen. Zelf was hij weer enig kind van ouders die ook weer enig kind waren. Hij had op deze aarde geen enkele ziel die verwant was aan hem. De gemeenschap was letterlijk zijn enige familie.'

Inmiddels waren ze in de hoek van de kerk aanbeland, waar een permanente tentoonstelling was over de Pilgrim Fathers, rond het vermeende graf van John Robinson, hoewel hij daar niet echt begraven lag. Hij had weliswaar een plek in de Pieterskerk gekocht, waar hij ook begraven was, maar de precieze locatie was onbekend. Zijn graf was dus meer een gedenkteken dan zijn daadwerkelijke laatste rustplaats.

Over 'invented traditions' gesproken, dacht Peter.

'Denk je nooit, Judith,' vroeg hij, 'wat als ik mijn leven helemaal opnieuw zou mogen doen? Welke keuzes zou ik dan gemaakt hebben?'

Judith moest even over een antwoord nadenken. 'Ik geloof niet dat ik heel andere keuzes gemaakt zou hebben,' zei ze. 'Op details misschien. Niet dat ene vriendje toen, ik had beter niet met die mensen op vakantie moeten gaan, of was ik toen maar wél naar dat concert van Bruce Springsteen gegaan. Meer op dat niveau eigenlijk. In grote lijnen zou ik alles precies hetzelfde doen. In Leiden Geschiedenis studeren, me verdiepen in mijn Joodse achtergrond, met Mark zijn, in het huisje wonen waar ik nu woon. Jij?'

Ook Peter moest er even over nadenken, hoewel hij degene was die de vraag gesteld had. 'Hetzelfde eigenlijk,' zei hij toen. 'Meer op details zoals jij zegt. Maar uiteindelijk gewoon Geschiedenis studeren, schrijven, hier in Leiden wonen...'

'Maar wat ik weleens heb...'

'Ja?'

'Waar ik weleens over fantaseer is over helemaal opnieuw beginnen. In een nieuwe omgeving, natuurlijk met Mark, maar ver van hier, op een plek waar niemand je kent, waar je nog geen geschiedenis hebt, waar je een onbeschreven blad bent.'

'Je neemt jezelf mee, toch?'

'Ja natuurlijk, zélf ben je geen onbeschreven blad, maar in een nieuwe omgeving... En ik... Hé...' onderbrak ze haar eigen zin. 'Dit heb ik nog nooit gelezen eigenlijk.'

Op grote displays stond in het kort de geschiedenis van de Pilgrim Fathers en hun connectie met Leiden – en dan met name met de Pieterskerk – vermeld.

REDENEN OM TE EMIGREREN I

Het was voor de Pilgrims als kleine minderheid moeilijk om de eigen taal, religie en gewoonten te behouden. Sommigen trouwden met Walen, die overeenkomstige religieuze standpunten hadden. Nadat de meeste Pilgrims naar Amerika waren vertrokken, bleek dat het inderdaad niet mogelijk was op lange termijn een eigen gemeenschap te blijven vormen. Het achtergebleven deel van de gemeente trad na de dood van Robinson toe tot de Nederlandse kerken en, na 1630, de Engels gereformeerde kerk. Uiteindelijk ging men op in de Leidse bevolking.

'Het is misschien wel te vergelijken met die Pilgrim Fathers,' zei Judith nadenkend. 'Dat puriteinse van hen heeft me altijd wel aangetrokken. Je afwenden van de materie, van bezittingen, je richten op het geestelijke, de blik gericht op het goede, op God. Het leven als een reis, een pelgrimstocht. Wat zij gedaan hebben, naar een nieuwe wereld vertrekken om daar helemaal opnieuw te beginnen, is soms toch wel een aanlokkelijk idee.'

'Dat is waar,' beaamde Peter.

Ze liepen door het midden van de kerk weer terug in de richting van de uitgang.

'Maar ze kwamen niet in een leeg land aan,' zei Judith. 'Voor de indianen die er al woonden, is het zogenaamde nieuwe begin van de Pilgrim Fathers het einde geweest van de wereld zoals zij die kenden. Net zoals het volk Israël dat in Palestina aankwam na veertig jaar in de woestijn rondgezworven te hebben. Dat land was ook niet leeg. Dat is toch wel een stuk uit de Bijbel waar ik grote moeite mee heb, hoor. Al die moordpartijen, met honderdduizenden tegelijk, meedogenloos. Jozua die de opdracht geeft aan zijn mannen, die tegen zijn bevel in bewoners van een stad gespaard hebben, om alle gevangenen van een klif af te duwen, hun dood tegemoet. Alleen maagdelijke meisjes mochten blijven leven. Er is een tekst uit het Bijbelboek Deuteronomium, de eerste verzen van het twaalfde hoofdstuk, waaruit de enorme onverdraagzaamheid spreekt. Ik ken die inmiddels uit mijn hoofd omdat ik die zo vaak gelezen heb.'

Dat was precies het onderwerp van de teksten die Coen op zich droeg, dacht Peter. *En die drie verhalen waar hij mee eindigde... Die gingen allemaal over de wreedheden begaan door het volk Israël om het Beloofde Land in bezit te nemen. Die Exodus lijkt sowieso een belangrijk thema voor hem te zijn geweest. Maar waaróm?*

'De volken die u zult verdrijven,' citeerde Judith inderdaad uit haar hoofd, 'vereren hun goden op heuveltoppen en hoge bergen en onder bladerrijke bomen. U moet hun gewijde plaatsen met de grond gelijkmaken, hun altaren slopen en hun gewijde stenen verbrijzelen; hun Asjerapalen moet u verbranden en hun godenbeelden in stukken hakken. Er mag niets overblijven dat aan die goden herinnert.'

'Tja, een soort kalifaat voor het ene ware geloof en verder moet iedereen dood,' zei Peter. 'We maken het nu weer mee toch? Met is? Precies wat je zegt: al de beelden van andere godsdiensten en kerken worden vernietigd, vrouwen worden als seksslavinnen meegenomen.'

'Maar ook in het huidige Israël, hoe er wordt omgegaan met de Palestijnen. Niet dat er mensen van kliffen geduwd worden natuurlijk, maar er lijkt voor hen wel steeds minder plaats te zijn. Al die illegale nederzettingen op de Westelijke Jordaanoever, en die hele Gazastrook is een soort van openluchtgevangenis in feite. En ook de christelijke gemeenschappen in de Oude Stad in Jeruzalem schijnen meer en meer onder druk te staan. Er zijn steeds vaker incidenten. Christenen die bespuwd worden door orthodoxe joden... Er lijkt steeds minder plek te zijn voor andersgelovigen. Dat is iets... Daar kan ik maar moeilijk mee in het reine komen.'

Ze waren weer terug in het café waar Peter zijn tas pakte voor ze naar buiten gingen.

'Ik ga nog even terug naar mijn kantoor,' zei Judith. 'Wat doe jij?'

'Ik loop naar huis.'

Hij stond even stil bij de gedenkplaat voor de Pilgrim Fathers die in de muur ingemetseld was.

During the Pilgrim Fathers' Leiden exile,
more than thirty family members died.
Many were buried in the Pieterskerk along with
their Leiden neighbours.

"BUT NOW WE ARE ALL, IN ALL PLACES
STRANGERS AND PILGRIMS, TRAVELERS
AND SOJOURNERS…"
Robert Cushman, Pilgrim Leader, 1622

Vreemdelingen en pelgrims, dacht Peter. *Reizigers en voorbijgangers.*

24

Peter, Fay, Judith en Mark zaten aan een tafel in de achterste ruimte van La Bota, een bruin café in de Herensteeg naast de Pieterskerk. Peter at hier geregeld sinds hij in Leiden was komen studeren. Het eten was er eenvoudig maar goed, en de prijzen waren schappelijk. Er was in de loop van de jaren weinig veranderd aan de kaart, die met krijt op de muren geschreven stond. Ook de garnering was al dertig jaar hetzelfde – rode of witte koolsalade met rozijntjes – maar die voorspelbaarheid had voor Peter altijd iets prettigs gehad. De hele wereld kon instorten, de jaren vlogen voorbij voordat je er erg in had, zijn leven kon overhoop liggen of in zijn alledaagsheid juist slaapverwekkend saai voortkruipen, maar hier wist hij wat hij kreeg.

De eigenaars, tweelingbroers die in een vorig leven faam genoten in de Nederlandse popscene als leden van het bandje The Shoes, groetten hem na al die jaren als een oude vriend, al wisten ze natuurlijk nauwelijks meer van elkaar dan wat ze in de loop van de korte gesprekjes van elkaar te weten waren gekomen.

Fay en Peter hadden een lang gesprek gehad, kort nadat ze hem dat appje met 'we moeten praten, Peter' had gestuurd.

Het was uiteindelijk niet gegaan waar Peter had gedacht dat het over zou gaan, namelijk de – verdwenen – mailwisseling tussen haar en Coen Zoutman.

Fay had in plaats daarvan aangegeven dat ze had gemerkt dat ze met name sinds de moord op Coen heel erg van slag was en dat ze meer behoefte aan ruimte en tijd voor zichzelf had. Natuurlijk was de klassieker 'it's not you, it's me' voorbijgekomen waarbij de een niet alleen bij voorbaat de eventuele schuld op zich nam, maar waarmee de ander ook volkomen ontwapend werd, omdat er niets meer te discussiëren overbleef.

Het was natuurlijk ook een kleine ruimte waar Fay, Agapé en Alena woonden en ze zaten ook dicht op elkaars lip voortdurend, dus het was volkomen begrijpelijk geweest allemaal.

Toch had Peter voortdurend het gevoel dat Fay geen open kaart speelde, dat er iets anders achter schuilging, iets wat wel degelijk met die mailwisseling te maken had. Maar hij durfde het niet te vragen uit angst dat dit direct het einde zou betekenen van wat ze hadden opgebouwd samen. En zelf vond hij het vooruitzicht op wat meer ruimte en tijd voor zichzelf heimelijk toch ook wel aantrekkelijk.

De relatie werd op geen enkele manier beëindigd; ze ging even op pauze. Als alle stof weer wat neergedaald was, dan kon de playknop weer ingedrukt worden.

Al met al had Peters spontane ingeving om Judith op te gaan zoeken in Boston dus heel goed uitgepakt.

Het eten was inmiddels geserveerd, dus de tafel stond vol dampende borden.

Judith hief het glas om te proosten.

'L'chaim,' zei ze.

'L'chaim,' antwoordden ze allemaal.

Op het leven.

Een tijd lang was alleen het geluid te horen van bestek dat tegen borden tikte, het tinkelen van ijsklontjes in een glas en de zachte popmuziek op de achtergrond.

'Dus jij laat hem zomaar gaan?' vroeg Mark plotseling aan Fay.

Fay legde even haar bestek neer.

Van opzij keek Peter haar aan. Hij stopte halverwege met het naar zijn mond brengen van zijn vork. De rodewijnsaus drupte van zijn vlees op zijn bord, alsof het nog bloedde.

'Peter en ik laten elkaar helemaal vrij, hoor,' zei ze. 'Dat vind ik juist het fijne van onze relatie.' Ze pakte haar bestek weer op om een stukje van haar zalmfilet af te snijden. 'We zijn samen, maar hoeven niet elke minuut van de dag te weten wat de ander doet.'

Peter glimlachte en knikte om dit te bevestigen.

Nee, inderdaad weet ik dat niet van jou, dacht hij ondertussen.

'Ergens komt het me ook wel goed uit,' vervolgde Fay. 'Ik werk al tijden aan dat boek over Etruskische kunst, dat zich nu echt in de laatste fase bevindt.'

Peter doopte zijn stukje vlees opnieuw in het kommetje saus en stak het in zijn mond, opgelucht dat het niet tot een pijnlijke scène gekomen was.

'Is er trouwens nog nieuws over die vreselijke tragedie bij de vrijmetse-laars?' veranderde Mark van onderwerp.

'Ik weet niet of er echt schot in de zaak zit,' zei Peter. Hij vertelde in het kort over de gesprekken die hij en Fay met de rechercheurs hadden gehad en over de tweede dode die in het Galgewater gevonden was. 'En die tatoe-age?' vroeg hij aan Mark. 'Is daarover uit jouw netwerk nog iets naar voren gekomen?'

'Nee, helemaal niks,' zei Mark. 'De meeste suggesties wijzen toch in de richting van het Alziend Oog.'

Met een schuin oog keek Peter naar Fay.

Weet jíj het misschien, dacht hij.

'Wij hebben ook allemaal een mail gekregen,' zei Fay. 'Alle mensen die lid zijn van de loges Ishtar en La Vertu bedoel ik. Maar niemand kon die tatoeage plaatsen. En ook niemand kende die jongen. Helemaal niemand weet waarom Coen Zoutman die avond een beknopte samenvatting van de Exodus bij zich had. We hebben het er niet onlangs over gehad, dus tja...'

'Het blijft een vreemd verhaal hoor,' zei Judith.

'Ik heb ook nog zitten nadenken over die papieren die Coen bij zich had,' zei Mark, 'maar ik begrijp ook niet waarom hij precies die verhalen heeft uitgekozen om over te schrijven.'

'Het was in feite niets meer en niets minder dan de geschiedenis van het Joodse volk in een notendop,' zei Peter. 'Vanaf Abraham tot aan de verove-ring van Palestina door de Israëlieten.'

'Wat nog wel grappig is,' zei Mark. Hij legde zijn bestek neer en keek zijn tafelgenoten aan alsof hij een mop ging vertellen. 'Ik heb daar nooit eerder bij stilgestaan, maar dat verhaal over het kindje Mozes, dat in een met pek dichtgesmeerd mandje in de rivier geplaatst wordt...'

'Dat verhaal is een exacte kopie van het aantoonbaar veel oudere Babylo-nische verhaal over de koning van Sargon, toch,' zei Judith. 'Bedoel je dat?'

'Ja, precies, meer dan 2300 voor Christus wordt Sargon als baby door zijn moeder in een mandje gestopt en aan de rivier de Eufraat toevertrouwd. Een tuinier vindt hem en voedt hem op. Dan gaat de jongen werken als wijnschenker voor de koning, en uiteindelijk lukt het hem zelf koning te worden. Maar dat was nog niet eens wat ik wilde zeggen. Het grappige is dus, dat als Mozes' moeder hem echt in een mandje in de rivier zou heb-ben gezet, op de plek waar de Israëlieten volgens de Bijbel woonden, dan zou Mozes gewoon richting de Middellandse Zee gedreven zijn. De stad Memphis waar de farao woonde lag stroomopwaarts, en zo'n mandje gaat met de stroom mee natuurlijk, niet ertegenin.'

Judith glimlachte.

'Maar dat blijft het wonderlijke met dat hele Oude Testament natuurlijk,' zei Mark, die nu duidelijk op zijn praatstoel zat. 'We wéten dat die verhalen pas ergens in de zesde eeuw voor Christus opgeschreven zijn. De schrijvers hebben allerlei verhalen van andere tradities geleend en er een eigen sausje overheen gegoten, waarbij ze feit en fictie flink met elkaar vermengden. In 587 voor Christus werd Juda ingenomen door de Babyloniërs onder Nebukadnezar II. Ze verwoestten de tempel en heel Jeruzalem en voerden de Joden mee naar Babylon.'

'By the rivers of Babylon,' begon Peter te zingen. 'Where we sat down.'

'Precies,' zei Mark. 'En dan zingen ze verder: "And where we wept, when we remembered Zion." Weinig mensen zullen weten dat die discogroep Boney M. in de jaren zeventig letterlijk hele stukken uit psalmen zong. Het is trouwens eigenlijk een Rastafarilied uit Jamaica, waarbij Zion staat voor Afrika en Babylon voor de Verenigde Staten, maar dat is weer een heel ander verhaal.'

'Maar je was iets anders aan het vertellen,' zei Fay.

'O ja,' zei Mark. 'Toen kwam de Perzische koning Cyrus, die op zijn beurt weer het Babylonische rijk innam. Hij liet alle bannelingen terugkeren naar hun oude land, óók de ballingen uit Juda. Toen zij in 538 voor Christus terugkeerden, troffen zij geen "leeg land" aan, zoals ze misschien verwachtten, maar een gebied waar allerlei mensen woonden. Die verhalen zijn toen opgeschreven om een onderlinge band te creëren bij de Israëlieten, heel simpel door een gemeenschappelijk verleden te scheppen. Oude volksverhalen, historische bronnen en uit Babylon overgenomen mythen zijn verwerkt tot een epos van een volk dat door God vanuit Egypte naar het Beloofde Land geleid wordt – net als de Israëlitische bannelingen die uit Babylon teruggekeerd waren – waar ze het moesten opnemen tegen allerlei mensen die er al woonden. Je ziet de overeenkomsten tussen aan de ene kant het verblijf in Egypte en de slavernij, waarin gewerkt moest worden aan grote bouwwerken van de farao, en aan de andere kant de slavernij en de ervaring van de ballingen uit Babylon: zeventig jaar ballingschap en slavernij, waarin gewerkt moest worden aan de bouwwerken van de Baby-

Ionische koning Nebukadnezar. Net als dat er een overeenkomst is tussen die zogenaamde uittocht uit Egypte en de terugkeer van de ballingen uit Babylon.'

'Je hebt gelijk,' zei Fay.

'En niet alleen toen,' zei Mark. 'Maar ook vandaag wordt die mythe weer opnieuw gebruikt: het Joodse volk dat terugkeert naar het beloofde land Israël, de mythe van het lege land, de problemen van het samenleven met de mensen die er al wonen, en de oude verhalen die gebruikt worden om de nieuwe intocht te rechtvaardigen.'

Hoewel Peter was opgehouden zich te verbazen over hoe eenvoudig verhalen uit de Bijbel weerlegd konden worden als je je er ook maar éven in verdiepte, was de hele geschiedenis rond de uittocht uit Egypte, die de nationale mythe van het moderne Israël was gaan vormen en in zekere zin de rechtvaardigingsgrond voor het bestaan van de staat – 'God heeft ons dit land zelf beloofd, lees het maar na in onze Bijbel' – toch wel het toppunt van het vermengen van feit en fictie.

'En dan nog één ding,' zei Mark, 'dan houd ik erover op. Naast het vreemde aan het mandje met Mozes is er nog iets waar ik tot voor kort nooit bij stilgestaan heb. Wat namelijk te denken van al het goud dat de toch arme slaven uit Egypte mee wisten te nemen de woestijn in. In een boekje van Maarten 't Hart las ik dat als je gouden oorringen wilt omsmelten tot een stierkalf dat iets groter is dan een veldmuis, je behoorlijk wat goud tot je beschikking moet hebben. Daarnaast heb je nog een smeltoven nodig, aangezien het smeltpunt van goud duizend vierenzestig graden Celsius bedraagt. En je moet een mal maken van een stierkalf, waar je vervolgens het vloeibare goud in giet. Zouden de Israëlieten in de woestijn over al deze geavanceerde technologie beschikt hebben? Met een beitel alleen kom je er niet! Vervolgens vermaalt Mozes het stierkalf tot stof, werpt het over het water en laat de Israëlieten daarvan drinken. Waarmee heeft Mozes dat stierkalf tot zulk fijn stofgoud weten te vermalen, dat het na verstrooiing over het water niet meteen zonk?'

'Vragen, vragen… Zoveel vragen,' zei Judith lachend, die zichzelf nog maar eens bijschonk. Ze hief opnieuw haar glas voor een nieuwe toost. 'Hoe het ook zij, mensen. Of we al die verhalen nou letterlijk moeten nemen of niet, ik ga in elk geval een nieuw hoofdstuk toevoegen aan míjn verhaal. En dat moeten jullie maar wél letterlijk nemen.'

Iedereen ging staan, waardoor het onbedoeld een plechtig moment werd. 'Nou,' zei Judith. 'Vandaag vieren we het leven hier, maar morgen...' Ze nam eerst nog een slokje wijn van het iets te volle glas waardoor ze morste. 'Maar morgen, morgen vier ik het leven in Boston.'

'L'chaim.'

Op het leven.

Fays telefoon had al een aantal keren gepiept, ten teken dat er berichtjes binnengekomen waren. 'Sorry, jongens,' zei ze. 'Er komen nu zo veel berichtjes binnen. Dat is echt ongewoon.' Ze keek op het scherm van haar telefoon. 'Dat is... vreemd,' zei ze.

'Wat is er?' vroeg Peter.

'Ik lees hier over Jenny en haar man, Herman,' zei ze, terwijl ze haar telefoon neerlegde.

'Jenny is ook lid van Ishtar, net als haar man,' legde ze uit. 'Misschien weet je het nog wel, Peter. Tijdens die open avond was er een vrouw die opeens opstond toen ik en een paar anderen geïnterviewd werden.'

'Ja, dat weet ik nog.'

'Toen er verkiezingen voor het voorzitterschap waren...' Nu richtte ze zich meer tot Judith en Mark. '...heeft zij zich ook kandidaat gesteld, maar ze is niet gekozen. Nu is haar man, Herman...' Ze schudde het hoofd in ongeloof.

'Ja?' vroeg Peter. 'Wat is er met haar man?'

Fay had zichzelf herpakt. 'Naar nu bekend is geworden is Herman gisteren gearresteerd. Op verdenking van de moord op Coen.'

DEEL 2

De Nieuwe Wereld

Boston

25

Judith was naar de bibliotheek, dus Peter had die ochtend het appartement voor zich alleen. Na de lunch zouden ze samen dan eindelijk de Freedom Trail lopen, een wandeltocht door het centrum van Boston. Hierbij deed je plekken aan die op de een of andere manier verbonden waren met de Amerikaanse Onafhankelijkheidsoorlog tussen 1775 tot 1783.

Peter was al bijna drie weken in de vs – over twee dagen al zou hij terugvliegen – maar van die wandeling was het gewoon nog niet gekomen. Hij was op Washington gevlogen, waar hij twee dagen gebleven was. Voor zijn oorspronkelijke plan om nog een paar dagen naar New York te gaan had hij geen tijd meer. Hij vond het zo fijn om in Judiths gezelschap te verkeren, dat hij niet weg had gewild.

Terwijl hij de boel een beetje aan kant bracht, luisterde hij meer dan dat hij keek naar een praatprogramma op tv. Amerikanen waren absoluut gek op talkshows, zoveel was hem na dag één al opgevallen. Op elk moment van de dag kon je er eentje volgen, als je wilde. Onder in beeld werd de kijker voortdurend op de hoogte gehouden van het laatste nieuws. In een gele balk trok een eindeloze stroom alerts, rampen, moorden, schietpartijen en verkeersongelukken aan de kijker voorbij, als een overbezorgde moeder die haar kinderen voortdurend voor allerlei onheil waarschuwt.

Om het kwartier verscheen een weerman of weervrouw om de laatste stand van zaken rond het weer mee te delen. Het was een voortdurend bombardement van informatie, ook nog eens telkens onderbroken door reclameblokken die, zo had hij voor de grap eens bijgehouden, minstens zo lang en soms zelfs langer duurden dan het programma dat gaande was.

'Appartement' was overigens een wat grootse benaming voor de woonkamer met een keukentje plus een slaapkamer en een badkamertje. Judith had wel het geluk gehad gehuisvest te worden op de campus van Harvard zelf, in een gebouw dat speciaal dienstdeed als onderkomen voor buitenlandse onderzoekers. Hoewel de ruimtes duidelijk bedoeld waren voor individuele gasten, werd er een oogje toegeknepen als bezoekers tijdelijk een extra iemand te logeren hadden. Peter sliep in de woonkamer op een slaapbank, die hij elke ochtend weer netjes opruimde en inklapte.

Judith stond altijd iets eerder op dan hij. Ze douchte en dook daarna haar kamer in, met een grote handdoek om zichzelf heen gewikkeld, een wolk stoom met zich meevoerend. Het was een stilzwijgende afspraak, die vanaf de eerste dag zo gegroeid was, dat Peter daarná pas opstond om te gaan douchen. Als hij naar buiten kwam, op blote voeten, stond Judith in het keukentje koffie te zetten en wat boterhammen te smeren. Het was een soort beschaafd ballet voor volwassenen, waarbij ze keurig om elkaar heen dansten zonder elkaar aan te raken.

Judith bracht haar dagen grotendeels door in de enorme Widener Library, een droom voor iedere academicus, ongeacht zijn of haar interessegebied. Dit middelpunt van alle Harvardbibliotheken bevatte meer dan drieënhalf miljoen titels, die bijna honderd kilometer aan boekenplanken besloegen, veel ervan waren ondergebracht in enorme ondergrondse ruimtes die zich tot ver onder de groene grasvelden van de campus uitstrekten.

Harry Elkins Widener, naar wie de bibliotheek vernoemd was, was een oud-student van Harvard en groot boekenverzamelaar. Samen met zijn ouders was hij naar Engeland gereisd om zeldzame boeken aan te schaffen, maar ongelukkig genoeg vond hun terugreis plaats op de Titanic. Hij en zijn vader verdronken in het ijskoude zeewater. De moeder overleefde het en schonk het voor die tijd fabelachtige bedrag van twee miljoen dollar aan Harvard om een bibliotheek ter hunner nagedachtenis te bouwen.

Judith had een bezoekerspasje voor Peter weten te regelen. De afgelopen weken had hij een paar keer wat uurtjes op dezelfde studiezaal als Judith doorgebracht, werkend op zijn laptop.

Het afscheid van Fay in Leiden was hartelijk geweest, maar er was onmiskenbaar enige afstand en misschien zelfs wat kilte de relatie binnengeslopen. Hoewel ze dat niet hadden uitgesproken, had Peter geweten – en hij was ervan uitgegaan dat dit ook voor Fay gold – dat zijn drie weken in de Verenigde Staten in zekere zin beslissend voor hen zouden worden.

Hoe erg zullen we elkaar gaan missen, had hij zich afgevraagd. *Tot welke conclusies zullen we komen als we een tijd fysiek zo van elkaar gescheiden zijn?*

Ze mailden of appten elkaar meerdere keren per dag. Vaak was dat een wat zakelijk verslag van wat ze die dag hadden gedaan, maar soms werd er weer een glimp zichtbaar van de sprankeling in hun relatie, de warmte en de milde plagerijtjes die zo lang vanzelfsprekend waren geweest.

Vlak voor Peter de televisie uitzette, bleef hij even zitten kijken naar het nieuwsbericht over een oudere en een jongere man die enkele dagen geleden in de baai bij Plymouth tijdens het vissen waren verdwenen. Hun lege, dobberende bootje was door andere vissers gevonden. Omdat de zee rustig was geweest, was het volgens de politie niet waarschijnlijk dat beide mannen overboord geslagen waren. Vooralsnog werd er rekening gehouden met een misdaad.

Keer op keer werden de beelden getoond van hoe het lege bootje door een grote vissersboot de haven van Boston binnengebracht werd, alsof het de trailer betrof voor een nieuwe speelfilm.

Peter trok de deur van Judiths appartement achter zich dicht. Hij wandelde over de paden die over de keurig onderhouden gazons liepen. Er heerste een enorme bedrijvigheid van studenten die zich met boeken onder de arm naar een college spoedden. Velen zaten op een van de talloze stoelen die permanent buiten stonden, te studeren of met medestudenten te kletsen. Verder liepen er honderden toeristen, die zich over de campus rond lieten leiden door een student.

Leiden is al een geweldige stad om student te zijn, dacht Peter, die met enige afgunst naar al die jongeren om zich heen keek, *maar wat een droom moet het zijn hier te mogen studeren.*

Judith en hij hadden rond lunchtijd afgesproken bij het enorme bronzen beeld van John Harvard, de stichter van de universiteit. Zijn linkerschoen glom als goud, alsof een overijverige schoenpoetser zich jaren achtereen vol overgave slechts op die ene plek geconcentreerd had. In de loop van de jaren hadden talloze mensen dat stukje aangeraakt – een handeling die geluk zou brengen. Veel bezoekers tilden kleine kinderen op voor het ritueel, omdat gezegd werd dat de kans dan groot was dat het kind ooit op Harvard zou gaan studeren.

Peter was te vroeg bij de afgesproken plek en nam plaats op een van de vele losse stoeltjes op het terrein. Na de wandeling met Judith, die dan weer terug naar de campus zou gaan, had hij een afspraak bij de vrijmetselaars die huisden in een enorm gebouw aan de rand van het centrale stadspark Boston Common. Fay had het contact voor hem gelegd, en onmiddellijk had iemand aangeboden hem een uitgebreide rondleiding door het gebouw te geven.

De volgende dag zou hij een dag met Tony Vanderhoop op stap gaan. Ze zouden Plimoth Plantation bezoeken, een Archeon-achtige attractie waar een heel dorp uit de vroege zeventiende eeuw was nagebouwd zoals het er ten tijde van de Pilgrim Fathers uitgezien moest hebben.

Hij rook haar vertrouwde geurtje eerder dan dat hij haar zag.

Peter werd op zijn wang gezoend door iemand die hem van achteren genaderd was.

Judith.

Ze lachte omdat ze hem toch een beetje had weten te verrassen.

Hij pakte haar bij de hand en gaf er een kort kneepje in.

Ze droeg een zomers jurkje met een bloemenmotief, dat wat decolleté toonde. Om haar hals droeg ze het zilveren kettinkje met de davidsster. Het lichtte af en toe op als de zon erop viel.

'Kom,' zei ze. 'Laten we gaan.'

Ze liepen in de richting van de uitgang. Volgens de traditie mocht een student maar tweemaal onder de grote poort door lopen: bij zijn of haar intrede op de eerste dag op Harvard en bij het vertrek op de dag van het afstuderen. Tijdens de studie liep men via de kleinere poortjes aan de zijkant – en die weg namen Peter en Judith ook.

In het metrostation werden veel foto's gemaakt bij het bordje HARVARD. Iemand had er zelfs de kinderwagen onder gezet om de baby te vereeuwigen – alsof de toekomst van het kind daarmee vastlag.

Wat zouden Arminius en Gomarus over deze voorbestemming gezegd hebben, vroeg Peter zich geamuseerd af.

Het was maar vier haltes naar het South Station, zoals het centraal station van Boston heette. In de grote stationshal kochten ze koffie bij de Starbucks.

'Zijn er eigenlijk nog ontwikkelingen in Leiden?' vroeg Judith. 'Ik bedoel rond die moordzaak. Ik heb daar eerlijk gezegd hier zo goed als helemaal niet meer aan gedacht.'

'Toevallig mailde Fay me er nog over van de week,' zei Peter. 'Die Herman zit nog steeds in voorarrest, toch ook alweer zo'n zes weken. Hij schijnt niets te willen zeggen, dus er zijn wat dat betreft geen nieuwe ontwikkelingen.'

'En iets van een motief?'

'In de pers wordt wel gespeculeerd dat het een soort crime passionel zou kunnen zijn geweest. Dat Herman als het ware zijn liefde heeft willen bewijzen aan zijn vrouw door te laten zien dat hij alles voor haar overheeft. Dat hij zelfs bereid is te moorden voor haar, de man uit de weg te ruimen die voorkwam dat zij voorzitter kon worden.'

'Een mager motief, toch?'

'Er zijn mensen voor minder vermoord. Het huwelijk zou niet erg goed geweest zijn, wordt er dan ook nog geschreven. Dan wordt het een soort wanhoopsdaad van een man die zijn grote liefde wil tonen. Weet ik veel... Het klinkt wat absurd inderdaad, maar zoals ik al zei, er zijn mensen die minder reden nodig hebben om iemand te vermoorden.'

'Ja, dat is ook weer waar.'

'Want verder... Die Herman is echt het enige concrete dat ze volgens mij gevonden hebben. Ze weten nog steeds niet wie er die avond allemaal aanwezig zijn geweest. En de mensen díé er waren, lijken allemaal een alibi te hebben. Iedereen is wel gezien door iemand.'

'Of mensen verzorgen elkaars alibi natuurlijk.'

'Ja, dat kan ook nog.'

Ze passeerden het bordje dat verwees naar het Boston Tea Party Museum, helemaal gewijd aan het protest van de Amerikaanse kolonisten tegen de belastingen die hun door de Britse overheid opgelegd waren. Op 16 december 1773 bestormden zestig man, die later bekend kwamen te staan als de Sons of Liberty, Engelse vrachtschepen vol importthee uit China die ze in het water kieperden. Dit werd een van de beslissende momenten in de Amerikaanse Revolutie, waarbij de vs vochten voor onafhankelijkheid van Engeland.

Revolutionair stadje dat Boston, dacht Peter, terwijl ze via de Rose Kennedy Greenway, een langgerekt park dat zich om het oude centrum van Boston kromde, in de richting van de havens liepen.

'De perfecte moord dus,' zei Judith.

'De perfecte moorden ja. Want er is ook nog die jongen die in het Galgewater gevonden is. Vroeger of later zullen ze heus wel ontdekken wie erachter zit, dat kán gewoon niet anders. Ik las een uitgebreid verslag in het Leidsch Dagblad, dat een soort stand van zaken gaf. Alles lijkt dood te lopen op dit moment.'

Ze waren bij de havens aangekomen. In Peters eerste weekeinde waren ze samen met een boottocht meegegaan om walvissen te spotten in een zeereservaat waar ze in deze tijd van het jaar voedsel zochten. Het was een indrukwekkend gezicht geweest om de machtige bultruggen van wel tien tot vijftien meter lang deels boven water uit te zien komen en om de enorme staarten traag op het water te zien slaan als ze weer onderdoken.

Totaal onverwacht waren de tranen Peter in de ogen gesprongen toen vlak langszij, precies op de plek waar hij en Judith stonden, een moeder met haar kalf rustig voorbij waren gezwommen, alsof ze zich even wilden laten bewonderen.

Terwijl hij met de achterkant van zijn hand de tranen uit zijn ogen had geveegd, had Judith hem kort omhelsd.

'Daarom hou ik zo van je, Peter,' had ze gezegd. 'Zo'n grote vent en dan huilen als je een walvis ziet.'

Hij had gelachen en had haar nog extra stevig tegen zich aan gedrukt.

Ze liepen naar de Old North Church, weliswaar niet het begin van de Freedom Trail, maar de kerk was mooi gelegen in de van oorsprong Italiaanse wijk. Wandelend door de nauwe straatjes waanden ze zich inderdaad even in Italië met al de restaurants met borden waarop de menu's in het Italiaans aangegeven stonden.

Het was rustig in de kerk. Op een suppoost bij de ingang na waren ze de enigen.

Aan beide zijden van het gangpad waren de zitplaatsen verdeeld in houten boxen, als een kantoor met *cubicles*. Judith nam een foto van Peter, die op dezelfde plaats ging zitten als waar Teddy Roosevelt ooit gezeten had, als een voetbalfan die in de kleedkamer op de plek van zijn favoriete speler plaatsneemt.

De kerk was vooral beroemd geworden door de rol die ze gespeeld had in de gemythologiseerde geschiedenis van Paul Revere, een zilversmid en amateur-tandarts. In zijn tijd was Revere niet heel bekend, maar Henry Wadsworth Longfellow maakte hem onsterfelijk in het gedicht 'The Midnight Ride of Paul Revere', dat hij zo'n veertig jaar na de dood van Revere schreef, omdat Revere in zijn eentje alle revolutionairen zou hebben gewaarschuwd voor de komst van de Engelsen.

Aan het begin van de Amerikaanse Revolutie hielp Revere met het verzamelen van inlichtingen over de Britse troepen, die in en rond Boston gelegerd waren. In de avond van 18 april 1775 hing de koster van de Old North Church in Boston twee lantaarns aan de torenspits ten teken dat Britse troepen op weg waren naar de plaatsen Lexington en Concord om wapens van de revolutionairen in beslag te nemen. Afgesproken was dat hij één lantaarn op zou hangen als ze over land zouden komen en twee lantaarns als ze via zee zouden naderen.

He said to his friend, 'If the British march
By land or sea from the town to-night,
Hang a lantern aloft in the belfry-arch
Of the North-Church-tower, as a signal-light,–
One if by land, and two if by sea;'

Het '*one if by land, two if by sea*' was een zin die iedere Amerikaan kende, net als de nachtelijke rit van Paul Revere, die werd beschouwd als een van de sleutelgebeurtenissen in de geschiedenis van de Amerikaanse onafhankelijkheid. Zodra Revere de twee lantaarns zag, sprong hij op een geleend paard en reed met een aantal kameraden naar Lexington en Concord om de revolutionairen te waarschuwen. Lexington bereikte hij weliswaar, maar op weg naar Concord werd hij door de Britten aangehouden. Andere rijders van de groep wisten de revolutionairen in Concord wel te waarschuwen. Daardoor konden de revolutionairen zich voorbereiden op de eerste schermutselingen van de Amerikaanse Onafhankelijkheidsstrijd.

Peter en Judith verlieten de kerk en liepen naar het huis van Paul Revere, dat ze niet bezochten. Wel keken ze een tijdje rond in het souvenirwinkeltje naast Reveres huis.

'Het blijft toch verbazingwekkend,' zei Peter toen ze het winkeltje verlieten. 'Er is dus niets waar van het hele verhaal dat hij in zijn eentje de revolutionairen zou hebben gewaarschuwd. Ik bedoel, hij werd gestopt voordat hij Concord kon bereiken. Zijn anonieme kameraden, die nergens in het gedicht genoemd worden, hebben dat gedaan. Ook heeft hij niet galopperend van dorp naar dorp gereden om luid "de Britten komen, de Britten komen" te roepen. Hij was een van de vele boodschappers, die het nieuws bovendien discreet verspreidden omdat niet alle inwoners van de dorpen tegen de Britten waren.'

'En toch geloven mensen het.'

'Ja, en toch geloven de mensen het, hoewel er aantoonbaar helemaal niets van klopt. Waarom wordt het dan in stand gehouden, vraag je je af.'

'Een land heeft mythes nodig toch? Daar hadden we het in La Bota ook al over. Iets wat mensen samenbrengt, een gemeenschappelijk verhaal. Je hebt een basis nodig om iets op te kunnen bouwen, ook al is die denkbeeldig.'

'Ja, zo werkt het, en dat begrijp ik ook wel, maar dan nóg blijft het me verbazen dat dit foutieve verhaal op scholen aan de kinderen geleerd wordt. Net in die winkel ook: de kinderboeken, stukken van dat gedicht staan op mokken, t-shirts, op de Amerikaanse vlag.'

'Nou ja, in deze tijd van alternatieve feiten...' zei Judith glimlachend.

'Ja, je hebt gelijk,' zei Peter. 'Maar het is iets van alle tijden natuurlijk. Onze Hansje Brinker, die een dag en een nacht zijn vinger in een gaatje in de dijk houdt en zo met blote handen het land beschermt tegen de dreigende zee. Of Jan van Speijk, die tijdens de Belgische opstand zijn boot liet exploderen om zo te voorkomen dat zijn schip in de handen van de Belgische opstandelingen kwam.'

'Dan liever de lucht in, toch?' zei Judith.

'Ja, precies,' zei Peter. 'Dat zou hij geroepen hebben. Hij stak zijn sigaar in een vat met buskruit waarna het schip ontplofte. Eeuwenlang is die man vereerd. Er zijn standbeelden voor hem opgericht, maar militair gezien had zijn actie geen betekenis. Sterker nog, het was volstrekt nutteloos wat hij deed, het heeft de oorlog met nog geen dag bekort. Of het verhaal van de heldhaftige Bataven die het op durfden te nemen tegen het machtige Romeinse Rijk... Altijd als je je ook maar een kléín beetje in zulke geschiedenissen verdiept, blijft er helemaal niets van overeind. Op zich zijn die nationale fabeltjes niet zo erg, en dat is bij die Paul Revere van dezelfde orde van grootte, maar zodra het hele verhaal waarop een natie gebouwd is niet waar blijkt...'

Ze liepen verder. Om de zoveel tijd raadpleegden ze de plattegrond om te zien of ze nog goed liepen, tot een voorbijganger hun erop attent maakte dat ze alleen maar de rode steentjes op de stoep hoefden te volgen. De hele wandeling door de stad was op die manier aangegeven.

In het centrum aangekomen gingen ze de Faneuil Hall binnen, die in het boekje groots omschreven stond als 'the home of free speech' en 'cradle of liberty', omdat hier de eerste Town Hall Meeting ooit had plaatsgevonden, een openbare bijeenkomst tussen politici en hun kiezers. Nu waren er voornamelijk toeristische winkeltjes in gevestigd.

Aan de andere kant verlieten ze het gebouw en kwamen ze uit op een marktplaats, waar drie enorme hallen gebouwd waren met cafés en restaurants.

Hoewel ze nog nooit eerder zo veel tijd met elkaar doorgebracht hadden, vond Peter dat hun samenzijn soepel en natuurlijk verliep. Er was voortdurend genoeg te bespreken, en op momenten waarop ze niet kletsten, was de stilte geen moment ongemakkelijk.

Het was een schitterende dag, zonnig maar niet te warm, dus er waren veel mensen op de been.

Ze gingen naar binnen bij café Cheers – de kroeg uit de gelijknamige serie, die Peter vroeger trouw elke week keek – dat minutieus nagebouwd was. Ook hier wilde hij een foto van zichzelf, zittend op de barkruk waar stamgast Norm steevast zat. Terwijl Judith de foto nam, vormde zich achter hem een rij mensen die precies hetzelfde plaatje wilden schieten.

Hoewel het nog vroeg was, dronken ze een biertje, dat Peter zich goed liet smaken. Hij bestelde er nog een, terwijl Judith het hare nog niet half opgedronken had.

'Ik loop nog even mee tot aan het park,' zei Judith. 'Daar is een halte van de metro, dus daar kan ik opstappen.'

'Dat is goed,' zei Peter, die snel een slok nam om zijn teleurstelling te verbergen. Stiekem had hij gehoopt dat ze haar werk die dag voor gezien zou houden om bij hem te blijven, maar hij wist ook dat ze in een beperkte tijdspanne veel te doen had.

Ze wandelden langs het Old State House, al driehonderd jaar het 'emblem of liberty', zoals het in het gidsje omschreven werd. Het gebouw zou in Leiden niet misstaan hebben, een soort grachtenpand, waar aan de achterkant een witte kerktoren boven uitstak. Hier werd op 18 juli 1776 vanaf het balkon voor het eerst de onafhankelijkheidsverklaring voorgelezen aan het volk van Massachusetts. 'Then and there the child of independence was born,' zou John Adams, de tweede president van de Verenigde Staten, later verklaren.

Peter en Judith volgden de route in de straatsteentjes. Hier lazen ze niet langer over de gebouwen die ze passeerden. Peter las alleen de naam op van de bezienswaardigheid, en dat was voor hen beiden genoeg.

Ze namen nog wel de tijd om rustig over de Granary Burying Ground te lopen, waar enkele helden van de Amerikaanse Onafhankelijkheidsstrijd begraven lagen, zoals John Hancock, Samuel Adams en Robert Treat Paine – drie ondertekenaars van de Declaration of Independence – James Otis en natuurlijk de niet te vermijden Paul Revere.

Peter nam een foto van Judith, die zich onbespied waande. Ze stond een beetje voorovergebogen om het opschrift op een grafsteen te lezen, onder een boom waarvan de schaduw haar deels bedekte, maar het zonlicht door het bladerdek strooide steeds van grootte en vorm veranderende vlekjes van gouden licht over haar lichaam. Het hangertje met het davidsschild bungelde in de lucht en schitterde extra. Op de foto was het daardoor niet meer als zodanig herkenbaar, maar omdat er een straal van licht uit ontsproot, leek het hangertje zelf een lichtbron te zijn.

Op veel van de grafstenen ontbraken de traditionele religieuze afbeeldingen die je normaal gesproken tegenkwam. De puriteinen geloofden hier niet in, dus de inwoners van Boston gaven op de grafstenen op artistieke wijze uiting aan hun geloof in het hiernamaals. Een van de meest populaire motieven was de Soul Effigy, een afbeelding van een schedel, een doodshoofd, met aan elke zijde een vleugel, hetgeen de ziel symboliseerde die na de dood naar de hemel vloog. Verder waren er veel afbeeldingen te zien van Magere Hein en Vadertje Tijd.

Ze daalden het kleine stenen trappetje af naar Tremont Street en sloegen rechts af. Ze passeerden een groepje andere toeristen, dat zich verzameld had rond een struise dame, gekleed in een historisch kostuum, dat Peter nog het meest deed denken aan Hollandse klederdracht uit de Gouden Eeuw. Met een kek roze parasolletje van linnen beschermde ze zichzelf tegen het zonlicht.

Bij de Park Street Church stond Peter even stil om hier wél een langer stukje tekst uit de gids aan Judith voor te lezen.

'Hier,' zei hij. 'Op deze plek, op deze trappen, hield ene William Lloyd Garrison zijn eerste grote toespraak tegen de slavernij. Het is een belangrijke plek voor de abolitionisten dus. En hier werd voor het eerst a capella het lied 'My Country 'Tis of Thee' gezongen, een Amerikaans vaderlandslievend lied, met dezelfde melodie als 'God Save the Queen'. Tijdens de negentiende eeuw diende het vaak als onofficieel Amerikaans volkslied. Het eerste couplet gaat als volgt:

My country, 'tis of thee,
Sweet land of liberty,
Of thee I sing;
Land where my fathers died,
Land of the pilgrims' pride,
From every mountainside
Let freedom ring!

'Hé,' zei Judith. 'Dat laatste stukje komt toch ook voor in "I have a dream" van Martin Luther King?'

'Ja, nou je het zegt,' zei Peter. Hij klapte het boekje dicht en borg het op in zijn schoudertas. 'Vrijheid is toch wel de kernwaarde van de Amerikanen hè?' zei hij.

'Zou je denken?' zei Judith glimlachend.

'Ik weet het. Het is geen diep inzicht, maar ik ben hier nu bijna drie weken. Altijd en overal wordt het in je gezicht geschreeuwd. Vrijheid, vrijheid, vrijheid... "We hebben gevochten voor onze vrijheid. We vechten nog steeds voor onze vrijheid. We eren de helden die vochten en vechten voor onze vrijheid. We worden bedreigd in onze vrijheid..." En dit land is nota bene opgebouwd op de ruggen van slavenarbeid, oneerlijke handel, kolonialisme. Wij Nederlanders zijn er ook rijk mee geworden. Met de nakomelingen van de slaven gaat het nog steeds niet goed hier. Evenmin als met de Palestijnen in Israël, hetzelfde verhaal. De stichters van Amerika, de Joden die naar Israël trokken... Ze hebben vrijheid gevonden, maar altijd ten koste van de vrijheid van ánderen. Dát is zo dubbel aan het hele verh–'

'Wat is er?' vroeg Judith.

'Ik weet het niet. Het is alsof ik iets besef. Zouden die aantekeningen van Coen Zoutman hierop kunnen slaan? Heel die hervertelling van hem van de verhalen van Abraham en de aartsvaders, van de uittocht uit Egypte... Ik moest er ook al aan denken toen we vlak voor je vertrek in de Pieterskerk waren.'

Judith trok haar wenkbrauwen op.

'Ik zie niet direct wat die verhalen te maken zouden kunnen hebben met...' zei ze aarzelend.

'Nee,' zei Peter toen. 'Ik eigenlijk ook niet.'

Maar voor Peter was het net alsof iemand in een donkere kamer heel snel het licht aan- en uitgedaan had: in een split second zie je de hele ruimte helder voor je, maar daarna keert de duisternis terug.

Hij sloot zijn ogen in een poging te achterhalen wat hem dat gevoel gegeven had, dat gevoel iets op het spoor te zijn. Zoals je weleens een korte flard van een liedje hoort dat je niet plaatsen kunt. Maar waarvan je wéét dat je het kent.

Je wéét dat je het weet.

Nee, dacht hij. *Het gevoel is alweer weg.*

Hij opende zijn ogen weer.

Ze stonden al een tijdje op de hoek van Park Street, het begin van het grote stadspark Boston Common.

In de verte zag Peter het statige Massachusetts State House liggen, met zijn gouden koepel glinsterend in de zon, alsof die vanbinnen uit met duizenden lampjes verlicht werd.

Om hen heen was het druk. Moeders en veel jonge nanny's met kinderwagens en kleine kinderen aan de hand waren op weg naar de Frog Pond, een langgerekte, ondiepe speelvijver met bankjes eromheen. Mensen zaten op het gras; er waren straatartiesten die zongen en jongleerden, en er waren natuurlijk de onvermijdelijke levende standbeelden. Aan losse tafeltjes zaten oudere mannen te schaken.

Op het gras zat een grote groep mensen, voornamelijk Afro-Amerikanen, op kleden of voor geïmproviseerde tentjes, sommigen met ontbloot bovenlijf. Ze maakten de indruk dakloos te zijn. Er lagen mensen in slaapzakken; hij zag blikken bier, grote flessen wijn, en hij meende de geur van wiet te ruiken, al kon hij zich niet goed voorstellen dat dit zo open en bloot in Amerika zou kunnen. Er liep een man voorbij, hardop in zichzelf pratend, duidelijk ernstig in de war.

Maar wat is nou die vrijheid, zonder huis zonder baan... kwamen de woorden van 'Over de muur' van Klein Orkest als vanzelf in hem naar boven.

'Ik moet nu echt gaan, lieverd,' zei Judith. Ze nam afscheid met een korte omhelzing. Op weg naar de ingang van de metro draaide ze zich nog een keer om en zwaaide naar hem.

In een film zou dit een dramatische scène zijn, dacht Peter. *De kijker zou onmiddellijk aanvoelen dat deze twee mensen elkaar niet – of voorlopig niet – meer zouden zien.*

26

Rijsbergen zat thuis in de huiskamer met op schoot *Death in the Clouds*, een avontuur van Hercule Poirot uit de schier oneindige reeks boeken die Agatha Christie geschreven had.

In zijn rechterhand hield hij een glas met een bodempje whisky. Hij liet het langzaam door het glas rollen, terwijl hij geconcentreerd naar de subtiele verschillende kleurschakeringen keek die het goudgele vocht door de aldoor veranderende lichtinval onderging.

Al jaren speelde Rijsbergen met de gedachte om na zijn pensioen zijn eigen ervaringen in verhalen te gieten. Als een soort Leidse Baantjer zou hij misschien wel elke zes maanden een nieuw deeltje kunnen publiceren.

'Is de nieuwe Rijsbergen al uit?' zouden de klanten in de boekhandel komen vragen...

Deze ambitie had hij altijd verborgen gehouden voor iedereen – behalve voor Corinne, zijn vrouw.

De boeken zou hij losjes baseren op zijn eigen ervaringen. Omdat hij in zijn carrière zo weinig met moord geconfronteerd was geweest, zou hij voor zo goed als al de verhalen de moord erbij moeten verzinnen. De dingen die hij wel zelf meegemaakt had, zouden dienen om de verhalen een sterkere sfeer, een groter gevoel van authenticiteit mee te geven.

Maar deze keer ligt dat anders, dacht hij. *Welke titel zou ik dit verhaal mee kunnen geven? Meestermoord misschien...*

Rijsbergen dronk het laatste slokje uit zijn glas, terwijl hij naar de fles Lagavulin reikte om zichzelf nog een tweede glas in te schenken.

There are more important things than finding the murderer, las hij de zin over die hij lang geleden al eens had onderstreept in het boekje. *And justice is a fine word, but it is sometimes difficult to say exactly what one means by it. In my opinion, the important thing is to clear the innocent.*

Dat was precies ook het idee dat hij aan het onderzoek van de afgelopen weken had overgehouden. Ze hadden in de eerste plaats vastgesteld wie er allemaal ónschuldig waren. Naam na naam hadden ze af kunnen strepen van de lange lijst waarmee ze begonnen waren: de niet-leden die de Open Avond hadden bezocht, Tony Vanderhoop en zijn delegatie, de leden van de loge zelf en zelfs de los-vaste leden van de actiegroepen rond de studenten Sven en Stefan.

Nu hadden ze al bijna zes weken Herman van der Lede in voorlopige hechtenis. Hij leek zijn mond voorbijgepraat te hebben tijdens het bezoek van Rijsbergen en Van de Kooij aan Jenny van der Lede, de enige vrouw die zich kandidaat gesteld had voor het voorzitterschap van Ishtar. Vlak voordat ze afscheid genomen hadden, had Herman zelf de winkelhaak en de passer genoemd, informatie waar hij zo goed als zeker niet over kon beschikken. Herman had geen antwoord kunnen geven op de vraag hoe hij aan deze informatie kwam. Sterker nog, na die ogenschijnlijke verspreking in de gang bij hun thuis had de man geweigerd ook nog maar één woord te zeggen.

Zijn echtgenote Jenny hield bij hoog en bij laag vol dat haar man niets met de moord te maken kon hebben gehad. Maar ook zij kon niet verklaren hoe Herman aan dergelijke informatie had kunnen komen – evenmin waarom hij sinds dat moment zijn mond niet meer opengedaan had.

Sinds de aanhouding van Herman van der Lede was het onderzoek snel afgeschaald, zoals dat in ambtelijke taal heette. De meeste mensen waren van het onderzoek af gehaald, zodat die elders bij dringendere zaken ingezet konden worden.

'Je weet zelf net zo goed als ik, Rijsbergen...' had zijn baas tegen hem gezegd. Van de Kooij had hij niet één keer aangesproken of ook maar aangekeken. '...dat het erop lijkt dat we de juiste man te pakken hebben, ook al zegt hij niks. Ik kan het niet verantwoorden om met dit grote team aan de zaak te blijven werken.'

Rijsbergen had nog wat tegen willen werpen, meer voor de vorm dan uit overtuiging, want hij wist dat zijn baas gelijk had en de strijd dus verloren zou zijn. Niet alleen het feit dat de aangehouden Herman dingen wist die hij niet had kunnen weten, maar vooral ook zijn weigering om zichzelf op enige wijze vrij te pleiten, maakte hem meer dan verdacht.

'Jij en je partner blijven aan de zaak werken, niet meer fulltime, maar voorlopig mogen jullie nog elke aanwijzing navolgen – als zich iets voordoet dan, want de kwestie lijkt gewoon opgelost.'

De zaak rond Coen Zoutman en de ermee verbonden zaak van Yona Falaina – het was volstrekt onduidelijk welk motief Herman voor die moord zou kunnen hebben gehad – waren buitengewoon gecompliceerd. Om te beginnen door het grote aantal aanwezigen in het gebouw van de vrijmetselaars ten tijde van de moord en daarnaast door het ontbreken van sporen op de plaats delict – of beter gezegd de overdaad aan sporen doordat er kort ervoor zo ontzettend veel mensen aanwezig waren geweest in de werkplaats die allemaal hun voetstappen, hoofdharen, huidschilfers, speeksel en vingerafdrukken hadden achtergelaten.

Rijsbergen en zijn team hadden inmiddels alle mensen gesproken van wie ze zeker wisten dat ze op de open avond aanwezig waren geweest. Ze bleven echter met het probleem zitten dat er tien, vijftien of misschien wel twintig mensen waren die er ook moesten zijn geweest, maar van wie ze geen namen hadden. En hoe langer de bewuste avond geleden was, hoe moeilijker het werd daar ooit nog achter te komen.

Van de Kooij en hij hadden de kamer van Yona Falaina aan de Korevaarstraat bezocht, omdat hij die met eigen ogen had willen zien. De kamer had er als een hotelkamer uitgezien: een bed, een nachtkastje, een bureau met een stoel en een kleine boekenkast, waarin vooral boeken over godsdienst en esoterie hadden gestaan. Er waren geen foto's, geen posters aan de muur, geen beeldje of souvenirtje, niets wat de kamer ook maar een persoonlijk tintje had gegeven.

Een meisje met een opvallend bleke huid liet hen binnen. Ze stelde zich voor als Rachel. 'We wonen hier met ons vijven,' legde ze uit terwijl ze via een haveloze trap naar boven liepen. 'Ik woon hier al sinds het begin van mijn studententijd.'

Ze kwamen uit op een gang, waar een kaal peertje voor de enige verlichting zorgde. Er stonden dozen, lege wijnflessen, een fiets zonder voorwiel en enkele tassen waar kleding uit puilde. Aan de muur hingen twee grote, vergeelde reclameposters van een reisbureau, een palmstrand met een azuurblauwe zee en een tropisch bos met een waterval. Op de gang rook het onfris, vochtig als in een kelder.

'Het is beetje een oude troep hier, sorry,' verontschuldigde ze zich.

Nadat ze Yona's kamer hadden bekeken – ze waren er snel mee klaar geweest – gingen ze nog even Rachels kamer binnen, die een enorm contrast vormde met de gang en het trappenhuis. Het was er licht, buitengewoon netjes opgeruimd en het rook er fris, alsof ze nog maar net subtiel wat parfum had gespoten.

'Met mijn huisgenoten heb ik niet veel contact,' zei ze. 'Toen ik hier kwam wonen, was dat anders. We aten regelmatig samen, maar die mensen zijn allemaal weg. Die Yona bijvoorbeeld... Ik wist alleen zijn voornaam en dat hij uit Griekenland kwam. We hebben elkaar één keer de hand geschud toen hij hier een paar jaar geleden kwam wonen. Hij kreeg ook nooit post. Voor hetzelfde geld had hij weken dood op zijn kamer gelegen.'

'Dan zou je dat wel geroken hebben, hoor,' zei Van de Kooij. Hij lachte, maar stopte daarmee toen Rijsbergen hem geërgerd aankeek.

Ze gingen voor de twee grote ramen staan, die vanaf de vensterbank helemaal tot aan het plafond liepen. Vanaf daar hadden ze goed zicht op de tuinen achter de huizen, die allemaal een troosteloze aanblik boden. Ze waren donker, zelfs tijdens het middaguur, en zagen eruit alsof nooit iemand er tijd doorbracht. Er was nergens tuinmeubilair te zien. Alles leek nat te zijn, de tegels groen waren uitgeslagen van het mos, de schuttingen en muren overwoekerd met klimop en onkruid.

'Van het uitzicht word je ook niet echt vrolijk,' zei ze. 'Maar goed, het is goedkoop hier. Voor mijn studie Geneeskunde loop ik nu coschappen in het LUMC. Als die achter de rug zijn, wil ik weg hier.'

Rijsbergen knikte begrijpend.

'Wilt u een kop thee anders?'

'Erg aardig van je, maar nee. We gaan maar weer even verder.'

Plotseling had Rijsbergen met haar te doen. Ze had oprecht teleurgesteld gekeken toen hij haar aanbod afgewimpeld had. Het was alsof hij een korte glimp had opgevangen van de eenzaamheid waar ze mee te kampen had, als een enkele handschoen die je op een fietspad ziet liggen.

Hij overwoog kort toch in te gaan op haar aanbod, maar deed dat uiteindelijk niet omdat ze nog genoeg te doen hadden die dag.

'Je gaat verhuizen?' vroeg hij toen maar om het gesprek toch niet zomaar af te breken. 'Het valt niet mee om in Leiden iets betaalbaars te vinden, geloof ik. Heb je al iets op het oog?'

'Ik wil emigreren,' zei ze. 'Na mijn coschappen ga ik naar Israël. Ik ben Joods. Mijn ouders zijn er een paar jaar geleden al gaan wonen. Ik ben druk bezig Hebreeuws te leren – of Ivriet beter gezegd, zo heet het moderne Hebreeuws.'

Ze wees op een stapel boeken op haar bureau. *Leer Hebreeuws*, stond er op het omslag van het bovenste boek, *Een Basiscursus Ivriet voor Beginners.*

'Dat is een hele stap,' zei Van de Kooij. 'Naar een ander land. Je laat toch alles achter hier.'

'Ik laat niet zo veel achter hier, hoor,' zei ze, waarbij ze een vreugdeloos lachje liet horen. 'Ik voel me steeds minder thuis hier. Voor mijn ouders gold hetzelfde. Voor mijn vader was de maat vol toen hij hier op de Garenmarkt op een dag omringd werd door een aantal jongeren en door een jongen in zijn gezicht gespuugd werd. Het was sabbat en hij was op weg naar de synagoge hier om de hoek om een dienst bij te wonen.'

'Heeft hij wel aangifte gedaan?' vroeg Van de Kooij.

'Ach, dat heeft toch geen zin. Hij zou de dader toch niet hebben kunnen aanwijzen. Jongeren die denken dat ze hun Palestijnse broeders steunen door mijn vader in het gezicht te spugen, walgelijk gewoon.'

'En daarom wil jij –' begon Rijsbergen, maar ze gaf hem de kans niet zijn vraag af te maken.

Het meisje had weer wat kleur op de wangen gekregen. 'Het is bizar toch dat mijn vader daarna niet meer over straat durfde te lopen met een keppeltje op zijn hoofd? Hoelang is de oorlog geleden? Zeventig jaar? En opnieuw moeten we bang zijn. Ik ga zelf ook nog naar de diensten in de synagoge hier, maar de gemeenschap is op sterven na dood. Er moeten zelfs Joodse mannen uit Den Haag komen om de *minjan* te halen.'

'*Minjan?*' vroeg Van de Kooij.

'*Minjan,*' herhaalde Rachel. 'Dat zijn tien Joodse mannen die minimaal nodig zijn om een dienst in de synagoge te mogen houden. Daar komen ze in Leiden al nauwelijks meer aan dus. De Joodse gemeenschap is de Tweede Wereldoorlog nooit te boven gekomen. Bijna alle Joden zijn uit Leiden afgevoerd en vermoord. Het Joodse weeshuis vol gevluchte kinderen uit Duitsland werd leeggehaald...'

'Maar nu –' Opnieuw kreeg Rijsbergen niet de kans zijn zin af te maken.

'Mijn ouders waren het zat – en ik ook. Ik wil in een land wonen waar ik met opgeheven hoofd rond kan lopen, waar ik mijn geloof belijden kan, waar ik deel uitmaak van een gemeenschap. Waar ik vrij kan zijn! Een land waar mijn vader met zijn keppeltje op over straat kan zonder bang te hoeven zijn om in zijn gezicht gespuugd te worden. De synagoge hier wordt

24/7 in de gaten gehouden met bewakingscamera's, er zit kogelvrij glas voor de ramen… In welke tijd leven we in 's hemelsnaam!'

Rijsbergen wist even niet goed wat hij daarop moest zeggen. 'Ik begrijp wat je bedoelt,' zei hij toen maar. 'Ik wens je veel succes, Rachel, en veel geluk ook. Het zal vast ook goed zijn voor je om je vleugels uit te slaan en verder te gaan.'

Ze had wat triest geglimlacht bij het afscheid.

Ook de verhuurder van het appartement had Rijsbergen en Van de Kooij niets wijzer kunnen maken, net zomin als de directe buren of de eigenaren van de winkels die onder het huis gevestigd waren. Sommigen hadden Yona weliswaar van gezicht gekend, maar hadden niets over hem weten te melden. De bakker bijvoorbeeld had verteld dat zijn bovenbuurman regelmatig een brood en een halfliterpak melk had gekocht, maar van enige interactie was verder geen sprake geweest.

Niemand leek de jongeman gekend te hebben en niemand leek hem sinds zijn dood gemist te hebben, alsof hij zich als een spook door Leiden had begeven.

Welkom in de eenentwintigste eeuw, dacht Rijsbergen met iets van bitterheid. *Vierentwintig uur per dag zijn we verbonden met de wereld om ons heen, maar wie onze buren zijn weten we niet. Voor hetzelfde geld verdwijnt Yona voor maanden… Als zijn huur netjes afgeschreven wordt, kraait er geen haan naar.*

Ook was er na al die weken nog geen getuige op komen dagen. Niemand die iets van vreemde activiteit opgevallen was langs een van de kades van de Leidse grachten.

De Griekse ambassade had laten weten dat Yona een wees was geweest zonder enige familie, geen ooms, tantes, neven of nichten. Niemand, maar dan ook helemaal niemand die hem gekend leek te hebben, behalve Coen Zoutman dus waarschijnlijk, gezien de overeenkomstige tatoeage, maar de aard van hun contact bleef ook volstrekt onduidelijk.

Van de Kooij had op eigen initiatief toch nog een bezoek gebracht aan de synagoge aan het Levendaal. Er waren inderdaad camerabeelden geweest, maar daar was niets anders op te zien geweest dan de lege achtertuin.

Hoewel Rijsbergen de beslissing van de hoofdcommissaris begreep – en die vanzelfsprekend respecteerde – frustreerde het hem op een manier die hij niet onder woorden kon brengen.

Het was halfelf, een mooie tijd om te gaan slapen. Zijn vrouw Corinne was al eerder naar boven gegaan om in bed nog wat te lezen.

Zo zat hij nog wat in gedachten verzonken toen er aangebeld werd.

'Hoorde je dat?' riep Corinne naar beneden nog voor hij op had kunnen staan.

Zo laat wordt er nooit aangebeld, dacht Rijsbergen, terwijl hij naar de voordeur liep. *Zelfs pakjes bezorgen ze tot uiterlijk tien uur.*

Hij schoof het gordijn voor het keukenraam een stukje opzij om te zien wie er voor de deur stond.

Van de Kooij. Ongeduldig van zijn ene voet op zijn andere wippend, keek hij strak voor zich uit. Hij strekte zijn hand uit om nogmaals aan te bellen.

Rijsbergen schoot naar de voordeur maar was te laat om te voorkomen dat het doordringende geluid van de bel voor een tweede keer door de gang echode.

Corinne stond inmiddels bovenaan de trap. 'Wie kan dat zijn?' vroeg ze met bezorgde stem. Haar grote angst was dat op een dag een ooit door Rijsbergen ingerekende crimineel langs zou komen om wraak te nemen.

'Het is Van de Kooij!' riep hij naar boven. 'Niets aan de hand. Ga maar slapen, lieverd. Ik kom zo naar boven.' Hij wachtte haar antwoord niet af en opende de deur.

'Ik ben iets op het spoor, denk ik,' stak Van de Kooij zonder verdere plichtplegingen van wal.

'Met betrekking tot Zoutman?'

'Ja, en tot Falaina,' zei hij. Van de Kooij had rode vlekken in zijn nek van opwinding. 'Mag ik binnenkomen?'

'Ja, eh… Dat is goed, maar…' Rijsbergen deed de deur verder open zodat Van de Kooij naar binnen kon stappen. Terwijl die hem passeerde, rook Rijsbergen de geur van zijn Old Spiceaftershave, een geur die hij vroeger altijd geassocieerd had met oudere mannen, maar die nu onlosmakelijk met zijn partner verbonden was.

Hij liet Van de Kooij voorgaan naar de huiskamer. Toen hij zich de half-volle fles whisky met het lege glas ernaast herinnerde, voelde hij zich betrapt, als een alcoholist die onverwacht bezoek krijgt van zijn buddy van de AA.

'Wil je ook een glaasje?' vroeg hij zo luchtig mogelijk aan Van de Kooij, die afsloeg, blijkbaar te opgewonden om iets te drinken.

'Wat heb je me te vertellen dat zo dringend is?' vroeg hij zodra ze zaten.

'Ik ga het je vertellen, maar eerst wil ik het je laten zien,' zei hij. 'Heb je een computer hier beneden?'

Rijsbergen reikte naar voren om een laptop uit de lade van de grote koffietafel te pakken. 'Hier,' zei hij.

Van de Kooij klapte de laptop open, vroeg het wachtwoord en begon na invoering daarvan direct druk te typen. Hij klikte een paar keer, pakte de laptop op en kwam zo dicht naast Rijsbergen op de bank zitten, dat hun bovenbenen elkaar raakten.

Rijsbergen schoof een klein stukje opzij.

'Hier,' zei Van de Kooij. 'Dit moet je zien.'

Hij klikte op een klein driehoekje linksonder in het scherm, waardoor het bevroren beeld tot leven kwam.

Rijsbergen wierp snel een blik op de tekst boven in het scherm.

Unsolved Murder Mysteries heette de serie waaruit Van de Kooij een aflevering gekozen had, een van de vele series van Discovery Channel waar Van de Kooij vrijwel elke avond naar keek.

'Waarom kijken we –'

'Kijk maar,' onderbrak Van de Kooij hem, met zowel iets van ongeduld als triomf in zijn stem.

De scène begon met een shot vanuit de hoogte. In beeld kwam een stad die Rijsbergen aan de glanzend gouden koepel van de Dome of the Rock onmiddellijk herkende als Jeruzalem.

Er werd ingezoomd op de Eeuwige Stad, alsof er een kleine camera onder een machtige adelaar gemonteerd was. Er werd steeds verder ingezoomd, terwijl op de achtergrond een stem op typisch Amerikaanse wijze commentaar leverde, met pauzes op de plekken die spanning en mysterie suggereerden.

'Four years ago... The eternal city of Jerusalem – the place where Jesus Christ once roamed the earth... The city of the biblical kings Saul, David and Solomon was rocked by a series of brutal murders... that never have been solved until this present day... Will they ever be?'

Er volgde een snelle serie van beelden, waarbij eeuwenoude symbolen afgewisseld werden door flitsen van iemand die met een hamer op het hoofd geslagen werd, een snel groter wordende plas bloed op de vloer, slaande deuren en flakkerende kaarsen... Op de achtergrond klonken flarden Gregoriaans gezang.

Amerikanen waren meesters in het creëren van suspense, zoveel was duidelijk.

Vijfentwintig minuten lang zat Rijsbergen gebiologeerd naar deze vier jaar oude zaak uit Jeruzalem te kijken, waarbij in korte tijd twee mensen op brute wijze vermoord waren. De dader was nooit gevonden.

Bij beiden was het hoofd ingeslagen met een hamer.

Het waren vrijgezelle mannen, zonder enige familie... de laatste loten aan hun familiestam.

Bij allebei de slachtoffers was een stukje huid, ter grootte van een *dime* – iets meer dan anderhalve centimeter – weggesneden tussen de linkerborst en de oksel.

En ze waren beiden vrijmetselaar.

27

Peter draaide zich om en liep Boston Common in op weg naar Tremont Street, waar het gebouw van de vrijmetselaars lag. Hij passeerde de Frog Pond aan de linkerzijde en was na een kwartiertje lopen aan het einde van het park.

Hij kon de tekst op het gebouw al lezen.

GRAND LODGE OF MASONS IN MASSACHUSETTS

Eronder waren vier grote mozaïeken aangebracht op plekken waar waarschijnlijk ooit ramen hadden gezeten. Op een achtergrond van langgerekte vlakken in verschillende schakeringen blauw was een zon aangebracht. Te zien waren de hamer, de passer en de winkelhaak, en ook een troffel en zuilen.

Op de meest rechterafbeelding was een wapenschild te zien, met aan weerszijden twee bevers. Erbovenop rustte een duif met een olijftak in de bek. Eronder stond het stichtingsjaar 1733, hetgeen de lodge tot een der oudsten ter wereld maakte. Ook stond het motto weergegeven op een fraai golvend breed lint: FOLLOW REASON.

Volg de rede, gebruik je verstand...

Peter ging het gebouw binnen. Bij wijze van deurknoppen waren op de toegangsdeuren twee grote, goudkleurige emblemen van de passer en de winkelhaak bevestigd met een 'G' in het midden. In de ontvangsthal lag een mozaïek van het logo met de twee bevers zoals buiten ook al te zien was geweest.

Hij meldde zich bij de geüniformeerde portier, die zijn naam afvinkte op een bezoekerslijst, waarna hij even belde om zijn komst aan te kondigen.

'U kunt met de lift naar de tweede verdieping,' zei de man, die hem een badge gaf waar Peters naam al op stond, alsof hij een congres bezocht.

Op de tweede verdieping stond een tamelijk gedrongen man met een snor op hem te wachten, zijn haar lag in een grote lok over zijn schedel.

'Mr. De Haan,' begroette hij Peter als een oude vriend. 'Of mag ik Peter zeggen?' Er verscheen een gulle lach op zijn gezicht, en hij straalde het typische Amerikaanse optimisme uit dat Peter al bij zo veel mensen opgevallen was.

'Natuurlijk,' antwoordde Peter.

Ze schudden elkaar de hand.

'Walter L. Lunt,' stelde hij zichzelf voor. 'Kom binnen, kom binnen,' wenkte hij Peter.

Ze gingen een bibliotheek binnen. Tegen de muren waren rondom wandhoge boekenkasten geplaatst, terwijl in de middenruimte lagere kasten stonden die tot de borst reikten. De bovenkant van die lagere kasten werd gebruikt om allerlei zaken uit te stallen: foto's, boeken, oorkondes, bouwtekeningen...

'Je bent zelf geen vrijmetselaar toch?' vroeg Walter.

'Nee, maar ik ben wel geïnteresseerd,' zei Peter. 'Mijn vriendin is lid van een gemengde loge in Leiden, de stad waar ik woon. Toen ik vertelde dat ik naar Boston ging, vroeg ze me of ik een bezoek aan jullie wilde brengen. Ook om wat foto's te maken, als dat is toegestaan.'

'Ja, ja, natuurlijk. Geen enkel probleem.'

Ze liepen naar wat een overzichtstentoonstelling van de loge in Boston bleek te zijn. Veel zwart-witfoto's van heren die ernstig de camera in keken, foto's van het gebouw zelf en zijn voorgangers, oorkondes en opengeslagen boeken. In grote lijnen schetste Walter de geschiedenis van de vrijmetselarij in de Verenigde Staten. Over hoe vrijmetselaars aan het begin van de achttiende eeuw al samenkwamen voordat ze officieel door het Engelse 'hoofdkantoor' als loge erkend en geregistreerd werden en de bevoegdheid kregen om zelf als 'Grand Lodge' andere loges op te richten.

'Ik heb zelf een evangelische achtergrond, Peter,' zei Walter, 'en het heeft me heel wat jaren van strijd gekost om me daarvan los te maken. De tijden waarin we nu leven... Ik denk dat het meer dan ooit nodig is om de rede te volgen, precies ons motto, *Follow Reason*. In de vs graven groepen zichzelf meer en meer in. Ze verschansen zich achter hun eigen gelijk, houden vast aan ideeën die hun grootouders al hadden. Voor veel mensen is alleen al het feit dat een idee al lang meegaat het bewijs van de juistheid ervan. Terwijl wij juist geloven in een voortdurend onderzoek van alles en het behouden van het goede. Ik zelf zou me zorgen maken als ik over tien jaar nog steeds dezelfde ideeën heb als ik die ik nu heb!'

Ze verlieten de bibliotheek en traden een lange gang binnen. Aan beide kanten lagen twee enorme zalen, de een nog prachtiger gedecoreerd dan de ander. Het was alsof ze letterlijk teruggingen in de tijd en alsof er elk moment vrijmetselaars uit de achttiende eeuw, in vol ornaat, binnen konden stappen.

Vol trots wees Walter op details, zoals de muren die niet waren behangen zoals je op het eerste gezicht zou denken maar minutieus beschilderd. De ingenieuze patronen waren er heel precies met de hand op aangebracht.

'Verschillende loges komen in dit gebouw samen,' legde Walter in de derde ruimte uit. Ze waren met de trap inmiddels een verdieping omhooggegaan.

'Dit is de zaal waar de loge samenkomt waar ik lid van ben.'

Het was een buitengewoon sfeervol ingerichte ruimte. De hoge, kunstig bewerkte donkerhouten stoel van de voorzitter werd geflankeerd door twee minder hoge, maar niet minder fraai gesneden zetels. Op de wand erachter prijkte een goudkleurige letter 'G', omringd door zonnestralen. De trap naar de zetels toe had de vorm van een halve cirkel en zag eruit zoals in Indonesië terrassen voor de rijstbouw tegen een berg aangelegd zijn.

Aan een lange muur hingen vier schilderijen die, zo legde Walter uit, allegorische afbeeldingen van Salomo's tempel bevatten.

Op alle vier de schilderijen stonden de koperen zuilen Boaz en Jachin – Boaz was een van de hoofdfiguren in het Oudtestamentische boek Ruth en Jachin de eerste hogepriester van de tempel van Salomo – ongenaakbaar op een plein met een doorkijk op het Heilige der Heiligen van de Joodse tempel in Jeruzalem.

Aan de andere lange muur hingen schilderijen van mannen die ooit voorzitters van de loge moesten zijn geweest.

'Dit is onze werkplaats, zoals wij dat noemen,' begon Walter.

Hij was op een van de stoelen gaan zitten die op de 'Engelse wijze' opgesteld stonden, net als in de Leidse tempel aan het Steenschuur: met de leuning naar de muur zodat iedereen met het gezicht naar de grote ruimte in het midden gericht was.

Met de ontspannen manier waarop hij plaatsgenomen had, wekte Walter de indruk dat hij een langer verhaal wilde houden.

'Soms verwijzen we naar deze ruimte als tempel. Daar valt wat voor te zeggen natuurlijk als we ons realiseren dat we proberen te werken aan de symbolische tempel der mensheid. Deze tempel hier staat, allegorisch, voor de tempel van koning Salomo. Daarom zijn die schilderijen van Salomo zo prominent aanwezig hier. Onze werkplaats kent een vaste inrichting, die mede afhankelijk is van de graad waarin wordt gewerkt. Vanavond vindt er een bijeenkomst plaats waarbij we symbolen gebruiken die nodig zijn bij het arbeiden in de eerste graad, de graad van leerling-vrijmetselaar dus. Je ziet hier trouwens maar een gedeeltelijke inrichting. Bij onze gebruikelijke arbeid in deze graad bevinden zich in de werkplaats nog diverse andere attributen en gereedschappen, maar die halen we alleen tevoorschijn als we ze daadwerkelijk gebruiken.'

Peter was er ook maar bij gaan zitten. Nu pas viel hem op dat de vloer precies dezelfde indeling had als die van de tempel in Leiden. Grote zwarte en witte tegels wisselden elkaar af.

Verwachtingsvol keek Walter Peter aan, alsof hij verwachtte dat die een goede vraag zou stellen.

Zou Walter op de hoogte zijn van wat er in Leiden is gebeurd is, vroeg Peter zich af. *Zal ik hem er straks naar vragen?*

'Naast de Drie Grote Lichten kennen wij de Drie Kleine Lichten,' ging Walter onverstoorbaar verder met zijn exposé.

De toon waarop hij sprak, verraadde dat hij dit verhaal veel vaker gehouden had. Zelfs de pauzes die hij op sommige momenten liet vallen, leken vast onderdeel van zijn voordracht te zijn.

'En deze zaken...' Hij pakte het schootsvel en de handschoenen op om ze aan Peter te overhandigen. '...dragen we wanneer we samenkomen om te arbeiden in de werkplaats. De wijze waarop het schootsvel wordt gedragen, is afhankelijk van de graad die men heeft. Een leerling draagt het anders dan een gezel of een meester. Symbolisch zeggen wij dat het schootsvel, dat wij immers om ons middel binden, ons helpt om het hogere van het lagere te scheiden. Onze witte handschoenen duiden erop dat wij de arbeid die wij uit onze handen laten komen rein willen laten zijn – en onbezoedeld.'

Peter gaf het schootsvel en de handschoenen terug.

'Als laatste,' besloot Walter zijn verhaal, 'vraag ik je aandacht voor de zwart-witgeblokte vloer. De geblokte vloer wordt ook wel de mozaïeken vloer genoemd. Deze vloer zou goed kunnen duiden op de geblokte vloer van ons leven, met het voortdurend naast elkaar en door elkaar heen voorkomen van goed en kwaad, van licht en donker, van positief en negatief. Een vloer ook die ons niet zomaar in staat stelt om heldere scheidslijnen te trekken. Een vloer dus die ons dwingt om tot nuances te komen en tot een besef dat indelingen in gesimplificeerde hokjes ons waarschijnlijk niet veel verder zullen helpen...'

Walter liep naar de zijkant van de vloer.

'Om deze uitdagende, confronterende en inspirerende vloer,' zei hij, met zijn vinger wijzend alsof hij bang was dat Peter het detail anders zou missen, 'zie je een getande rand. Wanneer wij elkaar beloven dat alles wat we doen, zeggen en delen binnen de getande rand zal blijven, dan zeggen we daarmee dat wij elkaars vertrouwen nimmer zullen schaden en dat we te allen tijde een wederzijds vertrouwen zullen betrachten. Waarom doen wij dat? Niet omdat we een geheim genootschap zouden willen zijn. We doen dit, omdat we een veilige ruimte nodig hebben om werkelijk onszelf te kunnen worden en zijn. Een veilige haven waar we tot onszelf kunnen komen en waar we dingen met elkaar kunnen delen die in die ruimte blijven, zodat we zeker weten dat we open kunnen zijn, naar onszelf en naar elkaar.'

Walter keek Peter aan, zichtbaar tevreden dat hij ook deze rondleiding weer tot een goed einde had gebracht en alle kernpunten van de vrijmetselarij had kunnen overbrengen.

Ze liepen nog even door het gebouw, dat nog verschillende zalen voor andere loges bleek te bevatten. Elke ruimte was weer anders ingericht.

Na het bezoek aan de laatste tempel – of werkplaats – liet Peter nog een foto van zichzelf maken in een klein, achthoekig zijkamertje, waar een heus zwaard schuin over een klein bureau lag. Voor de ramen hingen zware velours gordijnen, die eenmaal dichtgeschoven de ruimte volledig zouden kunnen verduisteren.

Walter legde uit dat dit een plek was waar mensen ingewijd werden. Ook konden mensen zich hier terugtrekken om alleen te zijn met hun gedachten.

De foto, die Peter direct erna bekeek, had niet beter kunnen uitpakken. Vastberaden keek hij voor zich uit, als een man met een missie, het zwaard schuin tegen zijn lichaam aan, de punt omhoog waarop precies de streep zonlicht viel die door het raam naar binnen scheen. Het zwaard zelf leek wel een *lightsaber* uit *Star Wars*.

Walter en Peter keerden terug naar de bibliotheek.

Op de grote schouw stonden twee grote portretfoto's, een van een oudere heer en een van een jongeman. Voor elk portret brandde een waxinelichtje. De eerste man keek wat streng de camera in, maar de kraaienpootjes rond zijn ogen verraadden een vrolijkere kijk op de wereld dan je op grond van deze foto zou verwachten. Hij had boven op zijn hoofd een forse kale plek, maar zijn overige zilvergrijze haar hing in lange, dikke lokken op zijn schouders, hetgeen hem in combinatie met zijn keurig getrimde ringbaardje een wat excentrieke uitstraling gaf. Je kon hem je zo voorstellen als een ridder in kruisvaarderskleding die ten strijde trok tegen de muzelmannen om Jeruzalem voor het christendom te heroveren.

De jongeman had een ernstige blik, alsof hij nu al door het leven getekend was en op de hoogte was van zaken die voor niemand goed zijn, laat staan voor iemand van zijn leeftijd.

'Wie zijn dat?' vroeg Peter. 'Als ik vragen mag.'

'Natuurlijk mag je dat vragen,' zei Walter, die in de richting van de schouw liep. 'Misschien heb je er op het nieuws van gehoord. Twee dagen geleden zijn Sam en George tijdens het vissen overboord geslagen. Tenminste, dat is wat de politie nu denkt. Hun lichamen moeten nog gevonden worden...'

'Het was op het nieuws ja,' zei Peter. 'De zee was heel rustig toch?'

'Ja, dat is het vreemde. Sam was – of ís nog steeds moet ik zeggen – de Achtbare Meester, onze voorzitter. Ze waren een beetje als vader en zoon, hadden allebei geen andere levende ziel in deze wereld. Ondanks het leeftijdsverschil was er sprake van een hechte vriendschap tussen hen, méér nog dan vader en zoon eigenlijk. George was Sams protegé, misschien op een dag wel zijn opvolger.'

Peter voelde hoe de haren op zijn armen recht overeind gingen staan.

'En ze weten niet wat er is gebeurd?'

'Nee, het is een mysterie. Misschien is eerst de een gevallen en heeft de ander hem willen helpen? Maar dan gooi je gewoon een reddingsboei zou je denken. Er klopt iets niet.'

'Misschien hebben ze ruzie gekregen? Of zijn ze ontvoerd?'

'Of... misschien zijn ze gaan zwemmen. De zee lijkt zo kalm, maar dat is bedrieglijk. Je koelt snel af, je krijgt kramp. Die dingen gebeuren nu eenmaal.'

Peter sloot kort zijn ogen en schudde even zijn hoofd, alsof hij zo de associatie met de dubbele moord in Leiden van zijn netvlies kon halen.

Stom toeval, probeerde hij de onrust in zichzelf te bezweren. *Je moet niet overal een moordzaak in gaan zien, Peter. Niemands hoofd is ingeslagen, niemands handen zijn samengebonden. Een overeenkomst is nog geen verband. Is dat niet wat je je studenten altijd leert?*

'Het lijkt wel een scène uit een film,' zei hij toen ze terugliepen naar de hal.

'Ik hoop dat ze nog leven,' zei Walter. 'Tegen beter weten in blijf ik hoop houden. Er gingen stemmen op om het gebouw tijdelijk te sluiten, maar ik vind het juist wel prettig om juist nu hier te werken. Het rondleiden van gasten leidt me af van wat er is gebeurd.'

Peters oog viel op een boek op het bureau, met de titel *A Song in Stone*. Op het omslag stond de naam Walter L. Lunt vermeld. 'Heb jij dat geschreven?' vroeg hij, blij het gesprek even een wat luchtiger wending te kunnen geven.

'Ja,' antwoordde Walter trots.

'Wat voor een soort boeken schrijf je?'

'Historische romans, met een religieus, mysterieus sausje. De Tempeliers, dat soort dingen.'

'Zijn die gewoon in de winkel te koop?'

'Je kunt er hier in ons winkeltje een kopen als je wilt,' zei Walter enthousiast. 'Ik kan hem nog voor je signeren ook.'

'Dat is goed,' zei Peter, die benieuwd was naar wat de man geschreven had, maar ook diens koopmansgeest bewonderde.

In het winkeltje kocht hij een exemplaar van *A Song in Stone*, dat Walter inderdaad ter plekke voor hem signeerde.

'*For Peter, my newfound friend from the Netherlands*,' schreef hij groothartig op de Franse titelpagina – met daaronder zijn naam in zwierige letters.

'Nog vragen?' vroeg Walter, terwijl ze naar de hal liepen waar de lift was.

Hoewel dit klonk alsof het niet de bedoeling was dat Peter ook daadwerkelijk vragen zou gaan stellen, was er toch nog iets wat Peter naar voren wilde brengen.

'Eerder noemde je het voortdurende onderzoek van alles en het behouden van het goede, met andere woorden niets bij voorbaat voor waar aannemen.'

'Dat klopt.'

'Ik vraag me af... Zoals je weet, kom ik uit Leiden. In Leiden lijkt er een strijd te zijn – of te zijn geweest. Aan de ene kant mensen die het "geen dogma" hoog in het vaandel hebben staan, mensen zoals jij. De meerderheid zo lijkt het. Een individuele vrijheid en verantwoordelijkheid om zelf invulling te geven aan symbolen en verhalen.'

'Dat is het idee van de vrijmetselarij ja.'

'Maar er is – of was – ook een groep mensen die meer, hoe moet ik het zeggen, meer willen leunen op de traditie, op de uitleg van anderen. Zelf niet te veel vragen stellen, je neerleggen bij de interpretatie van mensen voor jou, grótere geesten dan jij. Je staat op de schouders van reuzen, zoiets. Meer de literalisten, zou je ze kunnen noemen misschien.'

'Ik begrijp wat je bedoelt.'

'Alsof er twee stromingen zijn. Een die de verhalen letterlijk neemt en graag in een traditie staat waarbij geen of weinig ruimte is voor eigen interpretaties. En een die een meer allegorische uitleg van verhalen en van symbolen voorstaat.'

'Ik begrijp wat je bedoelt, Peter,' zei Walter nogmaals. 'Ook hier hebben we daarmee te maken, maar die mensen, die literalisten, verlaten vroeg of laat onze gelederen, omdat het... well, omdat het tegen de hele spirit van de vrijmetselarij in gaat, begrijp je? Maar ook wij hebben dergelijke "onrijpe geesten"', zo noem ik ze altijd maar.'

'In Leiden heeft er zes weken geleden een moord plaatsgevonden,' zei Peter. 'Eigenlijk waren het er twee. De Achtbare Meester is vermoord, Coen Zoutman, en kort erop een jonge jongen. Misschien hebben jullie ervan gehoord.'

'Ja,' zei Walter. 'Van die tweede jongen wist ik niet, maar van de moord op de voorzitter hebben we gehoord natuurlijk, een afschuwelijke geschiedenis. Net als in Jeruzalem vier jaar geleden.'

'Wát?' vroeg Peter. 'Wát is er vier jaar geleden in Jeruzalem gebeurd?'

Walter keek hem verbaasd aan.

'Vier jaar geleden? Heb je daar niet van gehoord? Een heel geruchtmakende zaak in Jeruzalem. Twee van onze broers zijn kort na elkaar vermoord. Bij allebei was de schedel ingeslagen met een hamer. De hamer die we nota bene gebruiken om te arbeiden, alleen dat al.'

'Wát?' was het enige dat Peter kon uitbrengen.

'De dader is tot op de dag van vandaag nog niet gevonden – of daders. De lichamen waren deels verminkt, hoewel, dat is misschien een wat al te groot woord. Er is een stukje huid weggesneden bij beiden, tussen de linkerborst en de oksel, ter grootte van een muntstuk.'

'Maar dat is precies als in Leiden! Ook met een hamer, tenminste, de Achtbare Meester. Van die huid weet ik niet. Bij Coen Zoutman zat een tatoeage.'

'Een tatoeage?'

'Ja, een tatoeage. Heb je even een pen en papier voor me?'

Ze liepen terug de bibliotheek in, naar het bureau van Walter.

Peter tekende uit het hoofd de tatoeage na die bij Coen Zoutman op het lichaam was aangetroffen.

Walter pakte het papier op om het tot dicht bij zijn gezicht te brengen, maar na er een seconde of twintig, dertig intensief naar gestaard te hebben legde hij het blaadje weer terug. 'Nee, sorry,' zei hij. 'Het lijkt niet op iets wat ik al eens eerder heb gezien. Het heeft wel iets weg van het Alziend Oog, maar dat hebben jullie zelf ook al bedacht natuurlijk.'

'Ja, veel verder dan dat komen zij ook niet, nee. Maar... dat van die moorden in Jeruzalem, hebben jullie dat gemeld? Aan de politie van Leiden?'

'Gemeld? Nee, ik heb dat niet gemeld nee. Niemand van ons, denk ik. Van die tweede moord in Nederland waren we hier niet eens op de hoogte. De Nederlandse politie zal daar toch zelf wel aan denken? Die korpsen staan toch in contact met elkaar, neem ik aan. Er zijn toch databases?'

'Ik denk niet dat ze... Ik denk dat ze zich in de eerste plaats op Leiden hebben gericht. Het is goed mogelijk dat ze helemaal niet op de hoogte zijn van die zaak in Jeruzalem, dat ze nog helemaal geen internationale link gelegd hebben. Ze lijken in Leiden trouwens al een dader te hebben.'

'En nu... Nee, dat kan niet.' Walter ging zitten en pakte met beide handen de rand van zijn bureau beet. 'Nee, dat kan niet,' herhaalde hij, alsof hij zichzelf tegen beter weten in wilde overtuigen.

'Jij denkt hetzelfde als ik denk?' vroeg Peter.

'Nou, weet je...' zei Walter. 'Bij die arme Sam en George gaan we nog steeds uit van een noodlottig ongeval. Daarom heb ik niet de link gelegd met wat er in Jeruzalem is gebeurd. En wat er in Leiden is gebeurd. Ik denk niet dat... Wat denk jij, Peter?'

'Het kán inderdaad gewoon toeval zijn, maar het is wel bizar, toch?'

'Ik zal straks de politie bellen,' zei Walter. 'Tot nu toe wordt het behandeld als een gewone vermissingszaak, een ongeluk zoals ik al zei. Maar stel nou eens dat er wel degelijk een verband is tussen al die zaken? Dat is meer stof voor een van mijn romans, maar de waarheid is soms vreemder dan fictie.'

Ik zal Rijsbergen mailen straks, dacht Peter. *Het is al vijf uur geweest, dus in Leiden is het na elven 's avonds. Rijsbergen zal de mail misschien morgenochtend pas lezen, maar wie weet hebben ze er toch nog iets aan.* 'We gaan het zien,' zei hij. 'Ik heb er een slecht gevoel over.'

'Ik ook moet ik zeggen.'

Ze schudden elkaar de hand en liepen naar de hal, waar Peter op het lichtknopje drukte. Het was net of de gedeelde bezorgdheid voor een band zorgde tussen beiden.

'Veel plezier met mijn boek,' zei Walter, waarschijnlijk in een poging het afscheid toch nog met een positieve noot te laten eindigen. 'Voor op de hotelkamer.'

'Nee, geen hotel,' zei Peter, vlak voordat hij de lift in stapte. 'Ik verblijf bij een vriendin van mij. Ze heeft een beurs voor drie maanden aan Harvard en woont op de campus. Zij is de enige persoon die ik hier ken.'

Plotseling schoot hem iets te binnen. *Waarom heb ik dat niet eerder gevraagd*, dacht hij. Hij legde een hand op de sensor van de lift waardoor de deuren niet sloten. 'Ken je Tony Vanderhoop?' vroeg hij.

Je hoefde geen groot mensenkenner te zijn om aan de reactie van Walter te zien dat hij Tony inderdaad kende – en dat hij daar niet graag aan herinnerd werd.

'Ja, die ken ik,' antwoordde hij. 'Hoezo?'

De vriendelijke openheid van de afgelopen twee uur was als bij toverslag verdwenen.

Walter deed een paar stappen in de richting van Peter, waardoor hij tussen hem en de trap kwam te staan. Het loslaten van de sensor had ook geen zin, want het sluiten van de deuren zou te lang duren.

Peter wachtte op wat komen ging. Hij voelde dat zijn spieren zich spanden. *Vluchten of vechten*, dacht hij.

Walter kwam vlak bij Peter staan, iets dichterbij dan nog comfortabel was. 'Hoe ken jij hem?' vroeg Walter. 'Als je het niet erg vindt dat ik het je vraag.'

'Hij is... Tony... Ik ken Mr. Vanderhoop niet goed,' zwakte Peter onmiddellijk zijn connectie met Tony af. 'Hij was anderhalve maand geleden in Leiden, als deel van een Amerikaanse delegatie die het Pilgrimsjaar voor kwam bereiden. In 2020 is het toch vierhonderd jaar geleden dat ze uit Leiden vertrokken? Ik heb hem maar twee keer ontmoet, weet je. Kort. Nu ik toch in Boston ben om mijn vriendin op te zoeken, leek het me goed met hem af te spreken. Maar ik ken hem nauwelijks dus. Waarom? Is er een probleem met hem?'

Walter zweeg, maar Peter zag aan hem dat de man koortsachtig nadacht.

'Ik bedoel, als vrijmetselaar is hij toch ook...' begon Peter.

'Vrijmetselaar?' herhaalde Walter met een schamper lachje.

Peter kreeg de indruk dat Walter op de grond gespuugd zou hebben als ze buiten waren geweest.

'Zei Tony dat hij vrijmetselaar was?'

'Ja. Dat is wat hij me vertelde,' zei Peter.

Walters schouders zakten iets, alsof hij besloten had dat Peter goed volk was ondanks alles.

'Tony Vanderhoop is enkele jaren geleden geroyeerd.'

Fragment 7 – Van Leiden naar Amerika (november 1627)

Voor het eerst in mijn leven heb ik een brief mogen ontvangen.
Een brief.

Het duurde even voordat ik mijn ontroering de baas was. Ook door
het besef dat deze vellen papier, gehuld in niets meer dan een eenvoudige
envelop, een zo lange reis hebben gemaakt. Wie weet welke gevaren ze
hebben getrotseerd. Ze zijn de oceaan overgestoken, en slechts de enkele
woorden op de envelop, mijn naam, mijn adres en de vermelding van de
stad Leiden waren voldoende om hun precieze bestemming te kunnen
vinden, de enige plaats in Gods wijde wereld waar ik me bevind.

Natuurlijk, de brief is niet alleen voor mij bedoeld, maar voor de hele
gemeenschap. Ik ga hem voorlezen tijdens een volgende bijeenkomst.

De envelop bevat nog een schrijven, in een kleinere envelop, niet voor
mij bestemd maar voor Josh.

Het is niet de eerste brief die we ontvangen. We weten dat niet alle
brieven aankomen, en van die brieven zal de inhoud voor altijd ongele-
zen blijven. De woorden van de schrijver zijn als van iemand die hardop
in zichzelf praat.

Maar dit is de brief van onze man, de eerste leerling van Josh Nunn,
die als jong knaapje op ons schip van Plymouth naar Amsterdam al niet
van zijn zijde week. Hij is in zekere zin een schaap onder de wolven. Mij
verbaasde het destijds dat hij naar Amerika vertrok, omdat hij in eerste
instantie zo duidelijk partij had gekozen voor de groep die in Leiden
bleef. Maar ook ik had niet overal zicht op toen. En nog steeds blijven er
zaken voor mij verborgen die aan anderen wél geopenbaard zijn.

Er is veel gebeurd, zowel daar als hier.

Laat ik beginnen met daar. Zijn brief geeft een samenvatting van *wat er de afgelopen zeven jaren heeft plaatsgevonden. Veel van wat hij schrijft was ons al bekend, maar hij vertelt ook nieuwe zaken.*

Hij schetst de moeilijkheden waar ze in Engeland tegenaan liepen. Naar Amerika willen was één ding, daar te komen bleek nog niet zo gemakkelijk. De reizigers waren afhankelijk van de staat die aan handelsmaatschappijen het recht verleende om koloniën op te richten. Ook onze groep moest dus eerst toestemming krijgen om naar Amerika te kunnen gaan, omdat het land onder Engels bewind stond. Ze moesten James I aanvaarden als hoofd van de kerk. Wat konden ze anders doen? Als ze dat niet hadden gedaan, zou de hele onderneming al gestrand zijn nog voor ze de haven ook maar hadden verlaten. Nog voor het schip zijn anker ook maar had gelicht! Ook moesten ze al zijn kerkelijke benoemingen accepteren. Wat een dilemma! Maar net als koningin Esther, die haar ware geloof verborgen hield om zo haar volk te kunnen redden toen zij met de Perzische koning Ahasveros trouwde, zo bleven de Pilgrims voor zichzelf vasthouden aan hun ideeën.

Toen ze de toestemming hadden gekregen, restte hun nog de taak een handelsmaatschappij te vinden die bereid was hen naar Amerika te brengen. William Brewster durfde het toch aan naar Engeland te gaan, ondanks de problemen die hij had gehad door de Pilgrim Press. Hij onderhandelde namens de groep, hetgeen niet gemakkelijk was. Ze tekenden een contract bij de Merchant Adventurers. De Pilgrims moesten veel meer beloven dan ze terugkregen, maar welke keuze hadden ze? Zo konden ze niets van de reissom terugvorderen, mocht de reis om welke reden dan ook mislukken.

De psalmist zingt immers: 'Uit de hemel ziet de Heer omlaag en slaat hij de sterveling gade. Vanaf zijn troon houdt hij het oog op allen die de aarde bewonen. Hij die de harten van allen vormt, hij doorziet al hun daden.'

Niemand zal uiteindelijk zijn gerechte straf ontgaan.

De groep van honderd mensen die in het jaar des Heren 1609 toegang tot de mooie stad Leiden had gevraagd – en gekregen – was groter geworden, veel groter. De Heer had onze onderneming gezegend. De groep was uitgegroeid tot honderden zielen. Lang niet iedereen kon mee natuurlijk, maar ook lang niet iedereen wilde mee. Er was tweespalt in de groep ontstaan.

Inmiddels weet ik meer van wat er destijds speelde – ik ben er zelf
onderdeel van uit gaan maken... Maar ik loop op de zaken vooruit. Een
volgende keer zal ik daar meer over schrijven.

In plaats van John zou William de expeditie naar Amerika gaan lei-
den. John bleef immers in Leiden.

Met gezamenlijke middelen schaften de reizigers het kleine schip de
Speedwell aan om hen naar de nieuwe wereld te brengen. Het moest ge-
repareerd worden, maar zodra dat was gebeurd, kon het de reis maken.
In Amerika zou het dan gaan dienen als vissersschip en als schip om het
contact met andere koloniën te leggen.

In juli 1620 heb ik, net als een groot deel van de gemeente, de reis
naar Delfshaven aanvaard, vanwaar het goede schip Speedwell zou
vertrekken, om de mensen die vertrokken vaarwel te zeggen. Maar het
schip was te zwaar, en de kapitein weigerde te vertrekken. Nog minder
mensen konden mee. Hartverscheurende taferelen speelden zich af op de
kade. Families werden uiteengerukt... Een deel kon mee, het andere deel
moest blijven en hopen een volgende keer aan boord te kunnen gaan.
Uiteindelijk konden zesenzestig zielen inschepen. De rest ging met ons
mee terug naar Leiden.

Je kunt je de teleurstelling voorstellen. Ze moeten zich gevoeld hebben
als Mozes die zicht had op het Beloofde Land maar er niet binnengaan
mocht.

In de aan mij gerichte brief schrijft hij verder:

> *Eindelijk, het schip lichtte het anker! Om al die mensen op de kade*
> *te zien staan... Ik liet een leven achter hier, op weg naar een nieuw*
> *leven, een onbekend leven. Liever was ik gebleven, maar ik moet*
> *gaan. Een nieuw iemand is in mijn plaats gekomen, in de goede*
> *handen van Josh. En in Amerika zal ook een nieuw iemand na*
> *mij komen.*
> *Toch ben ook ik bevangen door het avontuur.*
> *We zetten koers naar Southampton! De wind door onze haren, de*
> *zoute spetters van de zee op onze huid, de jubel in onze harten.*
> *Ook in het mijne!*
> *Het was een voorspoedige tocht. Wij gingen scheep en bevoeren*

het wijde water. We zagen de daden van de Heer, Zijn wonderen op de oceaan.

In de haven wachtte de Mayflower met nog andere passagiers, zowel geloofsgenoten als niet-geloofsgenoten, die we al snel 'vreemdelingen' noemden, 'strangers'. Het waren arme mensen die welvaart zochten in Amerika.

Maar de gerepareerde Speedwell bleek ons slechts de Noordzee over te kunnen brengen. We hadden Southampton nog maar net verlaten, of het schip bleek lek te zijn! We keerden terug en ondernamen na reparatie in Dartmouth een tweede poging, maar weer maakte het schip water. De Speedwell ging het niet redden. Een deel van de passagiers werd overgezet op de Mayflower en opnieuw bleef een groep achter, nu in Engeland.

Met 102 passagiers, Pilgrims en Strangers, en 25 bemanningsleden zetten we met de Mayflower op 6 september dan toch koers naar Amerika.

De reis was niet gemakkelijk, alleen daar zou ik al een boek over kunnen schrijven. Er staken stormen op, zo hevig dat we meenden dat ons laatste uur geslagen had. De zee was zo wild dat het schip dreigde te breken. De zeelieden werden angstig, en ieder riep tot God om hulp. We waren bang dat onze gebeden de hemel nooit zouden bereiken; direct nadat we ze in onze wanhoop omhooggestuurd hadden, waaiden ze uiteen. Sommigen wilden de lading in zee gooien om het gevaar af te wenden, maar wat hadden we dan nog zullen eten? Ik was in het ruim van het schip afgedaald om daar in een diepe slaap te vallen. De schipper kwam naar me toe en zei: 'Wat lig jij hier te slapen! Sta op, roep God aan! Misschien dat Hij zich om ons bekommert, zodat we niet vergaan.' Ik was bang dat de zeelieden zouden gaan overleggen: 'Laten we het lot werpen om te weten te komen wiens schuld het is dat deze ramp ons treft.' En dat het lot dan op mij zou vallen, in zekere zin een verstekeling – al dacht iedereen dat ik gewoon deel uitmaakte van de groep. De zee werd hoe langer hoe onstuimiger. En dat ik dan zou moeten antwoorden: 'Gooi me in zee, dan zal de zee jullie met rust laten. Want ik weet dat het mijn schuld is dat deze storm zo tegen jullie tekeergaat.' En dat ze tot de Heer zouden roepen: 'Ach

Heer, laat ons toch niet vergaan als wij het leven van deze man
opofferen. Reken het ons niet aan als hier een onschuldige sterft.
U bent de Heer, al wat u wilt, dat doet u!' En dat ze me dan op
zouden tillen en in zee zouden gooien, zodat de woede van de zee
bedaren zou.
Maar keer op keer kalmeerde de zee.
En op 19 november kwam uiteindelijk het land in zicht... Dankbaar
vielen we op onze knieën, huilend, biddend. William las Psalm 107
voor, die speciaal voor ons geschreven leek...

God sprak en ontketende storm,
hoog zweepte hij de golven op.
Zij stegen tot aan de hemel, vielen neer in de diepte,
hun maag keerde om van ellende,
ze tolden en tuimelden als dronkaards,
alle kennis baatte hun niets.
Ze riepen in hun angst tot de Heer –
Hij leidde hen weg uit vele gevaren,
Hij bracht de storm tot zwijgen,
de golven gingen liggen.
Het verheugde hen dat de zee tot rust kwam,
hij bracht hen naar een veilige haven.

Door de laatste storm was onze Mayflower veel noordelijker
uitgekomen dan de bedoeling was. We waren in de buurt van
een Kaap waarvan we later de naam leerden, Cape Cod. Het
probleem was dat dit niet tot Virginia behoorde, waar we een
octrooi voor hadden gekregen, maar tot New England en daar
gold de toestemming om een kolonie te stichten niet. We deden
een poging naar het zuiden af te zakken, maar die werd afgebro-
ken door een sterke stroming. We moesten het dus in deze streek
zien te redden...
De Strangers zorgden echter voor problemen: ze vonden dat ze niet
langer gehouden waren aan het contract, omdat ze buiten het oc-
trooigebied waren. De vreemdelingen wilden daarom hun eigen
gang gaan en los van ons een gemeenschap stichten. Chaos lag op

de loer: de kolonie dreigde al ten onder te gaan nog voordat er ook maar sprake van een kolonie wás!

Na overleg tussen ons Pilgrims en de Strangers kwamen we tot een nieuw testament, een overeenkomst. Alle mannelijke leden van de Mayflower ondertekenden dit: de Mayflower Compact. Samen zouden we een goed bestuur opzetten, wetten en regels maken en functies instellen. Eenieder had belang bij het welslagen van onze onderneming.

John Carver werd tot eerste gouverneur gekozen. Het idee dat we uit Nederland meegenomen hadden, dat we in Leiden hadden leren kennen, voerden we hier ook in: Carver had geen functie in de kerk, dus die twee zaken scheidden we. Kerk en regering zouden hier twee verschillende zaken zijn, gescheiden van elkaar, ieder de soevereiniteit van de ander op het eigen terrein eerbiedigend.

Eenmaal aan land verkenden we het terrein. We vonden een plek voor de huizen. Het voedsel was die eerste winter een groot probleem. We konden nog niet zaaien voor het volgende jaar. Alles heeft zijn tijd nodig immers. We waren aangewezen op de scheepsvoorraad, op vis, die we met primitieve middelen moesten zien te vangen, en op maïs, die de lokale bevolking verbouwde en die we af en toe in de omgeving vonden. Een deel moesten we uit onze mond sparen, want dit moest als zaaigoed in het voorjaar dienen. En het Beloofde Land was niet leeg. Zoals het volk Israël na de tocht door de woestijn – wie oren heeft, die hore! – de Kanaänieten aantrof, zo troffen wij ook wilden, mensen zonder godsdienst zo leek het. Sommigen waren vriendelijk en hielpen ons, anderen waren veel vijandiger. Er zijn al bloedige confrontaties geweest.

William heeft in een dienst laatst gezegd dat het nog een hele opgave zal worden om deze wilden te temmen en hun in te laten zien dat de afgoden die zij aanbidden vals zijn. Er zal nog heel wat water naar de zee stromen voordat ook deze indianen, zoals ze worden genoemd, waarlijk vrij zijn, zo stelde hij, en zij in deemoed de troon van Christus kunnen naderen – in zijn woorden immers de enige die de mens echt vrijmaakt.

De Mayflower bleef gelukkig tot maart 1621 bij ons. Zo hadden we altijd het schip om op terug te vallen. Maar we konden niet voor-

komen dat de helft van de nieuwe kolonisten tijdens dat eerste jaar
al stierf. Daar in het dorp begonnen sommigen van het volk zich te
beklagen. 'Had de Heer ons maar laten sterven in Leiden,' zeiden
ze tegen William en John. 'Daar waren de vleespotten tenminste
gevuld en hadden we volop brood te eten. Jullie hebben ons alleen
maar naar dit land gebracht om ons hier allemaal van honger te
laten omkomen.'

Ook John kwam dat eerste jaar om, onze eerste gouverneur. Wil-
liam volgde hem op.

Gelukkig voor ons kwamen met andere schepen nieuwe kolonisten
aan... Anders was onze kolonie heel snel uitgestorven!

En als ook ik was gestorven, dan zou ik de verkeerde keuze hebben
gemaakt om naar Amerika te gaan: mijn kennis zou verdwenen
zijn. Inmiddels heb ook ik een leerling nu, zoals ik ooit zelf een
leerling was. Ik heb dus goede hoop dat zelfs hier de lijn niet ver-
broken wordt.

Met de schepen kwamen er meer Pilgrims uit Leiden aan, maar
ook vreemdelingen, zonder enige band met de Pilgrims. Wat een
voorzienigheid was de Mayflower Compact geweest! Door de goe-
de afspraken die we hadden gemaakt, konden we ondanks onze
verschillende achtergronden en verschillende belangen toch over-
leven.

Want ondanks alle moeilijkheden en ondanks alle tegenslagen
hielden we het vol in onze nederzetting, Plimoth Plantation. In
oktober zijn we inmiddels gewoon een feest te vieren, dat we
Thanksgiving zijn gaan noemen. Zo denken we elk jaar nog even
terug aan Leiden, waar het allemaal begon... We bewaren warme
herinneringen aan de dankdienst die we elk jaar op 3 oktober bij-
woonden in de Pieterskerk, als dank voor het ontzet, als dank voor
het verjagen van de tirannieke Spanjaarden die de vrije Leidena-
ren hún manier van geloven op wilden leggen, hún manier van
aanbidden, vergetend dat ieder mens uiteindelijk vrij is: niemands
baas, niemands slaaf. In de Nederlanden, in Leiden – het bolwerk
van vrijheid – hebben deze zaken zich in ons hart gegrift. En wij
beschouwen deze waarheden als vanzelfsprekend: dat alle mensen
als gelijken worden geschapen, dat zij door hun schepper met ze-

kere onvervreemdbare rechten zijn begiftigd, dat zich daaronder
bevinden het leven, de vrijheid en het nastreven van geluk.

Met deze gloedvolle woorden – woorden die ik eerder al opgetekend
had uit de mond van John – waarop naties gebouwd zouden kunnen
worden, eindigde het laatste schrijven dat ik van onze man heb mogen
ontvangen. Dit was het openbare deel dat ik in de gemeenschap voor
heb gelezen.

Nu was er nóg een brief zoals ik al zei, een envelop in de aan mij
gerichte envelop, die niet aan mij was gericht. Ik heb hem afgegeven,
vanzelfsprekend, aan Josh Nunn. Hij weet dat ik de afgelopen jaren ben
uitgegroeid tot de kroniekschrijver van de Leidse gemeenschap. Van-
avond geeft hij me de brief terug. Hij heeft me toestemming gegeven de
inhoud ervan over te nemen in mijn verslag, opdat dat wat geschreven
staat niet verloren gaat. Josh heeft me verteld dat ook ik dan zal begrij-
pen wat er daadwerkelijk is gebeurd. Wie 'de leraar' is, wie 'de leerling'.
Welke rol onze man in Amerika werkelijk speelt. Wat de ware bron en
aard is van het conflict binnen onze groep. Waarom de meeste mensen
écht naar Amerika vertrokken zijn en waarom een zo grote groep hier
gebleven is.

Vanavond zal het allemaal geopenbaard worden.
Ik weet nu al dat...

Nota Bene – Piet van Vliet
En hier eindigt het, Peter! Om gek van te worden. Of onze anonieme
schrijver heeft de inhoud van die brief nooit leren kennen, of heeft er
wél kennis van genomen, maar besloten dat dit geen deel uit zou gaan
maken van zijn verslag. Of iemand ánders heeft dat besluit voor hem
genomen...

Maar de contradictie lijkt nu te zijn dat degenen die naar Amerika
gingen en dus de vrijheid zochten, juist de mensen zijn geweest die
een beperkte opvatting van vrijheid hadden! Als je dan leest hoe hij
schrijft over William Brewster – het is trouwens alsof hij tussen de
regels door wil laten zien dat hij deze opvatting niet deelt – die in
een dienst gezegd heeft dat 'het nog een hele opgave zal worden om
deze wilden te temmen en hun in te laten zien dat de afgoden die

zij aanbidden vals zijn' en 'dat er nog heel wat water naar de zee zal moeten stromen voordat ook deze indianen waarlijk vrij zijn en zij in deemoed de troon van Christus kunnen naderen', de Pilgrims' versie van Christus welteverstaan!

Al die zaken die ze geleerd hadden in Nederland – vrijheid van godsdienst, vrijheid van meningsuiting, vrijheid van pers – al die zaken die ze opgepikt hadden in Leiden namen ze mee bij hun Grote Oversteek. De principes zijn de basis gaan vormen van wat uiteindelijk de moderne Verenigde Staten zijn geworden: het burgerlijk huwelijk, de scheiding tussen kerk en staat... Maar de vrijheid had uiteindelijk eerst en vooral betrekking op de éígen vrijheid. Het is alsof je een Partij voor de Vrijheid opricht, maar vervolgens andere mensen hún recht op vrije beleving van hun godsdienst verbiedt. De vrijheid van de Pilgrims, hun wég naar de vrijheid, hun wéns de eigen godsdienst te kunnen beleven zonder dat iemand van buiten hun beperkingen oplegde, is natuurlijk wel ten koste gegaan van een hele indiaanse bevolking. En vrijheid die ten koste gaat van de vrijheid van anderen kan natuurlijk nooit echte vrijheid zijn!

De mensen die in Leiden zijn gebleven, zijn opgegaan in de Leidse bevolking. Dat waar degenen die vertrokken misschien bang voor waren dat gebeuren zou, ís ook gebeurd...

Maar zoveel vragen nog. Waarom ging die man – die leerling van Josh Nunn, die vanuit Amerika die brief schreef aan onze kroniekschrijver – naar Amerika? Waarom ging hij óók? Om kennis mee te nemen... Welke kennis? En die droeg hij weer over aan een leerling? Wat waren dan de 'ware bron en aard van het conflict'?

We zijn zo dicht bij de oplossing van de hele kwestie. Alsof je stervende vader je nog iets in je oor probeert te fluisteren, het antwoord op een vraag dat je al zo lang van hem wilde krijgen...

En hij komt net één ademteug tekort.

28

Peter stond op het South Station, bij het loket van de Greyhoundbusmaat-
schappij, te vroeg voor zijn afspraak met Tony, zoals hij altijd te vroeg was
voor afspraken.

'Vraag het hem zelf maar,' had Walter L. Lunt de vorige dag gezegd vlak
voordat ze afscheid genomen hadden.

De spraakwaterval die Walter de twee uren ervoor nog was geweest, leek
plots te zijn opgedroogd. Met een korte groet had hij afscheid genomen en
zich omgedraaid.

Peter had hem nog nagestaard, maar Walter had plaatsgenomen achter
de balie en niet meer opgekeken, alsof hij opeens opgeslokt was door heel
dringende bezigheden.

Aanvankelijk was Peter met een wat katterig gevoel teruggereisd naar
Harvard, zich afvragend of hij die hele afspraak met Tony niet beter zou
kunnen cancelen.

Maar dat is ook weer zoiets, had Peter gedacht. *Die man gaat nog regelmatig naar Leiden komen waarschijnlijk.*

Toen hij na zijn bezoek aan het gebouw van de vrijmetselaars eenmaal
op station Harvard uitgestapt was, waren de muizenissen in zijn hoofd al
grotendeels opgelost.

Lopend over de campus had hij met zijn bijna lege telefoon een mailtje
getikt aan Rijsbergen in Leiden.

Hallo,

Vanmiddag een bezoek gebracht aan de vrijmetselaarsloge in Boston.
Kreeg een rondleiding van ene Walter Lunt. Die vertelde me over een
dubbele moord op vrijmetselaars in Jeruzalem, vier jaar geleden. Ook
een ouder en een jonger iemand. Misschien zijn jullie er al van op de
hoogte, maar ik dacht: ik geef het voor de zekerheid toch maar even
door. Misschien een verband met Leiden? En het wordt mogelijk nog

bizarder: gisteren zijn hier voor de kust van Boston tijdens een vistrip de voorzitter van een vrijmetselaarsloge en zijn leerling spoorloos verdwenen. Er wordt naar hen gezocht, maar tot nog toe zonder resultaat. Morgen vlieg ik terug naar Nederland, dan spreken we elkaar weer. Groet, Peter de Haan

In Nederland was het al middernacht geweest, dus Rijsbergen zou het bericht waarschijnlijk niet direct lezen.

Nadat hij en Judith thuis wat hadden gegeten, waren ze naar een van de vele studentencafés rond de campus gegaan, waar ze de rest van de avond hadden doorgebracht. Op vrijdag- en zaterdagavonden was het altijd het drukst, maar ook op een donderdag als deze was er veel volk op de been.

Het was een beetje hun afscheidsavond geweest. Deze avond moest Judith namelijk een presentatie houden waar ze niet onderuit kwam. In een besloten gezelschap zou ze over haar onderzoek moeten vertellen – een deel van de tegenprestatie voor de beurs die ze ontvangen had.

Peter was vroeg opgestaan en vrijwel direct nadat hij zich aangekleed had – zonder te ontbijten of koffie te drinken – vertrokken. Wél had hij op zijn laptop nog snel even zijn mails gecheckt. Er was een mail geweest van Rijsbergen die hem had bedankt voor de Jeruzalemlink, maar die hem ook had laten weten dat ze er in Leiden al van op de hoogte waren geweest. De verdwijning van de twee mannen in Boston was daarentegen wél nieuw voor hem, en het nieuws daarover zouden ze in Leiden op de voet gaan volgen.

Judith had nog liggen slapen toen hij de deur zachtjes achter zich dichtgetrokken had. De deur van haar slaapkamer had half opengestaan, waardoor hij een glimp van haar op had kunnen vangen. Het laken was deels op de grond gevallen, waardoor haar rug zichtbaar geweest was. Hij had de neiging moeten weerstaan haar slaapkamer binnen te gaan om het laken weer over haar heen te leggen.

Pas in de metro had hij ontdekt dat zijn telefoon thuis nog aan de oplader lag. Er was geen tijd meer om helemaal terug te gaan naar Judiths appartement.

Maar een dag zonder telefoon is ook wel zo rustig, had Peter toen gedacht. *Ik heb hem trouwens toch meestal uitstaan hier of op vliegtuigstand, dus zoveel verschil maakt het niet eens.*

In Leiden liet hij soms bewust zijn telefoon een dagje thuis, wat hem zo veel rust gaf, dat hij ook aan anderen aanraadde dit zo nu en dan eens te doen.

Voor het slapengaan had Peter nog het zevende – en naar nu bleek laatste – fragment gelezen dat Piet van Vliet hem opgestuurd had. Hij had diens frustratie gedeeld over het abrupte einde van het manuscript, precies op het punt waarop de échte geheimen onthuld leken te gaan worden.

Om gek van te worden inderdaad, dacht Peter.

Hij had het wel bijzonder gevonden om uitgerekend vandaag de plekken te bezoeken waar de Pilgrims in Amerika voet aan wal hadden gezet en om de nagebouwde nederzetting Plimoth Plantation te zien – een dag na het lezen van de brief die precies in die contreien geschreven was.

'Peter,' klonk opeens de stem van Tony achter hem.

'Tony,' antwoordde Peter, waarbij hij de warmte in Tony's stem probeerde te imiteren.

De bus was inmiddels voorgereden. Een voor een stapten de passagiers in die een digitaal ticket op hun mobiel lieten zien of, zoals Tony, uitgeprinte tickets lieten scannen.

'Hier is jouw ticket,' zei Tony terwijl hij het A4'tje aan Peter gaf. 'Ik heb het je net ook per mail gestuurd.'

Peter vouwde het op en stopte het in het voorvakje van zijn rugzak, waar hij een windjack in gestopt had, een aantekenschrift en een pen, een flesje water en een boek in een plastic tasje om het te beschermen mocht het flesje gaan lekken.

Tony had helemaal niets bij zich.

Zodra ze zaten, haalde Peter het boek *Mayflower* uit zijn rugzak, dat hij nog steeds niet helemaal uit had, en legde dat op zijn schoot. Hij wilde er echt verder in lezen, maar wilde ook het signaal geven dat hij niet de komende twee uren alleen maar wilde praten.

Tony leek vergroeid met zijn Red Soxhonkbalpet. In Nederland had hij hem elke keer op gehad wanneer Peter hem had gezien.

'Heb jij altijd een pet op?' vroeg Peter.

'*Yes siree*,' zei hij als een rekruut die zijn meerdere antwoord gaf. '*Not going anywhere without it.*'

Peter had nog genoeg andere vragen voor zijn buurman, maar besloot het voor nu even neutraal te houden. 'Heb je geen auto?' vroeg hij.

'Jawel, natuurlijk wel,' zei Tony lachend. 'Een Amerikaan zonder auto… Nee, we gaan vandaag voor de authentieke ervaring: reizen met de Greyhound. Daarna pakken we een taxi – en vanaf Plimoth Plantation rijden er shuttlebussen naar het stadje Plymouth. Daarna heb ik nog een verrassing voor je.'

Een verrassing, dacht Peter. *Wat een kinderachtig gedoe… We gaan het zien. Een bus terug naar Boston is gemakkelijk genoeg weer gevonden.*

'Zeventig jaar oud, Plimoth Plantation,' zei Tony. 'Het was de jongensdroom van archeoloog Henry Hornblower ii om het verhaal van de Plymouth Colony te vertellen. In 1947 begon hij met hulp van vrienden, familie en zakenpartners het museum. Ze bouwden twee cottages en een fort aan de historische kustlijn van Plymouth. Daarna is het uitgebreid met de bouw van een replica van het schip de Mayflower, de bouw van het Engelse dorp, het dorp van de Wampanoag-indianen enzovoort. Het is echt een schitterende plek, weet je.'

De bus had inmiddels het ondergrondse station verlaten. Ze reden op de nog rustige weg op weg naar de kust.

'Als je in Nederland bent, zou je het Archeon eens moeten bezoeken,' zei Peter. 'Dat ligt vlak bij Leiden. Ze hebben daar drie historische periodes nagebouwd: de prehistorie, de Romeinse tijd en de middeleeuwen – compleet met archeotolken, een soort gidsen die tekst en uitleg geven.'

'Ah, maar hier zijn geen gidsen, hoor,' zei Tony trots. 'Hier lopen allemaal acteurs rond. Een jaar lang bereiden ze zich voor op hun rol. Ze lezen álles wat er maar te weten valt over het personage. Ze meten zichzelf een Engels accent aan… Ze blíjven onophoudelijk in hun rol, alsof ze een paar maanden geleden pas uit Leiden vertrokken zijn. Schitterend.'

Peter pakte *Mayflower* ter hand en opende het op de bladzijde waar hij was gebleven.

'Hoe was je bezoek aan de vrijmetselaars gisteren?' vroeg Tony, alsof het hem niet was opgevallen dat Peter wilde lezen.

Peter keek Tony van opzij aan, hem peilend, maar Tony keek oprecht geïnteresseerd, alsof hij niet kon wachten om alles over Peters bezoek aan de loge te horen.

'Nou,' zei Peter, 'het was een zeer interessant bezoek. Dat kan ik je wel vertellen.'

'Goed zo, goed zo,' zei Tony. 'Ik ben blij te horen dat het een succes was.'

Tony's nieuwsgierigheid leek door dit korte antwoord onmiddellijk te zijn bevredigd, want hij vroeg niet door.

Dit is natuurlijk het moment om hem naar zijn royement te vragen, dacht Peter. *Maar dat zou weleens een heel vervelend begin van ons uitje kunnen worden als ik daarnaar vraag. En we hebben nog de hele dag.* Uiteindelijk besloot hij zijn aandacht op zijn boek te richten.

Al na korte tijd reed de bus, die ondanks het vroege uur tot op de laatste plaats bezet was, Boston uit. Op een brede snelweg reden ze door een weinig enerverend landschap met langs de kant rijen bomen, waarachter industrieterreinen en uitgestrekte buitenwijken lagen.

Zal ik hem vragen of hij al iets gehoord heeft over de vermissing van die twee mannen? En of hij denkt dat de moorden in Jeruzalem iets te maken hebben met die in Leiden? Of dat al die zaken met elkaar verbonden zijn?

Peter zag er plotseling tegenop al die vragen aan Tony te stellen. Wie wist welk oud zeer erdoor naar boven gehaald werd. Maar net toen hij besloten had er tóch naar te vragen en opzij keek, zag hij dat Tony zijn pet naar voren geschoven had zodat die zijn ogen bedekte. Zijn hoofd leunde naar achteren, en zijn mond was licht geopend, als van iemand die slaapt.

Ook dat maar bewaren voor later. Er is genoeg te bespreken zo.

Na twee uur stopte de bus op een parkeerterrein met een enorme McDonald's. Behalve Peter en Tony verlieten slechts enkele mensen de bus die de stad Hyannis als eindbestemming had.

Ze stapten in de voorste auto van een rij taxi's die tegenover de bushalte stond opgesteld. In minder dan een kwartier waren ze bij Plimoth Plantation, waar ze nog voor de openingstijd van negen uur arriveerden.

Op een bankje in de centrale hal wachtten ze tot de kassa's opengingen.

Tony werd door veel mensen herkend. En aan iedereen die ze maar tegenkwamen, stelde hij Peter voor als zijn '*most distinguished*' dan wel zijn '*most honoured*' gast uit Leiden, '*the Netherlands, Europe*'.

Slechts een enkeling reageerde op de mededeling dat Peter uit Leiden kwam.

Tegen de anderen had Tony net zo goed kunnen zeggen dat ik uit Ulaanbaatar kom, dacht Peter.

De kleine expositie en het restaurant in de centrale hal sloegen ze over.

'We kunnen straks in het Craft Center wel iets drinken,' zei Tony, terwijl hij Peter energiek voorging.

Aan de achterkant van het gebouw gingen ze naar buiten. Via een kronkelend pad daalden ze af en kwamen ze al snel in een bosrijke omgeving terecht.

'We bezoeken eerst de Wampanoag Homesite,' zei Tony. 'Echt interessant. Weet je, ik ken de kritiek op ons herdenkingsjaar van al die mensen die zeggen: "Ja maar, hoe zit het met de inheemse bevolking?" Ik, of wij, de hele organisatie, we zijn ons altijd bewust geweest van de gevoeligheid van de hele materie. Ras is een buitengewoon complex iets in de Verenigde Staten. Ik bedoel, je kunt vragen naar wat iemand verdient, naar hoeveel zijn huis heeft gekost. De meeste mensen zullen je daar zonder aarzelen antwoord op geven. Maar vragen naar waar iemand vandaan komt, wordt beschouwd als not done. Het is gecompliceerd. Uiteindelijk zijn wij Amerikanen allemáál migranten natuurlijk, als je maar lang genoeg teruggaat in de tijd. Dus dat is iets waar je in Amerika gewoon niet naar vraagt. Het is ongemakkelijk. Alsof je iemand de maat neemt: wie woont hier al het langst? Wie is het meest Amerikaans?'

'En er is veel discriminatie natuurlijk,' voegde Peter eraan toe.

'Ja, inderdaad,' beaamde Tony. 'Dat is ook… Daarom zeg ik, gevoelige materie. Dus daarom – en dat wilde ik zeggen – hebben wij van het begin af aan aansluiting gezocht, en gevonden, bij de Native Nations, zoals de inheemse bevolkingsgroepen in Amerika zich noemen. Wij beseffen natuurlijk ook dat het geen onverdeeld genoegen was – om het maar eens mild uit te drukken – dat de kolonisten hier landden. Te lang hebben de kinderen tijdens de geschiedenislessen op school de mythe van het lege land geleerd. De nadruk ligt dus op het woord "*commemoration*", herdenking, en niet op "*celebration*", viering. Dat laatste woord vermijden we zelfs zo veel mogelijk.'

'Ik begrijp het.'

'We willen een genuanceerd beeld brengen. Het gaat om een samenwerkingsverband, niet alleen tussen de drie naties – de vs, Engeland en Nederland – maar tussen vier naties in feite, de Native Nations horen er nadrukkelijk ook bij. Ze zijn blij dat zij ook de gelegenheid krijgen om hun verhaal te vertellen. Eigenlijk is dat hele 2020 de start van een decennium van herdenkingen, want telkens is er wel weer een ander stadje dat vierhonderd jaar geleden gesticht werd of waar een veldslag plaatsgevonden heeft.'

Ze waren aangekomen bij wat volgens de grote plattegrond de Wampanoag Homesite was. Aan het begin van de zeventiende eeuw woonden de Wampanoag-indianen tijdens het landbouwseizoen aan de kuststreek, waar ze hun gewassen verbouwden, vis vingen, kruiden en bessen verzamelden en riet sneden om matten en manden mee te vlechten.

Toen de Pilgrims in november 1620 arriveerden, zo wist Peter, waren de indianen het binnenland in getrokken zoals ze altijd in dat jaargetijde deden, maar zo af en toe zwierven ze nog wel in de kustgebieden rond. Zonder hulp van deze indianen zouden de kolonisten allemáál omgekomen zijn – in plaats van de helft van de mensen die oorspronkelijk op de boot zaten.

De *site* bleek een grote open plek in het bos, waar enkele hutten van hout, leem en stro stonden. Er was een doorgang met een klein strandje, dat toegang gaf tot een groot meer. Een paar kano's waren half het land op getrokken.

Direct rechts stond een indiaanse man met op een kleed voor zich een hele verzameling aan wat vroeger inheems speelgoed was, zo legde hij uit. Poppen van leer en hertenvel, een soort dobbelspel met dierenbotten en iets wat op een tol leek.

Iets verderop lag een uitgeholde boomstam, waar Peter op aandringen van Tony even in ging zitten. In zijn handen hield hij een houten peddel waarmee hij deed alsof hij door het water ploegde.

Ze liepen naar een halfronde hut, helemaal open aan de voorkant en aan de achterkant slechts een open frame van dunne boomstammen en dikke takken. Onder het rieten dak zaten drie mannen en een vrouw, gekleed in kleding van soepel uitziend leer. De mannen droegen alleen een broek en sandalen en hadden kettingen om de nek. De jurk van de vrouw liet een schouder onbedekt. Ze zaten in een halve cirkel op afgezaagde boomstammen, die als kruk dienstdeden. Voor hen brandde een houtvuurtje dat meer rook dan vuur produceerde, met daarboven een gevild konijn aan een spit. Een van de mannen, het hoofd kaalgeschoren, draaide dat af en toe rond.

In het midden van de Wampanoag Homesite waren akkers aangelegd, compleet met een steigerachtig bouwwerk van hout, waar mensen traditioneel de wacht hielden om vogels te verjagen, zo legde Tony uit.

In een aardewerken pot kwam net water aan de kook. De vrouw haalde kruiden uit een buidel die om haar middel hing en gooide die in het water. Ze nodigde Tony en Peter uit plaats te nemen.

Tony kende deze mensen niet, had hij aan Peter uitgelegd toen ze naar de hut liepen. De indianen waren geen acteurs die zich een rol aangemeten hadden, maar echte indianen – niet per se behorend tot de Wampanoag Nation, maar wel van indiaanse komaf.

De vrouw schonk met een grote houten pollepel het hete water in kommetjes van aardewerk die ze ongevraagd aan Tony en Peter overhandigde. Er steeg een heerlijke frisse geur uit op, een combinatie van munt en tijm, zo leek het.

De vrouw liep weg van het vuur en zette zich aan een heupweefgetouw, waarop ze een lang, smal stuk stof aan het weven was.

'Waar komen jullie vandaan?' vroeg de jongste van het stel mannen, die zich bezighield met het roosteren van het konijn.

'Ik kom uit Nederland,' zei Peter. 'En hij komt uit Boston. Ik kom uit Leiden, het stadje in Nederland waar de Pilgrims woonden voordat ze naar Amerika vertrokken. Leiden...' Hij liet een betekenisvolle stilte vallen. '...waar Thanksgiving eigenlijk vandaan komt.'

De man bleef hem met een uitgestreken gezicht aankijken. De naam 'Leiden' leek ook bij deze man geen licht te doen opgaan, evenmin als het verband tussen Leiden en Thanksgiving.

'Hoe zien jullie het jaar 2020?' vroeg Peter. 'Als herdacht gaat worden dat de Pilgrims vierhonderd jaar geleden op deze kust landden.'

De mannen wisselden een snelle blik met elkaar.

'Kijk...' zei een van de twee andere mannen. 'Het mag duidelijk zijn dat het voor ons geen feestelijke gebeurtenis is.'

'Daarom noemen we het ook "herdenking"' en geen "viering",' zei Tony snel.

'Ja, precies,' bevestigde de man. 'Geen viering nee... Weet je, voor ons is het meer een gelegenheid om ons verhaal te vertellen. Niet alleen over wat er toen is gebeurd, maar ook om de mensen te laten weten hoe het er nu voor staat. Er gaat veel goed, maar er zijn ook nog steeds veel zaken die beter kunnen, in termen van onderwijs, economische ontwikkeling, discriminatie, werkeloosheid. Hoe je er ook naar kijkt, voor ons, de Native Nations, zou het natuurlijk het beste zijn geweest als al die mensen uit Europa gebleven waren waar ze vandaan kwamen. Ons territorium, dat van de Wampanoags – ikzelf behoor tot de Wampanoag Nation – liep van Weymouth tot aan wat nu Cape Cod is. Ook de eilanden Nantucket, je weet wel van *Moby Dick*, en het eiland Martha's Vineyard, behoorden tot ons leefgebied, helemaal tot aan Bristol en Warren en de noordoostelijke hoek van het hedendaagse Rhode Island. Dat was van ons, weet je. Het was geen leeg land dat ze hier aantroffen. Wij woonden hier al zo'n tienduizend jaar. Om die reden heten we Wampanoag, *"People of the dawn"* of *"People of the first light"*. Wij wáren hier als eersten tenslotte. Destijds waren we met wel vijftigduizend tot honderdduizend mensen, nu zijn er daar nog maar vier- of vijfduizend van over. Tussen 1616 en 1618 alleen al zijn er duizenden en nog eens duizenden gestorven als gevolg van ziektes die de Europeanen met zich mee hadden genomen.'

Tony kuchte even. Toen blies hij overdreven hard over de rand van het kommetje voordat hij een slokje van zijn thee nam.

Misschien gaat dit gesprek niet helemaal de kant op die hij wil, dacht Peter. 'Maar goed,' zei hij, niet van plan het onderwerp te laten rusten. *Dit is toch wel een unieke gelegenheid om eens met indianen over dit onderwerp te kunnen praten.* 'Toch zitten jullie hier. Jullie hebben besloten om ook hier deel van uit te maken, van deze Plimoth Plantation.'

'Ja precies,' zei de tweede man. 'Maar dat is, zoals mijn vriend al zei, omdat ook wij dan de kans krijgen ons verhaal te doen. Wij waarderen het dat de Native Nations ook betrokken worden in het geheel. Zo kunnen wij ook het beeld nuanceren dat veel kinderen nog steeds op school leren, de mythologie die ontstaan is rond die Pilgrims. Neem dat maal rond Thanksgiving bijvoorbeeld. Als je de bronnen uit die tijd raadpleegt, boeken en brieven, dan staat er geschreven dat de Pilgrims hun eerste oogst in het najaar van 1621 vierden *"rejoicing in a special manner together".* Massasoit was op dat moment de *sachem*, de leider van een dorp in Pokanoket, waar Bristol en Warren op Rhode Island nu liggen. Massasoit was trouwens niet zijn echte naam, dat was een titel, die zoiets betekent als "Grote Leider", in het echt heette hij Ousamequin. Maar goed, ik dwaal af. Volgens de overlevering sloot hij zich met zo'n negentig man bij de kolonisten aan voor het feest. Meer dan tweehonderd jaar later, ergens in het midden van de negentiende eeuw, zou deze gebeurtenis bekend komen te staan als de eerste Thanksgiving. Maar zo simpel is het waarschijnlijk niet. Zowel de Engelsen als de Native Nations kenden een lange traditie van dankfeesten voor de oogst.'

'Wij hebben een heel andere ontstaansgeschiedenis van Thanksgiving,' nam de man die tot dan toe gezwegen had het verhaal over. 'Er is nog een heel andere versie van dit verhaal.'

De man die zich over het konijn ontfermd had, zei snel iets in een taal die Peter niet verstond, de eigen inheemse taal naar hij aannam.

Er ontspon zich een korte, maar felle discussie die grotendeels op een bijna fluistertoon gevoerd werd.

Vervolgens ging de man onverstoorbaar verder met zijn verhaal. 'Waar wij ons tegen verzetten is de mythe van het lege land.'

Tony keek Peter even van opzij aan en knikte.

'Te vaak nog leren de kinderen op school,' vertelde hij verder, 'en zien mensen in Hollywoodfilms hoe dappere pioniers uit Europa Amerika veroverden. Het beeld van die honderden huifkarren die over de lege prairies stuiven om hekken neer te zetten om land dat ze vanaf dat moment het hunne noemden. Alsof het al niet aan iemand toebehoorde! Af en toe werden ze dwarsgezeten door die roodhuiden, maar uiteindelijk veroverden ze het land tot aan de Noordelijke Stille Oceaan. *How the West was lost*, dát is het echte verhaal.'

Peter keek opzij naar Tony, die zich volledig concentreerde op zijn kommetje, alsof hij een zenmeester was, bezig met een theeceremonie.

'Dat hele verhaal over die godvrezende, hardwerkende mannen en vrouwen, die *"boldly went where no man had gone before"*. De ontdekking van Amerika, dat hele woord "ontdekking" al! Je zegt eigenlijk dat het niet echt bestond voordat Europeanen er voet aan wal zetten, dat het niet relevant was, dat het toen pas betekenis kreeg.'

'Maar die Pilgrims waren toch niet de eerste kolonisten? In Jamestown in Virginia waren toch al eerder Engelsen komen wonen? En die Pilgrims waren toch niet direct de mensen die het land met geweld veroverden? Dat gebeurde toch pas in de achttiende eeuw echt op grote schaal door andere Engelsen, Duitsers, Ieren, Nederlanders...'

'Ja, dat klopt, maar die Pilgrim Fathers zijn wel de voorhoede gebleken van een beweging die rampzalige gevolgen heeft gehad voor de inheemse cultuur van de Noord-Amerikaanse indianen. En daar wil ik aan toevoegen dat iemand als John Mason, die met de *great Puritan Exodus* uit Engeland naar Amerika kwam, aan het hoofd stond van de moordpartij op zevenhonderd indianen van de Pequot-stam in 1637, de eerste keer na 1621 dat Thanksgiving echt gevierd werd. De kolonisten waren boos omdat een Engelse handelaar, die verdacht werd van het ontvoeren van indiaanse kinderen, vermoord zou zijn door een Pequot-indiaan. De hele Pequot-stam was samengekomen voor hun jaarlijkse feest van de "groenemaïsdans". De plek waar ze zich hadden verzameld, werd door puriteinen en de andere kolonisten omsingeld, waarna zij zevenhonderd aanwezige mannen, vrouwen en kinderen vermoordden. De indianen werden doodgeschoten, neergestoken, in brand gestoken... Er werd zelfs gevoetbald met hun afgesneden hoofden.'

Verontwaardigd schudde Peter zijn hoofd, de lippen op elkaar geperst.

'Wegens het "succes" van deze moordpartij,' maakte de man zijn verhaal af, 'kondigde de kerk een dag van dankzegging af, Thanksgiving, en dát is de oorsprong van deze maaltijd. Er werd zelfs een wet uitgevaardigd dat de dag van deze enorme slachtpartij voortaan een dag van viering zou zijn, een viering van de onderwerping van de Pequot-indianen en van dankzegging dat dat gelukt was dus. Later is daar de alom bekende mythe overheen gekomen, want de geschiedenis wordt altijd geschreven door de winnaars. Dát is dus die andere versie van het verhaal waar ik het net over had. Nu is er een feest van gemaakt om dankbaar te zijn voor de oogst en dergelijke, compleet met de vrome plaatjes van blanken en natives die gebroederlijk rond een rijk gedekte dis zitten, maar de werkelijkheid is dus anders. Het is een verzonnen traditie zogezegd.'

'Oké,' zei Tony, waarbij hij de 'o' lang rekte. Hij dronk het laatste restje van zijn thee op.

Ook Peter leegde zijn kommetje, waar hij nog helemaal niet van gedronken had, in een paar slokken. Het was vanzelfsprekend koud geworden, maar smaakte toch goed.

'Bedankt voor dit verhaal, heren,' zei Tony, die opstond.

Peter volgde zijn voorbeeld.

'Het is belangrijk dat ook dit verhaal verteld wordt,' voegde Tony eraan toe. 'Ik wil jullie bedanken voor jullie tijd. En u bedankt voor de thee.' Die laatste woorden richtte hij tot de vrouw, die al die tijd onverstoorbaar had zitten weven.

De drie mannen knikten bij wijze van afscheid.

Tony en Peter liepen weg van de hut en namen nog een kijkje in een groot huis dat aan de buitenkant in zijn geheel bestond uit lange boombasten, die kunstig over elkaar heen gelegd waren.

Ik denk niet dat Tony veel zin heeft hier verder op door te gaan, dacht Peter. *In Nederland worden we ook niet graag herinnerd aan de oorlogsmisdaden in Nederlands-Indië.*

In het huis zat een indiaanse jongeman, op een verhoging die bedekt was met dierenhuiden, te praten met enkele andere toeristen die in de tussentijd gearriveerd waren. Aan de wanden hingen houten gereedschappen, pijlen en bogen, nog meer dierenhuiden. Er stonden manden met graan en bonen.

Uit beleefdheid bleven ze even staan luisteren naar zijn uitleg over het gebruik van kruiden en planten, maar na enkele minuten al gingen ze weer naar buiten.

Ze vervolgden een pad dat kronkelend omhoogvoerde.

'De *great Puritan Exodus*...' zei Peter. 'Die uitdrukking kende ik nog niet.'

'Nee? Dat was zo tussen 1620 en 1640, de instroom van Engelse puriteinen naar Massachusetts en West-Indië, met name Barbados. Het bijzondere aan die hele geschiedenis van die puriteinen is dat het geen individuen waren die emigreerden maar hele gezinnen. Dát was iets nieuws. En dat ze niet in de eerste plaats op zoek waren naar economisch gewin, maar naar religieuze vrijheid. Veel gelovigen in die specifieke periode, dus ook de Pilgrims, identificeerden zichzelf met de geschiedenis van de échte Exodus. Die vergelijking met het volk van Israël staat expliciet in hun geschriften.'

'Oké...' begon Peter voorzichtig. 'Geschiedenis...'

Tony hield abrupt stil.

'Jij gaat me toch niet vertellen dat jij een van die mensen bent die niet gelooft dat het verhaal van de Exodus échte geschiedenis is, hè?' vroeg Tony op een toon die een mengeling verried van verbazing en irritatie.

Geloof en politiek. Die onderwerpen kun je beter mijden in Amerika, daarvoor heeft Judith me op de eerste dag al gewaarschuwd.

'Ik denk dat het...' begon Peter voorzichtig. 'Ik denk dat het meer héílsgeschiedenis is. Misschien bevat ze wel een kern van waarheid, maar is er uiteindelijk een groter verhaal van gemaakt. Voor een verhaal, ik bedoel voor het overbrengen van een boodschap in een verhaal, is het uiteindelijk niet doorslaggevend of iets echt gebeurd is of niet. Ik bedoel, de sprookjes van de gebroeders Grimm of van Hans Andersen bevatten boodschappen die ons iets leren over het leven, over hoe met elkaar om te gaan, over goed en kwaad, terwijl we allemaal weten dat die verhalen niet echt zijn.'

Ze liepen weer door.

Tony leek in tweestrijd te zijn over of hij dit onderwerp zou laten rusten dan wel er verder op door zou gaan. Het werd toch het laatste.

'Luister, Peter,' zei Tony. 'Ik respecteer jouw standpunt, dat doe ik echt, maar het probleem voor mij als christen –'

'Christen?'

'Christen ja. Verbaast je dat?'

'Ik dacht, als vrijmetselaar...'

'Je weet toch dat dat júíst te combineren is met welk geloof je maar wilt.'

'Ja, dat is waar, maar –'

'Wil je mij eigenlijk niet iets anders vragen, Peter?'

Nu was het Peters beurt om stil te staan. 'Hoe bedoel je? Wat zou ik je moeten vragen?'

'Waarom ik als vrijmetselaar geroyeerd ben.'

29

De dag nadat Van de Kooij bij Rijsbergen thuis had aangebeld om hem een aflevering van *Unsolved Murder Mysteries* te laten zien, had Rijsbergen contact gezocht met zijn collega's in Jeruzalem.

In de documentaire was regelmatig het pratende hoofd van Abner Cohen in beeld te zien geweest – zijn snor was de enige beharing op zijn hoofd – die destijds de leiding over het onderzoek had gehad. Hij had verteld over de ontwikkelingen in de zaak, de hoopgevende aanwijzingen die ze hadden gevolgd, de verdachten die ze onterecht in het vizier hadden gehad en de paden die uiteindelijk allemaal waren doodgelopen.

De aflevering was geëindigd met een scène waarin de oud-rechercheur achter een computer gezeten had, in een huiselijke omgeving. Hij had bekend nog met enige regelmaat het dossier helemaal vanaf het begin door te lezen, hopend dat een nieuw plots inzicht als de spreekwoordelijke bliksem in zou slaan. Maar ook hij had moeten toegeven dat dit waarschijnlijk een van die zaken was geworden die voor altijd onopgelost zou blijven.

Maar nu ging dat wellicht veranderen.

Rijsbergen had aanvankelijk niet gesproken met de rechercheur die op tv verschenen was, maar met een veel jonger iemand die de zaak niet kende. Men had midden in een proces van digitalisering gezeten, zo had de jonge agent vanuit Jeruzalem uitgelegd, waarbij ook oude dossiers gescand werden. Ze waren al bijna bij het heden inmiddels, dus ook deze zaak was compleet digitaal beschikbaar.

De rapporten vanuit Israël zouden later vandaag digitaal naar Leiden verstuurd worden. Ook zou Abner Cohen contact met hem opnemen.

Verder had Rijsbergen een mail ontvangen van Peter de Haan die op dat moment in Boston was. Zo ongeveer op hetzelfde moment als Rijsbergen en Van de Kooij dat in Leiden hadden gedaan, had hij ontdekt dat er in Jeruzalem vier jaar geleden ook een dubbele moord plaats had gevonden in het vrijmetselaarsmilieu.

In de mail had Peter ook nog geschreven dat er op dat moment in Boston twee mensen vermist werden, de voorzitter van een loge en zijn leerling. De politie behandelde dit vooralsnog als een reguliere vermissingszaak, maar na Rijsbergens telefoontje met een Amerikaanse collega in Boston zou dit wellicht veranderen. Het verband tussen de zaken in Jeruzalem en Leiden was nog steeds niet duidelijk, maar leek er wel te zijn: het grote geweld waarmee de moorden gepleegd waren en het weggesneden stukje huid bij de oksel. Bij deze nieuwe zaak in Boston was je natuurlijk ook geneigd direct een verband te leggen, omdat het hier ook een oudere voorzitter en zijn jongere leerling betrof.

Het is... té toevallig allemaal, dacht Rijsbergen.

Hoewel hij geen streng religieuze achtergrond had, kreeg hij bij een dergelijke bizarre samenloop van omstandigheden weleens het gevoel dat er op de een of andere wijze van 'leiding' sprake was. Het was alsof 'iets' of 'iemand' hem een bepaalde kant op stuurde – hij kon het niet anders omschrijven.

Rijsbergen had Peter geantwoord. Bij hem was het toen negen uur 's morgens, maar in de vs was het drie uur 's nachts, dus het zou waarschijnlijk nog een paar uur duren voordat Peter zou lezen dat ze in Leiden hetzelfde over Jeruzalem hadden ontdekt als hij in Boston had gedaan.

Rijsbergen zat in zijn kantoortje geluidloos met zijn vingers op zijn bureau te roffelen. Terwijl hij voor de derde keer de hele aflevering bekeek, maakte hij kanttekeningen bij de aantekeningen die hij eerdere keren al had gemaakt. Het ging om dingen die hem opvielen, overeenkomsten en verschillen.

Hij had het beeld wat verkleind zodat hij één oog gericht kon houden op het icoontje van het communicatieprogramma waar hij gebruik van maakte. Via dat programma zou Abner Cohen namelijk contact met hem opnemen. Het maakte gebruik van end-to-endencryptie waardoor een bericht zo versleuteld werd dat alleen de ontvanger het kon inzien. Dat had Rijsbergen nog wel begrepen, maar verder had hij er geen verstand van. Van de Kooij had hem een keer geprobeerd uit te leggen hoe de communicatie via meerdere computers en servers verliep, maar al snel had Rijsbergen hem glazig aangekeken en geknikt op momenten die daarvoor geschikt leken. Het kwam er in het kort op neer dat het programma zo beveiligd was, dat derden op geen enkele wijze mee konden lezen.

Op een nieuw blaadje maakte hij een rijtje van de overeenkomsten en verschillen tussen de verschillende moorden:

Overeenkomsten
- twee moorden kort na elkaar
- hoofd ingeslagen
- vrijmetselaars
- eerste slachtoffer oudere man;
  tweede slachtoffer jongere man
- vrijgezelle mannen zonder verdere familie
- moord tijdens drukke avond maar geen getuigen (behalve Yona F.)
- veel mensen met gelegenheid maar niet met motief
- moordenaar(s) niet gevonden
- motief???

Verschillen
- huid weggesneden i.p.v. tatoeage
- hart/handen niet doorboord
- Yona geen (?) vrijmetselaar
- Yona verstikt
- Yona elders vermoord dan op de vindplaats van lichaam?

Rijsbergen staarde naar de drie vraagtekens die hij achter 'motief' geplaatst had. '*Ah, but my dear sir*,' zou Hercule Poirot hem streng toespreken. '*The why must never be obvious. That is the whole point.*'

Iets aan de beelden zat hem dwars, iets wat hem opgevallen was, die allereerste keer al toen hij de aflevering de avond ervoor met Van de Kooij had zitten kijken.

Rijsbergen moest denken aan dat beroemde psychologische experiment waarbij proefpersonen gevraagd werd te kijken naar een groepje mensen dat een bal naar elkaar overgooide. De opdracht was te tellen hoe vaak de bal overgegooid werd. Omdat de proefpersonen zo geconcentreerd aan het tellen waren, miste twee derde van de mensen het feit dat halverwege het filmpje iemand in een gorillapak in beeld verscheen die op zijn borst roffelde en na enkele seconden weer verdween.

Mis ik iets omdat ik me op iets anders concentreer?

Pling! klonk het uit zijn computer.

In beeld verscheen een schermpje met een profielfoto. Een man met een kaal hoofd en een snor, zoveel was duidelijk. Rijsbergen herkende de oud-rechercheur van de Jeruzalemmer politie op basis van de televisiebeelden die hij inmiddels al zo vaak had bekeken.

De laatste keer had hij met zijn neus op nog geen vijftien centimeter afstand van het scherm gezeten, alsof hij een verdachte diep in de ogen keek om hem zo een bekentenis af te dwingen.

Abner Cohen

U wilde me spreken over de vrijmetselaarzaak?

Willem Rijsbergen

Ja, dat klopt. Fijn dat je contact opneemt.

Abner Cohen

Graag gedaan!

Willem Rijsbergen

Toevallig zagen we gisteren een aflevering van *Unsolved Murder Mysteries*, waarin je figureerde.

Abner Cohen

Ah, mijn fifteen minutes of fame...

Willem Rijsbergen

Anderhalve maand geleden is hier in Leiden iets soortgelijks gebeurd: twee doden kort na elkaar, de oudere man had een tatoeage op die plek – ik zal zo een foto sturen – en bij de ander was die weggesneden – net als bij jullie twee slachtoffers. Bij het eerste slachtoffer was het hoofd ingeslagen, het hart met een winkelhaak doorboord, en de handen waren gespietst met de passer. De tweede is verstikt en uiteindelijk in het water gegooid.

Abner Cohen

Wow! Dat is... Ik ben al zo lang met die zaak bezig! Je wilt niet weten hoe gefrustreerd ik me hierover voel. Maar dit zou de zaak weleens nieuw leven in kunnen blazen! Hebben jullie al aanknopingspunten? *I am really excited!*

Willem Rijsbergen

Ja, dat kan ik me voorstellen! We hebben al zes weken iemand in hechtenis. Deze man wist dingen die alleen de dader kon weten, maar sinds zijn arrestatie weigert hij ook maar iets te zeggen.

Abner Cohen

Is hij ooit in Jeruzalem geweest?

Willem Rijsbergen

Later vandaag spreken we opnieuw met hem – ook om hem met deze nieuwe informatie te confronteren. Mijn gut feeling zegt dat hij het niet gedaan kan hebben, om eerlijk te zijn. Ik heb dit nog niet eerder zo uitgesproken, omdat we behalve zijn arrestatie nog geen stap verder gekomen zijn in het onderzoek.

Abner Cohen

Gut feeling is belangrijk.

Willem Rijsbergen

Ja, het probleem is… Hij wist dingen die hij niet had kunnen of mogen weten, maar hij weigert te vertellen hoe hij eraan gekomen is. De theorie is – beter hebben we op dit moment niet – dat zijn vrouw voorzitter had willen worden van de loge. Uit wraak omdat ze het niet geworden is en om zo alsnog de weg voor haar vrij te maken, zou hij de huidige voorzitter omgebracht hebben.

Abner Cohen

En het andere slachtoffer?

Willem Rijsbergen

Ja, precies. Daar lijkt dan een motief te ontbreken. Niemand lijkt hem gekend te hebben – we hebben ook nog geen enkel verband gevonden tussen hem en de man die we gearresteerd hebben. Maar zolang hij zijn mond niet opendoet, weten we dat niet natuurlijk. Maar het wordt wel heel ingewikkeld, lijkt me, om hem dan ook nog eens te linken aan die oude zaak van jullie.

Abner Cohen

We zullen zien. Bij ons hebben we ook niet echt iets van een mogelijk motief vast kunnen stellen. Beide mannen leken zeer geliefd. Er waren geen spanningen of conflicten, tenminste, niet waar wij achter gekomen zijn.

Willem Rijsbergen

Maar de beide slachtoffers, net als bij jullie trouwens, waren twee mannen zonder enige familie. Overleden ouders waren ook enig kind. Allebei niet getrouwd, geen kinderen.

Abner Cohen

Ja.

Willem Rijsbergen

Op dit moment zijn de meeste mensen van het onderzoek afgehaald, maar misschien verandert dit nu Jeruzalem erbij gekomen is.

Abner Cohen

Ja. Ik ga contact opnemen met mijn oud-collega's hier. Er is reden genoeg om die oude zaak te heropenen lijkt me.

Willem Rijsbergen

Goed.

Abner Cohen

Kan ik de foto van die tatoeage zien?

Rijsbergen zocht even in zijn afbeeldingen. Het kostte hem wat tijd eer hij uitgevonden had hoe hij ze in dit programma kon uploaden, maar uiteindelijk lukte het hem.

Willem Rijsbergen

Dit is de tatoeage in gestileerde vorm. Het heeft iets weg van het Alziend Oog... We hebben het al aan heel veel mensen voorgelegd, maar niemand heeft ons nog wijzer kunnen maken. We weten het gewoon niet.

Abner Cohen

Dit is zeer interessant, Willem. Al was het maar omdat wij nooit geweten hebben wat er weggesneden was. Nu weten we niks zeker natuurlijk, maar het is niet onwaarschijnlijk dat het om een soortgelijke tatoeage gaat bij onze slachtoffers. Ik herken het beeld niet, maar ik ga rondvragen. Een driehoek is een universeel symbool natuurlijk.

Willem Rijsbergen

We hebben experts van de Universiteit Leiden ernaar laten kijken. Zij hebben het weer in hun netwerken uitgezet, maar daar is ook nog niets uitgekomen. Het moet dus wel een bijzonder obscuur symbool zijn.

Abner Cohen

Vraag het Robert Langdon…

Willem Rijsbergen

Ja, als dat toch eens kon…

Abner Cohen

Hou me op de hoogte, Willem. Zoals je ziet, is dit een zaak die me altijd bezig is blijven houden. Ik wens jou van harte toe dat dit bij jou niet ook het geval zal zijn. En wie weet leveren vorderingen in jouw onderzoek ook nieuwe inzichten op voor de zaak hier in Jeruzalem. Wij gaan er hier ook weer mee aan de slag.

Willem Rijsbergen

Ik hou je op de hoogte inderdaad. Wij gingen er – ten onrechte naar nu blijkt – van uit dat onze case uniek was. Het is gewoon niet bij ons opgekomen dat er elders parallelle gebeurtenissen zouden kunnen hebben plaatsgevonden.

Abner Cohen

Het kan bijna niet anders dan dat deze twee zaken met elkaar verbonden zijn. De overeenkomsten zijn te sterk om nog van toeval te kunnen spreken – lijkt mij.

Willem Rijsbergen

Er zijn wel bewegende beelden te zien in die aflevering.

Abner Cohen

Ja, dat klopt. Dat zijn beelden van een beveiligingscamera. Jeruzalem hangt er vol mee, helaas is dat nodig hier. Je ziet veel mensen in- en uitlopen, maar goed. We hebben de beelden tot in den treure bestudeerd – ik bekijk ze tegen beter weten nóg weleens – maar de meeste mensen hebben we niet eens kunnen identificeren. Jeruzalem is zoals je wellicht weet een buitengewoon internationale stad, met ontelbaar veel nationaliteiten. Ook die avond was er een bonte mix aanwezig van mensen van over de hele wereld. Velen ervan wóónden niet eens in Israël, maar waren als toerist op bezoek, dus die waren ook niet meer te traceren. De mensen die we wel hebben kunnen achterhalen, konden we allemaal eigenlijk onmiddellijk van de verdachtenlijst afhalen.

Willem Rijsbergen

Maar laten we afspreken dat we contact houden. Ik hou je op de hoogte als er nieuwe ontwikkelingen zijn. Nu ik dit typ, schiet me te binnen dat die er eigenlijk al zijn. Ik ben zo gefocust op onze twee zaken… Ik kreeg bericht uit Boston. Daar zijn gisteren twee mannen verdwenen tijdens een vistochtje, ook de voorzitter van een vrijmetselaarsloge en zijn jongere leerling.

Abner Cohen

Daar schrik ik van.

In grote lijnen vertelde Willem wat hij tot nog toe van de zaak wist.

Willem Rijsbergen

Zoals we allemaal weten: een overeenkomst hoeft nog geen verband te betekenen.

Abner Cohen

Nee, dat is waar. *Let's not jump to conclusions...* Maar het is wel heel vreemd. Maar goed, laten we afspreken dat we elkaar op de hoogte houden. Ik wens je veel succes. Mazzeltof, zoals we hier zeggen. Ik hoop deze zaak ooit af te kunnen sluiten. Mijn vrouw verwijt me weleens dat ik te veel in het verleden blijf hangen door me maar vast te blijven bijten in die oude zaken.

Willem Rijsbergen

Tot ziens dan maar en de hartelijke groeten uit Leiden.

Abner Cohen

De hartelijke groeten uit Jeruzalem.

Abner Cohen

Heeft de conversatie verlaten

Ook Rijsbergen sloot af.

Het liep tegen drieën. De volgende dag was het zaterdag, dus formeel gesproken zou hij twee dagen vrij hebben, maar het kwam vaak genoeg voor dat een zaak hem ertoe dwong zijn vrije dagen op te offeren.

Er kwam een bericht uit Jeruzalem zijn mailbox binnen, met een link waarmee hij het digitale dossier op kon halen. Via een sms kreeg hij een code die hij nodig had om in te loggen in de beveiligde omgeving. Het downloaden van het bestand kostte flink wat tijd in verband met de omvang ervan.

Het grootste deel van het dossier kon Rijsbergen niet lezen, omdat het in het Hebreeuws geschreven was, maar tot zijn geluk waren er met enige regelmaat samenvattingen in het Engels opgenomen – gemaakt voor het Discoveryprogramma zo begreep Rijsbergen al snel uit opmerkingen in de marge van de tekst. Die bevatten namelijk tips en aanwijzingen voor de Amerikaanse televisiemakers met waar wat de politie betrof de nadruk moest komen te liggen.

De tekst van het dossier leverde hem geen andere inzichten meer op dan de inzichten die hij al had opgedaan uit de televisieaflevering en uit het gesprek met Abner Cohen. Lange tijd keek hij naar de foto's van de slachtoffers. Op sommige foto's waren de lichamen in hun geheel in beeld, op andere was alleen het hoofd gefotografeerd, waarbij de halve schedel weggeslagen leek.

Het eerste slachtoffer, de oudere man, was vermoord tijdens een drukke avond waarbij ook veel niet-leden aanwezig waren geweest, zo had Abner eerder uitgelegd. De parallellen waren overduidelijk: een voorzitter met buitensporig veel geweld vermoord, veel aanwezigen, dus ook veel te veel sporen om wijs uit te kunnen worden.

Rijsbergen schrok van de overeenkomst tussen een foto van het Israëlische slachtoffer en die van Coen Zoutman, beiden met een enorme plas bloed rond het hoofd, liggend op zwart-wit geblokte tegels.

Het tweede slachtoffer was in de buurt van de Olijfberg gevonden, op een afgelegen plek. Hij moest erheen gelokt of erheen gebracht zijn, want niemand kon bedenken wat hij daar had moeten zoeken zo laat op de avond. De moordenaar had hem laten liggen op de plaats waar hij hem vermoord had, enkele dagen na de moord op de Achtbare Meester.

Rijsbergen concentreerde zich op de detailfoto's die van de huid genomen waren. Het was duidelijk dat het wegsnijden met een chirurgisch scherp mesje gebeurd was, want de randen van de wond waren niet gekarteld.

Hij had de foto's die van Yona Falaina gemaakt waren erbij gehaald, en het was in één opslag duidelijk dat hier iemand met dezelfde modus operandi aan het werk was geweest.

Het is ofwel dezelfde persoon geweest ofwel een copycat, dacht Rijsbergen. *Misschien heeft de moordenaar bij Coen Zoutman geen tijd of gelegenheid gehad om de tatoeage weg te snijden. Zou die tijdens zijn bezigheden gestoord zijn?*

Rijsbergen had aan Abner beloofd om hem het door hen verzamelde materiaal op te sturen. Vanzelfsprekend zat hij dan met een vergelijkbaar taalprobleem, dus hij zou een vertaler in moeten schakelen.

Rijsbergen typte een mailtje aan een collega om te regelen dat zijn dossiers op een even veilige manier verstuurd konden worden als hij ze vanuit Israël ontvangen had.

Midden in een woord stopte Rijsbergen met typen. Zijn handen rustten op het toetsenbord alsof hij een pianist was die op het punt stond een stuk te spelen.

Wat had Abner nou gezegd?

Hij opende de conversatie die hij met Abner gevoerd had en scrolde naar de passage die hij zocht.

Jeruzalem is zoals je wellicht weet een buitengewoon internationale stad, met ontelbaar veel nationaliteiten. Ook die avond was er een bonte mix aanwezig van mensen van over de hele wereld. Velen ervan wóónden niet eens in Israël, maar waren als toerist op bezoek, dus die waren ook niet meer te traceren.

Hij sloeg zijn mail op als concept en startte voor de vierde keer de documentaire van *Unsolved Murder Mysteries*. Hij bekeek opnieuw de scène van de mensen die het gebouw van de vrijmetselaars binnengingen.

In plaats van met zijn neus dicht op het scherm te zitten, leunde hij juist wat achterover om het hele plaatje in het oog te kunnen houden.

Toen de scène voorbij was, startte hij hem opnieuw.

Voor een derde keer bekeek hij de beelden, een vierde keer... en toen.

'Dáár!' riep Rijsbergen uit.

Hij sprong zo wild op uit zijn stoel dat die met een harde klap op de grond viel.

Eindelijk zag hij het.

Snel verliet hij zijn kantoor om Van de Kooij te halen. Niet alleen wilde hij dat zijn collega het zag, maar hij wilde ook bevestigd worden in wat hij zo-even had gezien.

Van de Kooij keek verbaasd op toen Rijsbergen zonder te kloppen zijn kamer in liep. Hij was midden in een telefoongesprek, maar Rijsbergen drukte de knop in waardoor de verbinding verbroken werd.

'What the –'

'Kom mee,' zei Rijsbergen alleen maar, en hij draaide zich direct om, zodat Van de Kooij niets anders doen kon dan zijn meerdere te volgen.

Weer terug op zijn kantoor zette Rijsbergen eerst de stoel overeind. Hij nodigde Van de Kooij uit naast hem te komen zitten.

Rijsbergen zette het filmpje weer terug op de juiste plek, maar liet zijn wijsvinger lichtjes op de linkerknop van zijn muis rusten om het beeld onmiddellijk stil te kunnen zetten.

Van de Kooij, die ook in de gaten had dat hier iets belangwekkends ging gebeuren, hield zijn blik strak op het computerscherm gericht.

'Hier,' zei Rijsbergen.

Ze keken samen naar de mensen die rustig in de richting van de statige poort van het vrijmetselaarsgebouw liepen. Soms ontstond er een kleine opstopping, een enkele keer kwam er juist iemand naar buiten, maar de sfeer was ontspannen, niemand leek haast te hebben.

Toen kwam er rechts in beeld een groepje mensen aangelopen.

'Eén... twee...'

Klik.

Rijsbergen zette het beeld stil.

'Wie zien we hier, Van de Kooij?'

Van de Kooij boog naar voren om het beter te kunnen zien. Zijn ogen vernauwden zich tot spleetjes, maar al snel werden ze groot van verbazing.

'Dat is...'

Ze keken elkaar aan.

'Inderdaad,' zei Rijsbergen. 'Dan had ik het toch goed gezien.'

30

Peter deed een mislukte poging tot een grijns, als iemand die niet goed heeft gehoord wat de ander heeft gezegd en hoopt dat een beetje knikken met het hoofd voldoende is om het moment voorbij te laten gaan.

Maar zo gemakkelijk kwam hij er niet van af.

'Kom op, Peter,' zei Tony lachend, toen hij Peters geschrokken gezicht zag. 'Je kunt beter dan dat, toch?'

'Jouw royement?'

'Wie heeft je rondgeleid? Dan? Alexander? Walter?'

Bij de laatste naam knikte Peter bevestigend.

'Ah, Walter,' zei Tony, waarbij hij diens naam uitsprak alsof hij met veel affectie terugdacht aan hun oude vriendschap. 'Onze bibliothecaris,' ging hij verder, met enige spot in zijn stem. 'Zeker hij zal je verteld hebben over mijn weinig verheffende verwijdering uit de loge.'

'Walter begon er niet zelf over,' zei Peter, verbaasd over het hoorbare cynisme in Tony's stem.

Verbitterd waarschijnlijk.

'Maar hoe had hij ook gekund, Tony?' vervolgde hij. 'Walter wist niet eens dat er een connectie was tussen ons. Ik vroeg of hij je kende.' Peter liet een stilte vallen, maar Tony bleef hem met een uitgestreken gezicht aankijken. 'Hij reageerde best vijandig, moet ik zeggen.'

Tony liet een spottend lachje horen.

Ze waren bij het moderne ambachtencentrum aangekomen, waar mensen met technieken uit de zeventiende eeuw demonstreerden wat er zoal gemaakt werd in die tijd. Er waren traditioneel geklede ambachtslieden, die manden vlochten, brood bakten, potten bakten en stoffen weefden op een rechtopstaand weefgetouw.

'En welke versie van het verhaal vertelde *good old* Walter je?'

'Wel,' zei Peter, 'om eerlijk te zijn heeft hij me niet zo veel verteld. "Vraag het hem zelf maar," zei hij. Maar ik dacht: dat is een vervelende geschiedenis waar Tony vast niet graag aan herinnerd wordt. En ik heb er in feite ook niets mee te maken.'

'Je was niet nieuwsgierig? Nieuwsgierig naar waarom een aardige vent als ik geroyeerd werd en een straatverbod opgelegd kreeg?'

'Een straatverbod?'

'Mijn hemel, Peter,' zei Tony, die nu echt geïrriteerd raakte. 'Je bent nog een slechtere acteur dan ik dacht. Dát moet Walter je zeker verteld hebben; hij was de drijvende kracht achter dat hele royement. Hij is zelfs naar de rechter gestapt met allerlei valse beschuldigingen.'

'Ik merkte aan zijn reactie dat hij het niet fijn vond dat ik je kende ja. Dat straatverbod heeft hij niet genoemd, maar hij wilde er verder niets over kwijt.'

'Dus?'

'Dus wat?'

'Ga je me er nog naar vragen, of wat?' Tony leek zich oprecht op te winden.

Wat wíl die man nou eigenlijk?

'Luister Tony,' zei Peter. 'Als je er zo graag over wilt vertellen, hou ik je niet tegen.'

Tony leek iets te kalmeren.

Ze waren een ruimte in gelopen waar twee imkers stonden. Op een lange tafel voor hen lagen spullen uitgestald die met het houden van bijen te maken hadden. Achter hen, tegen de muur, stonden en hingen rieten korven en ouderwets ogende imkerpakken.

Tony en Peter bleven even stilstaan bij een langwerpige kast van een paar centimeter diep, met aan beide kanten glas. Een bijenvolk was zichtbaar druk bezig met het bouwen van raten en het verzorgen van broed. Via een doorzichtige buis die naar een wand leidde konden ze naar buiten kruipen om in de natuur op zoek te gaan naar voedsel. Door het raam zagen ze dat er buiten nog drie kasten stonden waarvoor wolken bijen in de lucht hingen.

'Ik ben nog steeds trots op wat ik gedaan heb, *no regrets*,' zei Tony. Hij keek Peter recht aan, alsof hij er zeker van wilde zijn dat Peter echt luisterde. 'Drie jaar geleden stierf de voorzitter van onze loge, Joseph Nun. Na een kort ziekbed is hij overleden, het was een oude man. Met hem kwam een einde aan een roemruchte tak aan de Amerikaanse boom, als je dat zo kunt zeggen. Zijn familie ging terug op een van de eerste kolonisten, ene Thomas Nunn die zich in 1635 in Virginia vestigde. De man had geen familie, hij was alleen op deze wereld. De broederschap was zijn familie, zijn leven. Enkele leden van de loge hadden de begrafenis en alles daaromheen geregeld. Ik had spreektijd aangevraagd om tijdens de plechtigheid een verhaal te doen. En dat verhaal viel niet in goede aarde. Zacht gezegd.'

'Wat heb je in 's hemelsnaam gezegd dan?' vroeg Peter verbaasd.

Tony glimlachte. 'De waarheid, en niets dan de waarheid. Opgeruimd staat netjes, dat was in het kort mijn boodschap. Kijk, Peter...' Tony legde kort zijn hand op Peters onderarm, als om hem gerust te stellen, maar ook om begrip te vragen zo leek het. 'Ik weet niet wat je van de vrijmetselarij af weet. Ik denk dat we hier in Leiden ook al over gesproken hebben. Al dat gepraat over je eigen weg vinden, je eigen uitleg van de symbolen, waarbij jouw interpretatie net zo waar is als die van mij. Het allegorisch interpreteren van al die overgeleverde verhalen. Wat blijft er over van een gemeenschap als we toestaan dat ieder zijn eigen interpretatie op de geschiedenis mag loslaten?'

Hij keek Peter nadrukkelijk aan, waarbij hij dan eindelijk zijn hand weghaalde.

'Geschíédenis, Peter, feitelijke, controleerbare geschiedenis... Historische feiten. Net zoals die puriteinse exodus uit Engeland. Daar is ook niets mythologisch aan! Er zijn bronnen, geschreven bronnen, mondeling overgeleverde tradities. Of laten we die ándere exodus als voorbeeld nemen. Er wás een man genaamd Mozes, die ís aan het Egyptische hof opgegroeid, hij hééft zijn volk weggeleid, dat hééft veertig jaar door de woestijn gezworven, dat ís het Beloofde Land binnengetrokken, die veldslagen hébben plaatsgevonden. Al die dingen... Archeologie, geschiedenis, geologie... Ze bewijzen allemaal de feitelijke juistheid van deze verhalen. En wat doen deze verhalen, Peter?'

Hij wachtte niet op het antwoord.

'Jij als historicus weet dat natuurlijk beter dan wie dan ook. Verhalen brengen mensen samen, verhalen binden mensen, een gedeelde geschiedenis zorgt voor een gemeenschap, een gemeenschappelijk verleden. Een gedeelde kíjk op dat verleden zorgt voor eenheid. Wat krijg je als iedereen de vrijheid krijgt een verhaal zelf uit te leggen? Kijk naar de protestanten. Vroeger hadden we de katholieke kerk, er was één verhaal, één leider. Als individu moest je je soms schikken, je eigen persoonlijkheid opzijzetten ten dienste van de gemeenschap, ten dienste van een verhaal dat groter was dan jij, dat immers voortleefde nadat jij gestorven was. Een gemeenschap die verder zou gaan als jij er niet meer was. En kijk naar de protestanten, ieder zijn eigen interpretatie... Waar heeft dat toe geleid? Zo veel kerken als er meningen zijn. Zelfs God kan niet meer bijhouden hoeveel afsplitsingen er inmiddels zijn! Als je het niet eens bent met de voorganger, *away we go*, we beginnen gewoon een eigen kerk. En daar zit uiteindelijk iedereen met zijn eigen allerindividueelste waarheid, iedereen alleen met zijn eigen verhaal, eenzaam en niet verbonden met de ander. Terwijl in een gemeenschap...'

Tony wees naar de glazen bijenkast.

'Hier, neem deze bijen,' zei hij. 'Ik ben hier vaker geweest. Inmiddels weet ik er aardig wat van. Luister, iedere bij wordt niet ouder dan zes tot acht weken. Van dag tot dag ligt haar taak vast. Eerst de cellen schoonmaken en poetsen, vanaf de derde tot ongeveer de twaalfde dag voedt ze de oudere larven. Dan gaat ze voor het eerst naar buiten voor wat oefenvluchten... Ze is in staat was te produceren en bouwt ook mee aan de raten. Dan vanaf de zeventiende dag wordt ze een wachterbij, vanaf dan zijn haar gifklieren goed ontwikkeld. Vanaf haar eenentwintigste dag gaat ze voedsel halen voor de gemeenschap, tot ze op een dag niet meer terugkeert... Bijen slapen niet, dus die zes tot acht weken staan geheel in het teken van de gemeenschap, schitterend vind ik dat. De bijenkolonie verplaatst zich als één geheel, voedt zich als één geheel en vermenigvuldigt zich alsof ze bestaan uit één geheel. Zonder haar nestgenoten kan geen enkele bij lange tijd overleven. En dáár gaat het me om: het is de kolonie die zich voortplant, niet de afzonderlijke bij. Het gáát dus niet om jou, maar om de gemeenschap. Soms moet jij jezelf ten behoeve van de gemeenschap dus even opzijzetten. Is dat niet wat Christus ons leert? Je kent dat verhaal toch als zijn leerlingen onderling ruzie krijgen over wie van hen de belangrijkste is. Jezus neemt dan één kind bij zich, dat hij naast zich neerzet. Hij zegt tegen hen: "Wie dit kind in mijn naam bij zich opneemt, neemt mij op; en wie mij opneemt, neemt hem op die mij gezonden heeft. Want wie de kleinste onder jullie allen is, die is werkelijk groot." Het gaat om jezelf klein te maken, nederig te zijn.'

Peter keek naar een enorme, geplastificeerde poster aan de muur. Met brede pijlen, in de vorm van een cirkel, werd de levenscyclus van de honingbij uitgebeeld, inderdaad zoals Tony het verteld had.

'Maar wat had die Joseph Nun daarmee te maken dan?'

'Hij was voor mij dé exponent van die richting binnen onze loge. Ik heb dus tijdens die dienst verteld dat we uiteindelijk beter af zijn zonder hem. Ik hoopte dat we weer terug konden keren tot de traditie waarin verhalen weer verbinden in plaats van dat verschillende interpretaties voor verdeeldheid zorgen.'

'Maar waarom ben je dan in 's hemelsnaam bij de vrijmetselaars gegaan?' vroeg Peter. 'Je wéét toch dat daar een bepaalde geest heerst, juist die van vrijheid, eigen interpretatie. Waarom heb je je niet gewoon aangesloten bij een traditioneel kerkgenootschap?'

'Ik ben een man met een boodschap, Peter,' zei Tony, die aan de toon van zijn stem te horen het onderwerp af wilde sluiten. 'Binnen zo'n kerkgenootschap is er geen werk voor mij als je begrijpt wat ik bedoel. Ik ben een man met een missie.'

En toch begrijp ik dat niet helemaal, dacht Peter.

Het deed hem denken aan homo's die bewust lid werden of bleven van een kerkgenootschap dat homoseksualiteit afwees – om de strijd voor acceptatie van binnenuit te kunnen voeren. 'Maar je bent geen vrijmetselaar meer,' zei hij.

'Ik ben nog stééds vrijmetselaar!' zei Tony, opnieuw geagiteerd. 'Een vrijmetselaar zonder loge.'

'*A rebel without a cause.*'

'Ja, zoiets.'

'Maar het straatverbod?'

'Direct na mijn praatje moest ik de ruimte, waar de dienst gehouden werd, verlaten. Het was nogal intimiderend moet ik zeggen.'

Peter kon zich daar weinig bij voorstellen, gezien de twee meter die Tony mat.

'Zeker acht mensen om me heen... Die me naar de uitgang begeleidden zodra ik van het podium stapte. Ik ben nog verschillende keren verhaal gaan halen op bijeenkomsten. Tot het moment kwam dat Walter met zijn leugens naar de rechter stapte en me van alles en nog wat beschuldigde. Waar de rechter in meeging. Met het straatverbod als gevolg.'

'En de bedreigingen die bij jullie binnenkwamen? Waar je me in Leiden over vertelde?'

'Bedreigingen? Heb ik dat verteld? Daar staat me niets van bij om eerlijk te zijn, Peter. Maar goed...'

Wat een rare man toch, dacht Peter. *Echt iemand 'met issues'...*

Tony keerde zich om, ten teken dat het gesprek hierover wat hem betrof afgelopen was.

Ook het moment om te vragen naar de moorden in Jeruzalem en de vermissing van de twee logeleden was voorbij.

'We gaan naar het dorp, kom,' zei Tony, op een luchtige toon. 'Het wordt heel interessant.'

Ze liepen in de richting van het dorp, het eigenlijke centrum van de Plimoth Plantation. Bij het fort, dat bovenaan de helling stond, gingen ze naar binnen. Ze namen een trap naar boven zodat ze een goed zicht op de nederzetting hadden. Er was een vijftiental huizen gebouwd, binnen een ruitvormige omheining, die geleidelijk naar beneden afliep, in de richting van de Atlantische Oceaan.

Men had ervoor gekozen om het dorp na te bouwen zoals het er in 1627 uitgezien moest hebben, zeven jaar na de aankomst van de eerste Pilgrims. Achter de huizen, die allemaal aan de straatkant lagen, waren tuintjes en akkertjes aangelegd.

Weer beneden betraden ze het terrein. Ze bezochten verschillende huizen, die allemaal precies zo ingericht waren als de woonhuizen in die tijd, met bedstee, keuken en leefruimte in één.

Er was een 'Leids' huis, vol dingen die onmiskenbaar 'Hollands' aandeden. Op bordjes – HOLLANDSE VOORWERPEN IN HET ENGELSE DORP – stond een korte uitleg over de originele gebruiksvoorwerpen, met onder meer het onvermijdelijke Delfts blauw, een melkkan, glazen, tabakspijpen, een voetenstoof en stoelen met een driehoekig zitvlak, 'zoals die ook te zien zijn op zeventiende-eeuwse schilderijen van kunstenaars als Jan Steen'.

Op een bord met daarop HET LEVEN IN LEIDEN werd verhaald over het verblijf van de Pilgrimfathers in Nederland.

Gedurende de elf jaar voorafgaand aan de reis van de Mayflower in 1620 woonden de separatisten in het Hollandse stadje Leiden, waar ze in veiligheid hun geloof konden belijden. Het leven in een vreemd land had echter zo zijn eigen uitdagingen. De baantjes die beschikbaar waren voor immigranten werden slecht betaald, en de levensstandaard was laag. Een twaalfjarig bestand tussen Holland en Spanje zou in 1621 ten einde lopen, en een nieuwe uitbraak van de oorlog lag op de loer. Ook maakten veel separatisten zich zorgen om het afzien van hun kinderen die gedwongen waren buitengewoon zwaar werk te verrichten.

Hoewel ze in ballingschap leefden en niet langer deel uitmaakten van de Church of England, wilden de separatisten vasthouden aan hun Engelse gewoonten. Sommige jonge mensen pasten zich aan de Hollandse cultuur aan, hetgeen hun ouders en de andere leden van de gemeenschap diep verontrustte. Bijna de helft van de passagiers van de Mayflower had in Holland gewoond voordat ze naar Amerika vertrokken, en veel kinderen hadden het grootste deel van hun leven in Leiden gewoond. Het is moeilijk te ontsnappen aan de invloed van een nieuwe omgeving.

Al de bekende redenen komen voorbij, dacht Peter, maar ook hier wordt niet ingegaan op de kwestie waarom uiteindelijk meer dan de helft van de oorspronkelijke groep ervoor koos in Leiden achter te blijven. En hoe zat dat met die tweedracht waarover geschreven wordt in het manuscript dat Piet van Vliet gevonden heeft? Je komt het nergens in de officiële geschiedenis tegen, ook hier wordt het weer niet genoemd.

Ze brachten meer dan twee uur door in het dorp, luisterend naar de acteurs die zich ieder voor zich geweldig goed hadden ingeleefd in hun rol, compleet met een overtuigend Engels accent.

Langzaam liepen ze weer de helling op, in de richting van het fort en daarna naar de grote souvenirwinkel in het ambachtencentrum.

Peter kocht er een aantal ansichtkaarten om een tastbare herinnering aan zijn bezoek te hebben. Verder waren er heel veel boeken te koop en dvd's, kleding, etenswaren en houten gebruiksvoorwerpen.

Tot zijn verbazing verkochten ze er ook stroopwafels en drop, in origineel Nederlandse verpakking. Hij kocht beide voor Judith bij wijze van troostvoedsel en stopte ze in zijn rugzakje, dat inmiddels een flinke zweetplek op zijn rug achtergelaten had, zo voelde hij.

Nadat ze in het restaurant in het bezoekerscentrum wat hadden gegeten, namen ze een bus naar het dorpje Plymouth. Ze stapten uit bij een halte aan de kust, waar grote, koloniale huizen langs de weg lagen.

'We brengen eerst een bezoekje aan Plymouth Rock,' zei Tony. Energiek liep hij in de richting van iets wat wel een Dorisch tempeltje leek, maar dan met zijn circa tien bij vijf meter een miniatuurversie ervan. Het lag op een kade, direct aan het water. In de verte zag Peter een kleine jachthaven liggen.

Naast het tempeltje stond een groot bord met daarop de tekst:

PLYMOUTH ROCK

LANDING PLACE OF THE

PILGRIMS

1620

Commonwealth of Massachusetts

Toen ze in het tempeltje stonden, zag Peter pas dat het over een diepe, rechthoekige kuil heen gebouwd was, waar – op keurig aangeharkt zand, als in een Japanse zentuin – een enorme rots lag met het jaartal 1620 erin gegraveerd.

Zoals altijd wanneer hij bij een beroemd historisch gebouw of artefact stond, voelde hij een zekere opwinding.

Oog in oog te staan met echte, tastbare geschiedenis...

Maar al snel werd hij op voorspelbare wijze uit zijn romantische bui gehaald.

'Dit is natuurlijk niet de echte rots,' zei Tony. 'Of eigenlijk, ze hebben geen idee of dit de echte rots is. Hier ergens zijn ze geland, zoveel is zeker, maar of ze nu precies op deze rots voor het eerst hun voet zetten of op een rots verderop – of op het strand – dat weten we niet.'

De traditie... dacht Peter. *Hoe langer mensen elkaar hetzelfde verhaal doorvertellen, hoe meer het aan kracht wint. Op een gegeven moment is het verhaal zó krachtig geworden en is het zo'n onwrikbare waarheid geworden, dat mensen woedend worden als er vraagtekens bij de traditie gezet worden. Wijs een boom aan en zeg dat onder die boom prins Siddharta Gautama de verlichting bereikte en de Boeddha werd, en mensen zullen er van heinde en verre heen reizen om op die plek te gaan mediteren. Wijs een plek op de oever van de Jordaan aan en zeg dat Johannes de Doper precies daar mensen doopte en van over de hele wereld zullen christenen zich dáár onder willen laten dompelen. Wijs een struik aan en zeg dat dát*

de braamstruik is van waaruit God tot Mozes sprak, en gelovigen bouwen
er een klooster omheen.

'Ze zijn sowieso eerst geland bij wat nu Provincetown is,' ging Tony verder. 'Dat ligt aan de andere kant van de Cape Cod Bay, hier recht tegenover. Een kapitein stuurt zijn schip natuurlijk niet in de richting van een stel rotsen. Maar weet je, het is overeengekomen... De traditie heeft bepaald dat het deze plek was. Zo'n plek neemt in kracht toe met de tijd natuurlijk. Ik heb mensen tranen in de ogen zien krijgen op deze plek; nazaten van de Pilgrim Fathers, maar ook ándere mensen. Op zich maakt het allemaal helemaal niet uit natuurlijk. Je moet toch één plek kiezen, waarom dan niet deze?'

'Waarom heeft iedereen het eigenlijk altijd maar over de Pilgrim Fáthers?' vroeg Peter, die zelf ook nog nooit eerder bij deze kwestie had stilgestaan. Opeens was de vraag bij hem opgekomen. 'Het hele punt van die Pilgrims,' zo ging Peter verder, 'was toch – dat vertelde je me zelf nota bene nog – dat voor het eerst hele gezínnen emigreerden. De helft van het schip zal toch ook uit vrouwen hebben bestaan? Los nog van de kinderen.'

Tony rolde even met zijn ogen.

'Ook dat is... traditie. Maar je hebt gelijk. Het is altijd de gewoonte geweest om te spreken van de Pilgrim Fathers, terwijl er inderdaad ook Pilgrim Mothers en Pilgrim Children waren. Het is tegenwoordig wel meer gangbaar – meer politiek correct als je het mij vraagt – om het genderneutrale "Pilgrims" te bezigen. Maar "Pilgrim Fathers" is zo'n ingesleten term, ik gebruik hem uit gewoonte eigenlijk ook nog steeds... Je moet zulk soort zaken ook in hun tijd plaatsen, vind ik. Vrouwen ondertekenden toen eenmaal geen contracten en stelden geen handelsovereenkomsten op. Zij onderhandelden niet en vochten geen veldslagen uit, dus in de geschiedenis, in de gróte geschiedenis zijn ze een beetje uit beeld verdwenen. Dit is niet direct een pleidooi voor Herstory, waarvoor we hier in de vs nu een actieve beweging hebben, die het verhaal van de vaak vergeten of onderschatte rol van de vrouw in de geschiedenis wil vertellen, als tegenhanger van History...' Hij legde sterk de nadruk op 'hís'. '...waar altijd maar weer die mannen centraal staan. Maar "Pilgrim Fathers" is zo ingebakken, dat het nog wel een tijd zal duren voordat die verdwenen is.'

'En nu?'

'Nu wandelen we een stukje langs de kust, dan omhoog naar het Pilgrim Hall Museum. Daarna kunnen we weer naar Boston.'

Dat is mooi, dacht Peter. *Dan hebben we alles wel gezien hier.*

Op een kerkklok zag Peter dat het twee uur geweest was.

Een uur of anderhalf in het museum misschien, dan nog zeker drie uur om terug in Boston te komen... Ergens tussen zeven en acht weer op de campus. Mooi op tijd om nog even wat te eten, me wat op te frissen en mijn spullen voor morgen in te pakken.

Ze liepen over een weinig inspirerende kade waar veel auto's geparkeerd stonden. Aan de overkant van de straat bevonden zich restaurants, ijszaken en souvenirwinkels.

'Zoals je ziet,' zei Tony, die met zijn arm een wijde boog beschreef, 'ligt Plymouth in een baai. Aan de overkant kun je Princetown zien liggen. Over het water is het ongeveer twintig mijl.'

Peter rekende snel om naar kilometers: tweeëndertig.

'Een aantal jaar geleden ben ik met een paar mensen naar de overkant gezwommen. We deden er bijna elf uur over. Ik ben een heel goede zwemmer. Het was het idee om er een jaarlijks evenement van te maken, een beetje zoals jullie in Europa het Kanaal overzwemmen, maar het is nooit echt aangeslagen. Tot nu toe hebben nog geen tien mensen het gedaan.'

Elf uur onafgebroken zwemmen...

Peter was onder de indruk. Daar stak zijn wekelijkse uurtje baantjes trekken – en zelfs zijn toch wel intensieve trainingen en wedstrijden waterpolo – in zwembad De Zijl maar bleekjes bij af.

Ze verlieten Water Street en sloegen Chilton Street in, een keurig onderhouden straat met goed geconserveerde koloniale huizen. Hier woonden duidelijk mensen met een grotere beurs dan de gemiddelde Amerikaan.

Op de hoek van de straat was onmiddellijk het Pilgrim Hall Museum zichtbaar. Peter moest lachen toen hij het gebouw zag.

Vanaf de zijkant had het er eenvoudig uitgezien, maar de voorkant werd gedomineerd door zes enorme zuilen, met erboven een timpaan. In het midden daarvan bevond zich een door tien 'taartpunten' verdeeld halfrond raam, als een half wiel met glas tussen de spaken.

In vergelijking met het kleine stadje waar het in stond, was het wat pretentieus.

Net als bij Plimoth Plantation hoefden ze geen tickets te kopen. Tony stelde hem ook hier voor aan allerlei medewerkers, in dit geval in hoofdzaak oudere dames.

Samen tekenden ze het gastenboek dat naast de kassa op de balie lag. Peter bladerde er een beetje doorheen en zag dat de gasten in hoofdzaak uit de vs kwamen, maar kwam toch ook genoeg andere landen tegen.

'Schrijf jij elke keer je naam op?' vroeg Peter.

'*Well*,' zei Tony met een scheve grijns. 'Het is een beetje vals spelen om eerlijk te zijn. Aan het eind van het jaar wordt het aantal bezoekers geteld, natuurlijk op basis van verkochte tickets, maar er wordt ook een beetje gekeken naar het aantal namen in dit boek, en vooral naar waar ze vandaan komen. Elk jaar meer tickets van meer mensen uit meer verschillende windstreken, dat is het idee een beetje. Dat vinden de donateurs fijn om te horen. Dus ja, mijn naam staat er regelmatig in. Niet altijd die van mezelf... Nogal een ontboezeming.'

Nadat ze hun jassen hadden opgehangen, namen ze uitgebreid de tijd voor de tentoonstelling in de ondergrondse verdieping.

Hier werd inderdaad consequent alleen gesproken van 'Pilgrims' zoals Tony eerder al uitgelegd had. Het motto van het eerste bord legde de herkomst van de naam 'Pilgrims' uit, naar een beroemd geworden citaat van William Bradford, de gouverneur van de Plymouth Colony:

Ze wisten dat ze pelgrims waren, hoewel ze daar niet op die manier naar keken, maar zij verhieven hun ogen naar de hemelen, hun meest dierbare plek, en kalmeerden hun geesten.

William Bradford had weer geciteerd uit de Brief aan de Hebreeën – hoofdstuk 11, vers 13 tot en met 16, zo werd uitgelegd. De apostel Paulus schreef hierin over de Israëlieten die de 'vleespotten' – bedoeld worden 'de goede tijden' toen ze genoeg te eten hadden – van Egypte verlaten hadden en in de woestijn gestorven waren op weg naar het Beloofde Land. 'In geloof zijn zij allen gestorven, zonder te hebben ontvangen wat hun beloofd was,' zo stond er geschreven. 'Zij hebben het alleen uit de verte gezien en begroet. Zij hebben zichzelf vreemdelingen en pelgrims op aarde genoemd. Wie zo spreken, geven duidelijk te kennen dat zij op zoek zijn naar een vaderland. Hadden zij heimwee gehad naar het land van hun herkomst, dan hadden zij gemakkelijk kunnen terugkeren, maar hun verlangen ging uit naar een beter vaderland, het hemelse.'

In keurige displays werd de geschiedenis van de Pilgrims uit de doeken gedaan, compleet met originele artefacten zoals werktuigen, oude bijbels en facsimiles van brieven en landkaarten.

Peter kon het niet helpen zich toch een beetje trots te voelen bij zinnen als :

Ziend hoezeer ze gedwarsboomd werden... besloten ze unaniem om naar de Lage Landen (Holland) te vertrekken omdat ze gehoord hadden dat daar voor iedereen vrijheid van godsdienst heerste.

Tony deed soms alsof hij iets las, maar hij had voordat ze naar binnen gingen al gezegd dat hij niet eens meer wist hoe váák hij deze tentoonstelling al had bezocht. Sommige teksten kende hij inmiddels uit het hoofd.

Peter was alles bij elkaar genomen blij dat hij dit uitstapje gemaakt had.

Tony is een wat eigenaardige man natuurlijk, dacht hij. *Iemand die tijdens een herdenkingsdienst een zo vreemde, beledigende toespraak houdt, spoort niet helemaal. En zijn strikte opvattingen over de gemeenschap, het letterlijk nemen van verhalen... Een mens is toch geen bij? Wij hebben wél een vrije wil. Wij zijn juist níet voorgeprogrammeerd om van dag tot dag vaststaande taken uit te voeren waar niet van afgeweken kan worden. Dát maakt ons mens: wij hebben ons lot wél in eigen hand.*

Maar het samenzijn liep bijna ten einde.

Zullen we elkaar überhaupt nog eens zien als Tony Leiden aandoet, vroeg Peter zich af. *Er is met een smoesje gemakkelijk onderuit te komen natuurlijk. Ik ben hem niets verplicht.*

Peter vroeg zich alleen nog af wat die verrassing in ging houden waar Tony nu al een paar keer op gehint had.

Misschien was een bezoek aan dit museum de verrassing?

Peter las:

De Europeanen geloofden ook dat hun kolonisatiepogingen gerechtvaardigd werden door het brengen van het christelijke geloof.

Het bleef een vreemd gegeven dat je daadwerkelijk geloofde dat God jou een land beloofd had en dat je op basis van die goddelijke belofte recht meende te hebben op alles wat feitelijk niet van jou was, dat je er zelfs het wegvagen van een bevolkingsgroep van de aarde, je reinste genocide, mee rechtvaardigen kon.

Peter bleef even stilstaan bij een uitleg over de religie van de inheemse bevolking die de kolonisten aantroffen.

De Wampanoags kenden een sterk en complex geestelijk leven. Veel Engelsen waren niet in staat om dit geloof als 'religie' te zien.

De arrogantie...

De informatie in het museum was zo summier dat Peter besloot het informatiefoldertje, dat hij uit een rek bij de receptie van Plimoth Plantation had meegenomen, uit het voorvakje van zijn rugzak te halen. Bij het doorbladeren ervan had hij gezien dat er een korte paragraaf in opgenomen was over de indiaanse godsdiensten ten tijde van de aankomst van de Pilgrims. Uit ervaring wist Peter dat als hij dat nu niet las, hij het waarschijnlijk nooit meer zou lezen. Thuis zou het een tijd op een stapeltje 'nog te lezen' papieren komen, waar het enkele maanden stof zou vergaren voordat hij het zou weggooien.

Peter ging op een houten bankje naast een deuropening zitten. Hij pakte er een pennetje bij om hier en daar woorden of betekenisvolle passages te onderstrepen.

De meeste stammen kenden een combinatie van <u>polytheïsme</u> (meerdere goden, inclusief <u>Grote Geest, de Hemelvader en Moeder Aarde</u>) en animisme (alles wat op aarde leeft, heeft een ziel). De indianen leefden <u>in harmonie</u> samen met de planten en dieren en namen nooit meer van Moeder Aarde af dan noodzakelijk was.

De indiaanse rituelen rondom het dode lichaam konden van stam tot stam en van regio tot regio sterk variëren. Zij waren echter altijd gericht op het <u>bevrijden van de geest of ziel</u>, zodat deze <u>op weg kon gaan naar het hiernamaals</u>. Die weg werd wel als lang en als gevaarlijk gezien. Rituelen werden daarbij onontbeerlijk geacht om de ziel van de dode <u>een veilige aankomst</u> in het hiernamaals te garanderen.

De menselijke geest zou volgens vele indianen uit twee delen bestaan:
1. het transcendente deel of de ziel, die na de stoffelijke dood naar het hiernamaals diende te gaan;
2. de levenskracht, dat wat het lichaam deed leven en wat na de stoffelijke dood was verdwenen.

De ziel moest na de dood actief op reis om het hiernamaals te kunnen bereiken. Soms moest hierbij met een kano een brede rivier worden overgestoken, een berg worden beklommen of een woestijn worden doorkruist.

Of een woestijn worden doorkruist...
Om het woord 'woestijn' zette Peter nog eens een extra kringetje.
De overleden ziel die de woestijn doorkruist... Op weg naar een land van melk en honing...

De laatste bestemming van de ziel kon variëren, afhankelijk van de zienswijze van de stam. Sommige stammen dachten dat de Melkweg de woning van de overleden zielen was. Volgens anderen was de Melkweg echter alleen maar de route naar een dodenrijk aan de andere kant van het universum. Een aantal stammen zag het hiernamaals als een geïdealiseerde versie van de aardse omgeving tijdens het leven: een prachtig volgroeide prairie waar gejaagd, gefeest en gedanst werd, oftewel de Eeuwige Jachtvelden.

Reïncarnatie was niet bij alle indiaanse stammen een prominent gegeven. Bij de indianen van de prairies speelde het idee over het algemeen maar een kleine rol. Men dacht dat reïncarnatie alleen plaatsvond als de ziel tijdens het leven niet compleet tot vervulling was gekomen.

Interessant, interessant... dacht Peter.
Men heeft de vleespotten achter zich gelaten, letterlijk: het vlees is elders, het lichaam is achtergebleven. Alleen de ziel is nog over en die maakt een reis over bergen, over rivieren en meren, dwars door een woestijn.
Re-in-carne... Opnieuw in het vlees, opnieuw geboren worden, omdat op aarde nog niet alle lessen geleerd zijn, als een leerling die blijft zitten en niet

over mag naar een hoger niveau. Het 'terug naar de vleespotten' zou je in overdrachtelijke zin zo op kunnen vatten, weer terug naar het vlees, terug naar het lichaam...

Peter tikte met zijn pen een paar keer op het foldertje, dat hij daarna dichtvouwde en weer terug in zijn rugzak stopte.

Hij nam de trap naar boven, of beter gezegd, naar de begane grond, waar ook de entree tot het museum was.

Daar bevond zich nog een grote zaal waar voornamelijk schilderijen hingen. Peter merkte dat zijn concentratie afnam. In een museum, het maakte niet uit welk, was die na maximaal anderhalf uur sowieso op.

Zijn oog viel nog wel op een schilderij waarop het eerste *Thanksgiving Dinner* afgebeeld stond met de kolonisten die aan lange, keurig met een wit kleed bedekte tafels zaten. Een in het zwart geklede man met een grijs sikje – de witte boorden van zijn overhemd en het witte kraagje piepten onder zijn lange, zwarte kleding vandaan, waardoor hij op een geestelijke leek – richtte zijn samengevouwen handen naar de hemel.

Op de grond zat een groepje indianen, dat kennelijk niet aan de tafel mocht zitten. Ze zaten zo rechts in beeld, dat ze bijna van het schilderij af vielen.

Peter verliet de zaal om naar het museumwinkeltje te gaan. Terwijl hij daar nog even rondneusde, zag hij dat Tony stond te praten met een van de oudere dames achter de balie.

Peter ging nog even naar het toilet, waarna hij zijn jas uit de garderobe haalde.

'Goed, Peter,' zei Tony toen hij zich bij hem had gevoegd. 'Hier scheiden zich onze wegen.' Hij pakte Peters hand en begon die te schudden.

De vrouw achter de balie keek belangstellend toe.

'Ik bedacht net dat ik nog wat zaken af te handelen heb,' zei Tony. 'Nu ik hier toch ben, kan ik dat mooi even doen. Ik heb zojuist een Uber voor je gebeld, die je naar de bushalte brengt waar we vanmorgen uitgestapt zijn. Het spreekt voor zich allemaal. Je gebruikt gewoon je geprinte ticket. De bus gaat rechtstreeks naar het South Station. Vanaf daar neem je de metro naar Harvard.'

Dat is wel een beetje een abrupt afscheid, dacht Peter. *We zouden toch samen terugreizen? En die verrassing waar hij het over had? Dat was dan zeker toch dit museum?*

Peter vond het niet heel erg alleen naar Boston terug te reizen – eigenlijk vond hij het zelfs wel fijn om na zo'n lange dag even alleen te zijn – maar het afscheid was gewoon wat onverwacht.

Tony gaf Peter nog een ferme, vriendschappelijke klap op zijn schouder, voordat hij naar buiten ging. Hij huppelde bijna van de brede treden, alsof ook hij blij was alleen zijn weg te kunnen vervolgen.

Heb ik hem nog stééds niet gevraagd of hij denkt dat al die zaken met elkaar verbonden zouden kunnen zijn.

Peter zei de vrouw gedag, deed zijn rugzak om en verliet het museum. Hij ging op een laag muurtje zitten dat de bescheiden museumtuin afgrensde.

Inderdaad stopte er na een minuut of tien een auto. De chauffeur die uitstapte, keek even om zich heen

Peter zwaaide naar hem en liep naar de auto toe.

'Mr. Peter?' vroeg de chauffeur.

'That's me,' antwoordde Peter.

Vlak voor hij instapte viel zijn oog op een bord met daarop de afstand tot Boston: 40 MILES. Ook de richting van het busstation aan de Pilgrims Highway stond er met een grote pijl op aangegeven.

De auto ging precies de andere kant op.

31

De auto reed in een rustig tempo door Court Street, die overging in Main Street. Peter wist dat de oceaan achter de huizen links van hem lag.

Toen hij eerder die middag met Tony Plymouth Rock had bezocht, had hij het kleine haventje van Plymouth in de verte gezien.

Al snel lieten ze de bebouwde kom achter zich.

'U brengt me naar het busstation toch?' vroeg Peter aan de chauffeur.

Inmiddels bevonden ze zich op Sandwich Street. Peter dacht dat het geen kwaad kon te proberen de namen te onthouden. De zee kon hij al zien liggen.

'Het busstation?' herhaalde de chauffeur met iets van verbazing in zijn stem. 'Nee, niet het busstation, *mister*. Ik moet u naar een boot brengen. We zijn er zo. Maakt u zich geen zorgen.'

Dat zal de verrassing zijn dan...

Peter liet zich tegen de leuning van de achterbank vallen. Hij probeerde zichzelf de nonchalante houding aan te meten van de wereldreiziger die alles al eens gezien heeft en zich geen zorgen maakt over dat hij niet precies weet waar hij heen gaat.

Zal ik teruggaan, overwoog hij. *Gewoon de goede man rechtsomkeert laten maken naar de halte om daar de eerste de beste bus terug naar Boston te nemen?*

Hij besloot af te wachten waar hij afgezet zou worden. Als hij zich daar niet prettig voelde, om wat voor reden dan ook, dan kon hij de man altijd nog vragen om hem toch maar op de bus te zetten.

Het is een beetje een rare vent, die Tony, maar misschien heeft hij echt een leuke verrassing in petto. En het is tenslotte een heel plezierige dag geweest.

De auto was een weg naar links ingeslagen. De Ryder Way, zag Peter, die over een soort landtong liep. Zowel links als rechts zag Peter nu het water, dat schitterde in het late middaglicht.

Op de klok in de receptie van het Pilgrim Hall Museum was het bijna vier uur geweest toen Tony en hij afscheid hadden genomen.

Misschien wil hij me een stukje van de baai laten zien? Een stukje van de
route varen die de Mayflower gevaren heeft?

Er was hier geen bebouwing meer.

De auto minderde vaart, maar stopte niet. Stapvoets reden ze voort, terwijl de chauffeur een beetje over zijn stuur gebogen naar buiten tuurde, zijn blik op de kustlijn links van hen gericht.

'Hier zou het ergens moeten zijn,' zei hij, weinig zeker van zijn zaak zo leek het. Hij trapte het gas iets meer in, met zijn hoofd schuddend, alsof hij zelf plotseling de zinloosheid van zijn opdracht inzag.

'Wie heeft u dan verteld dat u hier moest zijn?'

'Nou, eh...'

Onverwacht trapte hij vol op de rem waardoor Peter naar voren schoot. Met zijn beide armen gestrekt tegen de stoel voor zich kon hij nog net voorkomen dat hij ergens tegenaan botste.

'Daar is het,' zei de man, enthousiast naar het strand wijzend.

Over de mans schouder keek Peter met hem mee in dezelfde richting. Inderdaad lag daar in ondiep water een wit motorbootje, een beetje schuin, alsof eb de schipper overvallen had.

Op het zand stond een man wild met een oranje voorwerp te zwaaien. Hij was te ver weg om zijn gezicht te kunnen onderscheiden, maar Peter herkende Tony aan zijn honkbalpet.

Hij opende het portier en stapte uit, maar hij liet zijn rechtervoet op de drempel rusten en hield met een hand de bovenkant van het portier vast. Zijn vrije hand hield hij bij wijze van zonneklep boven zijn ogen.

'Oké, *sir*?' vroeg de chauffeur, die geen moeite deed om in zijn stem de opluchting te verbergen.

'Ik denk...' zei Peter aarzelend.

Kan ik hem vragen nog even te wachten, vroeg hij zich af. Totdat ik zeker
weet wat de bedoeling is? Waarom haalt Tony mij hier op? Waarom zijn we
niet gewoon vertrokken vanuit de haven? Waarom zijn we niet samen hier
naartoe gereden?

Peter stapte helemaal uit en deed een aantal passen van de auto vandaan, die met een aantal manoeuvres keerde. Toen vond de chauffeur het kennelijk wel mooi geweest. Eerst reed hij een klein stukje vooruit, terwijl hij met een acrobatische toer met zijn linkerarm achter zijn rug om Peters portier dichtdeed, waarna hij met een vrij grote vaart wegreed.

Nou ja, zeg! Wat een raar gedoe is dit allemaal.

Peter draaide zich om en zag de lange strandweg achter zich. Plymouth, als het al dat stadje was, was wat wazig door de vochtige lucht die vanaf de zee het land in dreef.

Tony had het oranje ding inmiddels terug in de boot gelegd. Nu stak hij beide armen gestrekt de lucht in, als een supporter die zijn team zojuist het winnende doelpunt heeft zien maken.

Ondanks het vreemde van de hele situatie schoot Peter in de lach.

Hij heeft iets aandoenlijks ook, dacht hij. *Dat enthousiaste… Mij te willen verrassen op deze manier, als een speurtocht op een kinderpartijtje.*

Peter zwaaide nu voor het eerst terug, waarna Tony zijn armen liet zakken. Hij besloot naar de boot toe te gaan. De antwoorden op zijn vragen – *Waarom hier? Wat gaan we doen? Wanneer gaan we terug?* – zou hij gauw genoeg krijgen, zo verwachtte hij.

'*Fooled ye!*' riep Tony hem toe toen Peter binnen gehoorsafstand was.

Peter zwaaide nog maar eens.

'Dacht je nou echt dat ik ons uitstapje zo abrupt zou beëindigen?' vroeg Tony, zichtbaar in zijn schik met zijn geslaagde stunt.

Inmiddels was Peter bij de waterlijn.

Sea Breeze stond er in sierlijke letters op de boeg van de boot, met erachter drie horizontale streepjes van ongelijke lengte die de 'bries' uit moesten beelden.

Zachte golfjes spoelden over het zand, kleine schelpjes en steentjes met zich meevoerend. De eeuwige cadans van eb en vloed, het ruisen van de zee en de geur van het zilte water gaven Peter altijd een gevoel van rust. Voor het eerst sinds hij in de auto was gestapt, ontspande hij een beetje.

'Ik vond het wel heel… bijzonder ja,' zei Peter. 'Maar waarom hebben we hier afgesproken? En waarom zijn we niet samen naar de haven gegaan?'

'Ah, maar dan zou het geen verrassing meer zijn geweest, toch?' zei Tony. 'Je had je gezicht moeten zien toen ik afscheid nam! En bovendien, als we samen naar de haven waren gegaan, was het zomaar een uitstapje geworden. Dit nu, *my friend*, is iets wat je niet snel zult vergeten. Kom!'

Tony was blootsvoets, zijn broekspijpen had hij een stuk opgerold. 'Trek je schoenen uit en gooi ze aan boord. Dan kun je me helpen de boot vlot te trekken.'

'Maar wat...' begon Peter. 'Wat gaan we doen, Tony? Waarom gaan we met een boot? En die chauffeur? Ik kreeg niet eens de kans hem te betalen.'

'Ik heb hem al betaald op de standplaats.'

'Maar je had toch gebeld?'

'Ja, dus hij wachtte op mij daar. Die standplaats is om de hoek, je bent er voorbijgereden als het goed is.'

'Maar wat –'

'Ik wil je de authentieke *Pilgrimexperience* geven,' zei Tony energiek. 'Vanaf het water gaan we zien wat de Pilgrims zagen toen ze met de Mayflower hier de baai binnen kwamen zeilen. Moet je wel even al die bebouwing wegdenken natuurlijk. En we komen langs Provincetown, de plek waar de Mayflower voor anker ging. Ook de plek waar de Mayflower Compact ondertekend werd. Historische grond, ook al is het op zee. Kom!'

Peter ging op het zand zitten om zijn schoenen uit te doen. Zijn sokken stopte hij erin. Nadat hij zijn broekspijpen wat opgerold had, waadde hij door het water om zijn schoenen aan boord te brengen. Het water verkoelde zijn warme voeten aangenaam.

Toch wel aardig dit...

'En het mooiste komt nog, Peter,' zei Tony. 'We hoeven niet eens terug met de bus, want we varen direct door naar de haven van Boston! Wat vind je daarvan?'

Peter moest lachen om het kinderlijke, misschien wel Amerikaanse, enthousiasme waarmee Tony hem aankeek, zoals een vriendje vroeger als hij je net verteld had dat je voor zijn partijtje uitgenodigd was.

Het is een beetje een rare snuiter misschien. En hij is weggestuurd bij de vrijmetselaars vanwege echt wel raar gedrag, maar aan de andere kant... Hij maakt wel gewoon deel uit van het Amerikaanse comité dat het Pilgrimsherdenkingsjaar voorbereidt.

'Naar Boston?' vroeg Peter.

Samen duwden ze de boot van het strand af.

'Is dat niet heel ver?'

'Met de bus is het verder, hoor!' zei Tony. 'We varen niet ver van de kust, geen files, geen omwegen, recht op ons doel af. Het is nog geen vijfentwintig of dertig *miles*... O sorry, veertig kilometer. We kunnen er in minder dan een uur zijn.'

De boot was losgetrokken en deinde op het ritme van de golven heen en weer.

Met enige moeite hees Peter zich aan boord, terwijl Tony voor tegenwicht zorgde. Daarna kwam ook hij aan boord.

Peter zette zijn schoenen naast elkaar onder een van de twee plastic banken, die langs de zijkant in het ontwerp waren meegenomen, en zette zijn rugzak erbovenop.

Tony had achter het roer plaatsgenomen, op het enige stoeltje aan boord. Er was een laag plastic scherm, verdeeld in drie ramen, dat de bestuurder beschutte tegen de ergste wind. Het voordek was zo klein, dat het geen naam mocht hebben.

Tony startte de motor, die een bescheiden geronk voortbracht.

Op twee reddingsvesten en een opvallend grote, knaloranje boei na was de boot leeg. Wel vier volwassenen zouden zich aan die boei vast kunnen houden zonder elkaar in de weg te hoeven zitten.

'Is deze boot van jou?'

'Min of meer... Ik deel hem met anderen. Anders zou ik het me niet kunnen veroorloven. Het liggeld in de haven alleen al!'

Inmiddels schoot de boot met een pittig vaartje over het water. De wind waaide door Peters haren, een prettig gevoel. Hij liet zijn hand door het water gaan, die af en toe slechts lucht raakte als de boot door een golfje omhooggetild werd om met een klap weer op de zeespiegel terecht te komen.

Ze zwegen, maar met het geluid van de motor en met het suizen van de wind zou een normaal gesprek sowieso lastig zijn geweest.

Tony stuurde aanvankelijk op de kust van Plymouth af. Links in de verte herkende Peter het tempeltje dat boven Plymouth Rock gebouwd was, maar toen gingen ze met een bocht naar rechts, waarmee ze om het einde van de landengte heen voeren. Even later kwamen ze in meer open water terecht, al bevonden ze zich nog steeds in de Cape Cod Bay.

Op een zeker moment minderden ze vaart, totdat de boot helemaal stil kwam te liggen. De motor pruttelde zachtjes, alsof die zich protesterend afvroeg waarom zijn potentie niet ten volle benut werd.

Tony ging staan, waarbij hij zijn benen goed uit elkaar zette om stabieler te zijn. Peter bleef op zijn bankje zitten.

'Ook dit weten we niet precies natuurlijk,' zei Tony, 'maar hier ongeveer heeft de Mayflower voor de kust van het huidige Provincetown gelegen toen de Mayflower Compact getekend werd. Als je op de kaart zou kijken, dan liggen we nu onder het haakje bij de uiterste punt van Cape Cod.'

Peter nam de omgeving goed in zich op. Hij stelde zich al voor hoe hij dit straks tijdens zijn colleges zou kunnen gebruiken. Studenten vonden het altijd leuk als je een verhaal verlevendigde met eigen ervaringen.

'Toen de Mayflower Cape Cod bereikt had,' vertelde Tony met enige stemverheffing, 'waren er enkele passagiers die de autoriteit of legitimiteit van de leiders van de groep ter discussie stelden. Zij hadden die autoriteit immers gekregen door een *charter*, een octrooi, om een nederzetting te stichten in het noorden van de Colony of Virginia. Dus hier, in New England, was die *charter* volgens hen niet geldig, waarmee ook hun gezag kwam te vervallen. Je moet je echt voorstellen – of dat doe ik tenminste – hoe die leiders zich gevoeld moeten hebben. Zij zochten vrijheid. De vrijheid om te geloven wat je wilt en om dat geloof vervolgens op je eigen wijze vorm te geven, zonder dat iemand zich met jou bemoeit, zonder dat iemand anders bepaalt wat wel en wat niet is toegestaan. Maar stel je voor: ze hebben een oceaan overgestoken, doodsangsten uitgestaan, stormen overleefd, onenigheid gekend, er zijn mensen gestorven en er zijn kinderen geboren, er is gehuild, gelachen, gebeden... En dan... dan komt de kust eindelijk in beeld, het Beloofde Land, het land van melk en honing, het land van al hun dromen en verlangens, daar waar ze eindelijk vrij zullen kunnen zijn. In plaats van hun leiders dankbaar te zijn dat zij hen weggeleid hebben uit Europa, op weg naar een onzekere toekomst weliswaar, beginnen ze al te morren zodra de kust nog maar nauwelijks in zicht is. Maar hé, liever staand te sterven dan te leven op de knieën, toch?'

Peter keek vanuit zijn zittende positie op naar Tony, die op een kapitein leek die zijn gedemoraliseerde bemanning moed insprak.

'De ondankbaarheid... Het gebrek aan vertrouwen... Kleine mensen met klein verstand... En wat doen ze dan, waartoe besluiten ze? De mannelijke passagiers van de Mayflower stellen een contract op, een verbond, het eerste bestuursdocument van de Plymouth Colony, bekend geworden onder de naam Mayflower Compact. De separatisten, de mensen die uit Leiden waren vertrokken, noemden zichzelf "Saints", heiligen – "heilig" betekent in het Hebreeuws letterlijk "iets wat apart gezet wordt" – en de anderen, de avonturiers en handelaren die meegegaan waren, noemden zij "Strangers", vreemdelingen. Pas later werd naar beide groepen verwezen als

"Pilgrims" of "Pilgrim Fathers". Dus op 11 november 1620 – volgens de Juliaanse kalender die ze toen gebruikten, die, zoals je misschien weet, tien dagen achterloopt op de Gregoriaanse kalender die we nu gebruiken, dus wij zeggen op 21 november – ondertekenden eenenveertig van de honderdentwee passagiers deze overeenkomst. Het oorspronkelijke document is verdwenen, maar we kennen de letterlijke inhoud ervan door de geschriften van William Bradford – zoals we de inhoud van de Tien Geboden kennen door het Oude Testament.'

Tony verzette zijn voeten een klein beetje, alsof hij zich nóg meer schrap wilde zetten.

'Samen besloten ze in feite een regering te vormen, gebaseerd op wat we noemen het *majority model*, waarbij we de vrouwen en kinderen buiten beschouwing laten want die mochten niet meestemmen. De overeenkomst was in feite een sociaal contract. De kolonisten spraken met elkaar af de regels van het Compact te volgen om zo de orde te bewaren en te overleven. In Leiden hadden de Pilgrims een spiritueel convenant gesloten om het begin van hun gemeente te markeren, hier sloten ze een burgerlijk convenant die de basis van een seculiere regering in Amerika zou vormen. Want dat is... Nog eventjes en dan varen we verder... Dat is waar het uiteindelijk om gaat... Kijk, Peter, er waren eerder mensen naar Amerika gekomen, maar dat waren handelaren, gelukszoekers, in het algemeen mensen die om economische redenen op reis waren gegaan, maar hier hebben we mannen, vrouwen, hele gezinnen dus, die voor iets anders kwamen, maar die vooral ook iets anders meenamen. Dát is waar Leiden om de hoek komt kijken, dát is waarom jouw kleine stadje zo'n cruciale rol in dit geheel heeft gespeeld. Je zou kunnen zeggen dat Leiden aan de basis staat van alles, aan de basis van de principes waarop de hele Verenigde Staten uiteindelijk gebouwd zijn. Uiteindelijk de hele westerse beschaving... Ik weet dat ik grote woorden gebruik, maar het gaat uiteindelijk om ideeën die zijn meegenomen uit Leiden, uit Nederland. De vrijheid van meningsuiting, de vrijheid van godsdienst, de vrijheid van drukpers... De scheiding van kerk en staat, het burgerlijk huwelijk naast het kerkelijk huwelijk... Hun erfenis is daarmee veel duurzamer gebleken dan het meeste van wat andere kolonisten nagelaten hebben – als ze al iets nagelaten hébben. Wat mij betreft, *my dear Peter*, is dit convenant minstens zo belangrijk als de Onafhankelijkheidsverklaring. De tekst ervan zou in klaslokalen moeten hangen, zodat leerlingen vertrouwd raken met de inhoud. Voor mijn part leren ze delen ervan uit het hoofd, zodat het net zo vertrouwd wordt als die beroemde zinnen: "*We hold these truths to be self-evident, that all men are created equal*" enzovoort...'

'En de Mayflower Compact?'

Tony keek hem aan, verheugd dat Peter hem deze vraag gesteld had. 'Die ken ik natuurlijk uit mijn hoofd! Wat dacht jij dan?'

Hij richtte zijn blik naar de hemel en droeg de bewuste tekst, als een Shakespeare-acteur die aan een monoloog begint, met veel pathos voor. Toen hij klaar was, ging hij weer zitten. 'Ook hier geldt: alles voor het algehele welzijn. Als één lichaam werkend voor het welbevinden van de hele gemeenschap.'

De boot kwam weer in beweging. In een rustig tempo voeren ze langs de kustlijn.

'Maar wat ik toch niet helemaal snap, Tony,' zei Peter. 'Je moet me dat toch eens uitleggen. Jij bent een nazaat van een van de Pilgrims.'

'En daar ben ik trots op.'

'Als Amerikaan heb jij vrijheid hoog in het vaandel staan. Tegelijkertijd praat je voortdurend over de gemeenschap, over verbinding, over hoe het individu zich moet schikken naar de meerderheid, soms het hoofd moet buigen, de eigen wil opzij moet zetten. Dat is toch in tegenspraak met elkaar?'

Tony keek Peter van opzij aan, alsof hij deze tegenwerping voor het eerst hoorde.

'Maar dat is heel eenvoudig, *my dear Peter*. Charlton Heston zegt het zo mooi in die film *The Ten Commandments* van Cecil B. DeMille. Vertel me alsjeblieft dat je die film gezien hebt.'

'Natuurlijk heb ik die gezien.'

Meerdere keren zelfs. De voor die tijd spectaculaire special effects – met name het splijten van de Rode Zee was een huzarenstukje geweest – deden voor de moderne kijker hopeloos gedateerd aan. De film zelf echter bleef een feest om naar te kijken, niet het minst door de schitterende kleuren van technicolor, een filmtechniek die heel realistische beelden en heel verzadigde kleuren opleverde.

'Daarin zit een cruciale scène waarin Mozes, Charlton Heston, het muitende volk woedend toespreekt,' vertelde Tony. '*There is no freedom without the law*,' zegt hij. Een uitspraak die een onvoorstelbaar diepe wijsheid bevat.

Het lijkt een tegenstrijdigheid, want hoe kan een wet nu vrijheid geven? Wetten beperken juist, zou je denken. Een wet zegt dat je iets niet mag doen of dat je iets juist wel moet doen. Je mag niet stelen, niet moorden, niet echtbreken, niet liegen, et cetera. Maar mensen vergeten dat echte vrijheid, honderd procent absolute vrijheid, uiteindelijk tot totale onvrijheid leidt. Want wat gebeurt er als iedereen vrij is? Dat is als een klas waar geen docent bij is, of een docent die geen orde houdt. Dan is de chaos compleet. Er ontstaat een oorlog van allen tegen allen. De mens is de mens een wolf, je kent Hobbes. Je krijgt dan een situatie van algehele angst, het recht van de sterkste zegeviert en niemand komt meer tot zijn recht: mensen zijn dan juist níét meer vrij. Het is precies binnen de grenzen van een wet, die het gedrag reguleert, waarin afspraken vastgelegd zijn over welk gedrag is toegestaan en welk niet, dat mensen vrij kunnen zijn. Pas dán kunnen mensen zichzelf ontplooien, worden wie ze diep vanbinnen zijn. Vrijheid kan per definitie niet onbeperkt zijn omdat jouw vrijheid ophoudt waar die van een ander begint.'

Na een korte adempauze vervolgde hij: 'Mensen zien dit vaak niet. Veel mensen denken dat vrijheid altijd te maken heeft met niet-gebonden zijn, geen banden hebben, los staan, helemaal je eigen weg kunnen gaan. Zij zien niet dat het zo niet werkt, dat de mens niet zo functioneert, niet zo kán functioneren!'

'Het is wel een thema bij jou, hè?'

'Ja, het ís een thema ja. Dat zou het bij méér mensen moeten zijn. Pas binnen een kader kan de mens vrij zijn, dát snappen mensen niet. Dat gáát soms ten koste van een zekere soevereiniteit van het individu, je levert wat zeggenschap in, maar wat je ervoor terugkrijgt is zoveel meer dan dat, zo veel groter dan dat kleine ikje dat jij als individu bent. Dat is ook wat Sam en George niet begrepen.'

Het werd Peter koud om het hart, alsof iemand van buiten komt en onverwacht een ijskoude hand in je nek legt.

'Hier ongeveer zijn ze overboord geslagen,' zei Tony. 'Arme kerels.' Hij staarde naar het water. 'Zo'n tragedie,' voegde hij er nog aan toe, maar de kille toon waarop hij sprak, verraadde dat het hem helemaal niets kon schelen.

Wat dóé ik hier in 's hemelsnaam, dacht Peter, die ging staan.

De kustlijn was goeddeels uit zicht verdwenen. Een dunne streep verdeelde het grote grijze watervlak van de zee en de donkerblauwe hemel erboven in twee stukken, bijna alsof een kunstenaar met minimale middelen in een abstract kunstwerk De Kust had willen uitbeelden.

Ik moet weg hier.

'Zullen we maar op huis aangaan?' vroeg hij zo rustig mogelijk. 'Ik waardeer het echt dat je nog wat van je spaarzame tijd hebt opgeofferd, Tony, maar ik heb ook met mijn vriendin Judith afgesproken. Ze wacht op me.'

Dat laatste was een leugen natuurlijk. Judith had een presentatie die avond en zou pas laat thuis zijn.

'Dat is goed, Peter,' zei Tony, maar de toon in zijn stem stelde Peter niet gerust. 'Er is nog één ding...'

'En wat is dat?' vroeg Peter.

'Wat is de echte reden waarom je naar de vs bent gekomen? Waarom kwam je naar Boston? Waarom wilde je de tempel van de vrijmetselaars bezoeken?'

Peter keek hem onderzoekend aan. 'Hoe bedoel je? Ik kwam hier om Judith te –'

'Lieg niet tegen me!' schreeuwde Tony.

De gedaanteverandering was zo groot en zo onverwacht dat Peter van schrik ging zitten.

'Wat –'

'Lieg niet tegen me! Waarom moest je mij zien? Waarom wilde je mij opzoeken? Waarom moest jij je er zo nodig mee bemoeien?'

'Bemoeien met wát? Waar héb je het over?'

'Denk je dat ik áchterlijk ben? Dat ik een of andere *moron* ben?'

'Sorry, Tony, dit is... belachelijk. Ik weet niet wat jij je in je hoofd haalt, maar dit is absurd. Breng me naar Boston. Nu!' Peter ging weer staan.

'Dacht jij nou echt dat ik jou nog liet gaan?'

'Wat bedoel –'

Tony lachte, een geforceerde lach.

'Dacht je dat ik niet in de gaten had dat jij hier alleen maar bent om uit te zoeken wat er in Leiden is gebeurd met Coen? En met Yona?'

Peter huiverde.

'En wat er in Jeruzalem is gebeurd?'

'Wat heb jij –'

'Jezus... Kom op! Je bent echt een slechte acteur, Peter. Denk je nu echt dat je mij om de tuin kunt leiden?'

Verlangend keek Peter naar de kust.

Te ver om te zwemmen. Bovendien... Wat heeft het voor zin overboord te springen als hij vervolgens met zijn motorboot achter me aan vaart? Of over me heen vaart...

'Tony...' Peter probeerde zo rustig mogelijk te praten. 'Je bent een goeie gast, echt, maar ik heb totaal geen idee wat je bedoelt. Waarom begin je over Coen en Yona? En over Jeruzalem...'

'Dacht jij dat het écht een ongeluk was dat Sam en George hier verdronken zijn?'

Dit gaat helemaal, helemaal mis...

'Hier!' schreeuwde Tony. Hij trok zijn shirt uit en draaide zijn bovenlichaam half naar Peter toe. 'Hier!' schreeuwde hij nogmaals, nu met zijn vinger een plek op zijn linkerborst aanwijzend.

Peter bevroor toen hij zag waar Tony op wees.

De diepzwarte inkt van een tatoeage was zichtbaar.

'Dacht jij nou echt dat ik niet direct doorhad waarom jij écht hier bent?' fluisterde Tony, maar het effect van zijn zachte stem was vele malen dreigender dan zijn geschreeuw van even daarvoor.

'Denk je dat ik áchterlijk ben?' zei hij, nu toch weer met stemverheffing.

'Nee, Tony,' zei Peter. 'Hoe kom je daarbij? Ik denk helemaal niet dat jij –'

'Jij en je vriendin vonden "toevallig" het lichaam van Coen,' zei hij. 'En "toevallig" ging jij mee met die wandeling van Jeffrey. En '"toevallig" kwam je naar Boston om je vriendin in Harvard te bezoeken. En heel "toevallig" bracht je een bezoek aan de vrijmetselaars.'

Steeds vinniger maakte hij de aanhalingstekens in de lucht met zijn wijs- en middelvingers.

'En ook heel "toevallig" leek het je leuk om met mij een dag naar Plymouth te gaan.'

'Waar héb je het over?' Ook Peter was nu gaan schreeuwen.

'Dacht je dat ik niet doorhad dat je undercover werkt? Dat het enige doel van jouw hele bezoek is om achter mij aan te komen?'

Hij is echt gek geworden.

'Maar, Tony...' zei Peter. 'Ik ben docent aan de universiteit. Ik geef les –'

'Heel "toevallig" over de Pilgrim Fathers... Een perfecte dekmantel!'

'Tony, je zit er echt naast. Ik weet niet waar je het over hebt.'

'Sam en George… Ze hadden niets door…' zei Tony, een stuk rustiger opeens, alsof hij dit onderwerp als afgehandeld beschouwde. 'Ze kenden me goed, natuurlijk. We waren lid van hetzelfde genootschap, dezelfde club. Meer dan drieduizend jaar oud, vanaf de uittocht, een select gezelschap. Geheime kennis. Man, als je toch eens wist.' Tony's gedachten leken terug te gaan naar het moment van de laatste ontmoeting met Sam en George.

Ik zit vast hier.

Peter dacht koortsachtig na.

Ik moet met hem meepraten. En hem zo lang mogelijk het woord laten voeren, meegaan in zijn gekte, niet tegen hem ingaan.

'Ik heb mijn boot, deze boot, gewoon langszij gelegd. Het was doodeenvoudig.' Hij lachte om zijn eigen macabere woordgrap. 'Ik ging aan boord, sloeg Sam neer en gooide George overboord. Sam was een tijdje *out*. George spartelde nog een tijd tegen toen ik hem onder water duwde en hem stevig vasthield. Dat duurde langer dan ik had verwacht. Mensen houden zo vast aan het leven!'

'Maar waarom moesten zij –'

Tony vertelde onverstoorbaar verder, alsof de bekentenis hem opluchtte, zoals iemand te biecht gaat in de kerk en blij is dat hij een bepaalde zonde niet langer alleen hoeft te dragen…

'George dobberde weg *to sleep with the fish*. Sam kwam bij… Ook hem heb ik overboord gezet, maar van hem wilde ik nog iets weten. De arme man wist nauwelijks wat er gebeurde. Bleef maar smeken om hem te sparen. Dat de kennis niet verloren mocht gaan…'

'Wat voor kennis? Waar héb je het toch over?'

'Uiteindelijk vertelde hij me wel iets, maar ook weer zo weinig!' schreeuwde Tony gefrustreerd uit. 'Al meer dan drieduizend jaar wordt het doorgegeven, mondeling, alleen maar mondeling. Aanvankelijk alleen in Jeruzalem, maar ze zijn het risico gaan spreiden, met name na de verwoesting van de tempel in Jeruzalem in 70 na Christus. Er werden mensen naar de verste uithoek van het Romeinse Rijk gestuurd, naar Engeland. Vanaf daar, uiteindelijk, is de kennis via de Pilgrims eerst in Leiden terechtgekomen, later via één Pilgrim op de Mayflower in Amerika dus, en zo in Boston. Ze verborgen zich in de loges van de vrijmetselaars. Ik weet het, ik weet het… In 1717 traden de vrijmetselaars in Engeland voor het eerst naar buiten toe, in het volle daglicht, maar in feite bestonden ze al drieduizend jaar natuurlijk. Vanaf de tijd van koning Salomo.'

Dus tóch! dacht Peter. *Er waren altijd al geruchten dat de vrijmetselaars teruggingen tot duizend voor Christus, tot de tijd van koning Salomo, de zoon van koning David. Salomo stond, behalve om zijn grote wijsheid, bekend om zijn bouw van de eerste tempel in Jeruzalem. In de architectuur van het gebouw zou allerlei geheime kennis verborgen zijn, op een manier die alleen ingewijden konden zien. Dáár ligt de basis van de vrijmetselarij, de passer en de winkelhaak, de ruwe steen die tot een zuivere kubiek gehouwen moet worden om gebruikt te kunnen worden in de tempel der mensheid.*

'Philippe de la Noye, Benjamin Franklin, George Washington...' ging Tony onverstoorbaar verder. 'Paul Revere, Mark Twain, John Steinbeck, Henry Ford, John Wayne, Harry Truman. Het is een rijtje illustere namen onder wie ik me ook mag scharen dus, een grote eer.' Die laatste drie woorden sprak hij op cynische toon uit. 'De steden Jeruzalem, Leiden en Boston vormden de basis, ook al woonden de mensen er niet altijd zelf. Meestal twee, soms drie, mensen in een land bezaten de kennis. Ze hadden als enige taak die uit het hoofd te leren en die ongewijzigd door te geven aan de volgende generatie. Levende boeken waren ze, Peter.'

'Levende boeken?'

Mijn hemel, dacht Peter. *Dáár ging het natuurlijk om in dat manuscript dat Piet van Vliet gevonden heeft! Telkens opnieuw werden nieuwe jongens ingewijd en opgeleid om de kennis te memoriseren en op hun beurt weer door te geven.*

Ondanks de absurditeit van de situatie voelde Peter een ondeelbaar moment de bijna poëtische schoonheid aan van het begrip 'levend boek'.

Wat een briljante manier ook om kennis verborgen te houden.

Kort keerden zijn gedachten terug naar de film *Fahrenheit 451*, waarin opstandelingen stiekem boeken uit het hoofd geleerd hadden – in een tijd waarin boeken als gevaarlijk beschouwd werden.

Maar al snel werd hij weer naar de realiteit teruggehaald: Tony die hém ervan verdacht een undercoveragent te zijn en hem op de hielen zat.

'Ik ben ook een levend boek,' zei Tony.

Er leek toch enige trots in zijn stem door te klinken.

'Sam gaf mij en George de kennis om die weer door te geven als het juiste moment zou komen om die te openbaren. Volgens sommigen was die dag nabij, en daarom móést ik wel handelen. Voor die tijd kende ik de geruchten al, zoals zovelen, ik kende de verhalen over het bestaan van een alternatieve kennis, een alternatieve geschiedenis. Het ware verhaal van de Exodus bijvoorbeeld. Ik heb er nooit in geloofd, ik bedoel, ik heb die kennis altijd gevaarlijk gevonden, als die er al was. En die wás er! Jaren en jaren ben ik op zoek geweest, kleine hints volgend, oude documenten napluizend, alles liep dood. Tot ik opgemerkt werd door Sam. Hij zag mijn ijver, mijn zoeken naar de waarheid. George was er toen ook al. En ik werd zijn leerling, ook ik werd ingewijd, ook ik kreeg deel aan die geheime kennis, Peter. Ze hadden eens moeten weten. Hij had een paard van Troje binnengehaald, een wolf in schaapskleren. Ik wilde maar één ding: het verkrijgen van de kennis om die voor altijd te vernietigen. De uren, de maanden, de jaren die ik eraan besteed heb! Het begon allemaal in Leiden. Door een speling van het lot kwam de kennis in Leiden terecht en door een speling van datzelfde lot in Boston dus. Ik ging naar Jeruzalem, *two down, four to go*. Toen waren daar Coen en Yona, *four down, two to go*.'

De beklemming op Peters borst was zo groot, dat hij nauwelijks nog kon ademen.

'Coen was zo eenvoudig. Het was lachwekkend gewoon,' zei Tony. 'Zoveel mensen aanwezig in het gebouw. Ik bleef als laatste achter omdat ik hem zogenaamd iets vertrouwelijks wilde vragen. Ik wees discreet naar mijn borst, al was dat niet eens nodig. Hij kende me, al had hij mij nooit in levenden lijve gezien. De hoeders zijn op de hoogte van elkaars bestaan. Zij weten wie de andere boeken van de levende bibliotheek zijn. Hij heeft de klap nooit zien aankomen. Hij was in één keer weg. De winkelhaak door het hart kostte me meer moeite. Ik moest eerst een keer met een mes steken, maar mijn woede gaf mij ook kracht. Toen de passer door de handen... Ik nam een groot risico. Ik weet het, maar de symboliek was te mooi. Toen ik de tatoeage wilde verwijderen, hoorde ik voetstappen op de trap. Dat heb ik toen niet kunnen afmaken, een kleine smet op mijn verder perfecte operatie. En later Yona, die in shock verkeerde natuurlijk, maar ook hij wist me niets te vertellen. Ik heb hem gesmoord met een kussen uiteindelijk. Met een bootje ben ik door jullie mooie Leidse grachten gaan varen. Water wist alle sporen uit op een lichaam. Helaas werd hij wel erg snel gevonden...'

'Maar jij zat toch al lang in Amerika toen Yona –'

Tony gooide zijn hoofd naar achteren en schaterde het uit, als een waanzinnige.

'Op Schiphol nam ik afscheid van mijn groep. "Ik neem een andere vlucht," zei ik. "Ik moet onverwacht nog wat zaken afhandelen hier." Dat moet je bekend in de oren klinken. Niemand die er vragen bij stelde. Ik ben teruggegaan naar Leiden. Later ben ik via Parijs teruggevlogen, niet onder mijn eigen naam natuurlijk. Net als in dat gastenboek in het museum vanmiddag. Ik heb vele namen.'

Kon het zo eenvoudig zijn? Zou Rijsbergen dat dan niet nagegaan zijn? En wat had die hele Herman er dan mee te maken?

'En uiteindelijk Sam en George, *six down*. Alleen ik ben er nog. Missie voltooid. En met mij verdwijnt deze ketterij.'

'Deze ketterij?'

Zo lang mogelijk in gesprek blijven met hem, dacht Peter. *Hem zo lang mogelijk aan het woord laten.*

Onopvallend probeerde hij zijn ogen over het dek te laten dwalen, maar dat was leeg op de reddingsboei en de twee zwemvesten na.

'Deze ketterij ja!' zei Tony. 'Dát was de ware reden van het conflict in Leiden. Dáárom besloot een zo grote groep achter te blijven; dát waren de mensen rond de twee levende boeken van hun tijd. Al beseften de mensen buiten die twee natuurlijk niet dat dát erachter zat. Zij voelden zich aangetrokken tot die vrije interpretatie, tot het loslaten van de traditie, tot het "ieder-zijn-eigen-waarheid" waarbij je de Bijbelse verhalen als allegorische vertellingen opvat. Uiteindelijk hebben de levende boeken zich aangesloten bij de vrijmetselaars, dus dáár heb je je verband tussen die twee groepen.'

Dit is waanzinnig, dacht Peter. *Als dit allemaal echt waar is... Het manuscript uit Leiden is nog maar het begin dan. Dan moet de héle geschiedenis zoals wij die kennen herschreven worden, niet alleen die van de Pilgrim Fathers. En álles valt op zijn plaats.*

'De mensen die naar Amerika vertrokken,' ging Tony onverstoorbaar verder, 'dát was het ware geloof. Dát was de echte reden van het vertrek. Dát waren de mensen die nog geloofden in de letterlijkheid van de Bijbel, in de letterlijkheid van de verhalen, van de Uittocht. Zij gingen op weg naar het Beloofde Land, zoals de Hebreeën ooit, om een nieuw Jeruzalem te stichten. Maar aan boord reisde de leugen mee, een ingewijde, een levend boek reisde mee op de Mayflower en bracht de leugen mee naar Amerika, als een parasiet die zich verbergt in een gezond lichaam en dat van binnenuit aantast. De gedachte was om het risico te spreiden, om levende boeken te hebben in het oorspronkelijke Beloofde Land, in de Oude Wereld en in de Nieuwe Wereld. Maar ik heb er een einde aan gemaakt. Ik ben de geneesheer die voor de heling heeft gezorgd. En met mij verdwijnt dit eindelijk. Hoewel... Er ís nog één ding...'

Had ik dit aan kunnen zien komen, vroeg Peter zich af. *Er was toch niks wat er ook maar op wees dat hij dit allemaal echt gedaan heeft?*

'Maar, Tony, ik wist hier helemaal niets van. Hoe hád ik het kunnen weten? Ik kwam alleen om mijn vriendin te bezoeken.'

'Ja, ja...' zei Tony. Hij klonk vermoeid.

'We komen hier wel uit samen, Tony,' zei Peter op een zo rustig mogelijke toon. 'Je hebt blijkbaar een grote last gedragen.'

'Je hebt geen idee, Peter, echt. Je hebt geen idee.'

'Nee, Tony, dat klopt. Geheimen kunnen een mens belasten, veel zwaarder dan de buitenwereld wel denkt. Iedereen heeft wel een last te dragen. Bij sommigen is die groter dan bij anderen. Bij jou is het gewoon te veel geweest, Tony. Wat je hebt gedaan, je dacht dat het nodig was, maar –'

Tony begon te lachen, alsof hij even had moeten nadenken over de clou van een mop, maar die uiteindelijk toch doorhad.

'Jij denkt natuurlijk,' zei Tony toen, 'ik moet met hem meepraten, Tony gelijk geven, meegaan in zijn gekte. Zo werkt het in films misschien, maar hier niet Peter. Ik ben niet achterlijk.' Hij ging op het stoeltje zitten.

'Nee, nee, Tony, dat bedoelde ik niet. Luister, al meer dan een jaar ben ik vrijwilliger in het museum van Jeffrey, dat was lang voordat ik ook maar van jou gehoord had, toch? Mijn vriendin, Fay, is drie jaar geleden lid geworden van Ishtar. Ik ben die avond gewoon met haar meegegaan naar die open avond. Na afloop wilden we Coen gedag zeggen, en toen vonden we hem. Ik heb de politie gebeld en het daarna aan hen overgelaten. Ik ben gewoon docent, Tony, ik geef geschiedenis. Mijn vriendin Judith heeft maanden geleden een beurs gekregen voor Harvard. Ik ken haar al twintig jaar. Ik kwam haar opzoeken, meer niet.'

'Daar heb je misschien wel een punt,' zei Tony met zijn blik omlaaggericht. Zijn schouders zakten wat omlaag.

Peter had de indruk dat de eerdere overtuiging en zelfverzekerdheid van Tony wegvloeiden.

'Fay vroeg me bij de vrijmetselaars in Boston langs te gaan en wat foto's te maken,' zei Peter. 'Dat deed ik voor háár. En vandaag, ik wilde Plimoth Plantation bezoeken. Natuurlijk, als je hier bent, doe je dat, of niet? Ik ben toch ook walvissen gaan spotten? Daar is toch niks verdachts aan? En nadat ik jou in Leiden had leren kennen, is het toch ook niet raar dat ik contact met je zoek als ik in Boston ben?'

Tony zuchtte diep.

'Het lucht me op, kan ik je wel vertellen,' zei Tony, op een vriendelijke toon die een scherp contrast vormde met zijn eerdere woede. 'Maar een man moet doen wat hij moet doen.' Hij keek Peter aan. 'Ik zou je de teksten zo kunnen vertellen,' zei hij. 'Je zou het toch niet begrijpen. Het is oud-Hebreeuws. Aanvankelijk heb ik het puur op klank uit het hoofd geleerd. Pas later kreeg ik de betekenis te horen. Als ultieme back-up bestaat er wel degelijk een geschreven versie van de tekst – dat heeft Sam me toevertrouwd. Daar heeft Coen voor gezorgd. Zelfs tijdens onze woordenwisseling vlak voor zijn dood heeft Coen me niet willen vertellen waar die tekst zich bevindt. Blijkbaar was hij toch niet zó aan het leven gehecht.'

'Alsof jij hem in leven zou hebben gelaten, als hij het je had verteld.'

'Hm, daar heb je ook weer gelijk in, goed punt.'

'Maar, Tony, kom op. Je weet zelf ook dat je hier niet mee wegkomt. Iedereen heeft ons samen gezien. Als er iets met mij gebeurt, komen ze als eerste bij jou uit.'

'Iedereen heeft ons vooral afscheid zien nemen, Peter. Bij de receptie,' zei Tony triomfantelijk. 'Het staat zelfs op de bewakingscamera's. Mensen hebben mij weg zien lopen. Ze hebben jou alleen in een auto zien stappen, op weg naar de bus in Boston. Met een ticket dat ik zo dadelijk zal laten scannen op de terugweg.'

'Maar...'

Mijn hemel, dit is vanaf het allereerste begin zo opgezet...

'Maar,' probeerde Peter toch nog, 'die Uberchauffeur, er is een getuige.'

'Uberchauffeur?'

Tony lachte kort maar hevig.

'Geloof me, die man is me heel wat verschuldigd. Die gaat zich niet melden. Er staat veel te veel op het spel voor hem.'

Opeens deed Tony een onverhoedse uitval. Hij duwde Peter hard tegen de borst.

Peter struikelde achterover en viel overboord. De aanval was zo onverwacht geweest dat hij niet eens de kans gezien had zijn mond goed dicht te doen. Hij ging kopje onder en voelde het zoute zeewater zijn keel binnendringen. Proestend kwam hij boven.

Tony pakte Peter, half over de reling hangend, stevig bij zijn schouderstukken.

Peter probeerde zich los te worstelen, maar hij kon geen kant op. 'Tony!' Hij schreeuwde het uit. 'Doe normáál man!'

Uit Tony's ogen straalde een koele haat, als van iemand die er eindelijk voor uitkomt naar de *dark side* te zijn overgegaan. 'Was-in-Nederland-gebleven!' Hij spuugde elk woord uit. 'Dan was er niets aan de hand geweest! Maar jij moest zo nodig –'

'Ik wist niks! Het bestaat allemaal alleen maar in je hoofd!' Peter trok zijn benen omhoog in een poging zich af te zetten tegen de onderkant van de boot, maar zijn voeten vonden te weinig steun en gleden weg.

Tony leek niet helemaal zeker te zijn over zijn volgende stap. Een kort ogenblik verslapte zijn greep.

Met één voet lukte het Peter nu wel zich af te zetten tegen de boot. Bijna trok hij Tony mee het water in, maar die liet hem los.

Peter zwom een paar meter van de boot vandaan. Niet dat hij daar veel mee opschoot; ze waren ver uit de kust, en hij voelde zich nu al moe, wat nog verergerd werd door de angst. Bovendien zaten de lange broek, het overhemd en het colbertje hem enorm in de weg. Met enige moeite kreeg hij zijn colbert uit. Hij probeerde het jasje een beetje samen te vouwen zodat zich er lucht in kon verzamelen. Iets dergelijks had hij weleens voorbij zien komen in een overlevingsprogramma op Discovery Channel. Maar de pogingen kostten hem zo veel energie dat hij het opgaf.

Tony was achter het roer van zijn bootje gaan zitten en startte de motor.

'Hé!' riep Peter nog, maar zijn verzwakte stem kwam nauwelijks boven het geronk uit.

In eerste instantie voer Tony bij hem vandaan, maar hij keerde al snel weer om. In grote cirkels draaide hij om Peter heen, steeds zijn blik strak op hem gericht.

Bij de waterpolotrainingen thuis in De Zijl hield hij het watertrappelen met gemak een kwartier vol, maar in het koude water met je kleding aan was iets heel anders natuurlijk.

De cirkels die het bootje beschreef werden steeds kleiner, zoals haaien hun prooi schijnen te benaderen.

Peter voelde de vermoeidheid in zijn benen met de seconde toenemen, alsof er van onderen aan hem getrokken werd.

Op nog geen twee meter afstand legde Tony de boot stil.

Dit kan mijn einde toch niet zijn, dacht hij.

Fay...

Hij ging een aantal maal kopje onder. Uit pure wanhoop zwom hij naar de boot toe, en met één hand greep hij de rand beet. Plotseling merkte hij hoe koud hij het had. Hij keek omhoog, alsof hij uit die richting hulp kon verwachten.

Tony boog zich voorover, met zijn handen in de zij, een sardonische glimlach om zijn lippen. 'Dit ga je niet lang meer volhouden, Peter,' zei hij. 'Straks geef ik vol gas, en dan laat je vanzelf los.'

Het zoute zeewater prikte in Peters ogen.

Tony boog zich nog iets verder voorover.

Ik ben zo moe...

Het was alsof er nog harder aan zijn benen getrokken werd.

Verdrinken schijnt een afschuwelijke dood te zijn, schoot het door hem heen.

Fay, ik wil je zo graag weer zien.

Agapé, ik wil je zo graag zien opgroeien.

Judith, ik wil je zo graag eens vasthouden.

Ik wil jullie nog zien.

Opeens voelde Peter een zo'n warme haat en woede als hij nog nooit eerder in zijn leven ervaren had. Voor het eerst ervoer hij ook hoe deze twee emoties een stuwende kracht kunnen zijn. Het was alsof zijn benen weer vol energie stroomden, werden aangesloten op een onzichtbare energiebron.

Hij liet de boot los, gadegeslagen door een nog steeds glimlachende Tony, wiens hoofd de reling inmiddels bijna raakte. Vervolgens begon hij te trappelen zoals hij tijdens wedstrijden en trainingen ontelbare uren getrappeld had. Hij bewoog zijn lichaam van links naar rechts en stuwde zichzelf in een laatste krachtsinspanning omhoog het water uit. Bijna tot aan zijn middel wist hij zich uit het water te duwen. In dezelfde beweging greep hij met beide handen het hoofd van een totaal verbijsterde Tony en trok hem aan zijn oren omlaag.

Tony schreeuwde het uit van de pijn en de schrik, struikelde voorover het water in en kwam een meter van de boot weer boven.

Dit gaf Peter de gelegenheid om met zijn laatste restje energie een been over de reling te gooien en zichzelf aan boord te hijsen. Hij dook naar het bedieningspaneel om de gashendel omlaag te duwen, maar hij miste. Met zijn hoofd knalde hij tegen het roer aan. Duizelig van de vermoeidheid en de pijn ging hij op zijn knieën zitten.

Achter zich hoorde hij een klap. Hij draaide zich om en zag de hand van Tony, die zich vastgeklampt had aan de boot.

Op zijn knieën bewoog Peter zich naar de hendel. Nu slaagde hij er wel in die omlaag te krijgen. De boot schoot vooruit, waarna de motor onmiddellijk afsloeg.

Peter keek om. Er was geen hand meer te zien.

Hij draaide het contactsleuteltje om. De motor sputterde en pruttelde, maar kwam niet tot leven. Hij pakte de reddingsboei, die verrassend zwaar was. Angstvallig keek hij over de rand van de boot, de boei half naast zijn lichaam, klaar om ermee uit te halen, maar hij zag niemand.

Voorzichtig liep hij een rondje over het kleine dek, steeds over de rand turend, maar er was niets te zien. Uiteindelijk ging hij op het stoeltje zitten.

Wat kan ik doen? Aan boord halen kan ik hem niet – als hij al bovenkomt. Ik zie hem ook nergens trouwens. Hij heeft zes mensen vermoord. Het is een seriemoordenaar. Maar ík ben geen moordenaar...

Hij slingerde de reddingsboei het water in. Plotseling kreeg hij een angstvisioen van Tony die als een feniks uit het water zou oprijzen en hem op zijn beurt het water in zou trekken. Opnieuw deed hij een poging de motor te starten. Nu klonk er een bevrijdend geronk. Hij keek achterom, maar zag nog steeds niks.

'Ik ben een heel goede zwemmer,' had Tony gezegd.

Peter duwde de hendel omlaag en de boot schoot vooruit, waardoor hij bijna zijn evenwicht verloor. Met beide handen greep hij het roer vast.

Er was nog geen minuut verstreken sinds hij Tony overboord getrokken had.

Hoelang kan iemand onder water blijven?

Hij duwde de hendel verder omlaag. Met een behoorlijke snelheid schoot de boot over het water.

Na een tijdje minderde Peter vaart en legde hij de boot stil. Daarna stond hij op, pakte Tony's schoenen, waar ook diens sokken in zaten, en slingerde ze het water in om alle sporen aan hem uit te wissen.

Voor de zoveelste keer keek hij naar achteren. Hij zag de oranje boei nog goed drijven, als een bloemenkrans op een zeemansgraf.

En nu?

Peter ging achter het stuur zitten en gaf weer gas. Hij stuurde eerst een tijd op de kust af en maakte toen een grote bocht naar rechts, in de richting van waar Boston moest liggen.

Niemand weet dat ik hier was. Mensen hebben ons afscheid zien nemen. Het staat op camera nota bene. Ze hebben me in een auto zien stappen. Die chauffeur heeft een geheim blijkbaar dat niet naar buiten mag komen. Als Tony nooit meer van zich laat horen, zal hij blij zijn. Als hij hoort dat Tony verdwenen is, zal hij geen contact met de politie opnemen, want dan moet hij zijn eigen rol uitleggen. En morgen vertrek ik zelf naar Nederland. Niemand hoeft iets te weten. Wat kan ik doen? Naar de politie gaan? Ze zullen me vasthouden. In een land als Amerika zit je zomaar maanden vast voordat je de kans krijgt je onschuld te bewijzen. Een jury krijg je gemakkelijk tegen je. Een buitenlander gaat op een boottocht met een Amerikaans staatsburger, lid van het Pilgrimscomité – een smetje op zijn blazoen vanwege zijn royement bij de vrijmetselaars weliswaar, maar dat was een interne aangelegenheid. Een modelburger, een patriot... Wie zou mij, Peter, geloven?

Na verloop van tijd zag hij, heel in de verte, de contouren van Boston. De boot aanleggen in de haven was geen optie. Er zouden overal camera's staan en waarschijnlijk moest je jezelf eerst bij een havenmeester melden.

Peter besloot recht op de kust af te sturen, op zoek naar een goede plaats om aan wal te gaan.

Hoe dichterbij hij kwam, des te vastberadener hij werd.

Hij wilde me vermoorden, om niets. Om iets wat hij dacht dat ik wist. Wat een zieke geest... Om zo zelf voor God te spelen... Ik ook, maar ik verdedigde mezelf. Het was hij of ik...

Voorzichtig bracht hij de boot zo dicht mogelijk bij een strandje, tot hij voelde dat het zand op de bodem tegen de onderkant aan schuurde.

Bij het dashboard lag een klein doekje, een soort zeem, waarmee hij het stuur en de hendel schoonveegde. Vervolgens maakte hij het doekje nat en haalde het ook over de hele reling van de boot. Ten slotte pakte hij zijn tas en schoenen en ging voorzichtig van boord.

De lege boot gaf hij een zetje, zodat die weer loskwam en afdreef. De doek die hij nog steeds in zijn handen had, liet hij achter in het water.

Als ze de boot zouden vinden, zou die hen waarschijnlijk vanzelf naar Tony leiden – als die op zijn naam stond tenminste. En mocht zijn lichaam gevonden worden, dan zou de politie wellicht in de vrijmetselaarskringen naar de dader op zoek gaan, waar hij immers met een conflict vertrokken was. En áls de politie al bij Peter zou uitkomen, kon hij naar waarheid vertellen dat hij in het museum afscheid van Tony had genomen, omdat die nog wat zaken af te handelen had in Plymouth.

'Nee,' zou hij zeggen. 'Hij heeft me niet verteld welke zaken dat waren. Het verbaasde me wel toen, want ik dacht dat we samen terug zouden reizen naar Boston. Er leek dus iets onverwachts opgekomen te zijn, iets dringends. Ik ben met de bus terug naar Boston gegaan, ingestapt bij de bushalte aan de Pilgrims Road. De bus was laat, dus de chauffeur maande me snel in te stappen. Hij controleerde mijn kaartje niet.'

Op het strandje trok Peter zijn overhemd uit, dat hij uitwrong. Er kwam verbazend weinig water uit. Door de harde wind op de boot was zijn kleding al wat opgedroogd.

Hij trok zijn overhemd weer aan, net als zijn schoenen. Hij controleerde zijn rugzak, waar zijn portemonnee en andere spullen nog gewoon in zaten. Hij pakte het windjack eruit, omdat hij het opeens wat fris vond.

Alleen iemand die heel goed naar hem keek, zou kunnen zien dat zijn broek behoorlijk nat was. Andere mensen zouden op zijn hoogst denken dat hij een heel donkere spijkerbroek droeg.

Alsof mensen daarop zouden letten…

Het was een genot om de droge sokken aan te hebben, die hij bij het aan boord gaan in zijn schoenen gestopt had, en weer vaste grond onder zijn voeten te voelen.

Ik heb iemand vermoord, schoot het door hem heen.

Waarschijnlijk heb ik iemand vermoord, verbeterde hij zichzelf. *Kom ik hiermee weg? Kan ik hiermee leven?*

Langzaam liep hij het totaal verlaten strand af, naar de dichtstbijzijnde weg. Hij voelde zich als de student Raskolnikov in *Misdaad en Straf*, die de trap af daalde nadat hij een verachtelijke, oude woekeraarster om het leven had gebracht. Raskolnikov leek ermee weg te komen, de perfecte misdaad… Vrij van wroeging was hij aanvankelijk, totdat uiteindelijk zijn geweten hem toch parten ging spelen.

Peter schoot in de lach toen hij het naambordje van het strand zag: EGYPT BEACH.

De kennis, de geheime kennis van eeuwen is verdwenen in de golven van de oceaan. Wat dat betreft heeft Tony zijn doel bereikt. Maar dat document waar hij het over had. Wáár zou zich dat bevinden?

Hij sloeg een weg in die Egypt Beach Road heette. Peter wist niet waar hij zich precies bevond. En hoe hij het beste thuis kon komen. Het was het beste als hij niet door te veel mensen gezien werd.

Maar hoeveel mensen onthouden een gezicht dat ze maar één keertje zien?

Op goed geluk sloeg hij direct rechts af, de Hatherly Road in. Langs de weg stonden veel bomen, aan zijn linkerhand leek zelfs een heel bos te zijn, maar al snel kwam hij wat huizen tegen.

Opnieuw sloeg hij de eerste weg in, links deze keer. Hij koos een volstrekt willekeurige route.

Na een meter of tweehonderd passeerde hij een katholieke kerk. Er stond een groot bord buiten:

CATHOLIC CHURCH
Friends of St. Frances Xavier Cabrini
Patron Saint of Immigrants

Net toen hij stond te overwegen hoe hij nu verder moest, kwam er een jeepachtige auto het terrein af rijden.

Waarschijnlijk zag hij er wat hulpeloos uit – of de chauffeur in de auto was er als rechtgeaard katholiek in getraind om hulp te bieden aan wie hij maar kon – want de auto stopte. Het raampje aan de bestuurderskant zoefde omlaag.

Ik kan nu moeilijk wegrennen.

'Kan ik u helpen, *sir*?'

'Nou,' zei Peter. 'Ik ben een beetje verdwaald om eerlijk te zijn. Ik ben op het strand geweest, Egypt Beach. Vanmorgen ben ik met vrienden meegereden. Ik wilde met het openbaar vervoer terug naar Boston.'

'Openbaar vervoer?'

De man, een vriendelijk ogende vijftiger, keek hem aan alsof hij op het punt stond een heel exposé te beginnen over de staat van het openbaar vervoer in de Verenigde Staten.

'Op dit uur, *sir*... Het is al vijf uur geweest.'

'Ik weet het. Het is lastig zeker?'

'Weet u wat. Stap maar in mijn auto. Ik rijd een heel eind die kant op. Onderweg kan ik u bij JFK/UMass afzetten, dat is een metrohalte.'

Peter liep om de auto heen.

Deze man gaat me natuurlijk wel onthouden, dacht Peter. *Maar wegrennen zou nog verdachter zijn... Tegen de tijd dat Tony gevonden wordt – als hij al gevonden wordt – zit ik al lang en breed in Nederland.* Voordat hij instapte, pakte hij een plastic tasje uit zijn rugzak dat hij op de bijrijdersstoel legde.

De man knikte goedkeurend.

'U hebt gezwommen?'

'Ja, klopt. Ik heb mijn zwembroek nog aan, alles is een beetje vochtig geworden.' De naam JFK/UMass kwam hem bekend voor. Hij had de naam vaak genoeg gezien als een van de haltes van de metro die hij van Harvard naar South Station nam.

'Dat is de Red Line toch?' vroeg hij.

'Inderdaad,' beaamde de man. 'U bent al goed bekend hier. Waar verblijft u?'

'In... Kom, even denken.'

Toen hij en Judith op walvissentocht gingen, waren ze verschillende grote hotels met uitzicht op de baai gepasseerd.

Hoe minder zo'n man weet des te beter.

'Sorry, ik ben in zoveel hotels geweest de laatste tijd,' zei Peter. 'Iets met Waterfront.'

'Ah, het Westin Boston Waterfront zeker?'

'Ja, dat is het.'

De man glimlachte.

'Een mooi hotel. Heb ik gehoord.'

'Klopt,' antwoordde Peter. 'Maar wat aardig van u trouwens. Ik zou niet geweten hebben wat ik anders had moeten doen.'

'We proberen altijd iemand in nood te helpen, toch?'

Verder spraken ze niet onderweg. Peter was te moe.

Enige tijd later zette de man hem af bij het metrostation.

Peter bedankte hem nogmaals hartelijk, griste het plastic tasje nog van de stoel en sloot het portier. Terwijl hij naar de ingang van het metrostation liep, haalde hij zijn pet uit zijn rugzak. Nadat hij de klep goed naar voren had getrokken om zijn ogen te bedekken, checkte hij in bij een poortje dat piepend opende. Tegen een pilaar ging hij staan wachten tot de metro kwam die hem naar Harvard brengen zou. Zijn metrokaartje vouwde hij een paar keer dubbel zodat hij hem doormidden kon scheuren.

Morgen heb ik die toch niet meer nodig. En ik weet ook niet of ze aan die kaart zouden kunnen aflezen waar en wanneer ik ergens in- of uitgestapt ben.

Hij deponeerde de resten in twee verschillende prullenbakken voordat hij in de metro stapte, die inmiddels gearriveerd was.

Er was nog een document dus.

Tony was *dying to know* waar dat was.

Letterlijk.

Op de een of andere vreemde manier wíst Peter dat hij wist waar hij moest zoeken, maar hij wist niet hoe hij die wetenschap naar boven moest halen.

Als die geheime kennis verloren gaat, dan heeft Tony alsnog gewonnen, een overwinning over zijn graf heen. En dan zijn die mensen, Coen, Yona en al die anderen, allemaal voor niets gestorven. Als ik het document vind, dan red ik daarmee de kennis waar zij hun leven aan hebben gewijd. En waar ze uiteindelijk hun leven zelfs voor gegeven hebben.

De puzzelstukjes cirkelden nog rond, als in de slurf van een tornado. Voor zijn gevoel bewogen ze steeds langzamer en langzamer, alsof iemand op een slowmotionknop gedrukt had, om zeer binnenkort op hun plaats te vallen.

32

Levende boeken...

Peter probeerde voor zichzelf de informatie die Tony hem geopenbaard had op een rijtje te zetten.

Was dit allemaal eigenlijk wel echt waar, vroeg hij zich in een flits af. *Was die hele Tony niet gewoon een krankzinnige? Een man met een zieke geest?* Hij had immers ook gedacht dat Peter hem doorgehad had en om die reden naar de vs was afgereisd. Aan de andere kant, de tatoeage was echt, en de bekentenissen waren zo... oprecht.

In films of boeken vond Peter het altijd zo ongeloofwaardig als de moordenaar uitgebreid de tijd nam om aan zijn aanstaande slachtoffer zijn motieven uit de doeken te doen, of om op te scheppen over zijn andere moorden – een bekend trucje van de regisseur of schrijver om aan de kijker of lezer cruciale informatie te geven. Maar nu begreep Peter dat het dus echt zo werkte. De moordenaar ging als het ware te biecht bij zijn volgende slachtoffer, die zijn geheimen weinig later toch mee het graf in zou nemen.

Er liepen dus al eeuwen – meer dan drieduizend jaar had Tony gezegd – levende boeken rond die bepaalde geheime kennis doorgaven. Wat die kennis dan was, dat had Tony niet verteld. Maar gezien Tony's voortdurende terugkomen op de Exodus móést het daar toch wel mee te maken hebben. Bovendien... Drieduizend jaar geleden kwam overeen met de tijd waarin gelovigen de uittocht uit Egypte plaatsen, ergens rond 1400 of 1200 voor Christus. En die kennis was bewaard gebleven binnen gemeenschappen die later bekend zijn geworden als de vrijmetselaars.

Drie plekken waren er geweest. Jeruzalem – altijd maar weer Jeruzalem – Engeland en daarmee via de Pilgrims Leiden en vanuit Leiden Amerika. Zes levende boeken waren verdwenen, die konden hun kennis nooit meer doorgeven. Als alles klopte, was Tony het laatste levende boek.

Of laatste levende boek geweest.

Maar er was dus nog een geschreven document.

Ergens.

Ik moet Rijsbergen op de hoogte brengen. Maar niet... niet voordat ik de vs verlaten heb. Rijsbergen zal niet zeggen: 'Uitstekend, beste jongen, goed opgelost. Kom lekker naar Leiden, dan bespreken we de details hier.' Hij zou er als rechtgeaarde politieman natuurlijk op aandringen dat ik mezelf bij de lokale politie aangeef, vanuit een rotsvast vertrouwen in de juiste loop die het recht krijgen zou.

Maar Peter had ook de documentaire *The Making of a Murderer* gezien, waarin al het bewijs ten gunste van een verdachte stelselmatig weggemoffeld werd. Hoe vaak las je wel niet in de krant over verdachten die tientallen jaren ten onrechte in een dodencel hadden zitten wachten totdat DNA-onderzoek hen vrijpleitte van schuld?

Thuis zou hij alles aan Rijsbergen vertellen. Dan zouden ze wel zien welke stappen er verder ondernomen moesten worden, maar in dat geval zat hij in elk geval veilig in Leiden, beschermd door de Nederlandse wet.

In hoeverre zou mij deze daad aangerekend worden? Zou het als zelfverdediging gezien worden? Of zou het wegvaren van iemand, misschien wel twee kilometer uit de kust, toch strafbaar zijn?

Dat hij die reddingsboei in het water had gegooid, kon hij nog ter verdediging aanvoeren. Iedereen zou begrijpen dat je een man, die jou wilde vermoorden, niet aan boord hees.

Door het heen en weer schudden van de metro werd hij uit zijn overpeinzingen gehaald. Het was nog maar enkele haltes tot aan Harvard.

Toen hij uitstapte, probeerde hij zo onopvallend mogelijk te lopen, maar voortdurend verwachtte hij een ruwe stem die zou schreeuwen: '*You're under arrest. Put your hands where I can see them.*' Met daarna de bekende woorden: '*You have the right to remain silent. Everything you say can and will be used against you in a court of Law.*'

Eenmaal boven merkte hij dat hij een enorme honger had. Op de stationsklok zag hij dat het bijna acht uur was.

Hij en Tony hadden nog voor het middaguur geluncht in de Plimoth Plantation, een lichte lunch bovendien.

Het leek allemaal zó ontzettend lang geleden.

Bizar te bedenken, dacht Peter, *dat Tony toen al van plan was me te lozen. Hoe ziek moet je zijn om dan toch gewoon een hele dag met iemand door te brengen, als de kat die met een muis speelt totdat die eerste het mooi geweest vindt.*

Zijn spijkerbroek was nog steeds vochtig, maar al lang niet meer klets-nat. Het windjack besloot hij nog even aan te houden.

Het was al donker aan het worden. Hij zou naar Judiths huis kunnen gaan, maar Judith was er niet en hij wilde even niet alleen zijn nu, alsof hij bang was voor zijn eigen gedachten.

Bovendien had hij honger dus.

Peter liep langs Massachusetts Avenue, op weg naar de Starbucks. Vlak voor hij daar was, schoot hij nog even de Harvard Coop in. Een paar dagen eerder had hij het boek *The Bible Unearthed* van de Israëlische archeologen Israel Finkelstein en Neil Asher Silberman zien liggen. Hij wist dat zij uit-gebreid schreven over de Exodus en over het volledig ontbreken van enig archeologisch bewijs rond de uittocht uit Egypte. Alles wat er de afgelopen tijd gebeurd was, leek naar de Exodus te wijzen, ook al de teksten die Coen op zich had gehad.

Hij besloot het boek onmiddellijk te kopen. Dan had hij ook direct iets te lezen als hij nog even wat ging eten.

In ergens zitten en zomaar voor zich uit staren was hij nooit goed ge-weest. Behalve dan met een sigaartje, maar rokers waren in zo'n overweldi-gende minderheid hier dat er bijna nergens een gelegenheid was om er eens rustig voor te zitten. Het was er in de afgelopen weken slechts enkele keren van gekomen.

Judith en Peter hadden de afgelopen weken letterlijk uren doorgebracht in de enorme boekwinkel die verschillende verdiepingen kende. Er was ook een coffeeshop waar ze beiden, als ze los van elkaar op strooptocht waren geweest, waren teruggekeerd met hun buit om daar onder het genot van een kop koffie een definitieve keuze te maken.

Maar ditmaal ging Peter doelgericht naar de verdieping met de boeken over theologie en archeologie om dat ene boek te halen en af te rekenen.

There is no such thing as too many books...

Hij betaalde met zijn creditcard, die hij in Nederland zo goed als nooit gebruikte, alleen om een vlucht mee te boeken of concertkaartjes te kopen of iets dergelijks. Maar in Amerika rekende hij er zelfs een kop koffie mee af.

Zodra ze bij een verhoor doorvragen, kom ik waarschijnlijk al snel in de problemen. Als ik echt in die bus was gestapt, dan zijn er een paar uren te overbruggen. Hoewel, ik kan zeggen dat ik in Judiths appartement ben geweest, die zelf niet thuis was, dus er zijn 'helaas' geen getuigen. Daarna ben ik eropuit gegaan om dit boek te kopen en even bij de Starbucks wat te eten en te drinken.

Hij verliet de winkel met het boek onder de arm en stak de straat over naar de Starbucks, die zoals altijd drukbezet was. Hij kocht er twee sandwiches, een medium latte en ging boven zitten. Twee mensen stonden net op, zodat er een comfortabele tweezitsbank vrijkwam met uitzicht over Harvard Square.

Zijn jas ritste hij open, een muffe lucht kwam vrij, zoals van kleding die twee dagen nat in de wastrommel heeft gezeten.

Rustig at hij zijn brood, ondertussen slokjes van zijn koffie nemend.

Elke keer wanneer hij even zijn ogen sloot, verscheen de waterscène levendig op zijn netvlies.

Hij merkte dat zijn ademhaling hoog in zijn borst ging zitten. Stevig omvatte hij de koffiebeker om zo het trillen van zijn handen te kunnen beheersen. Hij dacht terug aan hoe de haat en woede het laatste restje energie in hem naar boven hadden gehaald om boven zichzelf uit te stijgen, om uit het water omhoog te rijzen alsof iemand hem een zetje gegeven had. Hij zag het verbouwereerde gezicht voor zich van die gestoorde Tony, die besefte dat hij een fout gemaakt had door zo ver voorover te buigen. Peter bedacht dat hij er goed aan had gedaan door hem bij zijn oren te grijpen – oorschelpen waren zo gevoelig, dat hij volkomen machteloos was geweest. Een leraar sleepte een vervelende leerling vroeger niet voor niets aan één oor het lokaal uit.

Hoe heb ik kunnen wegvaren? Hoe heb ik iemand zó aan zijn lot over kunnen laten? Waar wás die gek gebleven trouwens? Hoelang kan iemand überhaupt onder water blijven?

Peter moest zichzelf dwingen zijn gedachten een andere kant op te sturen.

Fay.

Het had uiteindelijk goed uitgepakt om een tijd gescheiden van elkaar te zijn geweest. Ze hadden elke dag gemaild en elkaar appjes gestuurd – en hoewel de toon vaak wat zakelijk was geweest, was het toch goed geweest om in gesprek te blijven met elkaar. Enkele keren hadden ze geskypet. Het was fijn geweest om elkaar te zien, maar allebei hadden ze dat toch een beetje vreemd gevonden. Het had iets kunstmatigs om zo een gesprek te voeren. Thuis kon je gemakkelijk tien minuten niks zeggen, terwijl je allebei de krant las bijvoorbeeld, maar hier was je gedwongen om aan één stuk door te kletsen. Veel over koetjes en kalfjes, maar ook over henzelf, over hun relatie... Ze zouden een frisse start gaan maken zodra hij eenmaal weer terug was. Twee keer was ook Agapé in beeld verschenen, die zo enthousiast gezwaaid had en zó blij gekeken had toen ze Peter zag, dat hij ter plekke was gesmolten.

Peter had de mailwisseling tussen Fay en Coen Zoutman toch weer ter sprake gebracht, waarbij hij ook verteld had hoe het geheimhouden ervan bij hem voor een gevoel van afstand had gezorgd.

Fay had haar excuses daarvoor gemaakt, maar toch niet helemaal overtuigend. Ook binnen een relatie hebben partners recht op geheimen, was haar mening. Dat je over alles open tegen elkaar moest zijn was volgens haar een achterhaald 'jaren 60-iets'. Met een partner die totaal open tegen je was, viel uiteindelijk niet te leven. Als elke irritatie, elke gedachte, elk hersenspinsel uitgesproken zou worden, dan zou het einde zoek zijn. Elke fantasie die je over iemand anders zou hebben, elke gedachte aan een leven zonder de ander, aan een leven met iemand anders...

'Het is maar goed,' had ze gezegd, 'dat jij niet alles van mij weet. En dat ik niet alles van jou weet.'

En ze had ook gelijk.

Die mailwisseling had haar ook gefrustreerd, had ze verteld, omdat Coen was gestorven voordat hij concreet had kunnen maken waar hij in zijn mails zo vagelijk op gehint had. Er had iets groots staan te gebeuren. Hij had haar dingen willen vertellen, haar deelgenoot willen maken van iets historisch. In zulke bewoordingen had hij zich uitgelaten, zonder ooit echt duidelijk te worden. Als ze de mails nog weleens nalas, dan kwam ze telkens weer tot de conclusie dat er eigenlijk opvallend weinig in stond.

Inmiddels had Peter wel een vermoeden waar Coen Fay deelgenoot van had willen maken.

Iets waar een bezoek aan een tattooshop bij zou zijn komen kijken...

Hij had zijn koffie op. Buiten was het inmiddels helemaal donker geworden, maar hij had nog geen zin terug naar huis te gaan. Hij zou een leeg appartement aantreffen, dus kon hij net zo goed hier blijven zitten.

Hij pakte het boek van tafel om de achterflap te lezen.

Zoekend naar het gelijk van de Bijbel vonden twee Joodse archeologen een andere werkelijkheid. Finkelstein en Silberman hebben een fascinerend boek geschreven naar aanleiding van het meest recente archeologische onderzoek naar de vroege geschiedenis, zoals wij die kennen uit de Bijbel. Het was niet de bedoeling om de betrouwbaarheid van de Bijbelteksten te testen, maar om de verhouding tussen die teksten en de archeologische vondsten in het juiste licht te plaatsen. Finkelstein en Silberman laten het verhaal zien dat de stenen vertellen, maar dat is wel een ander verhaal dan we in het Oude Testament aantreffen.

Dit boek laat zien dat de nakomelingen van David de geschiedenis herschreven uit politieke en ideologische overwegingen. De restanten die in de bodem werden aangetroffen vertellen het werkelijke verhaal. Wars van enige sensatie beschrijven Finkelstein en Silberman hoe Bijbelse fictie en historische werkelijkheid met elkaar verweven raakten. Er is geen bewijs dat Abraham bestond; noch een andere aartsvader. En hetzelfde geldt voor Mozes en de Exodus.

Hij zocht het hoofdstuk over de Exodus op en begon erin te lezen. Het was het bekende verhaal, voor hem tenminste, van hoe archeologen na meer dan een eeuw graven nog geen greintje bewijs hadden gevonden voor de aanwezigheid van een groot volk ten tijde dat de uittocht plaatsgevonden zou moeten hebben. Van hoe er in de Egyptische annalen niets te vinden was over een groep slaven die weggetrokken zou zijn. En van hoe ook uit genetisch onderzoek bleek dat de huidige Joden in niets verschilden van de Palestijnen, dus niks apart volk. Het volk Israël was gewoon een van de stammen geweest die op een zeker moment dominant geworden was. Bij die dominantie hadden ze een hele mythologische geschiedenis opgetuigd om zo meer nationale eenheid te creëren rond de stormgod Jahwe – zijn echtgenote Ajsera verdween uit beeld, maar kwam nog wel steeds veel voor in achternamen als Asscher – en uiteindelijk rond de eredienst in de tempel in Jeruzalem.

Om een onderlinge band te smeden tussen de bewoners van een land is het nodig om een gemeenschappelijk verhaal te hebben, een gedeelde geschiedenis. Dat is vandaag niet anders dan vroeger natuurlijk, dacht Peter. *Er zijn verhalen nodig die niet per se waar hoeven te zijn, mythen waarin het nationale karakter van een volk naar voren komt. Bij ons in Nederland is dat de strijd van de Bataven tegen de Romeinen, de opstand van de Nederlanden tegen het Spaanse Rijk, het lijden en het verzet van de Nederlanders tijdens de Tweede Wereldoorlog, maar ook het vieren van Koningsdag, samen kijken naar wedstrijden van het Nederlands Elftal, de doden herdenken op 4 mei en daarna Bevrijdingsdag vieren.*

De tijd verstreek.

Het opgaan in de tekst had een kalmerend effect. De gedachten aan de afschuwelijke gebeurtenissen op zee verdwenen er wat door naar de achtergrond.

Hij probeerde maar niet te denken aan het lichaam van Tony, dat wellicht in zee dreef, meedeinend op de golven van het tij. Niet aan de boot die wellicht vastgelopen was op Egypt Beach en toch in elk geval de volgende ochtend gevonden zou worden.

Om negen uur morgen moest hij inchecken, het vliegtuig zou twee uur later vertrekken. Eerst naar New York en vanaf daar naar Amsterdam.

Was het maar vast zover...

Hij sloeg het boek dicht. Ongemerkt was het om hem heen een stuk minder druk geworden. Het personeel was hier en daar al aan het opruimen.

Het was bijna elf uur. Nu zou Judith toch zeker wel thuis zijn.

Peter verliet de Starbucks. Langs de hoge hekken met de spijlen liep hij naar de toegangspoort. De volgende dag zou hij via de hoofdpoort de campus verlaten.

Vanaf de grond zag hij dat er licht kwam uit de ramen van Judiths appartement, van de gang leek het. Ze lag al op bed dan, anders zouden de lampen in de huiskamer branden.

Licht teleurgesteld liet hij zichzelf binnen en nam de trap naar boven. Zo zachtjes mogelijk draaide hij de sleutel in het slot om en deed hij de deur naar Judiths appartement open. Het licht in de gang was inderdaad nog aan.

Onmiddellijk zag hij dat haar slaapkamerdeur weer half openstond, maar deze keer lag ze keurig onder het witte laken.

Geluidloos sloot hij de voordeur achter zich.

In de badkamer stroopte Peter de kleren van zich af, hetgeen nog niet zo gemakkelijk ging. Hij hing alles een beetje uit. Thuis zou hij al zijn kleding wel weer wassen. Uit een kast pakte hij droog ondergoed van een plank, die Judith speciaal voor hem vrijgemaakt had. Het t-shirt waar hij hier in sliep, hing aan een haakje aan de binnenkant van de badkamerdeur.

Grote kans dat ze toch wakker wordt van het geluid van de douche...

Hij overwoog om zich alleen een beetje aan de wastafel te wassen, maar hij had een grote behoefte zijn hele lichaam af te spoelen, alsof hij zo zijn zonden van zich af kon wassen.

Al snel was de douche op temperatuur. Hij stapte onder het warme water dat als zo vaak een troostend effect op hem had. Overvloedig zeepte hij zichzelf in, zijn lichaam zo hevig schrobbend dat zijn huid in combinatie met het hete water knalrood werd.

Wat heb ik in 's hemelsnaam gedaan?

Hij spoelde de zeepresten weg, zette de douche uit en droogde zichzelf af.

Nadat hij zijn tanden gepoetst had, sloop hij, alleen gekleed in zijn onderbroek en zijn T-shirt, de badkamer uit.

Judith had liggen woelen waardoor het laken grotendeels op de vloer terecht was gekomen. Ze lag op haar zij nu, met haar gezicht naar de deuropening gericht, gekleed in een lang T-shirt, dat bijna tot aan haar knieën reikte. Haar borst bewoog rustig op en neer.

Peter kon zijn ogen niet van haar afhouden. Zelfs zijn adem hield hij in, alsof hij bang was de betovering te verbreken als hij alleen maar zou ademen.

Ik moet doorlopen nu, hield hij zichzelf voor, terwijl hij toch maar langzaam uitademde.

Net toen hij zichzelf in beweging wilde zetten, opende Judith haar ogen.

'Hey jij,' zei ze met lome stem en een glimlach.

'Hey,' zei hij. 'Ik...' Hij voelde dat hij rood werd. Daar stond hij dan in zijn onderbroek, betrapt terwijl hij naar haar had staan staren.

Dirty old man...

Onwillekeurig trok hij zijn buik in.

'Je hoeft voor mij je buik niet in te houden, hoor,' zei ze lachend. Ze was helemaal wakker nu. Ze richtte zich op, terwijl ze het laken naar zich toe trok om dat losjes om zich heen te slaan. 'Kom even zitten,' zei ze. 'Vertel me hoe je dag was.'

Peter ging haar slaapkamer binnen, waarbij hij probeerde te doen alsof het een heel normale situatie was.

Wat kan ik vertellen? Het is allemaal achter de rug nu... Hoe minder mensen hiervan op de hoogte zijn, des te beter... Morgen zit ik in het vliegtuig naar Nederland.

Hij ging op de rand van het bed zitten. 'Hoe was jouw presentatie?' vroeg hij toen maar. 'Ging het goed?'

'Ja, het was leuk, interessant. Goede vragen na afloop, goede discussie. Ik denk dat ze wel tevreden waren. Ik bedoel, dat ze waar voor hun geld hebben gekregen. Dat ze die beurs aan de juiste persoon gegund hebben. Er gaan nog twee artikelen uit voortkomen, dus een mooie avond. Maar jij? Je bent laat.'

'Het was een lange dag ja,' zei Peter. 'Je moet er wel heen hoor, naar Plimoth Plantation, het is echt de moeite waard. Misschien met Mark als hij hier is.'

Ze knikte. 'Was het niet al te vermoeiend met die Tony?'

Peter moest even slikken. 'Nee, het was wel oké. Hij was er duidelijk op zijn eigen terrein en in zijn element. Hij kent er ook veel mensen natuurlijk. Hij was voortdurend handen aan het schudden, stelde me aan iedereen voor die we maar tegenkwamen. Op het eind moest hij onverwacht nog wat dingen regelen in Plymouth. Ik ben alleen met de bus teruggegaan. Net nog wat gegeten en koffie gedronken bij de Starbucks. Een boek gekocht bij Harvard Coop.'

'Maar je had toch al een boek?' zei ze glimlachend. Ze ging weer liggen. 'Fijn dat je een goede dag hebt gehad,' vervolgde ze zonder op antwoord te wachten. 'Vertel morgen maar verder, ik ben een beetje moe,' zei ze. 'Sorry.'

'Nee, nee,' zei Peter snel. 'Maak je geen zorgen. Ik ga ook slapen. Even mijn bed nog opmaken.'

Een deel van haar rechterarm kwam onder het laken tevoorschijn. Met haar hand klopte ze op het matras.

'Anders kom je toch bij mij liggen,' zei ze, terwijl ze haar ogen gesloten hield. 'Zo'n gedoe om nu nog je bed op te maken.'

Peter slikte opnieuw krampachtig. 'Ja,' zei hij, plots met schorre stem. Hij schraapte kort zijn keel. 'Dat is goed.'

Hoe vaak heb ik hier wel niet over gefantaseerd...

Judith deed haar ogen weer open en glimlachte. Uitnodigend hield ze het laken omhoog, dat Peter voorzichtig naar zich toe en over zich heen trok.

'Daar liggen we dan,' zei Judith.

Ja, daar liggen we dan, dacht Peter. *En nu?*

Hij lag op zijn rug, met zijn handen onder zijn hoofd gevouwen. Een geforceerde glimlach krulde zijn lippen. Hij probeerde zo te liggen dat hij Judith niet aanraakte.

Maar Judith schoof juist naar hem toe.

Als vanzelf strekte hij zijn rechterarm uit, zodat Judith haar hoofd op zijn borst kon vlijen.

Gelukkig heb ik gedoucht, schoot het door hem heen.

Op haar beurt sloeg zij haar rechterarm om hem heen, en korte tijd later legde ze haar rechterbeen over zijn bovenbeen. 'Welterusten, lieve Peter,' zei ze, terwijl ze een kus op zijn borst drukte.

Peter voelde hoe de warmte van haar hand zich over zijn borst verspreidde, hoe haar zachte borsten zich tegen de zijkant van zijn lichaam aan drukten en hoe zijn bovenbeen contact maakte met haar warme onderbuik. Voorzichtig verplaatste hij zijn arm een beetje om haar rug te strelen.

Ze onderging zijn streling met een zacht 'mmmm'.

Dit voelt zo... natuurlijk, kon hij alleen maar denken. *Dit voelt zo goed.*

'Ik vind dit echt heel fijn om met jou hier te liggen, Judith,' zei hij zachtjes.

Hij wist niet eens zeker of ze nog wel wakker was.

'Ja, fijn,' mompelde ze, al halverwege op weg naar de slaap zo leek het.

'Ik wil dit al zo...'

'Lang?' Judith deed lodderig haar ogen open.

'Al zo lang ja, sorry. Misschien al vanaf het moment dat je twintig jaar geleden mijn kantoor binnenstapte.'

Ze glimlachte en sloot haar ogen weer. 'Ach,' zei ze.

'Jij niet?'

'Soms...' zei ze. 'Gewoon... Misschien wel ja... Maar dit, wat we nu hebben...'

'Ja?'

'Stel dat er wat was gebeurd tussen ons. Als het dan misgegaan was,' zei ze, 'dan zouden we nu waarschijnlijk geen contact meer met elkaar hebben gehad. En nu hebben we er een levenslange vriendschap aan overgehouden. Dat is beter dan...' Ze maakte haar zin niet af.

Beter dan wat, vroeg hij zich af. *Beter dan een onenightstand of een relatie die na één of twee jaar op de klippen loopt? Waarschijnlijk wel ja...*

Maar hij had genoeg momenten gekend waarop hij graag voor de optie van de onenightstand of het relatie-die-op-de-klippen-loopt-scenario had gekozen.

'Of misschien hadden we één keertje... Nou ja, ach...' zei ze, een beetje lachend. 'Dat is nu...'

'Dat is nu?'

'Daar is het nu te laat voor, toch? Wij zijn dat station allang gepasseerd. Jij hebt Fay nu, ik Mark...' Ze drukte zich wat dichter tegen Peter aan. 'Maar dit is fijn zo, inderdaad,' zei ze.

Hij stopte met strelen en liet zijn hand op haar billen rusten, die zacht maar toch gespierd aanvoelden. Hij moest de neiging onderdrukken om er een kneepje in te geven.

'Welterusten, lieve Peter,' zei ze nogmaals. Ze gaf hem opnieuw een kus op zijn borst, die hij beantwoordde met een kus op haar haar.

'Welterusten, lieve Judith,' zei hij. Hij durfde zich nauwelijks te bewegen. Zachtjes drukte hij zijn lippen nog een keer op haar kruin. Hij rook haar geur die hem zo vertrouwd was.

Wat als... dacht hij. *Was haar 'Daar is het nu te laat voor, toch?' een mededeling of een open vraag?*

Hoe zou het zijn om haar nu in één vloeiende beweging op zich te trekken?

Eerst zouden we rustig in elkaars armen liggen, fantaseerde hij. *Dan wat verkennende kussen in elkaars nek, dan steeds hoger... rond elkaars oren, wangen... een voorzichtig kus op elkaars lippen, dan omhelzen we elkaar weer, en dan, als iets wat niet te vermijden valt onze monden die als twee magneten weer naar elkaar toe getrokken worden. Eerst weer de voorzichtige kusjes, zachte beetjes in elkaars lippen, onze tongen die elkaar raken, nog niet helemaal overtuigend. En dan, wie begint er? Dan zouden we waanzinnig gaan zoenen, elkaar opvretend bijna, elkaar af en toe aankijkend... Gebeurt dit echt? Wij? Eindelijk, na al die jaren! Dan gelach, dat overgaat in een zacht gekreun. Mijn handen onder haar T-shirt, over haar rug, haar billen. Ze richt zich half op, probeert haar T-shirt uit te trekken terwijl onze lippen contact met elkaar blijven houden... heerlijk onhandig... rode vlekken in haar hals... Ook ik trek mijn T-shirt uit. Ze helpt me. Dan heeft ze het hare uit... Ze heeft een string aan, met een geborduurd bloemetje erop... Zo lief... Dan eindelijk...*

Twee lichamen, één verlangen. Ze komt op me liggen, haar heerlijke borsten tegen mijn borst, zacht, warm... Ze richt zich half op, zodat haar lichaam in het maanlicht goed zichtbaar is. Onze buiken tegen elkaar,

onze onderbuiken tegen elkaar. Mijn erectie zit me geweldig in de weg...
'Mmmm,' klinkt het zacht in mijn oor. Ze lacht. 'Dat gaat wel goed daar
volgens mij.' Plagerig streelt ze mijn kruis... Het doet gewoon pijn, maar wat
een heerlijke, wat een zoete pijn. En we schamen ons niet voor elkaar... Je
bent zo mooi, vriendin van mij. Je mond is betoverend, als het rood van een
granaatappel fonkelt je lach. Je borsten zijn als kalfjes, als de tweeling van
een gazelle. Je brengt me in vervoering. Met maar één blik van je ogen breng
je me in verrukking. Kom hier, mijn liefste... Ik begraaf mijn gezicht tussen
haar borsten, terwijl zij met haar hand door mijn haar kroelt. Met een hand
omvat ik een borst. Ik neem een tepel tussen mijn duim en wijsvinger en
knijp er zachtjes in. Prompt wordt hij hard. Ze drukt zich dichter tegen me
aan, met haar onderbuik tegen de mijne duwend... Van de ene kant van het
bed rollen we langzaam naar de andere kant, en weer terug, alsof we in de
vloedlijn liggen en de branding met onze lichamen speelt... Mijn hand op
haar billen, in haar slipje, haar blote huid... stevige, gespierde billen, maar
toch zacht... Ik knijp er zachtjes in... Ze helpt me haar slipje uit te doen, zij
met één hand, ik met één... Dan dat van mij... Ze rolt van me af... Ik streel
haar buik, zie dat ze daar slechts een klein toefje haar heeft. Ze brengt mijn
hand omlaag...

Dan, uiteindelijk, rolt ze zich weer op me. Ze komt op me zitten, zoals ik
het zo vaak in mijn verhitte fantasieën heb voorgesteld. Zonder woorden wor-
den we een, terwijl we elkaar strak aankijken, vol liefde, nauwelijks gelovend
dat dit na al die jaren dan toch gebeurt. Zo natuurlijk...

De tijd zou op dat moment even stilstaan en ter plekke te sterven zou
niet eens de slechtste optie zijn...

Peter zuchtte diep.

Judith was in slaap gevallen.

Lig ik mezelf een beetje gek te maken hier, dacht hij.

Hij hoopte dat ze er geen last van had gehad dat zijn borst steeds onrustiger op en neer gegaan was, maar de rust keerde weer toen hij zijn ademhaling weer onder controle kreeg.

Peter dacht aan Fay.

En aan Mark.

Ook ik begin geheimen te krijgen... Maar wat is er in feite gebeurd?

Met die vraag probeerde hij zijn opkomende schuldgevoel weg te drukken.

Het deugt niet natuurlijk...
Dat snapte Peter ook nog wel.
Als Fay of Mark op dit moment binnen zou komen...
Voorzichtig haalde hij zijn arm onder Judiths hoofd vandaan. Ze knipperde even met haar ogen, draaide zich op haar andere zij en sliep weer verder.

Hij voelde zich schuldig, niet eens zozeer ten opzichte van Fay of van Mark, maar meer ten opzichte van Judith. Dat hij zich zo had laten gaan in zijn fantasie, terwijl zij puur uit vriendschap tegen hem aan was komen liggen.

Haar opmerking 'Of misschien hadden we één keertje...' had hem getriggerd natuurlijk. Hij had er in al die jaren eigenlijk nooit bij stilgestaan dat zij weleens dezelfde gevoelens of verlangens voor hem zou kunnen hebben gehad.

Water under the bridge...
Peter lag nog een tijd wakker, luisterend naar Judiths ademhaling. In zijn hoofd streden de beelden van zijn fantasie van zo-even met die van het gevecht met Tony om de voorrang.

Het beeld van hem en Judith bleek uiteindelijk toch het meest krachtig te zijn. Na verloop van tijd viel ook hij in slaap.

Toen hij wakker schoot, was het al licht. De plek in bed naast hem was leeg. Hij zag Judiths slaapshirt verfrommeld op de grond liggen.

Vanuit de keuken klonk het gepruttel van het koffiezetapparaat.

Peter richtte zich op om op de wekkerradio te kijken. Het was 7.00 uur. Of hij had het alarm niet gehoord of ze had het uitgezet voordat het afgegaan was.

Om halfnegen zou er een taxi voor hem klaarstaan, dus er was nog genoeg tijd. Zijn koffer was al grotendeels gepakt. Hij hoefde er alleen nog maar de vuile kleding van de vorige dag in te doen en wat boeken en wat toiletspullen in te pakken.

'Ha, lieve slaapkop,' zei Judith, die er ondanks het vroege uur alweer stralend uitzag.

'Hey,' zei hij, op haar aflopend.

Hij gaf haar een korte omhelzing, die ze van harte beantwoordde, maar ze liet hem eerder los dan hij haar.

'Ik ga mijn spullen inpakken,' zei hij.

'Dat is goed. De koffie is bijna klaar. Dan ontbijten we nog samen, goed?'

'Goed, zei hij. 'Even mijn telefoon pakken. Ik was hem gisteren vergeten mee te nemen.'

'Ik was die van mij ook vergeten gisteren toen ik van de bieb teruggekomen was, zei Judith. 'Thuis heb ik snel wat gegeten, en toen ben ik naar die bijeenkomst gegaan.'

Peter haalde zijn mobiel van de oplader.

Hij zag al snel dat er allerlei berichten waren binnengekomen. Appjes van verschillende mensen, van Fay natuurlijk, die steeds ongeduldiger van toon werden naarmate zijn antwoord langer uitbleef.

En er was een bericht van Rijsbergen:

Willem Rijsbergen
Hartelijk dank voor uw bericht aangaande de moorden in Jeruzalem.
Zelf hebben we uiteindelijk die link ook gelegd. We hadden ons alleen
op Leiden gericht aanvankelijk. We zijn ermee aan de slag gegaan.
De ontwikkelingen rond de vermissingen in Boston volgen we op de
voet.

16:56

Het bericht was rond vijf uur 's middags verstuurd.

Hier was het toen tegen elven in de ochtend... Tony en ik liepen nog rond op Plimoth Plantation.

Peter keek op de klok, 7.16 uur hier, dus 13.16 uur in Nederland.

Hij stuurde een berichtje terug.

Dat is goed te horen. Ik hoop dat dit ergens toe zal leiden. Mijn vlucht
vertrekt om 11.00 uur. Zodra ik weer in Leiden ben, kom ik zo snel mogelijk langs om meer te horen. Met vriendelijke groet, Peter de Haan

7:16

Thuis vertel ik hem het hele verhaal wel, dacht Peter.

'Pak jij eerst je spullen in?' vroeg Judith. 'Of wil je eerst ontbijten?'

'Ik schrijf even een kort mailtje aan Tony, flapte Peter eruit voor hij er erg in had. 'Om hem te bedanken voor gisteren. Het afscheid was zo abrupt.'

Helemaal geen gek idee eigenlijk...

Peter opende het mailtje van Tony, met in de bijlage het busticket, en drukte op 'beantwoorden'.

'Beste Tony...' typte hij.

Wat schrijf je aan een dode?

Beste Tony,

In de eerste plaats wil ik je ontzettend bedanken voor de interessante en leerzame dag gisteren in Plimoth Plantation en Plymouth! Het was jammer dat we zo onverwacht afscheid moesten nemen, en ik hoop dat het je nog gelukt is om je zaken af te handelen. Mijn busreis naar Boston verliep voorspoedig, nog bedankt voor het ticket!

Wanneer ben je weer in Leiden? Ik hoop van harte je dan weer te zien. Fay en ik kijken ernaar uit je uit te nodigen voor het eten.

Met vriendelijke groet,

Peter de Haan

'Weet je,' zei Peter, 'ik pak alles wel snel even in, zo gedaan.'

Inderdaad was hij in nog geen tien minuten klaar met pakken. Zijn koffer was iets voller dan bij aankomst. Hij had weliswaar cadeautjes voor Judith hier achtergelaten, maar toch nog een aardige stapel boeken gekocht.

The Bible Unearthed stopte hij boven in zijn rugzak.

Ze dronken koffie in het keukentje, zo'n vertrouwd ritueel.

'Blij dat je gekomen bent?'

'Ja, heel erg. Bijzonder om zo veel tijd met jou door te brengen, vond ik erg fijn. Een verdieping van onze vriendschap, denk ik.'

'Ja, inderdaad. Fijn dat je gekomen bent.'

Ze pakte zijn hand en kneep er in. 'Goed,' zei ze. 'Ik wil om acht uur op de bieb zijn. Ik heb die afspraak nog met die hoogleraar uit Chicago waar ik je over vertelde.'

'O ja,' loog Peter, die dat glad vergeten was. Een steek van jaloezie schoot door hem heen. 'Dat had je verteld. Mooi dat je zo veel goede mensen ontmoet hier.'

'Je redt je wel toch? Je weet waar de standplaats is. De taxi staat om halfnegen klaar.'

'Komt goed.'

Judith verdween naar de badkamer om haar tanden te poetsen. Peter ruimde de ontbijttafel af en zette alles terug op zijn plaats.

Toen ze haar jas aangedaan had, omhelsde ze hem. Ze gaf hem drie zoenen, hetgeen plotseling wat formeel overkwam, alsof ze hem ergens mee feliciteerde.

'Ik ben blij dat ik gekomen ben, Judith.'

Ze draaide zich om, pakte haar tas van het tafeltje in de gang en zwaaide nog een laatste keer.

'Goede vlucht!'

'Komt helemaal goed.'

Van dat laatste was Peter nog niet helemaal overtuigd.

Ik zal blij zijn als ik in dat vliegtuig zit, dacht hij.

Ook Peter trok zijn jas aan. Nu Judith weg was, had hij geen reden hier nog langer te blijven. Misschien stond de taxi er al, zodat hij eerder vertrekken kon.

Hij stuurde een appje naar Fay.

Ha lieve schat, Judith en ik hebben net afscheid genomen. Ik sta op het punt de taxi naar het vliegveld te nemen. En dan kom ik met 1.000 kilometer per uur jouw kant op gevlogen. ♥ ♥ ♥

8:02

Wat een vertrouwen ook van Fay en van Mark. Allebei hebben ze er geen seconde moeilijk over gedaan dat ik zo lang bij Judith zou verblijven. En hun vertrouwen hebben we gelukkig ook niet geschaad. Hoe zouden we dat ook gekund hebben?

Peter legde Judiths huissleutels op de keukentafel. Nog eenmaal keek hij rond in het appartement dat hij de afgelopen weken 'thuis' genoemd had.

Toen ging hij naar buiten en sloot de voordeur voor de laatste keer achter zich.

Terwijl hij over de campus liep, op weg naar de taxistandplaats, kwam de tekst uit Jezus' Bergrede uit het Matteüsevangelie bij hem op:

Iedereen die naar een vrouw kijkt en haar begeert heeft in zijn hart reeds overspel met haar gepleegd. Als je rechteroog je op de verkeerde weg brengt, ruk het uit en werp het weg...

De taxi stond inderdaad al te wachten. De chauffeur legde de spullen in de achterbak, terwijl Peter op de achterbank ging zitten.

Zonder verder nog iets te zeggen, reed de chauffeur weg. Het zou een ritje van nog geen twintig minuten zijn als het verkeer mee zou zitten, dus hij zou ruim op tijd zijn.

'Vlucht naar Europa, *sir*?' vroeg de man toen ze al even onderweg waren.

'Nederland ja,' beaamde Peter.

'Dat is vertrekhal A,' zei de man.

Om de tijd te doden pakte Peter *The Bible Unearthed*. Hij bladerde naar de sectie 'Geraadpleegde Literatuur' om te zien welke boeken de auteurs gebruikt hadden. Nu pas zag hij dat daaráchter nog bijlagen waren met Bijbelse landkaarten van Egypte, de Sinaï, Palestina en Israël.

Op de kaart van de Sinaï was de route aangegeven die de Hebreeën op hun uittocht uit Egypte genomen zouden hebben – op grond van wat er daarover in Exodus opgetekend stond. Ze waren in de richting van de Sinaïberg, of ook wel de Horebberg, in het zuiden van de Sinaï, getrokken, waar sinds het begin van de vierde eeuw het Sint-Catharinaklooster stond.

Peter bekeek de kaart, aandachtig, alsof een kunstenaar hem gevraagd had eens kritisch naar zijn schilderij te kijken.

Zie ik dat nou goed?

Een golf van opwinding joeg door zijn lichaam, die niet eens zo heel veel verschilde van de opwinding die hij de afgelopen nacht had gevoeld.

Ja, ik zie het goed.

De puzzelstukjes draaiden niet langer hun eindeloze cirkeltjes maar begonnen neer te dalen en op hun plek te vallen.

Peter sloot zijn ogen.

De chauffeur keek naar Peter via de achteruitkijkspiegel. 'Bent u moe, *sir*?'

'Nee,' zei Peter. Hij opende zijn ogen. 'Er is een *change of plan*,' zei hij zo rustig mogelijk, maar het kostte hem de grootste moeite zijn opwinding te verbergen.

Ik snap het.

'Wat zegt u, *sir*?'

'Ik neem een andere vlucht. Brengt u me naar de hal vanwaar vluchten naar Noord-Afrika vertrekken. Ik ga naar Egypte.'

Als de man al verbaasd was, dan liet hij daar niets van merken. '*As you wish, sir.*'

Peter legde de mobiel op zijn schoot. Hij keek naar het landschap dat aan hen voorbijschoot.

Natuurlijk...

Hij voelde zich bijna stom dat hij het niet eerder bedacht had.

Het geheim was verborgen *in plain sight* zoals ze in het Engels zouden zeggen.

Verborgen in het volle licht...

De taxi zette hem af bij de juiste hal.

Binnen volgde Peter de bordjes naar de balie van EgyptAir.

'Goedendag,' zei hij tegen de vrouw achter de balie.

'Een goedemiddag,' groette ze terug. Het was een oogverblindende Arabische schoonheid met mooie bruine ogen, die door haar mascara nog groter leken dan ze al waren.

'Wat kan ik voor u doen?'

'Wanneer is de volgende vlucht naar Sharm El-Sheik?'

'*Well,* eens even kijken,' zei Faarouz, zoals ze volgens het naamkaartje op haar borst heette. Al snel had ze het antwoord op zijn vraag gevonden. 'Over twee uur gaat er een vlucht, *sir,*' zei ze. 'U moet twee keer overstappen: één keer in New York en één keer in Caïro. Het is nogal een onderneming. De reis duurt alles bij elkaar zo'n vierentwintig uur. De vluchten zelf duren iets meer dan zestien uur.'

Haar perfect gemanicuurde nagels vlogen over het toetsenbord, terwijl ze af en toe iets aanklikte.

'Er is nog plek,' zei ze. 'Het wordt wel krap, want u moet nog door de douane heen, maar dat zal wel lukken. Zo druk is het vandaag niet. Mag ik uw paspoort?'

Peter gaf zijn paspoort en hield zijn creditcard gereed.

Ze nam zijn gegevens over. De slanke vingers van haar linkerhand omvatten het paspoort, met rechts typte ze.

Toen verscheen er een diepe rimpel op haar voorhoofd.

'Is er iets?'

'Ik moet even kijken,' zei Faarouz.

Het was alsof een onzichtbare hand Peters keel dichtkneep.

Blijven ademen, blijven ademen... dacht hij, terwijl hij zo ontspannen mogelijk probeerde te glimlachen. *Straal begrip uit... Normaalste zaak van de wereld dit. Routinecheck... Deze meneer heeft niets te verbergen.*

Ze pakte de telefoon, drukte maar twee of drie toetsen in en zei eenvoudigweg: 'Kunnen jullie even hier komen?'

Dat klinkt niet goed.

Peter had de neiging zijn paspoort uit de handen van de vrouw te grissen en weg te lopen.

Hij vouwde zijn handen samen om te voorkomen dat ze al te zichtbaar zouden beginnen te trillen.

'Wilt u even met ons meekomen, *sir?*' klonk een barse stem achter hem.

Een tweede onzichtbare hand om zijn keel leek erbij te zijn gekomen. Langzaam draaide hij zich om. Hij staarde in de onbewogen gezichten van twee politieagenten, hun rechterhand rustend op het holster van hun wapen.

Hij slikte, maar hernam zich snel. 'Natuurlijk, geen probleem. Wat is er aan de hand dan?'

'Wilt u even met ons meekomen, *sir?*' herhaalde de man.

Faarouz gaf Peter zijn paspoort terug, zonder hem nog aan te kijken, maar ze zocht wel oogcontact met de agenten. In haar ogen meende Peter een grote opluchting en dankbaarheid te lezen.

'Standaardprocedure, *sir.*'

Peter liep tussen hen in, de rolkoffer achter zich aan slepend.

Ze namen hem mee naar een kleine kamer met grote ramen. Vanbinnen waren de lamellen dichtgetrokken.

Peter ging zitten. Zijn rugzakje zette hij op zijn schoot, zijn handen met daarin het paspoort liet hij erop rusten. 'Wat is het probleem, heren?' vroeg Peter. *Zelf het initiatief nemen,* dacht hij. *Niet in de aanval gaan, niet in de verdediging schieten.*

Het waren twee jonge gasten. Hij schatte ze halverwege de twintig.

De een was bij de deur blijven staan, de ander was achter een tafel met een computer gaan zitten.

'Uw paspoort alstublieft.'

'Kunt u mij eerst zeggen...'

Dit kán alleen maar met Tony te maken hebben.

'Als u mij uw paspoort geeft, kan ik het u uitleggen,' zei de agent. Hij klonk niet eens moe of geïrriteerd. 'Ik weet ook niet wat er aan de hand is, *sir*. We gaan het zien...'

Nadat Peter hem zijn paspoort gegeven had, typte de agent zijn naam en paspoortnummer over. Vervolgens haalde hij het document door een gleuf heen.

Onmiddellijk verscheen Peters foto zoals die ook in het paspoort stond in beeld.

'U staat gesignaleerd, *sir*.'

'Gesignaleerd? Maar...'

De agent stak zijn hand op ten teken dat Peter nog even zijn mond moest houden.

Een ander beeld op het scherm verscheen, het zag eruit als een document met verschillende omlijnde rubriekjes waar telkens enkele regels tekst in stonden.

De agent nam zijn tijd om alles te lezen.

'Goed,' zei hij toen. Met een uitgestreken gezicht keek hij op van het scherm.

Nu komt het erop aan.

Peter voelde een wonderlijke kalmte over zich neerdalen, alsof er een onzichtbare mantel van onkwetsbaarheid over hem heen gedrapeerd werd.

'Kent u Tony Vanderhoop?'

'Ja, die ken ik,' zei Peter.

Blijf hem aankijken. Verlies jezelf niet in details zoals leugenaars doen. Vergroot je ogen niet. Gewoon stil blijven zitten, niet achterover gaan leunen...

'Ik ben gisteren met hem naar Plimoth Plantation geweest. Waarom?'

'Wat is uw relatie tot hem?'

Peter vertelde in het kort dat ze elkaar in Leiden hadden ontmoet en dat hij drie weken op bezoek was geweest bij zijn vriendin op Harvard, waarbij hij ook contact gezocht had met Mr. Vanderhoop. Ze hadden een bezoek gebracht aan Plimoth Plantation, waren daarna met de bus naar Plymouth gegaan om daar de Plymouth Rock te bezoeken en het Plymouth Hall Museum. Ze hadden daar afscheid genomen, omdat Tony onverwacht nog wat zaken af te handelen had. Zelf had hij een Uber naar de bushalte genomen, door Tony zelf geregeld, en daar was hij op de bus naar Boston gestapt.

De agent knikte.

Peters verhaal leek overeen te komen met wat hij verwachtte.

'Zei Mr. Vanderhoop nog om welke zaken het ging?'

Blijf bij je verhaal, blijf bij het verhaal...

'Nee, dat heeft hij niet gezegd.'

Glimlachen nu.

'Hij leek er zelf ook niet op gerekend te hebben,' zei Peter. 'We zouden samen terugreizen, dat was het plan. Maar mag ik vragen waar het om gaat? En hoe komt u bij mij uit?'

'*Well*,' zei de agent, met een schuin oog op zijn collega gericht, alsof hij die om toestemming vroeg verdere informatie te geven.

'Laten we het erop houden dat de politie hem graag wil spreken, vooral de politie in uw woonplaats. Ik kan niet ingaan op de details, dat zult u begrijpen.'

'Natuurlijk,' zei Peter begripsvol.

Dáár weten ze het dus ook! Maar hóé zijn ze er daar achter gekomen?

'Ze zijn de gangen van Mr. Vanderhoop nagegaan,' zei de agent. 'Mijn collega's daar kregen te horen dat hij met een buitenlandse gast naar Plymouth was. Lang verhaal... Hoe het ook zij, uw naam staat in het gastenboek van het museum. Daar hebben ze bevestigd dat jullie afscheid van elkaar namen, nadat Mr. Vanderhoop een taxi voor u gebeld heeft.'

Peter knikte.

'Heeft de politie van Leiden contact met u opgenomen?' vroeg de agent.

'Ja,' zei Peter. 'Ik heb een mail gekregen, maar die ging over iets anders. De politie wist niet dat ik gisteren op stap was met Tony, eh... met Mr. Vanderhoop.'

'En heeft u dat nu wel verteld?'

'Om eerlijk te zijn niet, nee. Ik wist niet dat ze hem wilden spreken.'

Nu was het de beurt aan de agent om te knikken.

'Ik was zelf een beetje teleurgesteld gisteren moet ik eerlijk toegeven,' zei Peter.

'Hoe bedoelt u?'

'We waren samen op stap geweest. Ik dacht dat we ook samen naar

Boston zouden reizen, maar plots in de receptie van het museum zei hij dat hij nog zaken moest regelen en weg was hij.'

'En u heeft dus echt geen idee welke zaken dat waren?'

'Nee... Het moet iets dringends geweest zijn, iets wat geen uitstel duldde.'

'Precies.'

De agent typte snel na elkaar korte woorden of commando's in en klikte een paar keer. Zijn gezicht had een iets zachtere uitstraling gekregen dan toen hij even ervoor de vragen stelde.

Peter had het gevoel dat hij *off the hook* was.

'U bent vrij om te gaan, *sir*,' zei de agent. Toen overhandigde hij het paspoort, maar hij hield het wel nog even vast toen Peter het aannam.

Peter glimlachte, maar de man glimlachte niet terug.

'Als we de camerabeelden van de bus van Plymouth naar Boston zouden bestuderen, dan gaan we u daarop zien?' vroeg de agent.

'Ja, natuurlijk,' antwoordde Peter. Hij was zelf verbaasd over het gemak waarmee hij loog. 'Er stapten mensen uit, de chauffeur haalde bagage uit het onderruim. Hij maande me snel in te stappen, want hij was iets achter op zijn schema.'

'Ben u voor- of achterin ingestapt?'

Onmiddellijk antwoorden.

'Achterin. Die deuren waren ook open, en daar zag ik twee vrije stoelen.'

Waarschijnlijk zijn er alleen voor in de bus camera's.

De agent glimlachte, wat spijtig zo leek, en liet toen pas het paspoort definitief los. 'U reist naar Egypte?' vroeg hij nog, terwijl hij opstond.

'Ja, dat klopt,' antwoordde Peter.

'Waarom Egypte? U heeft een ticket voor Amsterdam, toch?'

'Klopt,' zei Peter. 'Ik ben docent aan de universiteit. Ik geef Geschiedenis en Archeologie. Ik heb nog enkele weken vrij, en gisteren kocht ik dit boek.' Hij haalde *The Bible Unearthed* uit zijn tas. Het bonnetje stak er bij wijze van boekenlegger bovenuit. 'Ik was het aan het lezen en dacht: *what the heck*, ik doe het gewoon. Ik ga naar Egypte. Het is al een levenslange wens van me. Nooit gegaan...'

De man knikte, alsof hij alles wist van dromen die een mens heeft waar hij nooit aan toegeeft.

'U bent vrij om te gaan, *sir*,' zei hij. 'Heb een goede vlucht. Waar dat ook naartoe mag zijn.'

Zijn collega opende de deur.

'En mocht Mr. Vanderhoop contact met u opnemen, dan horen wij dat graag.'

'U bent de eerste die het weet,' beloofde Peter.

Eenmaal terug bij de balie moest hij eerst Faarouz' uitgebreide verontschuldigingen ondergaan. Ze was wettelijk verplicht enzovoort.

Peter vergaf haar goedmoedig, met een stralende glimlach van Faarouz als beloning.

Ze checkte zijn bagage in, overhandigde hem de boardingpasses en wees hem de juiste richting van de douane.

Het was niet druk inderdaad, zodat hij bij het inchecken snel aan de beurt was.

De man in het douanehokje die zijn paspoort scande, tuurde net iets langer naar het scherm dan Peter prettig vond. Maar uiteindelijk pakte hij een stempel, zocht de juiste pagina in zijn paspoort en liet de stempel met een harde knal neerkomen.

Peter kreeg tranen in zijn ogen van opluchting.

Gelukkig vroegen ze niet hoe laat mijn bus vanuit Plymouth naar Boston vertrok.

Nog voordat ze gingen boarden, was hij al bij de gate.

Peter installeerde zich in het vliegtuig en pakte *The Bible Unearthed* uit zijn tas om opnieuw te bladeren naar de kaart waarop de veronderstelde route van de Exodus getekend stond.

In zijn telefoon opende hij het mapje met foto's. Hij moest flink doorscrollen naar onderen. In een oogwenk kwamen de afgelopen drie weken voorbij, zoals ze wel zeggen dat je leven in een flits aan je voorbijtrekt op het moment dat je sterft.

Als je verdrinkt bijvoorbeeld...

Eindelijk dan had hij de foto van de afbeelding gevonden die Rijsbergen aan hem en Mark had laten zien: de tatoeage die Coen Zoutman en Tony Vanderhoop hadden gehad.

Hij klikte op bewerken.

Draaien.

90° naar rechts...

De punt van de driehoek wees naar rechts.

Nog een keer draaien.

90° naar rechts…

Nu wees de punt van de driehoek omlaag, als een waaiervormig koekje dat in een sorbetijsje gestoken was.

Hij hield de afbeelding naast de kaart uit het boek. De overeenkomst was zó duidelijk, zo één op één dat het bizar was dat hij het niet eerder gezien had. *Dat zelfs iemand als Tóny dit nooit eerder heeft bedacht… Maar je ziet het pas als je het ziet.*

De puzzelstukjes draaiden niet langer rondjes in de wervelwind, maar waren tot rust gekomen en op de grond gevallen, elk stukje precies op zijn plek, elk individueel stukje zijn eigen bijdrage leverend aan het grotere geheel.

Het stukje op zichzelf betekende niets, maar pas met de andere stukjes samen kreeg het betekenis.

Tony zou tevreden zijn geweest met deze uitleg.

Het beeld dat ontstond was verbluffend.

Niks geen Alziend Oog of twee piramides of bergen met de zon.

De tatoeage was niets meer en niets minder dan een kaart van de Sinaï waarop de uittocht van de Hebreeën uit Egypte stond afgebeeld. De buitenste rand gaf de omvang van de Sinaï zelf aan, de lijn daarbinnen was de weg die het volk Israël door de woestijn gegaan zou zijn. Peter was op weg naar het rondje, de berg Horeb, waar Mozes de Stenen Tafelen ontvangen zou hebben.

Met aan de voet van de berg een klooster dat gebouwd was op de plek van het Brandende Braambos, van waaruit God tot Mozes sprak om hem de opdracht te geven zijn volk uit Egypte weg te leiden om het naar een land te brengen, overvloeiende van melk en honing…

Hier was de hele geschiedenis begonnen.

In het Sint-Catharinaklooster.

DEEL 3

Het beloofde land

Sinaï

33

Rijsbergen had het dus toch goed gezien.

Op de beelden van een aflevering van *Unsolved Murder Mysteries* had hij Tony Vanderhoop herkend: hetzelfde postuur en dezelfde krullen die onder de honkbalpet vandaan piepten. Toen een whizzkid van de technische dienst het beeld uitvergroot en opgeschoond had, was er geen twijfel meer over mogelijk geweest dat dit hem was.

Feitelijk stond de politie van Leiden nog steeds met lege handen. Er was geen ander 'bewijs' tegen Tony Vanderhoop dan dat hij ten tijde van de twee moorden in Jeruzalem was geweest. De combinatie met het feit dat hij hierover had gezwegen tijdens zijn gesprek met Rijsbergen, maakte het wél weer verdacht. Bovendien dook hij vier jaar later op bij een open avond in Leiden waar ook weer iemand vermoord was.

What are the odds, vroeg Rijsbergen zich af. *Toegegeven: het is heel toevallig allemaal, maar dat maakt nog niet direct een moordenaar van hem.*

Aan de dood van Yona Falaina was Tony Vanderhoop vooralsnog niet te linken, omdat hij het land al had verlaten toen die moord had plaatsgevonden.

Het onderzoeksteam van Rijsbergen was onmiddellijk weer op sterkte gebracht om de nieuwe aanwijzingen verder te onderzoeken. Zo werd uitgezocht welke vlucht Tony Vanderhoop en zijn delegatie hadden genomen om na te gaan of Vanderhoop die dag daadwerkelijk teruggevlogen was.

Kan ik mezelf iets kwalijk nemen, vroeg Rijsbergen zich voortdurend af.

Hoewel hij de eerste was om kritisch te reflecteren op zijn eigen functioneren, op steken die hij had laten vallen, vond hij dat hij in dit geval zichzelf toch recht in de spiegel aan kon kijken. Er waren in principe geen aanwijzingen geweest die hij over het hoofd had gezien. Die hele Tony Vanderhoop was eenvoudigweg eerder niet in beeld geweest, dus niemand was op het idee gekomen om uit te zoeken of hij daadwerkelijk samen met zijn groep in dat vliegtuig had gezeten.

En met Herman van der Lede hádden we al iemand vastzitten. Ook al is de zaak tegen hem niet al te sterk. Hij was ervan op de hoogte dat er bij de moord op Coen Zoutman een passer en een winkelhaak waren gebruikt, maar zijn totale zwijgen over hóé hij dat wist, had hem pas écht verdacht gemaakt.

Ze hadden de politie in Boston verwittigd, met wie Rijsbergen in rechtstreeks contact stond inmiddels.

Pas die dag hadden ze daar via via kunnen achterhalen dat Vanderhoop de vorige dag naar Plimouth Plantation was gegaan, samen met een buitenlandse gast. Hij had geen mobiele telefoon bij zich gehad, dus was op die manier ook niet te traceren geweest. Pas door rond te vragen in het netwerk rond zijn persoon hadden ze zijn gangen na kunnen gaan.

Zo hadden ze ontdekt dat hij ook het Pilgrim Hall Museum bezocht had, waar ze in het gastenboek de naam van de buitenlandse bezoeker hadden aangetroffen.

Peter de Haan.

Komt tóch die Peter de Haan weer naar voren, had Rijsbergen met verbazing vastgesteld. *Hadden hij en Tony Vanderhoop elkaar écht niet gekend vóór de open avond in Leiden? Waren Peter de Haan en zijn vriendin er misschien dan tóch op een of andere wijze bij betrokken?*

Plotseling was er een heel ander scenario bij Rijsbergen opgekomen. Vanderhoop, De Haan en Spežamor vermoorden Zoutman, vervolgens bieden De Haan en Spežamor aan Vanderhoop de gelegenheid weg te komen en ten slotte belt Peter 112 om te melden dat hij en Fay Zoutman hebben gevonden.

In het geval van betrokkenheid van De Haan en Spežamor zou Vanderhoop inderdaad al in de vs kunnen hebben gezeten ten tijde van de moord op Falaina, die dan gepleegd zou kunnen zijn door Peter – al dan niet samen met Fay.

Maar dan nog, dacht Rijsbergen. *We moeten niets uitsluiten, maar het is een weinig plausibel scenario. Die moorden in Jeruzalem waren vier jaar geleden, en toen was Fay nog niet eens lid van Ishtar. Toen bestond die hele loge nog niet eens.*

Op zaterdag, om tien uur 's ochtends lokale tijd, was de politie bij het Pilgrim Hall Museum langsgegaan, waar de dames van de receptie hadden verklaard dat Vanderhoop en zijn gast afscheid van elkaar hadden genomen in de museumhal. Ze hadden de beelden getoond waarop dit duidelijk te zien was. Daarna was er een auto voorgereden, die de Nederlander naar de halte aan de Pilgrims Road zou hebben gebracht om de bus naar Boston te kunnen nemen.

De eerste prioriteit was de aanhouding van Tony Vanderhoop, maar die leek van de aardbodem te zijn verdwenen. De politie van Boston wilde ook graag Peter de Haan spreken, aangezien hij de laatste was geweest met wie Vanderhoop was gezien. Men hoopte dat hij kon vertellen waar Vanderhoop heen kon zijn gegaan.

De Haan was gebeld maar ze hadden hem niet te pakken kunnen krijgen. Een politieauto was naar het appartement van Judith Cherev gegaan, waar De Haan de afgelopen weken verbleven had. Cherev hadden de agenten uiteindelijk in de bibliotheek aangetroffen, maar De Haan bleek al onderweg naar Boston Logan Airport te zijn gegaan.

De Haan stond gesignaleerd. Zodra hij incheckte, kreeg de baliemedewerker een melding met de opdracht de politie erbij te halen om hem wat vragen te kunnen stellen.

Rijsbergen besefte dat hij op dat moment niets kon doen om de ontwikkelingen in Amerika te bespoedigen.

Zodra De Haan de volgende dag voet op Nederlandse bodem zette, zou hij direct naar het bureau in Leiden gebracht worden. Rijsbergen wilde hem opnieuw verhoren, op een dringender toon ditmaal, over de gang van zaken op die fatale avond. En over zijn precieze relatie met Tony Vanderhoop.

Ook Fay Spežamor zou de volgende dag opgehaald worden voor een nader verhoor.

Maar eerst gingen Rijsbergen en Van de Kooij naar de Penitentiaire Inrichting Haaglanden in Zoetermeer, het huis van bewaring waar Herman van der Lede nu al zo'n zes weken in voorlopige hechtenis zat.

Herman de Zwijger, dacht Rijsbergen.

Het was een kort ritje van nog geen halfuur, maar deze keer leek het Rijsbergen ontzettend veel langer te duren dan normaal.

We lijken zó dicht bij de oplossing te zijn nu...

Ze hadden eerder een aantal bezoeken aan Herman gebracht, allemaal even vruchteloos. De man had alleen maar voor zich uit zitten staren en dwars door Rijsbergen en Van de Kooij heen gekeken, alsof ze lucht waren.

Ook tijdens de voorgeleiding had hij zijn mond niet opengedaan – de rechter-commissaris had op zeker moment oprecht gevraagd of Van der Lede misschien doof was.

Zelfs tegenover zijn vrouw, Jenny, die hem elke week was komen bezoeken, was hij blijven volharden in zijn zwijgen; hij had haar nog niet eens gedag gezegd.

In een ontvangstkamertje van het huis van bewaring stonden niet meer dan een tafel en vier stoelen eromheen. Van de Kooij was gaan zitten, maar Rijsbergens onrust was daar te groot voor.

'Vandaag is je laatste dag hier,' viel Rijsbergen direct met de deur in huis toen Van der Lede door een bewaker binnengebracht werd.

Het was lastig te bepalen wíé er meer verrast naar Rijsbergen keek: Van de Kooij of Van der Lede.

'Hoe bedoelt u?' maakte hij een einde aan de zes weken van zijn zichzelf opgelegde zwijgbelofte.

'Ga zitten,' beval Rijsbergen, die zelf bleef staan.

De bewaker, die hem naar de tafel begeleidde, verliet zelf de kamer en bleef op de gang staan.

Ik heb hem in elk geval een reactie weten te ontlokken.

'Ik ben overtuigd van je onschuld,' zei Rijsbergen. 'Ik zal het je uitleggen.'

Van der Lede keek Rijsbergen vol verwachting aan, als iemand die naar de ontknoping van een spannende detectiveserie zit te kijken.

'Wanneer was jij voor het laatst in Jeruzalem?'

'Jeruzalem?' vroeg hij oprecht verbaasd. Het was duidelijk dat hij deze vraag niet had verwacht.

'Ik ben nog nooit in Jeruzalem geweest,' antwoordde hij toen. 'Het is wel al een heel oude wens van Jenny en mij, maar –'

'Precies,' kapte Rijsbergen hem af. 'Luister, we hebben iemand in het vizier die op het punt staat aangehouden te worden. Dat is een kwestie van tijd.'

Ik bluf gewoon, dacht Rijsbergen. *Kijken hoe hij gaat reageren.*

'We kunnen deze persoon in verband brengen met twee moorden. Daarnaast hebben we sterke aanwijzingen dat hij achter de moord op Coen Zoutman zit en mogelijk ook achter die op Yona Falaina. Dat zou jou volledig vrijpleiten van welke betrokkenheid dan ook bij de dood van Zoutman en Falaina.'

Van der Lede knikte.

Van de Kooij trok een ernstig gezicht, alsof hij precies wist waar Rijsbergen het over had. Maar aan de frons op zijn voorhoofd kon Rijsbergen zien dat hij niet goed begreep wat er gebeurde.

'Ja,' zei Van der Lede.

Nu moet je wel wat meer gaan zeggen.

'Dus nu wij overtuigd zijn van je onschuld... Tóch, collega?' Rijsbergen keek even naar Van de Kooij, die onmiddellijk van ja knikte. '...willen we alleen nog even weten hoe je dat nou toch wist dat bij de moord op Coen Zoutman een passer en een winkelhaak waren gebruikt, terwijl niemand anders dan de dader dat op dat moment wist. En degene die het lichaam gevonden heeft natuurlijk. Als je dat goed kunt verklaren, dan staat waarschijnlijk niets je in de weg om binnenkort als een vrij man dit gebouw te verlaten.'

'Ik was diegene,' zei Herman.

'Wat bedoel je?' vroeg Rijsbergen vriendelijk.

'Ik heb Coen gevonden.'

Rijsbergen opende zijn mond om te spreken, maar bracht geen geluid voort.

'Jij hebt wát?' vroeg Van de Kooij.

'Ik heb Coen Zoutman gevonden. Als eerste.'

'En waarom heb je dat niet verteld?' vroeg Rijsbergen, die zijn spraak hervonden had.

Van der Lede ging rechtop zitten en vouwde zijn handen samen, als iemand die voor het eten gaat bidden. 'Ik vond het niet...' begon hij, maar zijn zin maakte hij niet af.

'Belangrijk?' suggereerde Van de Kooij. 'Erg? Ernstig genoeg? De moeite waard?'

'Niet erg,' zei Van der Lede toen, alsof hij bij een meerkeuzevraag één antwoord had mogen kiezen. 'Begrijp me goed,' vervolgde hij, plotseling de indruk wekkend dat hij de regie van het gesprek volledig in handen ging nemen. 'Het is altijd erg als iemand overlijdt.'

'Overlijdt!' riep Van de Kooij uit.

'Even rustig,' maande Rijsbergen zijn collega. 'Laten we eens even horen wat meneer Van der Lede ons te vertellen heeft.'

Van de Kooij kneep zijn lippen zo hard op elkaar, dat ze deels wit werden.

'Laat ik het zo zeggen: als iemand doodgaat,' zei Van der Lede, 'is dat altijd verdrietig. Ik...'

Rijsbergen was nu toch ook gaan zitten. Na al die jaren waarin hij ontelbare mensen had verhoord, had hij inmiddels een gevoel ontwikkeld voor het moment waarop een verdachte het ware verhaal ging vertellen. Het was iets in de toon van diens stem, zijn lichaamshouding, de helderheid van de ogen... Het was een biecht uiteindelijk, die opluchtte. Het was misschien te vergelijken met als je op weg naar huis net iets te lang iets zwaars gesjouwd hebt en je dat thuis eindelijk kunt neerzetten.

'De avond liep ten einde, en ik ging naar huis,' zei Van der Lede. 'Jenny wilde nog blijven. Ik liep naar boven om mijn cd's te halen die voor de avond waren gebruikt. De deur naar de werkplaats stond open, en toen ik naar binnen ging, zag ik Coen op de grond liggen. Er was een licht op hem gericht, zoals op een artiest tijdens een optreden, echt bizar. Ik geloof niet dat er nog iemand in de ruimte aanwezig was, maar dat weet ik niet zeker. Er zijn gordijnen waarachter iemand zich kan verschuilen. Ik ging naar hem toe, zag dat hij al dood was en merkte toen dus ook die winkelhaak en die passer op.' Hij stopte met praten alsof dat het hele verhaal was.

'En wat dacht je toen, Herman?' vroeg Rijsbergen. 'Wat ging er door je heen.'

'Zal ik heel eerlijk zijn?'

'Daar is het wel het moment voor, Herman.'

'Om heel eerlijk te zijn, voelde ik opluchting.' Van der Ledes gezicht kleurde een beetje rood. 'Dit is de man die ervoor heeft gezorgd dat Jenny geen voorzitter had kunnen worden. Als je eens wist hoe dát haar gestoken heeft! Hoe vaak ik dáár naar heb moeten luisteren, naar haar frustratie hierover. Wéér een man als voorzitter, van een geméngde loge nota bene. En dan ook nog eens iemand die een veel te vrije opvatting had over symbolen, de interpretatie van verhalen en al die zaken waar Jenny jullie toen over heeft verteld. Ik zag hem daar liggen en dacht: nu is de weg vrij voor Jenny. Sorry, maar dat is wat ik dacht. Ik ben naar achteren gelopen, mijn blik op Coens lichaam gericht. En toen...' Hij keek Rijsbergen en Van de Kooij om beurten aan, alsof hij in de kroeg een spannend verhaal vertelde aan zijn maten.

Rijsbergen sloeg met zijn vlakke hand hard op de tafel. 'Kom op nou!' riep hij. 'Hier hebben we geen tijd voor.'

'Ik hoorde voetstappen achter me. Van iemand die de ruimte verliet, zachte maar onmiskenbare voetstappen. Ik bleef staan, een seconde of tien, vijftien, en toen hoorde ik de deur naar de sociëteitsruimte dichtgaan. Ik draaide me niet om, voor een deel omdat ik bang was, maar ook omdat ik dacht: wat niet weet, wat niet deert... Toen ben ik naar beneden gegaan, heb mijn jas gepakt en ben naar huis gefietst. Vlak erna moeten Peter de Haan en Fay Spežamor naar boven gegaan zijn.'

'Dit pleit hem nog steeds niet vrij, collega,' zei Van de Kooij tegen Rijsbergen.

Rijsbergen knikte. 'Waarom heb je dit niet al weken geleden verteld tegen ons?' vroeg hij. 'Mijn collega heeft gelijk: dit pleit je nog niet vrij, want je hebt nog steeds de gelegenheid gehad om Zoutman te vermoorden en je had nog een motief ook. Maar waarom zo lang gezwegen?'

Van der Ledes onderlip begon te trillen. Zijn gezicht vertrok zich in een rare grimas als van iemand die vreselijk zijn best doet om niet in tranen uit te barsten. Maar hij kon het niet tegenhouden. 'Ik schaamde me kapot,' kon hij nog net uitbrengen, voordat hij dan toch onbedaarlijk begon te huilen.

Niets was er meer over van de onverschillige houding en de stoere mooidaar-zijn-we-vanaf-praat.

Ze lieten hem even tot bedaren komen.

Voordat hij weer verder sprak, veegde hij zijn betraande ogen en lopende neus af aan de mouw van zijn overhemd. 'Ik schaamde me kapot dus,' zei hij. 'En nóg schaam ik me. Omdat ik me verheugd had over iemands dood, omdat ik niet de moed heb gehad om me om te draaien, omdat ik erna niemand iets heb verteld, omdat er misschien onschuldige mensen aangehouden zouden gaan worden, omdat ik een oplossing in de weg heb gestaan... En dat allemaal vanwege zo'n stóm voorzitterschap...' Hij begon opnieuw te huilen.

Rijsbergen zuchtte diep.

De tijd die we verloren hebben... Het onderzoek dat op een lager pitje gezet werd na zijn aanhouding... Aan de andere kant: dat onderzoek zat toch ook vast. Het is pas in beweging gekomen doordat Van de Kooij die Jeruzalemconnectie ontdekte.

'Alles goed en wel,' zei Rijsbergen. 'Het zou zomaar kunnen dat je de waarheid spreekt. We kunnen je nog niet laten gaan, dat begrijp je natuurlijk. Daar gaan wij op dit moment ook helemaal niet over, iemand anders zal zich daarover gaan buigen. Die zal ook gaan kijken wat de consequenties voor je zijn van het achterhouden van deze cruciale informatie.'

Van der Lede verborg zijn gezicht in zijn handen.

Rijsbergen en Van de Kooij stonden op en gingen naar buiten, waar de bewaker nog steeds bij de deur geposteerd stond.

'Wat denk jij?' vroeg Van de Kooij toen ze op de parkeerplaats waren. 'Ik denk dat het gegaan is zoals hij heeft verteld,' zei Rijsbergen. 'Wat een sukkel... Hij is nooit in Jeruzalem geweest, zegt hij. Dat moeten we ook nog even nagaan. Maar als het inderdaad klopt en hij hééft iemand horen weglopen uit de tempel die naar de koffieruimte beneden is gegaan, dan blijft er plotseling een veel kleiner groepje over. Aan het einde van de avond waren er nog maar twintig of vijfentwintig mensen. Die namen hebben we allemaal.'

'En dan klopt het dat De Haan en Spežamor vlak erna naar boven gegaan zijn en daar het lichaam van Coen Zoutman hebben gevonden,' zei Van de Kooij.

Ze reden terug naar Leiden.

'Ik denk dat het toch ook nog een goed idee is om contact op te nemen met de vrijmetselaars in Boston,' zei Van de Kooij. 'Die Peter de Haan heeft daar toch een rondleiding gehad? Misschien kunnen zij ons meer vertellen over Vanderhoop?'

'Ik was al van plan dat te doen,' loog Rijsbergen.

Toen hij op zijn kantoor de computer opende, zag hij dat er een berichtje binnengekomen was van zijn contactpersoon bij de politie van Boston.

Beste Rijsbergen,
We hebben Mr. De Haan kort gesproken op Logan Airport, maar helaas kon hij ons geen verdere informatie verschaffen over de plannen van Mr. Vanderhoop nadat ze afscheid van elkaar hadden genomen in het Pilgrim Hall Museum. De man lijkt werkelijk te zijn opgelost *into thin air*, hetgeen de hele zaak alleen maar raadselachtiger maakt. Het is nu al bijna vierentwintig uur geleden dat hij voor het laatst gezien is, dus het gaat bijna op een vermissing lijken. In de haven van Boston heeft hij een boot liggen, The Pilgrim, maar die ligt gewoon nog op zijn plaats. Uit de haven van Plymouth is een motorboot gestolen, de Sea Breeze, maar we weten niet of dat op enige wijze verbonden is met onze zaak. Er heeft ook nog niemand aangifte gedaan van Tony's afwezigheid. Niemand mist hem blijkbaar – de man is niet getrouwd, heeft geen broers of zussen, zijn ouders leven niet meer. Hij heeft helemaal geen familie. De zoektocht naar hem is nu opgeschaald.
We'll keep in touch.
Inspector Luigi D'Amico

Rijsbergen stuurde een kort mailtje terug om hem te bedanken voor de informatie. Daarna typte hij in het balkje van Google de zoektermen 'freemasons' en 'Boston' in. De eerste treffer leverde direct op wat hij zocht: massfreemasonry.org. *To reach higher. To find truth. Find more*, was het motto waarmee de website opende.

Toen Rijsbergen op het *'Contact us'* klikte, verscheen er een contactformulier. Daarvan wist je nooit bij wie dat terechtkwam en hoelang het duurde voor je antwoord kreeg. Vervolgens typte hij in het piepkleine zoekschermpje 'Walter Lunt' in, die Peter de Haan genoemd had in zijn mail. Dit leverde een paar treffers op. Het waren verslagen van bijeenkomsten van zijn loge, waar hij een of andere rol in vervuld had.

Ten slotte viel zijn oog op een telefoonnummer, met erachter tussen haakjes de vermelding: *'within MA'*, dus alleen binnen Massachusetts. Samen met Van de Kooij was hij even aan het uitvogelen hoe je vanuit Nederland naar Massachusetts belde, maar toen ze dat eenmaal wisten, hadden ze Walter Lunt verbazingwekkend snel aan de lijn.

Als bibliothecaris was hij natuurlijk sterk aan zijn werkplek verbonden.

'Met Walter Lunt.'

In enkele zinnen legde Rijsbergen uit wie hij was, hoe hij via Peter de Haan aan zijn naam gekomen was en waarom hij belde. Toen hij eenmaal de naam van Tony Vanderhoop had genoemd, kon hij de kilte aan de andere kant van de oceaan bijna door de lijn heen voelen.

Pas nadat Rijsbergen hem een e-mail zou hebben gestuurd met zijn eigen telefoonnummer, iets van een *force identification number* en een naam plus mailadres en telefoonnummer van zijn contactpersoon bij de politie van Boston, zou Walter Lunt hem verder te woord staan.

Rijsbergen had geen andere keuze dan dit te doen. Nadat hij had opgehangen, stuurde hij onmiddellijk de mail naar de heer Lunt met de door hem gevraagde gegevens.

Deze reageerde vrijwel direct met de mededeling dat hij de gegevens zou controleren en er dan op zou terugkomen.

'Pfff,' reageerde Van de Kooij.

'Tja,' zei Rijsbergen. 'Hij, eh… Hij wilde eerst wat zekerheidjes inbouwen zeker.'

Terwijl ze op zijn reactie wachtten, googelde hij 'Walter Lunt'. Het bleek een schrijver te zijn van sciencefictionboeken en thrillers over mysteries en geheime genootschappen. Zijn meest recente boek *A Song in Stone* ging over 'het mysterie van de Rosslyn Chapel en de neergang van de Tempeliers'. 'Ah,' zei Rijsbergen. 'De man is thrillerschrijver, dat verklaart het een en ander. Misschien dacht hij zelf opeens onderdeel uit te maken van een van de complotten waar hij over schrijft.' Hij klikte op nog een aantal treffers die de zoektocht had opgeleverd.

Na een minuut of tien ging de telefoon, waar Rijsbergen toch nog van schrok. Hij zette de speaker aan, zodat Van de Kooij mee kon luisteren.

'Met Walter Lunt,' klonk de stem aan de andere kant van de lijn, een stuk vriendelijker nu. 'U wilde mij enkele vragen stellen heb ik begrepen.'

'Dat klopt Mr. Lunt...'

'Noem me maar Walter.'

'Uitstekend, mijn naam is Willem Rijsbergen.'

'*My pleasure*. Hoe kan ik u helpen?'

'Zoals ik je al vertelde doen wij onderzoek naar twee moordzaken die zich anderhalve maand geleden in Leiden afgespeeld hebben. Kort na elkaar zijn twee vrijmetselaars vermoord, een oudere man, de voorzitter, en een veel jonger iemand.'

'Ja, Peter vertelde me erover. Heeft hij u ook verteld over de vermissing van twee leden van onze loge?'

'Ja, daar zijn we van op de hoogte. Het is erg zorgwekkend allemaal.'

'Dat is het zeker,' zei Walter. 'Ik heb inmiddels de politie in Boston gebeld om ze te wijzen op de zaken in Jeruzalem en Leiden. Hoewel ze in het geval van onze Sam en George nog geen reden hebben aan te nemen dat het om een misdaad gaat, is het natuurlijk wel vreemd dat in alle drie de gevallen een voorzitter en zijn jongere leerling betrokken zijn.'

'Dan zou je toch denken dat die op de een of andere manier met elkaar verbonden zijn.'

'Dat zou je wel gaan denken ja, maar op dit moment kunnen we niets anders doen dan afwachten.'

'De politie van Boston heeft me beloofd ons op de hoogte te houden.'

'Peter heeft nog een tekening gemaakt voor me van een symbool. Ik weet wel iets van symbolen, maar hier kon ook ik niets van maken, vrees ik.'

'Goed, daar bel ik ook in de eerste plaats niet voor. Het gaat mij om die soortgelijke moorden in Jeruzalem.'

'Het enige wat ik weet,' zei Walter, 'is dat daar ook twee broeders vermoord zijn, maar ik ken de overeenkomsten niet precies natuurlijk. Wij gingen ervan uit dat jullie ervan op de hoogte waren.'

'Nu weten we het ja,' zei Rijsbergen. 'Maar tijdens ons onderzoek is de naam van Tony Vanderhoop opgedoken en daarom komen we nu bij jou uit. We hebben ontdekt dat Tony Vanderhoop ten tijde van die gebeurtenissen in Jeruzalem aanwezig was.'

'Dat klopt. Ik was er ook.'

'Jij was er ook?'

'Ja. Dat is helemaal geen geheim. We waren met een kleine delegatie op bezoek bij onze broeders in Israël. Een hele rondreis hebben we gemaakt.'

Rijsbergen dacht even na. 'Maar het punt is,' ging hij verder, inmiddels een beetje nerveus van Van de Kooij die hem maar aan zat te staren tijdens het hele gesprek, 'dat Tony Vanderhoop óók in Leiden was, met een delegatie, toen de moorden hier gepleegd werden.'

'Dat is raar ja.'

'Nu is ook de politie in Boston naar hem op zoek, maar sinds gistermiddag is er geen spoor meer van hem.'

'Ik zal ook eens in mijn netwerk rondvragen.'

'Ja, graag, maar ik hoopte dat je ons iets meer over deze Tony zou kunnen vertellen. Is hij lid van dezelfde loge als jij?'

'Hij wás lid ja,' zei Walter. 'Maar hij is drie jaar geleden geroyeerd. Hij maakt niet langer onderdeel uit van de club.'

'Geroyeerd?'

'Ja, geroyeerd. Wat kan ik zeggen. Vanderhoop is een onbehouwen... Die zin kan ik maar beter niet afmaken.'

'Wat is er gebeurd dan?'

'Dat is zowel een heel lang als een heel kort verhaal.'

'Vertel voor nu de korte versie dan maar.'

Walter stiet een vreugdeloos lachje uit. 'Tony heeft gesproken op de begrafenis van onze voorzitter, Joseph Nun. Die was overleden, kanker... Het was vreselijk. Tony hield een buitengewoon ongepaste toespraak. Hij zei dat het goed was dat onze voorzitter er niet meer was, dat er nu ruimte was gekomen om een nieuwe weg in te slaan en meer van dat soort onzin. Dat verhalen en symbolen mensen juist samen moeten brengen en niet zoals in het geval van vrije interpretatie mensen moeten verdelen, tegen elkaar op moeten zetten.'

'Wow, dat is –'

'Hij heeft de toespraak niet af kunnen maken. Hij is door een aantal man naar buiten begeleid, om het zo maar te zeggen. Daarna is hij nog een aantal keren langs geweest om verhaal te komen halen. Dat werd heel onaangenaam, bedreigend zelfs. Ik heb aangifte gedaan, het is een hele rechtszaak geworden, met een gebiedsverbod tot gevolg.'

'Wow.'

'Weet je, mensen als Tony Vanderhoop horen helemaal niet thuis in onze broederschap. Wij komen juist samen om in alle openheid en vrijheid met elkaar van gedachten te kunnen wisselen. Iemand houdt een lezing, levert een bouwstuk op zoals we dat zeggen, en daar praten we over. Niets ligt vast, we veroordelen niemand als zijn interpretatie afwijkt, hoewel afwijken niet eens het juiste woord is. Omdat er in feite geen dogma's zijn, geen orthodoxe uitleg is, is er in feite ook geen "afwijking" mogelijk. Ketterij is pas mogelijk als er een algemeen geaccepteerde, een door hogerhand opgelegde uitleg is, die als de enig juiste wordt gezien. Er dán een andere mening op na houden, dát is afwijken. Maar iets dergelijks kennen wij in feite niet.'

Hoe zou de lánge versie van het verhaal klinken als dit de korte versie is?

'Anyway, William... Wat ik wilde zeggen is dat *guys like* Tony hier niet mee om kunnen gaan, met die fluïditeit van verhalen en van symbolen. Net als de meerderheid van de wereldbevolking natuurlijk. De kerken zitten vol met mensen die van de dominee of de priester willen horen hoe het zit. De verhalen in de Bijbel zijn zo en zo gebeurd en betekenen dit of dat. Veel mensen willen niet zelf nadenken, laat ik het zo maar gewoon zeggen.'

'Maar die rede...'

'Ja precies, die rede. Onze voorzitter was juist een exponent van het idee van de vrijmetselarij, met nadruk op "vrij", niets ligt vast. Tony vond dat er geen broederschap kón zijn, geen gemeenschap als je geen afspraken vastlegde over hoe je tegen bepaalde dingen aan moest kijken. Hij had ook een christelijke achtergrond natuurlijk – of hééft moet ik zeggen – wat op zich heel goed kan samengaan. Maar hij páste hier uiteindelijk gewoon niet.'

'Wat denk jij, Walter? Is iemand als Tony in staat om mensen te vermoorden?'

'Wat kan ik zeggen? Ik denk dat iedereen in staat is een ander te vermoorden. Om eerlijk te zijn, ik heb zélf weleens iemand willen vermoorden. Als op tv buren of collega's geïnterviewd worden van een man die een seriemoordenaar blijkt te zijn geweest, zeggen die toch ook altijd dat het "zo'n aardige, normale man" was, dat ze nooit iets gemerkt hebben. Tony is iemand met veel woede in zich. Ja, hij was in Jeruzalem, hij was in Leiden, hij was in Boston. Hij heeft telkens de gelegenheid gehad, denk ik, maar met welk motief? Die mensen in Jeruzalem en Leiden kénde hij niet eens. En ik kan me niet voorstellen dat hij Sam en George heeft vermoord omdat zij zijn visie op verhalen in de Bijbel niet deelden.'

'Ik begrijp je punt, Walter.'

'Dus...'

Een overeenkomst tussen zaken hoeft inderdaad niet noodzakelijkerwijs op een verband te wijzen, maar één plus één begint toch wel behoorlijk richting twee te komen nu.

'Ik wil je bedanken voor je tijd, Walter,' sloot Rijsbergen het gesprek af.

En een ontvangstcomité voor Peter de Haan regelen op Schiphol.

'Graag gedaan,' zei Walter.

Na nog enkele beleefdheden uitgewisseld te hebben, hingen ze op.

'Zes moorden,' zei Van de Kooij.

'Ja, vier dóden in elk geval,' verbeterde Rijsbergen hem, al was hij geneigd hetzelfde te denken.

'Je hebt gelijk,' gaf Van de Kooij toe. 'Vier doden en twee vermissingen – al wordt de kans met het uur kleiner dat die twee nog levend gevonden worden natuurlijk. Van die twee mannen in Jeruzalem is het hoofd ingeslagen, net als bij Coen Zoutman. Maar Yona Falaina is gesmoord, met een kussen of hoe dan ook, en de twee vermiste mannen zijn mogelijk verdronken. Als de moordenaar een en dezelfde persoon is, dan heeft die niet één modus operandi dus.'

Van de Kooij liet de 'r' van 'operandi' op zijn Leids rollen.

'Ik stuur meteen een mail aan de politie in Boston,' zei Rijsbergen. 'Om ze een kort overzicht te geven van waar onze gedachten zoal naar uitgaan.'

In een kwartier tijd typte hij een kort verslag over de stand van zaken aan zijn Amerikaanse collega. De tekst kopieerde hij om aan zijn eigen dossier toe te voegen.

'Tja,' zei Van de Kooij. 'Het lijkt me wel steeds duidelijker dat alle pijlen naar Vanderhoop wijzen, denk je niet? Tony Vanderhoop, die zich blijkbaar niet wil laten vinden.'

'Ja,' zei Rijsbergen peinzend. 'Of hij moet een ongeluk hebben gehad. En zo niet...'

'Dan?'

'Dan staan we weer met lege handen.'

'Tja. En als hij echt wil verdwijnen... In Amerika is dat een fluitje van een cent. Een andere identiteit aannemen, verhuizen...'

De telefoon ging.

'Met Rijsbergen.'

'Met Fay Spežamor,' klonk het door de luidspreker.

'Mevrouw Spežamor, wat fijn dat ik u even spreek.'

'Ik kreeg net een vreemd appje binnen van Peter,' zei ze. 'Hij heeft het verstuurd vlak voordat zijn vliegtuig uit New York opsteeg. Ik heb hem nog gebeld, maar ik kreeg hem niet meer te pakken.'

'Een vreemd appje?'

'Ja. Hij komt morgen helemaal niet aan in Nederland. Hij heeft een andere vlucht genomen.'

'Een andere vlucht? Waarnaartoe?'

'Naar Egypte. Naar Sharm El-Sheik.'

34

De banden van de Boeing 737 raakten met een harde klap het asfalt van de landingsbaan. Van een grote afstand had Peter de luchthaven van Sharm El-Sheik al zien liggen, een verrassend modern complex met twee enorme terminals. Er waren slechts twee landingsbanen te zien, die aan het begin en het einde door halfronde bogen aan elkaar verbonden waren, als een soort enorme kartbaan. Er lag overal zand op de banen, afkomstig van de woestijn waarin de luchthaven lag. Er stonden twee vliegtuigen met de neus in de richting van de hal, allebei van dezelfde grootte als het vliegtuig waarmee Peter meer dan een uur geleden uit Caïro vertrokken was. Iets daarvandaan stonden nog drie kleine Cessna's.

De Boeing bood ruimte aan bijna tweehonderd passagiers, maar was slechts voor minder dan de helft bezet. De reizigers bestonden voornamelijk uit Egyptische families. Misschien woonden ze hier of gingen ze ook op vakantie. Er was ook een stel mannen, dat overduidelijk samen reisde. Zodra het vliegtuig na het opstijgen weer een horizontale positie had aangenomen, had een aantal van hen hun veiligheidsriemen al losgemaakt. In het gangpad hadden ze een groepje rond de overige nog zittende leden van de groep gevormd, allen met een snel verworven blikje bier in de hand. Ondanks de hitte gingen ze gekleed in smetteloze pakken, compleet met stropdassen. Die laatste zouden ze wel snel afdoen, verwachtte Peter, zodra ze het vliegtuig verlieten en de verzengende hitte van de Sinaïwoestijn zouden betreden. Het leken zakenmannen, misschien mensen met belangen in een van de vele hotels langs de kust die voornamelijk leegstonden.

Het toerisme had een enorme klap gehad sinds het opduiken van aan Al Qaida en aan de IS gelieerde fundamentalistische groepen in de Sinaï. Er waren gevechten geweest tussen deze losjes georganiseerde groepen en het Egyptische leger. Ook waren er aanslagen geweest op legerbases, waarbij soms vele doden waren gevallen. Eind oktober 2015 had een door IS opgeeiste bomaanslag een passagiersvliegtuig boven de Sinaï opgeblazen waarbij alle tweehonderdzeventien, voornamelijk Russische, passagiers en de zeven bemanningsleden waren omgekomen.

Je zou denken dat het in een woestijn niet moeilijk zou moeten zijn om dergelijke strijders op te sporen, maar het was een zeer groot gebied – vijfentwintig keer zo groot als Nederland – dat meer schuilplaatsen kende, in ravijnen en spelonken, dan je op het eerste gezicht zou verwachten. Bovendien kon je met een drone vanuit de lucht niet zien of een groepje mannen rond een tent terroristen waren of bedoeïenen die dit gebied al eeuwen bevolkten.

Het handjevol westerse toeristen dat met Peter het vliegtuig verliet en de inderdaad verzengende hitte in liep – alsof je met al je kleren aan een infraroodsauna betrad – bestond volledig uit jongeren, die de hitte blijmoedig ondergingen, als onderdeel van de reiservaring.

In een lange rij liepen ze naar de hal, waar hun paspoorten door landerige douanebeambten vluchtig bekeken werden. Binnen was het nog steeds uitzonderlijk warm, maar de directe hitte en het stekende licht van de zon waren hier afwezig.

Al snel kwam er een kar aangereden met daarachter open aanhangwagentjes vol koffers en rugzakken, die binnen door medewerkers op een grote hoop naast een defecte bagageband gelegd werden.

Peter wilde met zijn koffer naar de uitgang lopen, toen zijn oog op een jong stel viel. Het waren twee vriendelijk ogende jongeren, begin twintig schatte hij zo in, die de indruk wekten niet helemaal opgewassen te zijn tegen het avontuur waar ze aan begonnen waren. Beiden gingen gekleed in de universele hippiekleding van wijde broeken met daarboven fleurige blouses die door het vele wassen of de felle zon verschoten waren. De jongen, een vrolijke krullenbol met haar tot op zijn schouders, had een baardje van een paar dagen oud dat er gecontroleerd slordig uitzag. Het meisje had dreadlocks in haar haar, dat losjes met een rode doek samengebonden was.

Peter besloot hun aan te bieden een taxi te delen. Zelf wist hij nog hoe verloren hij zich destijds altijd had gevoeld als hij na aankomst per vliegtuig, bus of trein weer een nieuwe wereld betrad. Gedwongen door het no-budgetkarakter van zijn reizen had hij het zich nooit kunnen veroorloven om dan in de eerste de beste taxi te springen.

'Zullen we een taxi delen?' vroeg hij zonder zich verder te introduceren. Het voorstel bleek een schot in de roos.

In het hotel in Caïro, zo begon de Duitse jongen onmiddellijk te vertellen, waren ze op het aanbod van een op het eerste gezicht aardig ogende man ingegaan om goedkoop naar Sharm El-Sheik te vliegen. Op de luchthaven had diezelfde aardige man plotseling echter extra geld willen hebben. Hij had gedreigd de politie in te schakelen met het verhaal dat ze hem nog helemaal niets betaald hadden. 'Ik heb veel vrienden hier,' had hij veelbetekenend gezegd. Natuurlijk hadden ze hem het extra geld gegeven, waardoor ze in één klap aardig door hun reserves heen waren geraakt. Omdat ze het duurbetaalde ticket toch al op zak hadden gehad, hadden ze besloten alsnog te gaan, met het voornemen zo goedkoop mogelijk de komende dagen door te brengen, mogelijk door op het strand te slapen.

Peter bood hun aan de taxi voor zijn rekening te nemen. Het meisje vloog hem om de hals, terwijl de jongen hem een paar keer hard op de rug klopte.

De jongen, Melchior genaamd, ging naast de chauffeur zitten, zijn kleine rugzak op schoot. Peter nam met de vrouw, Katja, op de achterbank plaats. Ze hadden het terrein van de luchthaven nog niet verlaten of Katja pakte zijn hand al, die ze niet meer losliet totdat de taxi parkeerde in een straat die evenwijdig aan het strand liep. Op het zand stond een bonte verzameling kleine hutjes met rieten daken, waartussen lijnen gespannen waren waaraan was te drogen hing.

Nog voordat Peter de auto uit was, hoorde hij al de klanken van Bob Marleys 'Exodus', waar niet aan te ontkomen was op plekken als deze.

We know where we're going, uh!
We know where we're from
We're leaving Babylon
We're going to our Father land

Peter betaalde de taxi, waarna Katja hem opnieuw omhelsde. Melchior schudde hem lang de hand, beiden zichtbaar opgelucht dat ze deze hobbel probleemloos genomen hadden.

'Ik heb in de *Lonely Planet* gelezen dat er plekken zijn waar je ongestoord op het strand kunt slapen,' zei Melchior. 'Het leven is niet duur verder, dus ik denk dat we het de komende vijf dagen wel uit kunnen zingen.'

'Succes,' zei Peter.

'We willen per se het Sint-Catharinaklooster bezoeken en de Sinaïberg beklimmen,' vulde Katja haar reisgenoot aan. 'Om die reden zijn we überhaupt op zijn aanbod ingegaan. Dus een groot deel van ons budget zal aan de tocht erheen opgaan.'

Peter wilde de volgende dag zo vroeg mogelijk zelf op pad met een taxi naar het klooster zonder rekening te hoeven houden met medereizigers, dus hij besloot wijselijk zijn mond te houden over zijn plannen.

Het liefst was hij direct al vertrokken, maar de man die naast hem had gezeten in het vliegtuig had hem duidelijk gemaakt dat geen chauffeur zo laat op de middag die rit nog maakte. Tegen zes uur zou het stikdonker zijn, en gezien de recente ontwikkelingen was niemand graag op de duistere, verlaten wegen in de woestijn omdat je niet wist wie daar plotseling kon opduiken.

Peter nam afscheid van Katja en Melchior en liep naar het eerste het beste hotel dat hij zag, zo ongeveer op de plek waar ze uit de taxi waren gestapt. Doordat hij vanuit het felle licht van buiten kwam, duurde het even voordat hij alles in de lobby goed kon onderscheiden. Er was alleen niemand te zien.

Nadat hij een paar keer op het belletje gedrukt had, kwam er onverwacht iemand vanachter de balie omhoog. Een jongeman, die duidelijk op een matras op de grond had liggen dutten, keek hem met slaperige ogen aan. Hij bladerde vervolgens een tijd in een groot boek om te kijken of er nog plek was, maar dat was meer voor de vorm, want Peter zag dat alle kamersleutels aan een groot bord hingen.

Terwijl de jongen zijn paspoortgegevens in het boek overnam, keek Peter om zich heen. Er waren geen lichten aan in de lobby, die ongetwijfeld ooit met veel smaak en oog voor authentieke Egyptische details was ingericht, compleet met tapijten op de vloer en schilderingen op papyrus aan de muur, maar nu verwaarloosd overkwam. Op de banken, die in een U-vorm rond een salontafel stonden, lagen mensen te slapen, zag hij zodra zijn ogen meer aan de schemer gewend waren. Boven hun hoofden draaide een ventilator, maar met te weinig kracht om ook maar voor iets van verkoeling te kunnen zorgen.

De kamer die Peter toegewezen kreeg, was echter smetteloos schoon. Het rook er fris, en het witte beddengoed oogde alsof het zojuist nog verschoond was.

Toen hij zijn telefoon op wilde laden, ontdekte hij dat de stekker van zijn kabeltje niet geschikt was voor het Egyptische stopcontact. De multifunctionele stekker die hij op Schiphol had gekocht, had hij bij Judith in het stopcontact laten zitten, besefte hij.

Stom. Straks maar even kijken of er hier ergens een te koop is. Ik zal vast niet de eerste buitenlander zijn die tegen dit probleem aanloopt.

Zelfs de douche functioneerde naar behoren, constateerde hij tevreden toen hij onder de straal stapte om het stof en het zweet van zich af te spoelen. De spieren in zijn nek, rug en schouders ontspanden toen het warme water over zijn rug spoelde.

Hij kleedde zich in een wijdvallend katoenen overhemd met daaronder een halflange broek. Toen hij zich op zijn slippers naar buiten begaf, waar het nog steeds warm was, kwam het hem even voor alsof hij op een korte vakantie was. Het was schemerig; de zee ruiste zachtjes, en op het strand lonkten de lichtjes van bars.

In het winkeltje naast het hotel heerste net zo'n landerige lusteloosheid als in het hotel. De verkoper, die de indruk wekte dat hij alle hoop had laten varen, zat naar een kleine tv te staren, waar een voetbalwedstrijd op te zien was. Het geluid stond uit.

Peter liet hem het oplaadkabeltje van zijn telefoon zien, waarna de man onmiddellijk in beweging kwam. Doelgericht liep hij naar een van de schappen, waar hij inderdaad een universele stekker vandaan toverde.

'Dollar?' vroeg Peter.

De man stak de tien vingers van beide handen op en grijnsde een afgrijselijk gebit bloot.

Peter betaalde hem met een kersvers briefje van tien dat hij op de luchthaven in Boston nog had gepind.

Nadat de verkoper hem de stekker overhandigd had, klopte hij met zijn rechterhand een paar keer op de borst. '*Shokran, shokran,*' zei hij. Dank je, dank je.

Peter ging terug naar zijn hotelkamer waar hij zijn telefoon 'aan de tiet' legde, zoals Fay het soms zo grappig zeggen kon. Hij zag onmiddellijk dat hij geen enkel bereik had hier. Misschien kon hij op een later moment een internetcafé zoeken waar ook wifi was.

Vanuit het vliegtuig in New York had hij Fay nog geappt om haar te vertellen dat er een *change of plan* was en dat hij in een opwelling besloten had naar Sharm El-Sheik te gaan, een langgekoesterde wens van hem – en dat was niet eens gelogen.

Sint Catharina.

Het rondje op de tatoeage kón niet anders dan een verwijzing naar het klooster zijn. De buitenste driehoek gaf de Sinaï aan, de binnenste lijnen de veronderstelde reis van het volk Israël. Nu hij het eenmaal gezien had, was het inderdaad on-be-grij-pe-lijk geweest dat niemand het eerder gezien had.

Als dat al zo was.

In elk geval had Tony het nooit eerder gezien, anders was hij hier al naartoe gereisd.

Het klooster herbergde duizenden manuscripten, die zó uniek waren dat er niet eens een prijskaartje aan gehangen kon worden.

De telefoon laadde in elk geval op. Voor wat dat waard was.

Peter ging naar buiten. Hij liep naar een verlaten barretje op het strand, dat uit niet meer bestond dan een grote houten vlonder met tafeltjes en stoelen. Aan de lange kant was een langgerekte bar waarachter vier mannen zich duidelijk stonden te vervelen. Hij bestelde bier, waarna hij met een flesje in de hand op de stoel ging zitten die het dichtst bij de zee stond. De condensdruppels lieten sporen na op het glas van de fles als riviertjes in een landschap. Vergenoegd nam hij een paar flinke teugen van het koude bier.

Het is ook weer niet zo gek dat iedereen Tony Vanderhoop als verdachte over het hoofd heeft gezien, dacht Peter. *Een aardige vent, die net zo geschokt als iedereen over de gebeurtenissen leek te zijn geweest. Hij was letterlijk uit beeld geraakt, omdat hij en zijn delegatie weer naar de vs waren vertrokken.*

De dag voor de moord op Yona Falaina.

Het was een man met een missie geweest, met een aan zichzelf gegeven licence to kill. *Een volmaakt acteur, een oplichter die mij – en iedereen – in de luren had gelegd...*

Zou hij echt verdronken zijn? Zou hij echt verzwolgen zijn door het zwarte, koude water? De ironie... Hetzelfde lot te ondergaan als hij Sam en George heeft toegebracht.

Peter was er niet gerust op geweest toen hij op Boston Logan Airport in het vliegtuig was gestapt, in stilte de piloot vervloekend omdat ze maar niet naar de startbaan gingen. Ook op jfk Airport in New York waren ze later vertrokken dan gepland, waardoor Peter ervan overtuigd was geweest dat elk moment zwaarbewapende agenten het vliegtuig zouden binnenvallen om hem als verdachte in een moordzaak geboeid af te voeren. Zelfs nadat de banden van het vliegtuig in New York zich van de Amerikaanse bodem hadden losgemaakt, had hij nog niet helemaal kunnen ontspannen. Bij de eerste grote bocht die het vliegtuig maakte, was hij ervan overtuigd geweest dat dit was om hem terug te voeren naar New York, rechtstreeks een Amerikaanse cel in.

Pas toen hij op de monitor had gezien dat het vliegtuig ver van de kust vandaan was geweest, had hij voor het eerst durven denken dat hij voorlopig veilig was.

Hetzelfde gevoel als Tony moet hebben gehad toen hij in het vliegtuig van Amsterdam naar Boston zat.

In een mum van tijd had Peter zijn bier op. Hij gebaarde naar de mannen achter de bar, van wie er een kwam aangesneld met een nieuwe fles.

Aan de kustlijn liep een tweetal mensen in wie hij al snel Melchior en Katja herkende. Hij wenkte ze, waarna ze van hun rechte lijn langs het water afweken om zijn kant op te komen. Katja omhelsde hem als een lang verloren vriend, waarbij ze een warme, een beetje natte kus in zijn nek drukte. Melchior omhelsde hem met een stevige, broederlijke *hug*.

'Kom zitten,' zei Peter. 'Willen jullie een biertje?' Ze aarzelden een beetje, waardoor Peter zich hun precaire financiële situatie herinnerde. 'Ik trakteer,' zei hij. 'We eten ook wat.'

'Nee, nee Peter,' protesteerde Melchior oprecht, de handen in een afwerend gebaar half omhooggeheven, met het typische accent waarmee Duitsers Engels spreken. 'We willen geen misbruik maken van je vriendelijkheid.'

'Luister,' maakte Peter een einde aan het protest. 'Jullie hebben een slecht iemand ontmoet in Caïro, oké? Laat mij dan je geloof in de mensheid herstellen door jullie te trakteren op eten en drinken. Jullie betalen mij terug met jullie aanwezigheid en verhalen. Ik ben een man alleen hier, ik heb behoefte aan gezelschap.'

Uiteindelijk wonnen honger en dorst het van de bezwaren en gaven ze zich gewonnen.

Zonder dat ze hem een teken hadden gegeven, kwam de barman met twee nieuwe flessen bier naar hen toe. Ze bestelden direct ook te eten, porties shoarmavlees met salade, extra large.

'Wat doet een man alleen hier?' wilde Katja weten.

'Ik ben docent geschiedenis aan de Universiteit Leiden,' kon Peter naar waarheid antwoorden. 'Het is al een heel oude wens van me om het Sint-Catharinaklooster te bezoeken. Ik had een week vrij en dacht...'

'Het is nu of nooit,' maakte Katja zijn zin af.

'Ja, zoiets,' zei Peter. 'Mijn...' Hij aarzelde even en vond zijn eigen aarzeling vervelend, alsof hij Fays bestaan wilde ontkennen. 'Mijn partner, mijn vriendin, had verplichtingen thuis, zij kon niet mee. Zij heeft ook een dochter, dus ze kan minder gemakkelijk weg.'

Het was een waterdicht verhaal, waar nauwelijks een woord van gelogen was. Als je altijd de waarheid vertelde, kon je een geheugen hebben als een zeef: je vertelde gewoon telkens opnieuw wat er echt gebeurd was. Alleen leugenaars hadden een goed geheugen nodig.

Katja legde uit dat zij en Melchior – niet haar vriend, maar een medestudent – allebei Egyptologie studeerden. Ze hadden zes weken mee mogen graven in Saqqara, een dorp zo'n dertig kilometer ten zuiden van Caïro, waar onder leiding van de Universiteit Leiden zelf al sinds 1975 jaarlijks in maart en april opgravingen werden verricht. Peter kende nota bene een aantal van de mensen met wie Katja en Melchior hadden samengewerkt. Na hun werk in Saqqara hadden ze besloten samen nog wat rond te reizen, waarna ze in Caïro dus tegen dat kwalijke heerschap aangelopen waren.

Terwijl het eten, met nieuwe flessen bier, geserveerd werd, vertelden ze om beurten hoe heerlijk het was geweest om in alle vroegte al aan het werk te gaan. Hoe ze op de ouderwetse manier met een emmer, schepje, een zeef en een borstel centimeter voor centimeter dieper doordrongen in Egyptes oude geschiedenis. Hoe het werk uren vol te houden was, omdat ze werkelijk elk moment op een vondst konden stuiten, een vondst waar ze als kind al van droomden. Als ze hun blik op de horizon richtten, zagen ze de bekende trappiramide van farao Djoser. Wát een omgeving om in te werken! En er wérden ook veel spectaculaire vondsten gedaan. Zo was op die plek in 2001 een dubbelbeeld van de hogepriester Meryneith en zijn vrouw Anoey opgegraven, dat Katja en Melchior in het Egyptisch museum in Caïro hadden aanschouwd. Duizenden jaren lang werd de woestijn bij het dorp Saqqara gebruikt als begraafplaats voor hoge Egyptische ambtenaren en andere belangrijke personen in het oude Egypte.

'Zelf ben ik vooral geïnteresseerd in de periode van farao Achnaton,' vertelde Melchior, die duidelijk opgeknapt was door het goede voedsel en het bier. 'Ik wil er mijn afstudeerscriptie over schrijven – en er misschien zelfs op promoveren als dat kan.' Hij viel even stil, alsof hij spijt had van deze 'bekentenis', alsof het uitspreken van deze wens de vervulling ervan moeilijker zou maken.

'Achnaton is de farao die een tijd geprobeerd heeft om de staatsgodsdienst van Egypte te veranderen,' ging hij even later toch verder. 'Hij wilde van een veelgodendom naar een godsdienst waarin maar één God aanbeden werd, de zonnegod Aton. Waanzinnig interessant.'

Peter had natuurlijk weleens van deze farao en zijn pogingen de Egyptische religie te hervormen gehoord, maar wist er het fijne niet van. Wel wist hij dat er theorieën waren die stelden dat het streven naar monotheïsme uit deze periode aan de basis had gelegen van het monotheïsme in het jodendom, dat ook lange tijd veel goden had gekend.

In sommige psalmen was dit nog doodleuk blijven staan, zoals in Psalm 86, waarin David zong: 'Onder de goden is niemand U gelijk, o Heer.' Of Psalm 82, waarin Asaf dichtte: 'God staat op in de vergadering der goden; Hij spreekt recht in de kring van de goden.' Pas in latere tijden kwam de stormgod Jahwe als winnaar uit de strijd en werd Hij gepromoveerd tot oppergod.

'Mijn scriptie gaat dan met name over de hymne voor Aton,' ging Melchior verder. 'Ken je die?'

Peter schudde het hoofd.

'Je moet hem maar eens opzoeken als je thuis bent,' zei Katja, die ook weer aan het gesprek meedeed. 'De tekst ervan staat afgebeeld op de muur van het graf van Ay, of Eje, de vader van Nefertiti, de vrouw van Achnaton. Het is echt fascinerend. Het begint zo: "Hoe groot zijn uw daden, niettemin verborgen van het zicht. O Enige God naast wie er velen zijn! U maakte de aarde zoals u dit wenste, u alleen." '

'En als je dat dan vergelijkt met Psalm 104,' nam Melchior het gesprek weer over, 'zowel de hymne voor Aton als Psalm 104 getuigen van een werkelijk extatische vreugde over de schepping. De kosmos koestert zich daarbij in het goddelijke licht. Er heerst overvloed en orde en mens en dier verkeren in een soort aanbidding voor de schepping van God. Er ligt duidelijk een diep beleefd gevoel van religieus ontzag ten grondslag aan de hymne.'

Het was zonneklaar dat Melchior goed thuis was in de materie. Peter vond het altijd geweldig als mensen ergens gepassioneerd over waren. Het maakte hem dan eigenlijk niet eens uit waar dat over was. Hij had tijdens een diner een keer een avond naast iemand gezeten die onderzoek deed naar kikkers. De volgende dag was Peter bij boekhandel Kooyker een boek over kikkers gaan kopen, met zó'n aanstekelijk enthousiasme had de man erover gesproken.

'De hymne beschrijft eerst de zonsopkomst,' ging Melchior verder, die nu duidelijk op zijn praatstoel zat. Hij was waarschijnlijk opgelucht dat hun trip naar Sharm El-Sheik toch niet zo'n ramp ging worden als hij zich misschien had voorgesteld. 'Het gaat zo,' zei hij.' "Prachtig verschijnt u aan de horizon van de hemel, levende Aton, grondslag van het leven. Wanneer u aan de oostelijke horizon opkomt, dan vervult u ieder land met uw schoonheid." En dan komt de duisternis tijdens de nachtelijke uren, die door de afwezigheid van Aton vergeleken wordt met de dood. Als Aton in de ochtend weer verschijnt, wordt het land als herboren. "Het hele land gaat aan het werk, het vee doet zich tegoed aan zijn planten. Bomen en planten gedijen, de vogels vliegen op van hun nest." Veel mensen zijn ervan overtuigd dat de ideeën van Achnaton over één God, over het monotheïsme, het jodendom beïnvloed hebben. Aangezien de regeerperiode van Achnaton volgens de meest geaccepteerde chronologie samenvalt met de tijd dat de Israëlieten als slaven in Egypte waren, is een dergelijke invloed niet geheel uit te sluiten.'

'Dat is wel heel toevallig, toch?' zei Katja op haar beurt.

Ze leek ervan te genieten om hem, Peter, iets te kunnen vertellen wat hij blijkbaar nog niet, of niet zo goed, wist. Steeds vaker legde ze haar hand op zijn bovenbeen, iets waar hij zich over verbaasde, al vond hij de warmte van haar hand die hij door de dunne stof van zijn broek heen voelde, best prettig. De alcohol begon nu ook zijn tol te eisen. Hij had er spijt van dat hij in zo'n rap tempo vier biertjes achterovergeslagen had, want de volgende ochtend wilde hij vroeg opstaan om op tijd naar het klooster te kunnen vertrekken.

Laat ík nou eens iets vertellen wat voor hén waarschijnlijk nieuw is, dacht Peter.

'Maar wat als die hele Exodus nou eens nooit plaatsgevonden heeft?' vroeg hij. 'Wat nou als dat hele verhaal niet waar is, niet eens een klein béétje waar? Wat nou als die Israëlieten nooit in Egypte geweest zijn? Dan blijft er ook van dat verhaal weinig over toch? Dan is het gewoon een tekst waar je er waarschijnlijk nog meer van zult vinden in de wereld, namelijk een waarin één oppergod, die het bestaan van andere goden niet eens uitsluit, geprezen wordt omdat de schepping zo prachtig is. Dan kun je waarschijnlijk overal wel verbanden tussen gaan vinden, zoals jij doet tussen die hymne voor Aton en die psalm. Maar als twee dingen op elkaar lijken, wil dat nog niet zeggen dat ze met elkaar te maken hebben natuurlijk.'

Ze vielen even stil, alsof zowel Melchior als Katja nog nooit ook maar rekening had gehouden met deze mogelijkheid.

'Jawel,' zei Melchior aarzelend. 'Maar geldt dat ook als het verhaal misschien niet precies zo plaatsgevonden heeft zoals het in Exodus beschreven staat, maar toch wel een historische kern van waarheid bevat? Dat we dus in één God geloven, omdat één farao dat heeft bedacht en dat dit idee op die manier in Palestina terecht is gekomen.'

'Zelf denk ik,' zei Peter, 'en met mij heel veel serieuze wetenschappers, dat het volk Israël gewoon is voortgekomen uit de andere volken die in Palestina leefden. Ze waren helemaal geen apart volk dat van buiten kwam en het land veroverd heeft. Ze woonden er al en dat hele Exodusverhaal is van A tot z verzonnen om de nationale identiteit te versterken en de claim op de grond kracht bij te zetten. Ze hebben inderdaad bij het schrijven van de Bijbel leentjebuur gespeeld bij de volkeren om zich heen – en wie weet ook bij de Egyptenaren, wie zal het zeggen – maar dat ze het idee van het monotheïsme van Achnaton hebben, is niet zomaar te bewijzen. Waarschijnlijk hebben ze het meegenomen uit Babylonië, waar ze in ballingschap verkeerden, en waarna ze de Bijbel pas op schrift zijn gaan stellen. Ik ben een boek aan het lezen nu, *The Bible Unearthed*, van twee Israëlische archeologen met een lange staat van dienst. Dat zou jij ook eens moeten lezen. Ontnuchterend materiaal.'

'Hoe dan ook...' wilde Melchior er nog tegenin werpen, maar hij geeuwde plotseling hevig. 'Ik ben heel moe,' zei hij toen. 'We kunnen maar beter gaan slapen toch, Katja?'

Het was Peter niet duidelijk of Melchior echt moe was of dat hij gewoon geen zin meer had in het gesprek.

'Hebben jullie een slaapplek gevonden?' vroeg Peter.

'Ja,' zei Katja. 'We mogen op het platte dak van een hotel slapen, met van die hoge opstaande randen eromheen. Heel romantisch eigenlijk, je kijkt zo naar de sterren boven je. En het kost omgerekend maar iets van twee euro per nacht. Voor ons samen!'

'Nou, dat is goed te doen dan,' zei Peter, die zich vreemd genoeg opgelucht voelde omdat ze niet onbeschermd op het strand hoefden te slapen.

Ze namen afscheid, waarbij Katja hem opnieuw omhelsde, inniger en langduriger dan de vorige keren.

'Doe je wel voorzichtig morgen,' fluisterde ze in zijn oor.

Het klonk als een waarschuwing.

35

'Allahoe akbar,' klonk het luid uit de luidsprekers van de minaret, die zich vlak naast het hotel bevond.

God is groot.

De oproep tot het gebed vond plaats vlak voordat Peters alarm op zijn mobiel afging. Het was een korte nacht geweest, waarin hij ook nog eens een paar keer naar het toilet had gemoeten. Met kleine slaapogen en een hoofd bonzend van de koppijn sleepte hij zichzelf onder de douche, waar hij douchte met koud water om wakker te worden, één hand steunend tegen de muur.

Doe je wel voorzichtig morgen?

Die laatste woorden van Katja zaten hem toch niet helemaal lekker. Hij zette de douche uit, droogde zichzelf af en kleedde zich aan.

In hetzelfde winkeltje als waar hij de stekker had aangeschaft, kocht hij wat brood, fruit en twee anderhalveliterflessen water.

Het was op dit uur een beetje fris zelfs, maar uit ervaring wist Peter dat het tegen zevenen al aardig warm kon worden.

Hij liep naar een rij gele taxi's, die allemaal verlaten leken, maar toen hij bij de voorste door de vuile ramen naar binnen keek, zag hij dat op de achterbank een man lag te slapen. Hij lag op een vreemde manier opgekruld, zodat het grootste deel van zijn lichaam op de bank paste.

Peter tikte tegen het raam.

De man werd wakker en stapte met enige moeite naar buiten.

'Catharina, Catharina,' zei de taxichauffeur nog voordat Peter iets had kunnen zeggen.

Peter knikte.

Ze kwamen een prijs overeen waarvan Peter niet goed in kon schatten of het een goede deal was, maar hij wilde nu gewoon snel op weg zijn.

Vlak voor hij instapte, zag hij de inmiddels vertrouwde gestalten van Melchior en Katja aan komen lopen. Enthousiast wuifden ze naar hem.

Aanvankelijk wilde Peter instappen en de chauffeur de opdracht geven weg te rijden, maar hij kon het toch niet over zijn hart verkrijgen. Hij wachtte even tot ze bij de auto waren.

Katja omhelsde hem weer.

'Jij gaat ook naar Catharina, toch?' vroeg Melchior.

Peter besefte dat het nu wel heel raar zou zijn om niet aan te bieden samen te reizen. Bovendien was hij de ritprijs toch al overeengekomen.

'Zij rijden ook mee,' zei Peter tegen de chauffeur, die wat theatraal protesteerde maar snel inbond toen Peter hem een extra biljet van twintig dollar in de hand drukte.

'We delen de kosten wel,' zei Melchior, meer voor de vorm zo leek het, want hij informeerde niet naar het totaalbedrag. Opnieuw nam hij voorin plaats, zodat Katja en Peter weer samen op de achterbank terechtkwamen.

De chauffeur zette de radio vrij luid aan. Arabische muziek vulde al snel de kleine ruimte van de auto. Het was een kleine twee uur rijden naar Sint Catharina, dus als het een beetje meezat, zouden ze tegen achten aankomen.

Plotseling sloeg bij Peter de twijfel toe.

Waarom ben ik eigenlijk op pad gegaan? Waarom heb ik de hele zaak niet laten rusten? Met de dood van Tony Vanderhoop is de hele geschiedenis tot een einde gekomen, een onbevredigend einde weliswaar, maar toch...

Maar het idee dat als hij dit document zou kunnen achterhalen, de dood van Coen en Yona niet voor niets was geweest, liet hem niet los. En die van de twee mannen in Israël, en die twee in Boston. Zelfs die van Tony in zekere zin.

Los daarvan was Peter inmiddels zelf natuurlijk ook benieuwd geworden naar wat die kennis in 's hemelsnaam inhield. Wat kon er zó belangrijk zijn dat die al duizenden jaren door middel van 'levende boeken' doorgegeven werd?

Wat als ik me gewoon vergis en er hier helemaal niets te vinden is? Hóé ga ik het vinden? Ik kan moeilijk naar binnen lopen en zeggen: 'Hallo, ik ben op zoek naar een document waarin al duizenden jaren geheimgehouden kennis opgetekend staat. Mag ik er even een kijkje in nemen?'

Het was een opwelling geweest, een *gut feeling*...

Het was zo snel gegaan allemaal, dat er voor twijfels geen tijd of ruimte was geweest. Zelfs sinds de aankomst in Sharm El-Sheik was hem weinig rust gegund door de ontmoeting met Melchior en Katja, het te late naar bed gaan met te veel bier achter zijn kiezen en het vroege opstaan.

Hij keek naar Katja, die haar hoofd tegen zijn schouder gelegd had. Ze had haar ogen gesloten en leek daadwerkelijk in slaap te zijn gevallen, al kon Peter zich dat moeilijk voorstellen omdat de bank oncomfortabel was, de muziek hard stond en een steeds warmer wordende wind door de open ramen naar binnen blies.

Al snel hadden ze Sharm El-Sheik verlaten. Ze reden op een brede, goed geasfalteerde weg, zonder belijning, die een grillige berm had door het zand dat er half op gewaaid was.

Zou het iemands werk zijn, vroeg Peter zich af. *Zou het iemands werk zijn om met een veegwagen de weg elke dag zandvrij te maken? Wat een eindeloze sisyfusarbeid zou dat zijn zeg.*

Met een pittig vaartje zoefden ze door de woestijn, die verrassend veel kleurrijker was dan Peter had verwacht. Hier en daar wat schaarse begroeiing – stugge struiken, meer bruin dan groen – maar het zand en de rotsen namen onder invloed van de veranderende lichtinval voortdurend andere kleuren aan: geel, oranje, rozerood, af en toe paars zelfs, donkerbruin, als het palet van een experimenterende schilder.

Melchior leek de rit op te vatten als een meditatieoefening; hij staarde onafgebroken naar het voortvliedende landschap dat aan hen voorbijschoot.

Katja was nu echt in slaap gevallen, haar hoofd rustte zwaar tegen zijn schouder aan.

Al die tijd waren ze geen levende ziel tegengekomen.

'Er zijn niet veel toeristen?' riep Peter tegen de chauffeur om boven het lawaai van de muziek, de wind en de motor te komen.

De chauffeur draaide zich half om, waardoor zijn auto een gevaarlijke zwenking over de weg maakte. 'Geen toeristen!' schreeuwde de man terug, terwijl hij een priemende wijsvinger in de lucht driftig heen en weer bewoog. Gelukkig richtte hij zijn aandacht daarna al snel weer op de weg. 'Niemand! Ze zeggen: terroristen in de Sinaï, maar geen terroristen hier. Alleen maar goede mensen hier. Goede moslims.'

Meer om te zien hoe laat het was dan voor iets anders haalde Peter zijn mobieltje uit zijn rugzak. Er was natuurlijk geen enkel bereik hier. Hij zag dat het bijna zeven uur was.

Hij scrolde door wat foto's van thuis, Fay met Agapé in het hofje, Fay en hij samen in de Hortus, een foto van Judith.

Hij stopte de telefoon terug in de rugtas.

In de verte stak een groepje kamelen de weg over, zonder begeleiding van iemand zo te zien.

De auto minderde vaart, en Melchior leek op te leven.

'Kun je even stoppen?' vroeg hij de chauffeur. 'Ik wil een paar foto's maken.'

De chauffeur reed langzaam in de richting van de kamelen en parkeerde zijn auto aan de zijkant.

'Kom,' zei Melchior enthousiast tegen Peter, als een fotograaf van *National Geographic* die na een zoektocht van maanden eindelijk een uitgestorven gewaand dier in het vizier heeft gekregen.

Peter maakte zich voorzichtig los van Katja, maar kon niet voorkomen dat ze toch wakker werd. Slaapdronken vroeg ze of ze er al waren, terwijl ze haar ogen gesloten hield. Ze bleef in de auto zitten.

Na bijna een uur in een verkrampte houding op de achterbank te hebben gezeten was het fijn om even de benen te strekken. Voor de vorm liep ook Peter naar de kamelen toe – een behoorlijke kudde bleek nu.

De taxi begon langzaam hun kant op te rijden en manoeuvreerde zich voorzichtig langs hen en de kamelen heen, om iets verderop op hen te wachten.

In Nederland zou het natuurlijk zoiets zijn als wanneer iemand uit de auto stapt om koeien te fotograferen.

Melchior begon naar de taxi terug te lopen, die verderop op de weg stond, terwijl Peter zich nog even behaaglijk uitrekte, de ogen gesloten.

Opeens hoorde hij het geluid van gierende banden op de weg.

De taxi trok snel op, en aan het loeien van de motor te horen deed hij dat in een verkeerde versnelling. Even slipten de banden over het zand op de weg, maar al snel hadden die hun grip weer gevonden. Door de achterruit zwaaide Katja nog naar hem, waarbij het leek alsof ze glimlachte en de duimen van beide handen in de lucht stak.

Aanvankelijk was Peter te verbouwereerd om in actie te komen, als iemand die een ongeluk ziet gebeuren, maar niet weet wat hij moet doen. Toen zette hij het op een paniekerig rennen. Dit was een volstrekt zinloze actie natuurlijk, dat zag hij ook snel in. Binnen tien, twintig seconden was de auto op de kaarsrechte weg voor hem niet meer dan een klein geel stipje.

Is dit... Is dit een slechte grap of zo?

Midden op de weg bleef hij staan, half en half verwachtend dat de auto rechtsomkeert zou maken om hem weer op te halen, als een bizar staaltje van Duitse humor. Maar al snel werd duidelijk dat hij daar niet op hoefde te rekenen.

Ze hadden een uur in de auto gezeten, dus ze waren zo goed als halverwege. Het was een kleine tweehonderdvijftig kilometer rijden, dus zowel doorlopen als teruglopen was geen optie.

Hij had geen water en eten bij zich, want zijn rugzak lag nog in de auto. Het kleine, felle sprintje had hem al een bezwete rug en droge mond bezorgd. Alleen zijn paspoort, geld en creditcard had hij bij zich gestoken, in de moneybelt om zijn middel.

'Doe je wel voorzichtig morgen?' had Katja hem de vorige avond nog gevraagd.

Wat wist zij toen al wat ze niet verder had willen vertellen? Had mógen vertellen?

Peter vroeg zich opeens af hoe toevallig de ontmoeting op de luchthaven was geweest. De gespeelde hulpeloosheid, het plausibele verhaal dat ze opgelicht waren, de gezellige avond met eten en veel bier.

Was dit allemaal onderdeel geweest van een geraffineerd spel waar hij met open ogen in getrapt was? Maar hij was toch zélf op ze afgestapt? Of zouden ze anders wel een andere manier gevonden hebben om hem te benaderen? In opdracht van wie?

Zonder veel overtuiging begon Peter in de richting te lopen vanwaar ze gekomen waren, maar daar hield hij al snel mee op. De paar kilometer die hij op die manier hoogstens af zou kunnen leggen, zouden hem alleen maar uitputten en uitdrogen. In een omgeving als deze kon het heel snel met je gedaan zijn.

Hij dacht aan de tragische dood van de directeur van het Tilburgse poppodium 013 en zijn vriendin, die met hun auto vast waren komen te zitten in het Noord-Amerikaanse Joshua Tree National Park. Bij een temperatuur van veertig graden waren ze lopend hulp gaan zoeken. Op slechts een paar kilometer van hun auto waren ze door uitdroging om het leven gekomen.

Wat heb ik een dorst!

Door het zoute eten van de avond ervoor en de kater had hij al het gevoel dat zijn tong een soort zeemleren lap was.

Nergens was hier schaduw te vinden, terwijl de zon met de minuut aan kracht won. Hij had zijn petje in de auto laten liggen, dus hij had ook niets om zijn hoofd of zijn ogen te beschermen. Een gevoel van wanhoop nam bezit van hem.

Waaróm? Waaróm? Waaróm? Dit kan mijn einde toch niet zijn? Maar dat denkt waarschijnlijk iedereen die zich in een situatie als deze bevindt.

In Plymouth was het teveel aan water hem bijna fataal geworden, hier zou het tekort eraan hem dat worden als er niet snel redding kwam.

Hij besloot toch nog een stuk te lopen tot de eerstvolgende bocht, in de hoop dat hij daar iets van schaduw zou vinden. Dat bleek ijdele hoop. Alles wat er te zien was, was een armzalig struikje, met slechts een paar blaadjes eraan.

Dit is niet goed, dacht Peter wanhopig.

Een stevig bonzende hoofdpijn kwam snel opzetten.

Ik had aspirines moeten nemen vanmorgen tegen de kater.

De vermoeidheid van de reis, het gevecht met Tony, zijn ontsnapping uit de vs, maar vooral het verraad van Melchior en Katja en de hopeloze situatie waarin hij zich bevond. Alles kwam eruit, en voor het eerst in vele jaren begon hij te huilen.

Hij trok zijn gezicht in een vreemde grimas in een uiterste poging om nog iets van het kostbare traanvocht met zijn mond op te vangen, maar dat was zinloos.

Inmiddels was hij bij een struikje aangekomen, dat een heel lichte schaduw op de grond wierp.

De hoofdpijn, de vermoeidheid, de stress, de dorst, de kater... Een slechter uitgangspunt is bijna niet voor te stellen.

Hij ging op de grond liggen, op zijn zij, met zijn hoofd zo veel mogelijk op de plek waar de grond door de schaduw iets donkerder kleurde.

Misschien komt er straks een andere auto.

Hij sloeg een arm over zijn gezicht om het te beschermen tegen de zon die onbarmhartig zijn warmte afgaf.

Zo min mogelijk energie verspillen nu... dacht hij nog, voordat hij langzaam wegzakte.

36

Peter knipperde een paar keer snel met zijn ogen.

Ik ben er nog, was zijn eerste gedachte. *Geen tunnel van licht. Mijn leven is niet aan me voorbijgeflitst in een ondeelbaar ogenblik, geen ontmoeting met overleden geliefden, geen opdracht van liefdevolle lichtwezens om terug te gaan naar mijn lichaam omdat ik op aarde nog een taak te vervullen heb.*

Een hevig bonzende hoofdpijn maakte hem maar al te duidelijk dat hij nog over een lichaam beschikte. Hij opende zijn ogen nu helemaal. Het was donker in de ruimte waar hij was, maar niet helemaal, alsof het licht gefilterd werd.

De huid van zijn wang schrijnde door de ruwe stof waar hij wie weet hoelang al op lag. Hij probeerde rechtop te gaan zitten, waar hij na enige pogingen – hij was een paar keer gedwongen zich terug te laten vallen door het hevige bonzen in zijn hoofd – eindelijk in slaagde. Hij bevond zich op een laag eenvoudig bed van hout, waar iets als een dierenhuid strak overheen gespannen leek. Zijn schoenen waren uitgetrokken, maar zijn kleren had hij nog aan.

Hij zag dat hij in een grote tent was, een tent van grove, zwarte stof, die inderdaad het licht filterde. De ruimte was spaarzaam ingericht. Er stond nog net zo'n soort bed als waar hij op zat. Er waren twee grote balen met wat tapijten leken, bijeengehouden door een grote, dunne doek. Ook op de grond lagen tapijten, waartussendoor zand en rotsgesteente te zien was. Een kunstig versierde, zilvergrijze kan stond op een groot dienblad, met daaromheen een stuk of tien kleine, hoge theeglaasjes en een stapel grofgevormde suikerklontjes.

Een zee van licht drong opeens de tent binnen toen iemand de voorflap wegsloeg.

In een reflex sloeg Peter een hand voor zijn ogen tegen het pijnlijk felle licht. Langzaam liet hij die weer zakken, maar door het tegenlicht kon hij niet goed zien wie het was. De flap viel weer dicht, waardoor de ruimte weer verduisterde.

De figuur leek verdwenen te zijn.

Waar ben ik?

Aan zijn voeten zag Peter een kan water staan die hij aan zijn mond zette. Hij dronk gulzig, een deel van het water stroomde langs zijn kin naar beneden. Peter verslikte zich en moest hevig hoesten. Met moeite wist hij de kan terug op de grond te zetten, waarna hij zich opnieuw achterover liet vallen.

Hij hoorde dat de flap weer opengeslagen werd. Zelfs met zijn ogen dicht merkte hij dat het lichter werd; een rozige gloed gleed over zijn gesloten oogleden.

I was lost, but now I'm found.

Iemand benaderde hem behoedzaam, zoals je op een gewond dier af zou lopen waarvan je niet weet hoe het zal reageren op je aanraking. Toen het stil werd, draaide Peter zijn hoofd opzij en opende hij langzaam zijn ogen. Er zat een man op zijn hurken aandachtig naar hem te kijken. Hij had een verweerd gezicht, een stoppelbaard van enkele dagen en donkere ogen en was gekleed in een ruimvallende djellaba, die wel van dezelfde stof leek te zijn gemaakt als de tent.

Een bedoeïen.

Om zijn hoofd was een lange witte sjaal gedrapeerd, op een manier die Peter weleens gezien had op foto's van deze woestijnbewoners.

De man legde zijn hand op diens borst en klopte er een paar keer zachtjes op.

'Bilal,' zei hij. 'Bilal.' Hij glimlachte breed, waarbij hij een gebit toonde waar een paar tanden en kiezen in ontbraken.

Peter imiteerde zijn handeling. 'Peter,' zei hij. 'Peter.'

De man herhaalde hem, maar het klonk meer als 'Beter'.

Peter knikte maar.

Bilal pakte de waterkan op.

'*You drink,*' zei hij, waarbij aan de intonatie niet duidelijk was of dit een vraag dan wel een opdracht was.

Peter pakte de kan over en nam nog maar een paar slokken.

'*You Catharina?*' zei Bilal, uitdrukkelijk op Peter wijzend met zijn rechterwijsvinger, alsof hij er geen misverstand over wilde laten verstaan wie hij bedoelde.

Peter knikte.

'*Catharina, yes,*' zei hij, waarbij hij weer op zichzelf wees.

'*I bring,*' zei Bilal, die energiek opsprong, zichtbaar blij dat hij de bestemming van de gestrande vreemdeling achterhaald had. '*You eat?*' zei hij, deze keer duidelijk in de vragende vorm.

Toen pas merkte Peter dat hij een ontzettende honger had. Niets van het door hem die ochtend gekochte fruit of brood had hij nog gegeten.

Bilal ging weer naar buiten toe. Met een aantal fel uitgesproken zinnen, die Arabisch klonken, leek hij mensen opdrachten te geven. De timide toon waarop Bilal zijn Engelse woorden had uitgesproken, was in één keer verdwenen.

Waarom hebben ze me in 's hemelsnaam achtergelaten, vroeg Peter zich af.

Snel bracht hij zijn hand naar zijn middel om te constateren dat zijn gevulde moneybelt nog om zijn middel zat.

Daar kan het ze toch nooit om te doen geweest zijn?

Buiten de tent klonken geluiden van blatende kamelen en van metaal op metaal, bestek op borden wellicht.

Met enige moeite zwaaide Peter zijn benen over de rand van het bed om rechtop te kunnen zitten. Opeens voelde hij hoe vol zijn blaas was. Hij stond rustig op en liep in de richting van de uitgang van de tent, nog wankelend op zijn benen.

Toen hij de grote voorflap weggeslagen had, knipperde hij eerst hevig met zijn ogen. Het bloed suisde in zijn oren, dan weer hard, dan weer zacht. Voorzichtig deed hij zijn ogen weer open. Het was alsof hij een reisdocumentaire van *Discovery* of *National Geographic* binnenstapte. Rechts van hem stond een aantal gesluierde vrouwen in kleurrijke gewaden rond een kookpot boven een houtvuur. Twee jonge meisjes keken hem een fractie van een seconde aan, maar hun ogen schoten onmiddellijk weg toen hij terugkeek. Ze stootten elkaar giechelend aan.

Een aantal meter van de tent stond een grote halfopen tent opgesteld, zoals badgasten op het strand wel hebben om beschut te zitten tegen de wind, maar dan een flink aantal maten groter. Eronder lagen tapijten, die elkaar deels overlapten. Van kussens waren er twee grote u-vormige zitjes gecreëerd met in het midden enkele enorme zilvergrijze dienbladen. Ernaast lagen inderdaad een paar kamelen, in de onbarmhartig schijnende zon. Ze leken op iets te kauwen, al zag Peter zo gauw niets in hun mond. Met stoïcijnse blik keken ze voor zich uit.

Enthousiast kwam Bilal op hem afgelopen. 'Beter!' riep hij. 'Beter!' Peter nam niet de moeite zijn uitspraak te verbeteren.

Bilal pakte Peter bij de arm om hem in de richting van de zitplaats te geleiden.

'*I need to...*' probeerde Peter duidelijk te maken dat hij moest plassen. '*Pipi,*' zei hij, in de hoop dat dit kindertaaltje op de een of andere manier iets internationaals was. Hij maakte een vaag gebaar met zijn hand in de richting van zijn kruis. '*Pipi,*' herhaalde hij nog maar eens.

Bilal leek hem direct te begrijpen. Hij pakte zijn hand en leidde hem weg van de tent naar een plek waar tot Peters verrassing een paar doornige struiken stonden, in een verder volkomen kale omgeving. Pas toen ze er waren, liet Bilal zijn hand los om weer terug te keren naar het kamp.

Opgelucht leegde Peter zijn blaas, waarbij hij ervoor probeerde te zorgen dat zijn neerkletterende plas zoveel mogelijk bij de struikjes terechtkwam.

Moge hij zijn als regen die valt op kale akkers, als buien die de aarde doordrenken...

Nog voor hij zijn broek dichtgeknoopt had, was een donkere plek op het zand het enige wat restte van zijn daad, zo snel was het vocht de grond in getrokken.

In de verte hoorde hij een geluid dat naderbij kwam. Hij spitste zijn oren, maar al snel was het hem duidelijk dat het om een auto ging. Instinctmatig was hij geneigd in die richting te lopen, omdat hij wellicht een lift zou kunnen krijgen, maar na een eerste stap gezet te hebben, bevroor hij in zijn beweging.

Stel dat het Melchior en Katja waren?

Het geluid werd snel luider. Een meter of vijftig van Peter vandaan lag een rij zandheuvels alsof die het land beschermen moesten tegen een vijandige zee die op de kust beukte. Zonder vaart te minderen reed de auto voorbij, en al snel nam het geluid weer af.

Gewoon een auto, gewoon een auto... Heeft niets te betekenen.

Peter liep in de richting waar het geluid vandaan gekomen was. Toen hij de zandheuvel beklommen had, zag hij niet alleen dat daar inderdaad een weg liep, maar ook herkende hij het struikje waaronder hij tevergeefs had geschuild. Hij draaide zich om en besefte dat als hij toen de heuvel op gegaan was, hij zijn redding op minder dan vijftig meter afstand had gevonden.

Hij keerde terug naar de tent, waarvoor Bilal zich geposteerd had, die af en toe breeduit zwaaide alsof hij bang was dat Peter op dat korte stuk zou verdwalen.

Van de auto had hij geen glimp op kunnen vangen.

Ze gingen zitten op de harde kussens, en toen pas merkte Peter hoezeer hij zweette. Dankbaar aanvaardde hij een grote tinnen beker die tot de rand toe gevuld was met koel water.

Hoe krijgen ze dat water hier toch zo koud?

Vrijwel direct kwamen de twee meisjes naar hen toe die hij eerder al had gezien. De een had een bord met daarop rijst en een dampend prutje in haar handen, de ander een grof afgescheurd stuk brood. Nadat ze het Peter gegeven hadden, bleven ze nieuwsgierig staan kijken, maar Bilal stuurde hen op barse toon weg.

'*You eat*,' zei hij tegen Peter, vriendelijk glimlachend. Zelf pakte hij een sigaret uit een pakje dat op een dienblad voor hem lag.

Hoelang zou ik langs de weg gelegen hebben? Hoelang heb ik geslapen? Peter wees op zijn pols, hopend dat dit gebaar om te vragen hoe laat het was ook hier bekend was.

Bilal bleek zowaar een horloge te dragen. Hij hield zijn arm in de lucht om de wijzerplaat aan Peter te tonen.

Bijna twaalf uur 's middags. Ongeveer vijf uur geleden hadden Melchior en Katja hem om wat voor reden dan ook achtergelaten.

Het eten bestond uit rijst en kikkererwten in een saus, met stukjes vlees erin.

Het duurde niet lang voordat Peter alles ophad. Met zijn brood veegde hij de laatste restjes van zijn bord tot het helemaal schoon was.

'*Good*,' zei Bilal tevreden, het bord van hem overnemend.

'*You family?*' vroeg Peter hem, terwijl hij met zijn rechterhand een grote cirkel in de lucht beschreef.

Bilal knikte en herhaalde. '*You family.*'

Hij leek hem niet helemaal begrepen te hebben.

'*You live here?*' vroeg Peter.

'*You live here*,' herhaalde Bilal opnieuw, als een ijverige leerling tijdens een eerste les Engels.

'*I Catharina*,' probeerde Peter toen maar. '*You bring? Catharina?*'

Bilals gezicht lichtte op.

'*Yes. Bring Catharina.*'

Hij zoog nog een paar keer driftig aan zijn sigaret en riep iets in de richting van de grote tent. Er kwam een jongetje uit tevoorschijn dat Peter nog niet eerder gezien had. Hij bleef even stilstaan, terwijl Bilal doorging met het op barse toon geven van korte bevelen.

Peter had hem graag uit willen leggen wat hij hier überhaupt deed, maar ze deelden geen taal waarin dat gekund had.

*Daar zit je dan met al je geleerdheid en kennis, gereduceerd tot iemand die niet verder komt dan "*you family*" en "*you bring*". Een soort van "*me Tarzan, you Jane*". Wat is taal toch verbonden met wie je bent, je hele persoonlijkheid. Je grapjes, je anekdotes, je woordspelingen. Alles valt weg zonder taal, en daarmee verdwijn je zelf ook.*

Hij hoorde de kamelen weer blaten, terwijl de jongen naar wie Bilal eerder zijn bevelen geroepen had, sussende klakgeluidjes maakte. Er klonk gerinkel van belletjes, en Peter voelde de grond licht trillen.

We gaan toch niet...

'*Camel,*' zei Bilal. '*You camel. Catharina. Camel.*'

Nog voordat Peter had kunnen reageren, naderde een vrouw met in haar handen een donkerbruin gewaad, dat deels over de grond sleepte en een spoor in het zand achterliet. Ze gaf het aan Peter, samen met een grote witte doek van ruwe stof.

Bilal wees op de kledingstukken. '*You.*' Vervolgens wees hij omhoog. '*Sun.*'

Peter stond op, met de verrassend zware kleding in zijn handen waarvan hij zich niet voor kon stellen dat die ooit comfortabel zou kunnen zitten. Ze zou hem beschermen tegen de felle zon blijkbaar, maar hij was bang dat ze vooral vreselijk warm zou zijn.

Aan de andere kant, ze dragen dit niet voor niets al eeuwen natuurlijk...

Bilal nam alles van hem over. Hij gooide de mantel over Peter heen, die even gedesoriënteerd raakte, maar al snel kon hij zijn hoofd door een gat steken. Met een aantal handige bewegingen drapeerde Bilal alles zo, dat het comfortabel om Peters lichaam heen viel. De vrouw knoopte een soort ceintuur om zijn middel, waarna ze de witte doek zo op zijn hoofd bevestigde dat er alleen nog een smalle strook bij zijn ogen open was.

Een *Lawrence of Arabia*-gevoel nam kort bezit van Peter, alsof de weg die voor hem lag één groot spannend avontuur was. Hierdoor vergat hij voor het eerst, sinds hij op de weg achtergelaten was, een moment in wat voor een hachelijke situatie hij zich eigenlijk bevond.

Vanachter de tent kwam de jongen tevoorschijn, met in zijn linker- en rechterhand de teugels waaraan hij twee kamelen met zich meevoerde. Ze waren opgetuigd met rijk versierde zadels, waaraan koperkleurige belletjes bevestigd waren. De jongen dwong de dieren te knielen.

Ze zakten door hun voorste poten omlaag. Het zag er allemaal erg onhandig uit, alsof ze het voor het eerst deden. Toen ze dan eindelijk tot rust gekomen waren, kwamen de twee meisjes aangelopen, die met touwen twee met water gevulde zakken aan de flanken van iedere kameel bevestigden.

'*Come*,' zei Bilal vervolgens, Peter bij de hand nemend.

Inmiddels had ook hij op dezelfde wijze een doek om het hoofd gewikkeld. Hij begeleidde Peter naar een kameel, waar hij na enige onhandige pogingen, die weer veel gegiechel aan de meisjes ontlokten, nog min of meer recht op terechtkwam. Het zadel was krap, en door wat te verzitten probeerde Peter zijn onmiddellijk knellende ballen wat ruimte te geven. Hij moest alweer plassen eigenlijk, maar had net een goede houding gevonden en durfde die niet meer zomaar op te geven.

De kameel van Bilal richtte zich op, onder aanmoedigende geluidjes van zijn berijder. Ook Peters kameel ging staan, waardoor Peter bijna vooroverkukelde, tot algehele hilariteit van Bilals familie.

'*You okay?*' vroeg Bilal toen iedereen uitgelachen was.

'*I okay*,' antwoordde Peter maar, hoewel de druk op zijn blaas enorm geworden was.

Met een paar ferme tikken op het achterwerk van zijn kameel zette de jongen het dier in beweging. Al na een paar passen begreep Peter waarom de kameel 'het schip van de woestijn' werd genoemd. Binnen enkele minuten voelde hij zich letterlijk zeeziek. Ook begon het erg heet te worden onder de zware deken die hij over zijn kleding heen droeg. Het felle licht van de zon reflecteerde op het zand, zodat hij gedwongen was zijn ogen tot kleine spleetjes te knijpen.

Mijn hemel, laat dit niet te lang duren...

Hij meende zich te herinneren dat een kameel op topsnelheid met gemak harder rende dan zestig kilometer per uur, maar alleen een ervaren jockey zou dan in staat zijn erop te blijven zitten. Maar zelfs met twintig kilometer per uur zouden ze er al snel zes uur over doen om bij het klooster aan te komen. Maar misschien dat het dwars door de woestijn korter was dan via de autoweg.

Na verloop van tijd verdween vreemd genoeg zijn aandrang om naar de wc te gaan. Hij probeerde zijn blik op de horizon te fixeren, terwijl een eentonig landschap van zand, verweerde rotsen en doornige struiken, die tegen beter weten in stand hadden weten te houden in deze onbarmhartige omgeving, aan hem voorbijtrok. Om de paar minuten was hij gedwongen te verzitten vanwege de snel opkomende kramp in zijn bovenbenen en zijn onderrug.

De kamelen waren inmiddels van het aanvankelijke sjoktempo overgegaan tot een lichte draf, waardoor ze weliswaar sneller opschoten, maar de rit zo mogelijk nog oncomfortabeler werd.

Ze leken een volstrekt willekeurig pad te volgen. Het was Peter een raadsel hoe Bilal de weg wist te vinden in de omgeving die zo weinig herkenningspunten leek te hebben.

Na verloop van één of misschien wel twee uur – Peter was het besef van tijd volledig kwijtgeraakt – stopten ze bij een rotspartij, die aanvankelijk eeuwig op dezelfde afstand leek te zijn blijven liggen, maar die ze dan uiteindelijk toch bereikt hadden.

Opnieuw knielden de kamelen, en Peter moest zich stevig vasthouden om in het zadel te blijven zitten. Zijn benen waren gevoelloos geworden, waardoor hij zich met moeite staande kon houden nadat hij was afgestapt.

Voor het eerst sinds ze vertrokken waren, sprak Bilal tot hem.

'You drink,' zei hij, waarna hij zelf het goede voorbeeld gaf.

Ze sloegen de hoofddoek een stuk terug en klokten gulzig allebei grote slokken water naar binnen.

'Camel drink?' vroeg Peter, wijzend op de dieren, die met dezelfde stoïcijnse blik als altijd om zich heen keken.

Bilal schudde zijn hoofd.

Hij bond de waterzak weer vast en beklom de rotsen, alsof ook hij even moest kijken waar hij nou ook alweer was. Vanonder zijn kleding haalde hij een pakje sigaretten tevoorschijn, dat hij uitnodigend naar Peter uitstak.

Het was even geleden dat Peter zijn dagelijkse sigaartje gerookt had, maar het was al jaren en jaren geleden dat hij voor het laatst een sigaret had gerookt.

Een groot verlangen naar zijn kantoortje in Leiden overviel hem.

En een groot verlangen naar Fay.

Peter moest even slikken, maar liep toen naar Bilal om de sigaret in ontvangst te nemen. Nadat ze allebei hun sigaret aangestoken hadden, gingen ze op de grond zitten roken.

Als je niet beter zou weten, zou ik net zo goed een rijke toerist kunnen zijn die honderden dollars betaald heeft voor een echte woestijnervaring met een authentieke bedoeïen.

Het was windstil, waardoor de rook van hun sigaretten in een vrijwel rechte streep opsteeg. Er was nog iets waar Peter zijn vinger niet op kon leggen, maar hij was te moe om daar al te lang bij stil te staan.

Het was volmaakt stil.

Peter staarde over de eindeloze vlakte voor zich uit.

Iedere christen of jood die geloofde in de letterlijkheid van de Bijbel hoefde maar een minuut in deze omgeving te verblijven om te begrijpen dat je hier geen veertig jaar kon rondzwerven. Natuurlijk, volgens Exodus daalde er manna neer uit de hemel en op zijn tijd voorzag God in kwartels – nogal wat manna en nogal wat kwartels om dagelijks drie miljoen mensen mee te voeden overigens – maar alleen het water al dat je nodig had om de dorst van zo'n grote groep mensen te kunnen lessen, zou watervoorraden vereisen die nergens in de woestijn voorhanden waren.

'*You Muslim?*' verbrak Peter de stilte.

Bilal keek hem aan, alsof hij vergeten was dat hij iemand bij zich had.

'*Muslem,*' antwoordde hij toen, terwijl hij knikte. Hij wees omhoog en zei: '*Allah. Muslem.*' Toen wees hij op Peter. '*You?*'

'*Isa,*' zei Peter, die zich op tijd de Arabische naam voor Jezus herinnerde. Dit was niet de tijd en plaats om uit te leggen dat hij zichzelf eigenlijk als agnost beschouwde. Uit ervaring wist hij dat je in het Midden-Oosten – en in veel andere landen in de wereld trouwens – niet aan kon komen met het verhaal dat je niet geloofde, dus zei hij altijd maar dat hij christen was.

'*Isa good,*' zei Bilal tevreden.

De theologische discussie was blijkbaar gesloten, want Bilal stond weer op. Peter liep een aantal meter van de kamelen vandaan, maar ontdekte, toen hij met veel moeite de kleding omhooggekregen had en op de tast zijn broek en gulp geopend had, tot zijn verrassing dat hij helemaal niet meer hoefde te plassen. Hij nam nog een aantal grote teugen uit de waterzak en knoopte de doek weer rond zijn hoofd.

Nadat ze weer vertrokken waren, duurde het maar een paar minuten voordat Peter de positie, die het minst oncomfortabel was, hervonden had. Tot zijn spijt was hij vergeten te vragen hoelang ze nog onderweg zouden zijn. Als ze rond enen vertrokken waren, was het inmiddels ergens tegen drieën.

Hij keek naar de zon, die al duidelijk gedaald was, dus ze zouden nog maar een paar uur zonlicht hebben. Peter nam aan dat ook Bilal niet graag door een duistere woestijn reed, hoewel die duisternis wellicht verzacht werd door het licht van de maan en sterren.

Ze reden lang door, veel langer dan de eerste rit, zo kwam het Peter voor. Tot zijn grote verrassing doemde in de verte uiteindelijk een zwart lint asfalt op. Toen ze dichterbij kwamen, was duidelijk het karakteristieke trillen van de warme lucht boven de weg zichtbaar. Bilal stuurde zijn kameel naar de overkant om in de zanderige berm de weg te vervolgen. Peters kameel volgde gedwee.

Na verloop van tijd kwamen ze een blauw verweerd bord tegen, vol roestplekken en ruw geschuurd door het zand. Er zaten een stuk of tien perfect ronde gaten in die alleen maar door kogels leken te kunnen zijn veroorzaakt. Op het bord stond geschreven:

دير سانت كاترين

Dair Sānt Kātarīn

Km 40

Die kamelen hadden veel harder gelopen dan Peter voor mogelijk had gehouden, of hij was dichter bij Catharina geweest dan hij had gedacht. Of ze hadden gewoon een heel stuk af kunnen snijden door de woestijn.

Dan kunnen we er in minder dan twee uur zijn, vóór het donker dus.

Opnieuw zetten de kamelen een flinke draf in, harder lopend dan ze tot dan toe gedaan hadden. Het kostte Peter moeite en aanzienlijke kracht om zich in evenwicht te houden, maar de gedachte dat ze in dit tempo binnen anderhalf of twee uur bij het klooster zouden zijn gaf hem hernieuwde energie. Zijn knokkels waren wit doordat hij de teugels zo strak mogelijk vasthield; de spieren aan de binnenkant van zijn dijen zeurden, en een nieuwe hoofdpijn kwam op.

Ongeveer drie kwartier of een uur later, schatte Peter – in elk geval veel sneller dan hij had verwacht – kwamen ze een bordje tegen dat aangaf dat het nog maar twintig kilometer was.

Nauwelijks merkbaar nam het licht met elke paar minuten iets in kracht af. Telkens hoefde Peter iets minder met zijn ogen te knijpen. De zon hing nog maar een klein stuk boven de horizon. Ook werd het duidelijk iets minder heet. Hij had wel gehoord hoe ijskoud nachten in de woestijn konden worden, en hij kon zich nu indenken dat de kleding van overdag 's nachts goed als deken dienst kon doen.

Achter zich hoorde Peter een auto naderen. De chauffeur toeterde een paar keer om er zeker van te zijn dat zij hem hoorden.

De gele taxi passeerde hen aanvankelijk op grote snelheid, maar stopte toen abrupt een meter of honderd verderop, waardoor die in een lichte slip terechtkwam. De auto reed een stuk achteruit totdat hij hen tot op ongeveer twintig meter afstand genaderd was.

De chauffeur stapte uit en schreeuwde iets naar Bilal, die daarop met zijn hoofd schudde. De man wilde weer zijn auto in stappen, maar bedacht zich. Hij gooide het portier dicht en kwam nu de kant van Peter op gelopen.

'*Salaam aleikoem*,' groette de man hem vriendelijker dan de manier waarop hij Bilal aangesproken had.

'*Aleikoem salaam*,' beantwoordde Peter de groet, die daarmee zo goed als door al zijn kennis van het Arabisch heen was. Ook hij schudde het hoofd toen de man enkele vragen op hem afvuurde, tenminste, hij interpreteerde ze als vragen.

De man kneep zijn ogen samen, alsof hij tegen een felle zon in keek. Hij kwam een paar stappen dichterbij, terwijl zijn gezicht een agressief wantrouwen uitstraalde, en gebaarde driftig dat Peter zijn gezichtsbedekking moest verwijderen.

Wat is dit?

De man ging op zijn tenen staan en pakte Peter bij diens arm.

'*Scarf!*' schreeuwde hij.

Hij snapt inmiddels dus ook dat ik zijn Arabisch niet verstaan heb.

'*Put away. Scarf*,' siste hij nu.

Net toen Peter daar gehoor aan wilde geven, schreeuwde Bilal iets in hun richting. Daarop draaide hij behendig zijn kameel om, en in een ommezien had hij zich tussen de taxichauffeur en Peter gemanoeuvreerd.

Zelfs voor iemand die geen woord Arabisch machtig was, was het duidelijk dat hier geen koetjes en kalfjes uitgewisseld werden over het weer of over de prijs van het brood.

De man probeerde nu om Bilals kameel heen te lopen, maar hij was nog niet halverwege of Bilal gaf hem een harde trap tegen de borst, waardoor hij verrast achteroverviel. Bilal nam de teugels van Peters kameel over, gaf zijn eigen kameel de sporen en al snel waren de dieren weer op volle snelheid.

Verward over wat er zich zojuist voor zijn ogen had afgespeeld, keek Peter achterom. De man was opgekrabbeld en rende terug naar zijn taxi. Het portier aan de kant van de bijrijder ging nu ook open. Er stapte een man uit, die Peter en Bilal met een hand boven zijn ogen roerloos nastaarde.

Peter herkende hem direct aan zijn postuur en de honkbalpet.

37

Gejaagd keek Peter nog eens achterom, maar eigenlijk had hij al zijn aandacht nodig om zichzelf in het zadel te houden op de hevig schommelende kameel. Toen hij even later zijn hoofd weer omdraaide, zag hij dat de taxi inmiddels weer in beweging was gekomen. Tegen een auto maakte zelfs de snelste kameel geen schijn van kans natuurlijk.

Ook Bilal leek zich dit te realiseren, want bij het eerste stuk in de berm waar de zandheuvels iets lager waren, dirigeerde hij zijn kameel van de weg af. De teugels van Peters kameel had hij inmiddels losgelaten, en met veel moeite kreeg Peter ze zelf weer te pakken waardoor hij wat meer grip kreeg.

Ze renden een behoorlijke tijd door, hoewel ze zich al snel in schijnbaar veilig gebied bevonden, aangezien een auto hen hier niet kon volgen. Toen ze op een rustigere draf waren overgegaan, kwam Bilal naast hem rijden. Peter had duizend vragen voor hem, maar de taal schoot tekort.

'*Not good*,' vatte Bilal de situatie uitstekend samen.

'*Not good?*'

'*Bad man. Not good*,' zei Bilal nog maar eens.

Ook hij leek Peter vragen te willen stellen. Hij keek hem aan, alsof hij hoopte de antwoorden al gedachtelezend te kunnen krijgen.

'Catharina?' vroeg Peter hoopvol, waarbij hij recht voor zich uit wees. Hij was bang dat Bilal na de vreemde ontmoeting op de weg misschien van deze hele onderneming af zou zien.

'Catharina,' bevestigde Bilal, met iets verbetens in zijn stem. Hij spreidde de vingers van beide handen en toonde die aan Peter. Het was niet duidelijk of hij daar tien minuten dan wel tien kilometer mee bedoelde.

Toen ze hun weg vervolgden, vroeg Peter zich af of de stress van de gebeurtenissen in de afgelopen uren hem geen parten had gespeeld toen hij gemeend had Tony te herkennen in de figuur die hen nagestaard had.

Was het wel Tony? Ja, dat kan niet anders, dezelfde lange gestalte, die eeuwige honkbalpet. En wie anders zou me achternazitten? Niemand weet dat ik hier ben, behalve Fay. Hoe heeft hij het water in 's hemelsnaam overleefd dan? 'Ik ben een goede zwemmer,' had hij nog gezegd. Maar hij was helemaal onder water verdwenen.

Peter was er inmiddels van overtuigd dat hij wel degelijk Tony gezien had, die op de een of andere manier weer aan wal gekomen moest zijn.

Daarna moet het voor hem een koud kunstje geweest zijn me in de gaten te houden en me naar de luchthaven te volgen. Die gek was ervan overtuigd dat ik als undercoveragent naar de vs was gekomen om hem te ontmaskeren. Alsof ik dan op eigen houtje achter hem aan zou gaan... Maar hoe is hij langs de douane gekomen, als het mij al niet eens lukte om ongemerkt in te checken?

Peter schudde zijn hoofd, in de ijdele hoop dat hij zo het beeld van een wederopgestane Tony kon verdrijven.

Hij keek om zich heen. Waar eerst nog iets van een nagloed voor wat licht gezorgd had, begon ook die nu te verdwijnen. Toch werd het lang niet zo donker als hij had verwacht. De eerste sterren lieten zich al zien.

Toen de Hebreeërs door de woestijn trokken, werden ze volgens de overlevering 's nachts op hun weg begeleid door een kolom van vuur en overdag door een kolom van rook. Meerdere schrijvers plaatsten om die reden de uittocht in de periode 1650-1600 voor de christelijke jaartelling, toen er in de Minoïsche tijd een waanzinnige vulkaanuitbarsting plaatsvond op het eiland Thera in de Middellandse Zee – een van de grootste vulkaanuitbarstingen die ooit in de geschiedenis op aarde zijn vastgesteld. Een tsunami van minstens achtentwintig meter hoog bereikte Kreta en richtte daar veel verwoestingen aan. Vandaag de dag is nog goed te zien hoe het halve eiland Thera bij de vulkaanuitbarsting de lucht in geblazen werd; het eiland heeft de vorm van een sikkelvormige maan.

Van grote afstand was overdag de rookpluim van de vulkaan te zien geweest, en 's nachts had er een enorme gloed van de nagloeiende vulkaan afgestraald.

Mark had hem eens uitgelegd hoe de as en rook ook de tien plagen in Egypte zouden kunnen verklaren. Door de aswolken bleven de regens uit en werd de Nijl een vieze, traag stromende modderstroom, waarin algen welig tierden. Toen die algen massaal stierven, kleurde het water rood. Hierdoor verlieten de kikkers de rivier om op het land hun heil te zoeken. Toen die in de droge woestijn omkwamen, hadden muggen en luizen geen natuurlijke vijanden meer en namen die ongestoord in aantal toe. Ziektes staken de kop op met een enorme sterfte onder het vee als gevolg. Mensen werden op grote schaal gestoken en gebeten, waarna de open wonden door het vele krabben gingen zweren. De as in de lucht kwam in botsing met de onweersbuien, en de hagel kwam met bakken uit de hemel. Hierdoor ontstond een vochtig klimaat, een ideale omgeving voor sprinkhanen om zich snel in voort te planten. De asdeeltjes verduisterden bovendien het licht van de zon, waardoor het donker werd op aarde. Door de vochtigheid begon ook het voedsel te rotten; het graan beschimmelde. Volgens de Egyptische traditie mocht het oudste kind van het gezin altijd als eerste van het graan eten, waardoor alle eerstgeborenen stierven.

Maar hierbij wordt ervan uitgegaan dat de gebeurtenissen in Exodus in elk geval toch echt plaatsgevonden hebben, dacht Peter, *alleen met een andere verklaring. De uitbarsting van een vulkaan ligt ten grondslag aan het verhaal van de Tien Plagen en dat van de kolom van rook en de kolom van vuur die de Hebreeërs zagen. In de Bijbel troffen de rampen Egypte omdat God de farao strafte die weigerde de Hebreeën te laten gaan en leidde God in de vorm van rook en vuur hen de weg door de woestijn.*

Ze reden nog zeker een halfuur door, maar op een gegeven moment stak Bilal zijn arm in de lucht, als een commandant die zijn mannen tijdens een missie maant dat ze stil moeten staan. Hij liet de kamelen knielen, zodat Peter en hij af konden stappen.

Deze keer zakte Peter wel door zijn knieën, zo stijf en vermoeid was hij door de onstuimige rit over het ruwe terrein.

Bilal knoopte de teugels van de kamelen aan elkaar – zodat ze niet weg konden lopen tijdens zijn korte afwezigheid – klopte ze op de flanken en fluisterde ze op lieve toon wat woordjes toe.

'Catharina,' zei hij tegen Peter.

Ze beklommen een heuvel en daar zag Peter inderdaad het klooster liggen. Het had er veel van weg dat ze het gebouw vanaf de achterkant waren genaderd. Vaag in de verte, aan de andere kant, zag Peter een uitgestrekt terrein waarop enkele auto's geparkeerd stonden. Het licht van de maan weerkaatste op het blik en de ramen ervan.

Als dit een film was, zou ik naar de acteur roepen: 'Niet naar binnen gaan!' dacht Peter. *'Ga naar de luchthaven en vlieg naar huis!' Tony was natuurlijk ook op weg naar het klooster. Waar zou ik anders naartoe op weg kunnen zijn geweest? Zou hij nu ook de betekenis van de tatoeage op zijn borst begre-*

pen hebben? Maar ik hoef alleen maar binnen te komen in feite. Teruggaan naar Sharm El-Sheik is ook geen optie. Wie weet heeft hij daar ook mensen betaald om in de gaten te houden of ik daar terugkeer. Net zoals hij Melchior en Katja betaald moet hebben, dat kán niet anders! En ik ben zo dichtbij nu. In het klooster zal ik juist veilig zijn. De monniken zullen me beschermen. De wet van de woestijn: gastvrijheid en bescherming bieden aan eenieder die bij je aanklopt. En als iemand het document moet vinden, dan toch zeker niet Tony!

Het klooster was in zijn geheel omgeven door een enorm hoge muur, op sommige plekken wel vijfentwintig of dertig meter hoog.

In een rechte lijn gingen Bilal en Peter eropaf. Toen ze bij het klooster waren, liepen ze er links omheen, dicht langs de muur. Tijdens het lopen hield Peter contact met de wand door zijn handen over de ruwe stenen te laten glijden. Vlak voor ze voor de tweede keer de hoek om zouden slaan, bleef Bilal, die nog niets gezegd had verder, stilstaan. Hij stak zijn hoofd om het hoekje, maar achtte de kust kennelijk veilig genoeg om door te gaan.

Peter zag dat er op het parkeerterrein geen taxi stond, al wilde dat natuurlijk niet zeggen dat Tony zich niet ook ergens ophield. Het was goed mogelijk dat hij al eerder gearriveerd was dan zij, met de auto moest het nog geen kwartier rijden zijn geweest.

Misschien kijkt Tony op dit moment wel naar ons, zich verschuilend achter een heuvel.

Van het ene op het andere moment voelde Peter zich heel erg kwetsbaar, zoals ze zo open en bloot naar de ingang van het klooster liepen.

De verweerde eikenhouten deur met ijzeren beslag was gesloten. Bilal bonsde er een paar keer op. Al snel werd een luikje geopend waarachter het bebaarde gezicht van een monnik verscheen.

Peter wist dat het Catharinaklooster een van oudste kloosters ter wereld was en dat het sinds de bouw zo goed als onveranderd was gebleven. Het stond onder toezicht van de Griekse Orthodoxe Kerk, en het grootste deel van de monniken was nog altijd van Griekse oorsprong.

De monnik was blijkbaar ook het Arabisch machtig, want na een korte, gefluisterde uitleg van Bilal klonk het geluid van wegschuivende grendels en het omdraaien van sleutels in verschillende sloten.

Toen de deur eenmaal open was, deed Bilal een stap opzij en nodigde hij Peter uit naar binnen te gaan. Eenmaal met een voet op de drempel pakte

Bilal Peters bovenarm vast. Hij schudde Peter de hand waarna ze elkaar kort omhelsden. De scherpe geur van zweet, sigarettenrook en kamelen drong Peters neus binnen. Het ging allemaal zo snel, dat Peter alleen maar een paar keer 'thank you' kon mompelen. Voordat hij er erg in had, had Bilal zich omgedraaid en was hij alweer verdwenen.

Peter ging naar binnen waarna de monnik de deur weer vergrendelde. Snel verwijderde hij de doek rond zijn hoofd en ontdeed zich van de dikke kleding die hij hier nu niet meer nodig had.

De man bleek goed Engels te spreken, hetgeen de conversatie een stuk eenvoudiger maakte.

'Kom met me mee. Mijn naam is broeder Antonius, we gaan je even inschrijven, dat is verplicht voor iedere gast die hier komt.'

Broeder Antonius ging hem voor door een brede, goed verlichte gang en hield halt voor een kamer waarvan de deur openstond. De wanden van de ruimte die ze betraden waren bedekt met kasten vol boeken, mappen en stapels papieren, zo op het eerste gezicht allemaal bedekt onder een dikke laag stof.

Toen Peter plaatsgenomen had, gaf broeder Antonius hem een in het Engels opgesteld foldertje over het klooster. Peter las de voorkant ervan, terwijl de monnik bezig leek zijn administratie in orde te maken.

Het klooster van Sint Catharina ligt aan de voet van de berg Mozes en werd tussen 548 en 565 na Christus gebouwd in opdracht van keizer Justinianus. Het klooster is gebouwd rond om het Brandend Braambos van Mozes.

De bibliotheek van het klooster herbergt een van de grootste en belangrijkste verzamelingen van heilige manuscripten in de wereld – vanzelfsprekend bezit het Vaticaan er meer. De verzameling bestaat uit ongeveer 4.500 bundels in het Grieks, Koptisch, Arabisch, Armeens, Hebreeuws, Slavisch, Syrisch, Georgisch en andere talen.

Het klooster Sint Catharina is het oudste christelijke klooster dat nog in gebruik is en het kleinste bisdom in de wereld. De kapel van het Brandend Bos werd oorspronkelijk gebouwd in opdracht van keizerin Helena, de moeder van Constantijn de Grote, maar het klooster zelf werd uiteindelijk gebouwd door keizer Justinianus, om de monniken te beschermen en de plaats van het Brandend Bos te eren. Het stoffelijk overschot van Sint Catharina werd 500 jaar later ontdekt bij de top van de berg die nu haar naam draagt. Engelen zouden haar lichaam weggevoerd hebben. Haar overblijfselen zijn opgeborgen in een marmeren relikwieënschrijn in de basiliek van het klooster.

Tot de 20ste eeuw was de enige ingang tot het klooster een kleine deur op negen meter hoogte, waar proviand en mensen via een katrollensysteem naar boven werden gehesen.

'Wat is je naam?' vroeg Antonius, die inmiddels klaar was. Zijn pen zweefde boven het papier van een enorm dik boek; de bladzijden waren in enkele kolommen verdeeld. 'We registreren alle bezoekers die hier de nacht doorbrengen,' legde hij uit toen hij een aarzeling bespeurde bij Peter om antwoord op deze eenvoudige vraag te geven.

'Waar kom je vandaan?'

'Leiden, Nederland. L-e-i-d-e-n,' spelde Peter.

Toen broeder Antonius 'Leiden' opgeschreven had, keek hij Peter indringend aan.

Is er iets?

'En je naam?'

'Peter...' zei hij aarzelend.

Het kan waarschijnlijk geen kwaad om mijn voornaam prijs te geven, dacht Peter. *Anders moet ik elke keer zo opletten als iemand me met een verzonnen nieuwe voornaam aanspreekt.*

'De Rots. Peter de Rots.' Snel spelde hij ook de letters van zijn nieuwe achternaam. 'Ik ben docent, aan een universiteit.'

Antonius tuitte goedkeurend zijn lippen, terwijl hij met een keurig, evenwichtig handschrift de gegevens noteerde.

'Zijn er veel gasten?' vroeg Peter.

'Er zijn wat gasten, niet veel. Een aantal mensen verblijft hier voor langere tijd; die zijn hier om te studeren, om de manuscripten te raadplegen. Maar het is niet meer zoals vroeger,' zei de monnik, het boek dichtklappend.

Fay vertelde dat Coen Zoutman hier meerdere keren geweest is voor een retraite. Een perfecte omgeving om je terug te trekken en te studeren.

Of om een geheim te verbergen.

'Vroeger kwamen hier bussen vol toeristen. 's Nachts om twee uur klommen ze naar boven om op de top de zonsopkomst te zien, erg mooi. Wil je dat ook doen?'

Peter aarzelde.

'Het is erg mooi. Ik kan zorgen voor een begeleider als je wilt, iemand die tot aan de voet van de trap met je meeloopt.'

'Is het niet gevaarlijk?'

'Gevaarlijk? Nee, waarom?' vroeg Antonius, waarbij hij een wegwerpgebaar maakte. 'Ze laten ons met rust hier. Ik ben zelf al zo vaak naar boven gelopen dat ik de tel ben kwijtgeraakt. Je zou ook in je eentje naar boven kunnen gaan, want er is maar één weg en het is onmogelijk te verdwalen.'

'Ik zal zien,' zei Peter. 'Zijn er nog andere mensen gearriveerd vandaag?'

'Nee. Je bent de eerste in weken.'

'Oké,' zei Peter opgelucht.

Ik heb het gered. Ik ben veilig.

Voor nu.

'Kom, ik zal je je kamer aanwijzen,' zei Antonius. 'Dan kun je daarna nog wat eten. Als je vannacht wilt klimmen en een begeleider wilt, dan moet je me dat even laten weten.'

Ze verlieten de kamer, maar halverwege de gang vroeg Peter de monnik even te wachten omdat hij de kleding was vergeten die hij van Bilal geleend had.

Wat stom dat ik de kleren niet uitgetrokken heb toen hij er nog was, dan had ik ze met hem mee kunnen geven. Ik denk niet dat ik ooit nog in staat ben om de precieze plek terug te vinden – aangenomen dat hij en zijn familie nog langer op die plek verblijven natuurlijk.

Eenmaal terug in het kantoortje liep Peter snel naar het bureau om het grote boek van broeder Antonius in te zien. Gehaast bladerde hij tot hij bij de pagina gekomen was waar zijn naam zojuist genoteerd was.

Bij de datum van die dag stond slechts zijn eigen naam – en de laatste naam was inderdaad van vijf of zes weken geleden.

Voor nu was hij veilig.

38

Wat is er in 's hemelsnaam gebeurd?

Verwilderd staarde Peter naar het bloed op zijn hand. Met zijn rug drukte hij tegen de zware eikenhouten deur, alsof de dubbele bescherming van het gietijzeren slot en de grote schuif niet voldoende waren.

De rustige vlam van een dikke kaars verspreidde een zacht, gelijkmatig licht in de kamer. Als hij een foto maakte, zou het een schitterend sfeervol plaatje van de Spartaans ingerichte monnikscel opleveren: het eenvoudige bed met het dunne matras en de deken van ruwe stof, de houten tafel met de stoel ervoor, het schrijfgerei en papier op het tafelblad, de waterkan en de drinkbeker van keramiek. In een kleine nis stond een eenvoudig Mariabeeld met het kind Jezus op de armen.

Peter legde zijn oor te luisteren tegen het ruwe hout van de deur. Er was niets te horen, maar dat betekende niets natuurlijk. De enige weg naar buiten zou toch via de deur zijn. Er was geen raam en de voor de eeuwigheid gebouwde muren waren dik en onverzettelijk. En hier blijven was geen optie.

Eerder op de avond, nadat broeder Antonius hem naar zijn kloostercel had gebracht, had Peter een eenvoudige doch voedzame maaltijd gebruikt in de grote eetzaal die geheel verlaten was.

Hij had zich kunnen voorstellen hoe hier in betere tijden grote groepen toeristen zich, gebroederlijk zittend aan de lange tafels, tegoed hadden gedaan aan de soep en het ambachtelijk gebakken brood voordat ze zich terug zouden trekken in hun slaapzalen. 's Nachts om twee uur was dan gewoontegetrouw een grote karavaan vertrokken, zo had Antonius hem uitgelegd, de berg op. Veel mensen hadden de eerste etappe, tot aan de door een monnik bij wijze van boetedoening eigenhandig uit de harde rotsen gehouwen trap, op de rug van een kameel afgelegd – een belangrijke bron van inkomsten voor de lokale bedoeïenen. Op de drukste dagen in de zomer was een kilometerslang lint van mensen te zien geweest. Door de fakkels en zaklampen had het altijd iets weg gehad van een verlichte slang die de berg op kronkelde. Van een rustig meditatief moment boven op de berg, waar men tegen zes uur 's ochtends aankwam, was natuurlijk geen sprake geweest. Mensen hadden zich met honderden op het rotsplateau verdrongen om maar een goede positie te hebben om de zon boven de bergen van Israël en Jordanië in het Oosten op te zien komen.

Aanvankelijk had hij alleen met Antonius aan tafel gezeten, maar al snel schoof er nog een andere monnik aan die weinig spraakzaam was, maar die Peter regelmatig met een doordringende blik aankeek. Hij stelde zich voor als broeder Milan. Hij had een volle baard, zoals eigenlijk alle monniken die Peter tot dan toe gezien had, en zijn leeftijd was moeilijk in te schatten. Het was duidelijk een zestigplusser, maar preciezer dan dat kon Peter het niet zeggen. Hij had lachrimpeltjes rond vriendelijke ogen, die een strenge intelligentie uitstraalden. Op de een of andere manier had Peter zich deze man ook goed woedend voor kunnen stellen.

Peter bleef vaag over het precieze doel van zijn bezoek en Antonius vroeg hem er ook niet verder naar – alsof er dagelijks buitenlanders 's avonds op de poort klopten die door een bedoeïen afgeleverd werden.

Ze hadden het kort over Leiden, een stad die beiden tot Peters enorme verbazing kenden. In het verleden waren er meer dan eens Nederlandse wetenschappers op bezoek geweest om manuscripten in de bibliotheek te bestuderen.

Coen Zoutman.

Sommigen waren zelfs enkele maanden gebleven. Enkelen van hen waren uit Leiden afkomstig geweest en zij hadden als wederdienst afschriften van manuscripten uit de Leidse universiteitsbibliotheek meegenomen om op te laten nemen in de bibliotheek van het klooster.

Vanaf het moment dat ze over Leiden kwamen te spreken, merkte Peter een stemmingsverandering bij broeder Milan op. Hij kon er niet goed de vinger op leggen, maar zijn ogen waren bijna voortdurend tot spleetjes geknepen en het leek alsof zijn hersenen op volle toeren draaiden.

Nadat Antonius zich had geëxcuseerd – in de verte had het geluid van beierende klokken geklonken, ten teken dat het avondgebed aan zou vangen – bleef hij alleen met broeder Milan achter, die er blijkbaar niet heen had gehoeven.

Er passeerden nog enkele andere monniken, onder wie een opvallend lange broeder, die zich allemaal haastend op weg naar de kerk begaven.

Zelfs toen de deur van de eetzaal achter de laatste broeder was dichtgevallen en het duidelijk was dat er buiten hen twee niemand in de ruimte was, keek Milan samenzweerderig om zich heen. 'Jij kent Coen Zoutman?' vroeg hij uiteindelijk.

Peter knikte langzaam.

Het was vreemd om hier, duizenden kilometers van huis, de naam te horen van de man met wie dit hele avontuur was begonnen, de man die zo tragisch aan zijn einde was gekomen.

'Jij kent Coen Zoutman,' herhaalde Milan, maar als constatering ditmaal, niet meer als vraag.

'Heb jij Coen gekend?' vroeg Peter verbaasd.

'Gekend? Je wil toch niet beweren dat hij...'

'Het spijt me,' zei Peter. 'Hij is overleden, maar... hoe kennen jullie elkaar?'

De mededeling over Coens dood greep de monnik zichtbaar aan. Zijn lippen bewogen geluidloos, alsof hij een kort gebed uitsprak om een zegen af te smeken. 'Dat is... Dat doet er niet meer toe,' zei hij zodra hij zichzelf had herpakt.

'In het gastenboek zag ik dat je uit Leiden, Nederland, kwam. Dan ben ik altijd extra alert. Maar nu, met dit verschrikkelijke nieuws.' Broeder Milan keek even nadenkend voor zich uit. 'Is Coen een natuurlijke dood gestorven?'

Wat kan ik zeggen?

'Het spijt me, maar nee. Hij is vermoord. De politie is er nog niet achter wie het gedaan zou kunnen hebben.'

Maar ik weet het wel.

'Ik denk dat ik op jou heb gewacht,' zei Milan.

'Gewacht?'

Op mij?

'Kom.'

Ze verlieten de eetzaal. Broeder Milan liep voor hem uit, waarbij zijn lange zwarte gewaad tot op de grond reikte. Omdat zijn voeten daardoor niet te zien waren, leek het alsof hij over de grond zweefde.

Ze liepen door de lange, met terracottategeltjes betegelde gangen, die allemaal verlaten waren. Daarna staken ze een binnenplaats over, en uiteindelijk kwamen ze in een kleine ruimte.

Op het moment dat Peter besefte wat hij zag, hield hij van schrik zijn adem in.

In grote nissen waren honderden en nog eens honderden menselijke schedels te zien, die hen met de grote gaten op de plekken waar ooit ogen gezeten hadden nietsziend aanstaarden. Bij vele schedels was de onderkaak in een vreemde positie weggezakt, waardoor het leek alsof ze de levenden vanaf gene zijde iets toe wilden schreeuwen, een waarschuwing of een vermaning.

'Waarom zijn we hier?' vroeg Peter. Hij had zijn vuisten reeds gebald om zich zo nodig een weg naar buiten te vechten.

'Rustig,' zei Milan, die natuurlijk ook zag dat Peter niet alleen in verwarring was maar zich inmiddels op de rand van paniek bevond. 'Ik sta aan jouw kant. Aan jullie kant. Kijk...' zei hij, terwijl hij met een armgebaar in de richting van de schedels wees, als een gids die aan geïnteresseerde toeristen zijn verhaal doet.

'Ik ben zelf... Coen en ik...' begon hij, maar toen gooide hij het over een andere boeg. 'Dit is wat er van ons overblijft, toch? Dit zijn de schedels van alle monniken die vanaf de stichting van het klooster hier gewoond hebben. Veel schedels zijn al helemaal tot stof vergaan. Dit is wat er van hen rest. Dit is ons aller lot. Mee eens? Ons lichaam is een tijdelijke woonplaats voor de ziel, we hebben een hoger doel. De aarde is een tijdelijke plek. We hadden hier niet moeten zijn. Ons eigenlijke thuis is de tuin van Eden, waar we ooit uit verbannen zijn.'

We got to get ourselves back to the garden... Tot zover verkondigt Milan nog niets wat ik niet weet of wat in strijd is met de christelijke leer, dacht Peter. Dacht niet iedere christen dat het leven slechts een testcase was waarin je jezelf bewijzen moest? De aarde was Gods proeftuin om te bepalen welke mensen na hun dood voor altijd bij Hem mochten verkeren en welke mensen voor eeuwig van Hem afgescheiden zouden zijn.

'We moeten zien los te komen van het lichaam,' ging Milan verder. 'Ons losmaken van de materie die ons aan dit aardse gebonden houdt, anders blijven we terugkomen. Net zo lang tot we onze lessen geleerd hebben.'

Waar heeft hij het over? Terugkomen? Reïncarnatie? Dat is geen christelijk dogma...

'Daarom ben ik hier, daarom zijn wij allemaal hier in dit klooster, om ons door oefening en gebed te richten op het eeuwige, ons af te wenden van het tijdelijke. Maar ik...' Hij aarzelde even. 'Maar ik ben tot de ontdekking gekomen... Coen is hier een paar keer geweest, als onderzoeker, als... Hij was een ingewijde... We hebben lange gesprekken gevoerd en hij heeft me in laten zien dat we het Oude Testament, de verhalen uit Genesis en Exodus, anders moeten begrijpen dan we altijd hebben gedaan.'

De monnik wekte de indruk alsof hij verschillende verhalen tegelijk wilde vertellen, maar zelf ook de draad kwijt was geraakt. Op zijn voorhoofd parelden grote druppels zweet. Er hing een stilte in de kleine ruimte, alsof er een soort patstelling was ontstaan.

'Wat heeft Coen met dit alles te maken?'

'Hij heeft me destijds opgedragen...' zei de monnik, weer rustig nu. 'Coen heeft me verteld dat als hij zou sterven op een niet-natuurlijke manier, op een gewelddadige manier, dat hij dan iemand zou sturen om...'

Iemand zou sturen? Maar dat ik hier ben, is volstrekt toevallig! wilde Peter uitschreeuwen. *Had Coen die jongen, Yona Falaina, zullen sturen? Is het wel toeval dat ik hier ben? Is het wel mijn eigen vrije wil geweest? Of ben ik voortgestuwd door machten krachtiger dan ikzelf? Was het mijn lotsbestemming om nu hier te zijn?*

'Coen was een levend boek.' Toen de monnik zag dat Peter begrijpend knikte, vervolgde hij: 'Er waren altijd zes levende boeken, verdeeld over drie plaatsen. Door het lot van de geschiedenis zijn dat Jeruzalem, Leiden en Boston geworden. Eén levend boek per plaats en een tweede in opleiding. Ik heb geruchten gehoord dat er soms nóg een leerling is. De leerlingen zijn meestal jonge mensen, maar soms ook al wat oudere...'

Een tweede én soms ook derde in opleiding? In Boston was dat George en de derde was Tony, maar zou er in Jeruzalem óók nog een derde rondlopen? Dan heeft Tony zich vergist... Of zou hij die persoon daar ook vermoord hebben? En wie is dan het mogelijk derde levende boek in Leiden?

Hij had de link in de vs al vluchtig gelegd, alleen er toen verder niet veel aandacht aan besteed. Maar nu werd die mogelijkheid opeens een bizarre waarschijnlijkheid. Verbijsterd staarde hij voor zich uit.

Fay? Had Coen op het punt gestaan haar in te wijden zodat zij...

'In Jeruzalem is het al vreselijk misgegaan, twee moorden. Nu in Leiden Coen dus...'

'Kort na hem is in Leiden nóg een man vermoord,' zei Peter. 'Een jongeman, Yona.'

Milan schudde geschokt zijn hoofd.

En in Boston zijn twee mensen verdronken, wilde Peter er nog aan toevoegen. *Maar hoeveel schokkende informatie kan iemand op één moment verwerken?*

'Maar ben jij ook –'

'Nee, nee,' zei Peter. 'Ik ben niet ingewijd, maar ik heb er wel kennis over verworven. Ik ken de geschiedenis van de levende boeken. Ik denk te weten wie in Leiden de derde persoon zou zijn geworden. En ik weet wie de derde persoon in Boston was – of is. Ik weet dat hij achter de moorden zit. Hij heeft onder valse voorwendselen het vertrouwen weten te winnen van de voorzitter van de loge in Boston. Met als enige doel het van de aardbodem laten verdwijnen van deze geheime kennis.'

De geschokte uitdrukking was nog niet van Milans gelaat verdwenen.

Nu moet ik het vragen.

'Maar wát is die kennis dan? Waar gáát het over?'

'Het gaat om...' Broeder Milan boog zich voorover en fluisterde zo zacht dat hij nauwelijks meer te verstaan was. 'Het gaat om de Tora. Of anders gezegd, de eerste vijf boeken van het Oude Testament. Zoals wij die kennen, zijn die... Er bestaat een andere overlevering, een móndelinge overlevering. Er is een andere traditie, die uitlegt hoe de boeken oorspronkelijk bedoeld zijn. De boeken bevatten geen echte geschiedenis, zo zijn ze ook nooit bedoeld, maar de verhalen gaan uiteindelijk allemaal over... de reis naar binnen. Niet de Ex-odus, de Uit-tocht, maar de Eis-odus, de In-Tocht. *Gnothi seauton*, Ken uzelve... Het gaat om de Christus in ons, om de reis van de ziel. Het is te ingewikkeld om alles hier uit te leggen.'

'En Coen?'

'Coen is hier een paar keer geweest dus. Volgens hem... De laatste keer dat hij hier was, was hij zeer, zeer bezorgd. Natuurlijk wist hij van de gebeurtenissen in Jeruzalem en was hij ervan overtuigd dat de moordenaar op een dag achter hém aan zou komen. Coen heeft toen besloten om voor het eerst in de geschiedenis, voor het eerst in meer dan drieduizend jaar, íets van de kennis op papier te zetten. Het mocht eigenlijk niet, maar hij koos ervoor een samenvatting van het tweede boek op te tekenen. Hij koos voor Exodus omdat dit volgens hem het belangrijkste boek is. Daar komt alles uit voort, daarin doet God de belofte aan het volk Israël, aan de Hebreeën wordt een eigen land beloofd, een veilige plek. De tocht door de woestijn en het doorkruisen van het water staan symbool voor de reis van de ziel die na de dood op weg is naar de hemel, naar het Beloofde Land, waarbij eerst allerlei vijanden overwonnen moeten worden en innerlijke demonen verslagen moeten worden. De mens verlangt naar de vleespotten van Egypte, onze vleselijke verlangens houden onze ziel gevangen in het lichaam. De geest is gewillig, maar het vlees is zwak tenslotte.'

Het duizelde Peter, maar alles wat broeder Milan zei 'made sense' zoals ze het in het Engels zeiden.

Alles viel op zijn plek ...

Dit is wat Tony mij zelf al in andere bewoordingen duidelijk maakte. Zijn obsessie met het letterlijk nemen van de verhalen is puur een reactie op het bestaan van deze levende boeken. Als iedereen op zijn eigen manier aan het interpreteren slaat, gaat de samenbindende kracht van verhalen verloren en is het einde zoek.

'Maar nu?' vroeg Peter.

'Ik heb dat document,' zei Milan. 'Ik heb in mijn bezit wat Coen geschreven heeft.'

Ik moet het toch zeggen nu.

'In Boston zijn deze maand twee mensen verdronken, Sam en George, ook levende boeken.'

Milans ogen werden waterig.

'Dan is er niemand meer over! Het grootste deel van de kennis ís al verloren. Alleen dat wat Coen opgeschreven heeft, is er nog. Ik ben bang dat het zelfs hier niet meer veilig is. Neem het mee, alsjeblieft! Alleen dan blijft dat stukje nog bewaard. Alleen dan is niet álles verloren.'

Hoe groot is de kans dat iemand in een dergelijke situatie verzeild raakt? Of is dit mijn lot? Ben ik voorbestemd om deze rol te spelen?

'Kom,' zei broeder Milan. 'We gaan naar mijn kamer.'

Ze gingen weer naar buiten en liepen langs de braamstruik die over de randen van een twee meter hoge muur heen groeide, als een plant in een reuzenbloempot. Het was weliswaar niet de oorspronkelijke struik vanwaaruit God tot Mozes gesproken zou hebben, maar zou volgens de overlevering wel op een tak van die struik geënt zijn.

Zolang mensen het geloven... Ik moet hier een keer terugkomen, dacht Peter met enige spijt. *Het is zo schitterend hier.*

Ze passeerden de beroemde basiliek. Opnieuw dat gevoel van spijt omdat hij niet eens de gelegenheid had om naar binnen te gaan. Ten slotte gingen ze een gebouw binnen, waar de cellen van de monniken lagen. Voor een deur die zich in niets onderscheidde van al de andere deuren waar ze langsgelopen waren, stonden ze stil.

Vanonder zijn pij pakte de monnik een bos met een aantal grote, ouderwets aandoende ijzeren sleutels. Zonder aarzeling stak hij de juiste in het gat, dat piepte toen hij de sleutel twee keer omdraaide. 'Dit is mijn kamer,' zei Milan, die sinds hun vertrek uit de knekelruimte niet gesproken had.

De ruimte leek als twee druppels water op die van Peter, alleen stonden in deze twee stevige kasten die stijf gevuld waren met boeken.

Zodra ze binnen waren, deed Milan niet alleen de deur dicht, maar draaide die ook weer op slot.

'Ga zitten,' maande hij Peter. Hij ging voor de boekenkast staan en telde vanaf links de boeken op de bovenste plank, met zijn wijsvinger telkens de rug van een boek aanrakend.

'Je moet goed begrijpen, Peter. De kennis is duizenden jaren doorgegeven, nog voor het ontstaan van de Bijbel. En het begon niet bij Mozes, die heeft niet echt geleefd. Er heeft wel íémand als hij bestaan, maar de persoon uit de Bijbel, die Mozes, is uit verschillende figuren samengesteld, sommige historisch, anderen literair.'

Milan draaide zich om, met een boek in zijn handen.

'De overgeleverde kennis mag in principe niet opgeschreven worden, omdat je de tekst, die goddelijk geïnspireerd is, op die manier ontheiligt. De openbaring, de heilige woorden worden dan gevangen in zoiets banaals als een handschrift, dat mensen dan weer gaan overschrijven, waarbij ze fouten maken. De tekst die Coen kende, samen met de anderen, was te heilig om een alledaags boek van te maken. De woorden gaan dan een eigen leven leiden, je weet niet meer wie toegang heeft tot de tekst, mensen kunnen woorden gaan veranderen, per ongeluk of expres. Door een speling van het lot zijn er dus drie groepen ontstaan. Vanuit Jeruzalem zijn er, na de vernietiging van de tempel in 70 na Christus, twee levende boeken naar Engeland gegaan, om zo het risico te spreiden. Twee zijn er naar Leiden gekomen, aan het begin van de zeventiende eeuw – je weet waar ik het over heb. In die groep ontstond onenigheid. Daarom vertrok maar zo'n kleine groep naar Amerika. De achterblijvers in Leiden zijn deels opgegaan in de vrijmetselaars, daar waren ze het veiligst, toen – en nu. Hun ideeën trokken hier niet zo sterk de aandacht. De *hardliners*, de mannen die alles letterlijk wilden blijven nemen, de Bijbel als geschiedenis, gingen naar Amerika, de literalisten. Maar één levend boek is er stiekem toch meegegaan op dat schip. Hij heeft het doorgegeven aan anderen. Ook zij hebben zich uiteindelijk aangesloten bij de vrijmetselaars, tot op de dag van vandaag.'

Hij opende het boek. Het was hol, zoals een boek weleens als Sinterklaassurprise wordt gebruikt om een cadeau in te verstoppen. Er zat een klein boekje in, hoewel zelfs 'boekje' een te groot woord was. Het was eerder een schriftje.

Broeder Milan haalde het kleine schrift met een perkamenten omslag eruit. Daarin zaten enkele vellen papier.

Peter voelde iets van oprechte teleurstelling bij het zien ervan. Plotseling kon hij zich iets voorstellen bij het idee dat een heilige tekst ontheiligd wordt door hem op te schrijven.

Het wordt zo... aards, aan verval onderhevig ook. Het papier vergaat, beschimmelt, wordt door zilvervisjes aangevreten.

'Ik moest Coen beloven de tekst – het is dus maar een deel van de tekst die hij uit het hoofd kende, een samenvatting bovendien, dus niet eens de letterlijke tekst – te verbergen en het geheim, het bestaan ervan, mee mijn graf in te nemen,' zei de monnik plechtig, de zes, zeven blaadjes in zijn hand houdend.

'En niemand anders weet...'

'Broeder Antonius, die je net hebt ontmoet, is mijn biechtvader. Hij weet dat ik "iets" heb, iets groots, maar weet niet precies wat. Maar mijn belofte aan Coen... Nu is het moment gekomen om die belofte te verbreken, of beter gezegd: nu is het moment gekomen om een belofte aan hem in te lossen. Coen heeft me gezegd dat hij, als het mis mocht gaan, iemand zou sturen om deze tekst op te halen. Iemand die slim genoeg was, en misschien op de een of andere manier leiding kreeg van wie of wat ook...' Milan richtte zijn ogen kort ten hemel. '...om hieruit te komen. Ook al ben jij niet gestuurd, niet op de manier die Coen wellicht verwacht had, je bént hier nu. Dat is wat telt.'

Peter knikte zwijgend.

'Je hebt de kaart gevonden?' vroeg Milan.

'De kaart? Ah, de kaart ja… De tatoeage.'

Milan glimlachte, als iemand die een binnenpretje heeft. Toen legde hij het blaadje neer en pakte een pen. 'Hier,' zei hij. 'Teken voor mij wat je gezien hebt.'

Peter stond op, nam de pen over en tekende op een leeg blaadje het symbool zoals hij zich het herinnerde: de driehoek in de driehoek met het bolletje op de punt van de binnenste vorm. Hij gaf de pen terug aan Milan, die met de punt ten overvloede nog de lijn van de binnenste driehoek volgde tot aan het bolletje.

'Hier zijn wij nu,' zei hij eenvoudig. 'Met de tatoeage hebben ze aan willen geven dat het verhaal – ook al is het niet letterlijk zo gebeurd – in feite hier begonnen is, zoals elk verhaal een begin heeft. Coen heeft er gebruik van gemaakt, van dit eeuwenoude symbool, om het document precies hier onder te brengen, daar waar het verhaal ook begonnen is.' Hij overhandigde de blaadjes aan Peter. 'En als je het omdraait,' vervolgde hij, 'dan zie je de Sinaï en daarbinnen de berg Horeb. De cirkel stelt God voor, de zon. Volgens het verhaal zou Hij hier op de berg immers aan Mozes verschenen zijn. God is zelf het eeuwige licht dat nooit dooft.'

Peter wierp een blik op de papieren. 'Maar,' bracht hij geschokt uit. 'Dit is in het… Nederlands!'

'Ja.' De monnik lachte. 'Briljant niet? Hoeveel mensen zijn die taal nou machtig? Als iemand deze tekst al zou hebben gevonden, zou die er waarschijnlijk weinig van hebben kunnen maken. Hij zou waarschijnlijk eerder naar een oude Hebreeuwse tekst op zoek zijn geweest. De tekst waarin de levende boeken "geschreven" waren, wás natuurlijk ook een soort proto-Hebreeuws. Maar deze tekst, de Néderlandse tekst, zouden ze over het hoofd hebben gezien.'

Niet langer in staat zijn nieuwsgierigheid te bedwingen begon Peter met lezen…

Eisodus

Dit is de geheime kennis, de mondelinge leer, overgeleverd door Mozes, een Zoon van het Licht, om de mens te begeleiden op zijn eis-odus, zijn weg naar binnen, en hem te brengen in de veilige haven, het beloofde land, vanwaaruit hij nooit had moeten vertrekken, zijn oorspronkelijke thuis.

We moeten terugkeren tot de tuin.

Twee verhalen zijn er.

Het verhaal van de ex-odus, de uit-tocht, is voor de mensen die ziende blind zijn en horende doof. Zij zijn als zwemmers in de zee die denken dat het wateroppervlak alles is wat er is te zien.

Het tweede verhaal, de eis-odus, de intocht, is voor degenen die ont-waakt zijn, zij die toegang hebben gekregen tot de kennis die voor de anderen verborgen is. Zij zijn als de zwemmers in de zee die zich on-derdompelen, die durven onder te duiken om zo te ontdekken dat er een wondere wereld schuilgaat onder dat wat een rimpelloze waterspiegel lijkt. Zij mogen de geheimen van het koninkrijk van de hemel kennen, de anderen is dat niet gegeven. Want wie heeft, zal nog meer krijgen, en het zal overvloedig zijn; maar wie niets heeft, zal zelfs het laatste worden ontnomen. Dit is de reden waarom ik in gelijkenissen tot hen spreek: omdat zij ziende blind en horende doof zijn en niets begrijpen.

Wij allen hebben de weg te gaan van het vlees naar de geest, want weet, de dood is te verslaan door de weg te zoeken naar het Licht.

1.

*Mozes – 'hij die uit het water getrokken is' – en Aäron – 'de Verlichte' –
de broers. Aäron spreekt voor Mozes, wiens tong zwaar is. Staat er niet
geschreven: 'Uw broer Aäron zal Uw profeet zijn. Gij zult alles zeggen
wat ik gebied en Uw broer Aäron zal bij de farao het woord voeren.'
Mozes, de leider in lichaam, Aäron, de leider in geest. Zij kregen de opdracht van God het Hebreeuwse volk te verlossen van slavernij.*

*Aäron was hogepriester te Heliopolis, de stad waar de zon aanbeden
werd, in de tempel van Atoem, de god die zichzelf geschapen had en de
zielen van de overleden farao's meenam naar de sterrenhemel – zo wijst
Aäron de zielen de weg naar het Beloofde Land.*

*Aäron, Aharon... Alleen iemand die het licht in zichzelf ontdekt heeft,
de onzichtbare zon die niet doven kan, is in staat een ander mens te begeleiden op zijn weg naar het Licht, van het vlees naar de geest. Omdat
hij in contact staat met die wereld van de geest. Hij bevindt zich onder
de waterspiegel, die de verborgen geestelijke wereld scheidt van de zichtbare wereld daarboven. Hij is een ingewijde, een echte dienaar van God,
een middelaar tussen de sterfelijke mens en God, om hem te helpen de
weg terug te vinden naar de tuin.*

2.

*Hoezeer lijdt de ziel onder het juk van het mens-zijn! Verlossing zoekt
ze, want de ziel wil vrij zijn, als een opgesloten vogel die wil ontsnappen
uit zijn kooi, het lichaam is voor de mens een gevangenis. De ziel is geschapen om vrij te zijn, zonder grenzen, zonder beperkingen.*

*Drie stadia zijn er voor de ziel: van jonge ziel naar volwassen ziel tot
oude ziel. Zo ook moet de onstoffelijke ziel, die elk leven opnieuw weer
tijdelijk verstrikt raakt in de materie, elke keer opnieuw de drie stadia
van het mens-zijn doorlopen – van kind naar volwassene tot oudere.
Wat is het doel? Het doel is om terug te keren naar het ouderlijk huis,
dat men ooit verlaten heeft. Maar God staat op de uitkijk, elke dag opnieuw, uitkijkend over de weg om te zien of zijn verloren zoon of dochter
reeds terugkeert, om hem weer welkom te heten, in de armen te sluiten*

en hem nooit meer te laten gaan. Wij allen zijn Verloren Zonen en Verloren Dochters.

Om huiswaarts te kunnen keren, heeft de mens kennis nodig. Geen kennis uit boeken, geen kennis die van buiten naar binnen gaat, maar kennis die reeds in de mens besloten ligt. De verlichte helper is als een vroedvrouw. Zoals zij de zwangere vrouw helpt die op het punt staat te bevallen en een nieuw stoffelijk leven te schenken aan een onstoffelijke ziel, zo begeleidt de Aharon de mens bij het laten geboren worden van de ideeën die reeds vanaf den beginne in hem besloten liggen. Daarom worden wij elke keer opnieuw geboren, daarom zijn wij gedwongen keer op keer terug te keren naar dat tranendal, om te leren, om in de gedaante van een mens die kennis te vergaren, zodat de ziel kan opstijgen, zich kan ontworstelen aan de aardse ketenen die haar keer op keer terug het moeras in trekken. Maar dan, op een dag, zit de reis erop, de aardse en hemelse belangen hebben met elkaar gestreden en de ziel moet strijden om de aarde te overwinnen, om het lichaam te overwinnen, maar wat een triomf als de ziel gewonnen heeft. Want het vergankelijke lichaam moet worden bekleed met het onvergankelijke, het sterfelijke lichaam met het onsterfelijke. En wanneer dit vergankelijke lichaam is bekleed met het onvergankelijke, dit sterfelijke met het onsterfelijke, zal wat geschreven staat in vervulling gaan: 'De dood is opgeslokt en overwonnen. Dood, waar is je overwinning? Dood, waar is je angel?'

3.

In de woestijn werd het volk der Hebreeën begeleid door een rookkolom overdag en een vuurkolom in de nacht. De kolom van rook begeleidt de mens gedurende de dag, geeft hem de richting aan die hij gaan moet. De kolom van het licht begeleidt de mens 's nachts. De kolom van licht is het licht aan het einde van de tunnel die iedere ziel doorgaat aan het einde van dit stoffelijke bestaan, op het moment dat ze uit het lichaam treedt. Een gids of een engel begeleidt de ziel naar het licht waar zij zich opmaakt voor een nieuwe geboorte, voor een nieuw bestaan, voor een nieuwe fase in zijn leerproces.

4.

Zoals het water van de Schelfzee wegtrok nadat Mozes er met zijn staf op geslagen had, zo trekken de levenssappen weg uit het lichaam zodra de ziel haar tijdelijke huis verlaten heeft. De Egyptenaren konden hen dan ook niet volgen, want daar waar de zielen naartoe gaan, kan de gewone mens – nog vol levenssappen – niet volgen.

5.

Wanneer de ziel het lichaam achter zich gelaten heeft, voelt zij zich eenzaam, verlaten – als het volk in de woestijn. De banden met vroeger zijn doorgesneden… Ze leeft voor haar gevoel nog als voorheen, maar is tegelijk onzichtbaar, niet langer in staat tot communicatie met dierbaren. De woestijn is het sluimerrijk, het voorportaal naar de hemel. De ziel moet erdoorheen om gezuiverd te worden, tot de essentie teruggebracht te worden. Het gebied voor ze toetreedt tot het licht…

6.

Daarom veertig jaren in de woestijn. Veertig is het getal van de beproeving, maar ook van het geestenrijk. Net zoals de ziel veertig dagen nodig heeft om zich daadwerkelijk los te maken van de materie, zich los te maken van het lichaam, zich los te maken van alle aardse familiebanden vóór zij naar het licht gaat. Zoals het lichaam in Egypte veertig dagen gebalsemd werd, zodat het vocht aan het lichaam onttrokken werd voordat het in linnen gewikkeld werd.

7.

In de woestijn, in het voorportaal, heeft de ziel geen nood aan aards voedsel, maar aan hemels voedsel. Het manna uit de hemel verschaft inzicht en goddelijke kennis. Niet Mozes gaf de Hebreeërs het brood uit de hemel, maar God gaf de ziel het ware voedsel. Veertig jaar trok het volk door de woestijn. De kleren die de mensen droegen raakten niet versleten, evenmin als de sandalen aan hun voeten. Brood heeft men niet gegeten, wijn of bedwelmende drank heeft men niet gedronken. Immers, wanneer de mens overgaat, verlaat de ziel het lichaam en dan heeft ze geen aards voedsel meer nodig, noch aardse kleding.

8.

Het gouden kalf dat Aäron maken moet van het volk, omdat God te ver weg leek, onzichtbaar. Ze smelten hun ringen, hun armbanden, hun oorbellen, hun halskettingen tot een beeld dat ze kunnen zien, dat ze kunnen aanbidden. Het is de crisis van de ziel, wanneer zij op het dieptepunt is aangekomen. De ziel is verward, in het duister staat ze er helemaal alleen voor – denkt ze... Het is de ultieme krachtproef.

Het ik verlangt terug naar het vlees. Het lichaam wil weer vlees worden. Staat er niet geschreven: 'Daar in de woestijn begon het volk zich opnieuw te beklagen. "Had God ons maar laten sterven in Egypte. Daar waren de vleespotten tenminste gevuld en hadden we volop brood te eten. U hebt ons alleen maar naar de woestijn gebracht om ons hier allemaal van honger te laten omkomen." '

Wat is de ware intentie van de ziel? Gaat ze door of bezwijkt ze? Tot het uiterste verzet het ik zich, het ik neemt de gestalte aan van een god, een godheid die aanbeden moet worden. Het is de laatste fase van de reis van de ziel door de sferen om uiteindelijk te ontwaken. De woestijn is het gebied van de 'nachtelijke zeereis'. Daar in de woestijn gaf God wetten en regels, en daar stelde hij de mensen op de proef.

9.

De Ark van het Verbond was het toonbeeld van het verbond met God. Erin lagen de twee stenen tafelen met de Tien Woorden, de Tien Geboden. Hier gaat het om het vertrouwen in God. Om door het schemergebied te kunnen trekken, het niemandsland vanwaar nooit iemand is teruggekeerd, is slechts één ding van belang: het geloof in God. Om veilig te kunnen reizen is behalve dit nog één ding nodig: weten wie je bent. Stel je een ongelukkige zeeman voor, overboord geslagen en opgeslokt door een grote vis. Pas op het moment dat hij tot God bidt, zal de vis hem uitspugen, als het lichaam dat de ziel laat gaan.

10.

In Egypte heet de Wet Maät, zij is de orde van de kosmos – als een sieraad schittert zij. Tegenover haar staat Isfet, de chaos. Is niet de mens *goed die overeenkomstig de Maät handelt? Overeenkomstig de wet van de kosmos? Wordt bij de Egyptenaren na de dood niet het hart van de overledene gewogen in de Hal van de Twee Waarheden? De gestorvene verschijnt voor Osiris en tweeënveertig rechters. Het hart wordt op één van de twee weegschalen gelegd, in het midden van de Hal. In de andere schaal wordt de veer van Maät gelegd, onder toeziend oog van Anubis, de God van de doden. Wanneer het hart licht is, even zwaar weegt als de veer, mag de overledene door naar het Rijk van Osiris. Zo niet, dan wordt het hart verslonden door het monster Ammit.*

Wat is het lot van de ziel? Heeft ze zich gehouden aan de goddelijke wet? Heeft ze de weg naar binnen definitief gevonden? Of moet zij nogmaals terugkeren, als een leerling die een tweede kans krijgt, een derde, tot in het oneindige, totdat de lessen geleerd zijn?

11.

En uiteindelijk betreedt men het Beloofde Land! Maar eerst moet men de rivier de Jordaan doorwaden. De rivier de Jordaan in gaan betekent afdalen, oftewel afdalen in de rivier des doods. Hier sterft de oude mens door onder te gaan in het water en komt de nieuwe mens weer boven. Waarachtig, ik verzeker u: niemand kan het paradijs betreden, niemand kan de tuin binnengaan, tenzij hij geboren wordt uit water en geest. Wat geboren is uit een mens is menselijk, en wat geboren is uit de Geest is geestelijk. Wees niet verbaasd dat eenieder opnieuw geboren moet worden.

In de Jordaan verliest de mens zijn leven om het er weer terug te vinden. Want ieder die zijn leven wil behouden, zal het verliezen, maar wie zijn leven verliest, zal het behouden. Wat heeft een mens eraan als hij de hele wereld wint, maar het leven erbij inschiet? Wat zou een mens niet overhebben voor zijn leven?

En zo trekt men het Beloofde Land binnen, eindelijk. Hier hoort men thuis, hier verkeert men bij zijn schepper, in een eeuwig ondeelbaar moment van geluk. De ziel is verlost van leed en ziektes, want God is de heelmeester.

Niet langer verkeert men in Egypte waar men het land na het zaaien als een moestuin moest besproeien. In plaats daarvan is men nu in het Beloofde Land, een land van bergen en dalen, dat zich voedt met het water uit de hemel, een land waar God zelf voor zorgt. Hij laat uit de aarde allerlei bomen opschieten die er aanlokkelijk uitzien, met heerlijke vruchten. Zijn ogen zijn er bestendig op gericht, van het begin van het jaar tot het einde.

12.

Maar Mozes mag niet toetreden. Hij blijft achter op de berg Nebo aan de rand van de Jordaanvallei. Zijn geloof in God was niet diep genoeg geweest om de Hebreeërs aan te sporen te vertrouwen op Zijn goedheid en kennis om hen naar die verlaten plaats te brengen. Had hij niet nagelaten aan de Hebreeërs te onthullen dat niet hij maar God verantwoordelijk was voor het voortbrengen van water uit de rots, waardoor het had geleken alsof Mozes zelf over uitzonderlijke krachten beschikte. Door zijn trots en gebrek aan vertrouwen in God, schiet hij aan het eind van zijn tocht tekort.

Maar er is altijd weer een nieuwe kans, een nieuw leven...

Jozua is de zoon van een weduwe en komt uit Nun. De Zoon van de Weduwe, zoals Horus de zoon is van de weduwe Isis, hij die de zielen door de Onderwereld voert om ze te leiden naar zijn vader Osiris.

Jozua, de Zoon van de Weduwe, niemand geschikter dan hij om de dolende ziel aan de hand te nemen op weg naar het Beloofde Land.

39

In een sneltreinvaart had Peter de tekst gelezen, waardoor de volle omvang van de inhoud ervan en de verpletterende consequenties die een eventueel bekend worden ervan voor de officiële geschiedenis van het jodendom en het christendom zou hebben, nog niet volledig tot hem doordrongen. Peter vroeg zich zelfs af of hij alles had begrepen als hij het rustiger had kunnen lezen. Er waren zoveel duistere passages geweest: de wet Maät... de vis zal hem uitspugen... Jozua, de Zoon van de Weduwe...

De uitweg, de tocht naar buiten, de Exodus is dus in feite juist een Eisodus, de weg naar bínnen... Hoe ironisch.

'Je zult de Bijbel nooit meer op dezelfde manier lezen, hè?' vroeg Milan, die de blaadjes van Peter terugnam en ze weer in het schriftje stopte.

'Maar,' zei Peter, 'als jij dit weet, als jij nu ook deze kennis hebt, ook al is het maar het topje van de ijsberg en zat de rest ervan verborgen in Coens hoofd, waarom ben je dan nog hier? Als je weet dat het hele verhaal niet alleen symbolisch opgevat kan worden, maar van het begin af aan symbolisch bedóéld is?'

Milan zweeg even. 'Kijk naar mij,' zei hij toen. 'Ik ben de zeventig voorbij. Ik woon al vijftig jaar hier. Niemand die ik kende in Griekenland leeft nog, waar zou ik heen moeten? Hoe zou ik in mijn onderhoud kunnen voorzien? Hier woon ik, hier leef ik en hier zal ik sterven. Op een dag zal mijn schedel prijken op de berg schedels die je eerder vanavond hebt gezien.'

'En nu?' vroeg Peter. 'Wat doen we nu?'

Eenmaal thuis moet ik dit wereldkundig maken natuurlijk. Alles publiceren en met behulp van anderen de teksten proberen te duiden.

'Jij gaat terug naar je kamer,' zei Milan eenvoudig. 'Morgen komt de grote bestelwagen die ons wekelijks bevoorraadt. Je gaat in de laadbak zitten, tussen de lege kratten die de chauffeur weer mee terugneemt. Niemand heeft je hier zien aankomen, niemand zal je hier weg zien gaan.'

Milan overhandigde hem het schriftje.

Het klonk erg eenvoudig allemaal, vond Peter.

Te eenvoudig.

Maar dat was het plan van Hugo de Groot om verstopt in een boekenkist uit Slot Loevestein te ontsnappen ook geweest.

Het advies om gewoon terug te gaan naar zijn kamer leek hem in elk geval een goed plan. Met het perkamenten schriftje in de hand liep hij terug naar zijn kamer, die hij met enige moeite terugvond. Eenmaal gezeten op zijn bed las hij de hele tekst nog eens door.

Wat ontzettend zonde dat Coen niet alles op schrift gesteld heeft, dat hij niet al zijn kennis over de allegorische interpretatie van de Bijbelverhalen gedeeld heeft. Dit is niet meer dan een samenvatting, een uitgebreide samenvatting weliswaar, maar niet meer dan dat. Wat zouden de levende boeken wel niet aan uitleg bevat hebben over Adam en Eva in de Tuin van Eden, over de moord van Kaïn op Abel, over Noach en de Zondvloed, over de bouw van de Toren van Babel?

Op een eenvoudig kledinghaakje naast de deur hing een rugzak, misschien ooit per ongeluk door een eerdere gast achtergelaten. Peter stopte het schriftje in het voorvakje ervan en sloeg de rugzak om zijn schouder.

Hoewel hij om de een of andere reden – waarschijnlijk door zijn zojuist verworven, kostbare bezit – niet graag de beschutting van de kamer verliet, zag hij zich genoodzaakt dit toch te doen, om twee redenen: hij had honger en hij moest ontzettend nodig naar de wc.

Peter opende de deur op een kier en gluurde door de spleet naar buiten, maar er was niets te zien of te horen, ook niet toen hij de deur verder opende om zijn hoofd om het hoekje te kunnen steken.

Hij sloot de deur achter zich en liep de gang op, in de richting van de eetzaal en de plek waar de keuken zich bevond. Onderweg kwam hij een verrassend modern en goed onderhouden toilet tegen, waar hij dankbaar gebruik van maakte.

Opnieuw speurde hij de gang helemaal af, waarna hij naar de eetzaal toe liep.

Bizar toch dat ik een tekst bij me draag die zulke grote implicaties zou kunnen hebben bij de bekendwording ervan. Geen enkele basis meer voor een historische uittocht uit Egypte; Mozes en Aäron niets meer dan literaire figuren; De Tien Geboden, de basis van de joods-christelijke beschaving, zijn geen voorschriften die persoonlijk door de Schepper op de berg Horeb op

*Stenen Tafelen geschreven zijn, maar gewoon door mensen opgestelde regels;
er zijn geen goddelijke beloften op basis waarvan het land Israël aanspraak
denkt te kunnen maken op het land Palestina, want er is door niemand aan
iemand ook maar iets beloofd... Het komt allemaal voort uit de ganzenveren
van mensen, die nooit de bedoeling hadden dat de verhalen letterlijk opgevat
zouden worden...*

Plotseling trof een heel ander inzicht hem.

*Volgens het Nieuwe Testament had Jezus óók geloofd dat de verhalen in de
Tora, het christelijke Oude Testament, echt gebeurd waren. Als een jood van
zijn tijd geloofde hij in de historische juistheid van de verhalen over Abraham,
Isaäk en Jakob, over Jozef en zijn broers, over Mozes en Aäron. Als nu aangetoond is dat dit écht niet het geval is geweest, wat zegt dat over Jezus? Wat zegt
dat over de alwetendheid die gelovigen hem toedichten, als hij niét wist dat die
verhalen allemaal fictie waren.*

Peter doorkruiste de eetzaal en belandde uiteindelijk in de keuken.

Aan de andere kant, dacht Peter. *De tekst is net opgeschreven, dat is zo te
zien. Er zal gemakkelijk worden geroepen dat deze woorden ontsproten zijn
aan het brein van een mystieke fantast, die zich beroept op een bron die door
niemand te raadplegen is omdat die niet fysiek is – en die met de dood van
Coen en van de anderen voor altijd verdwenen is.*

De keuken was geheel verlaten. Hij nam aan dat de andere monniken bij
dezelfde avonddienst zaten als waar Antonius zich eerder naartoe gehaast
had. Of ze lagen al in bed, dat was ook een mogelijkheid, aangezien de dag
hier al zo vroeg begon.

Peter opende een van de koelkasten, waarin hij een grote verzameling
anderhalveliterflessen water aantrof. Hij besloot er twee van in zijn tas te
doen, van water had je nooit te veel in deze omgeving. In een andere koel-
kast vond hij kleine platte broden, waarvan hij er een paar bij zich stak,
samen met wat appels en pruimen.

Al kauwend op een stuk brood dat hij afgescheurd had, liep hij terug
naar zijn kamer. Eenmaal binnen deed hij zijn deur op slot, ging aan de tafel
zitten en haalde opnieuw de papieren van Coen tevoorschijn.

Net toen hij ze voor een derde keer wilde gaan lezen, overviel hem het
gevoel dat hij weg moest hier.

Niks morgen... Nu! Nu! Nu!

Er was geen nuchtere redenering meer tegen opgewassen.

Op het parkeerterrein staan auto's, dacht hij. *Er móét iemand zijn die me nú kan terugbrengen.*

De dikke muren van zijn kamer voelden niet langer als een veilige burcht, maar als een gevangenis.

Het heet niet voor niets een kloostercel...

Nadat hij zijn hoofd naar buiten had gestoken om te kijken of de kust veilig was, liep hij de gang op, op zoek naar broeder Milan.

Op dat moment hoorde hij iemand roepen in de verte, hoewel, roepen... Dit was meer een paniekerig schreeuwen.

Peter haastte zich naar de binnenplaats, de papieren nog in zijn hand, daar waar het geschreeuw en geroep vandaan gekomen leek te zijn.

Nog net zag hij de pij van een monnik het gebouw met de monnikenverblijven in verdwijnen.

Wat gebeurt hier?

Zonder erbij na te denken begon hij in dezelfde richting te rennen. Binnen in het gebouw zag hij onmiddellijk dat iedereen zich voor broeder Milans kamer verzameld had.

De consternatie was compleet. Drie monniken stonden in de deuropening, alle drie met hun rechterhand het houten kruis dat aan een kralenketting om hun nek hing vasthoudend, alsof dit nog hun enige houvast was op dat moment.

Peter duwde de drie opzij, ruwer dan zijn bedoeling was. Het volgende ogenblik aanschouwde hij het meest bloederige tafereel uit zijn hele leven – nog bloediger dan het tafereel dat hij en Fay in de loge aan het Steenschuur hadden aangetroffen.

Op de grond lag broeder Milan, zijn schedel was ingeslagen, zijn hoofd badend in een enorme poel van bloed. Op zijn knieën ernaast zat broeder Antonius, zijn biechtvader, de handen onder het bloed.

Tony! Had hij dan toch kans gezien hier ongemerkt binnen te komen?

Antonius draaide zich om en begon te roepen toen hij Peter zag.

'Naar boven, naar boven,' schreeuwde hij hem toe, terwijl hij zich over het ontzielde lichaam van zijn medebroeder Milan ontfermde. Zijn handen waren rood van het bloed, als gevolg van de zinloze poging de stukken van de verbrijzelde schedel van broeder Milan op hun plek terug te duwen. De arme monnik had op dat moment allang het tijdelijke voor het eeuwige verwisseld, maar dat leek Antonius nog niet te beseffen.

Of niet te willen accepteren.

'Klim naar boven, naar de top, blijf daar drie dagen,' had hij nog tussen zijn tanden door gesist. Hij had Peters hand vastgegrepen waardoor ze beiden een kort moment de aantekeningen vast hadden gehouden. 'Ik weet alles... Ga naar boven! Tot de duivel hier vertrokken is. Daar zal hij je niet vinden. Ga nu! Red jezelf!'

Het had enkele seconden geduurd voordat Peters lichaam aan deze woorden had gehoorzaamd. Hij had zich omgedraaid en was niet naar buiten gegaan, maar in paniek teruggerend naar zijn kamer, die hij opnieuw op slot had gedaan.

Wat is er in 's hemelsnaam gebeurd, vroeg hij zich nu nogmaals af.

Met twee grote stappen was hij van de deur weer bij de tafel. Hij pakte de kan en gooide het weinige water dat er nog in zat over zijn bebloede hand, zonder zich erom te bekommeren dat alles op de grond kletterde. Hij haalde de hand door zijn haar om die te drogen.

Ik kan hier niet blijven nu.

Voorzichtig opende hij de deur.

De rust leek weergekeerd, maar het was een bedrieglijke rust, wist hij nu.

Er waart een briesende leeuw rond, zoekende wie hij zou mogen verslinden...

Hij keek naar links en naar rechts, maar hij zag niemand. Dicht langs de muur liep hij de kortste weg die hij zich herinneren kon naar buiten.

De deur was met een grote schuif afgesloten, die hij eenvoudig opzij kon duwen. Hij keek nog een keer achter zich om zich ervan te vergewissen dat niemand hem volgde, maar opnieuw zag hij niemand.

Is dit echt het werk van Tony geweest?

Peter rende naar rechts, waar een pad in de richting van de berg voerde.

Waarom is hij niet direct naar mij toe gekomen? Waarom heeft hij die arme Milan de hersens ingeslagen? Heeft hij zich expres gedeisd gehouden, terwijl hij mij in de gaten hield, in de hoop dat ik hem zou leiden naar datgene waarnaar hij ook op zoek was?

Peter rende de stoffige weg op, die overging in een zandloos rotsplateau. Af en toe keek hij achterom, maar niemand leek hem te volgen.

Kan ik niet beter in de richting van de weg rennen? Of de kant op waar ik met Bilal vandaan kwam? Maar dan verdwaal ik geheid, en met het water

dat ik bij me heb, houd ik het morgen niet lang vol. Naar boven gaan lijkt dan
toch de beste optie, me daar schuilhouden en dan na drie dagen weer naar
beneden. Dan zal de storm wel zijn gaan liggen.

Het pad dat hij gaan moest, was duidelijk. Je kon niet veel andere kanten op. Het verbaasde hem hoe helder het buiten eigenlijk was, hoewel het enige licht dat er was van de maan en de sterren kwam. De Mozesberg stak wél scherp en zwart af tegen de lucht, alsof iemand een stuk uit de hemel gescheurd had.

Peter vertraagde zijn pas iets, gedwongen omdat hij buiten adem was. Hij hoorde het water in de flessen klotsen in zijn tas, maar hij wilde pas gaan drinken als hij een stuk verder was. Zijn schaduw was duidelijk zichtbaar op de grond voor hem.

Terwijl hij liep, overviel hem opnieuw de twijfel of het nu wel verstandig was wat hij deed. Maar Tony kon zich ook nog schuilhouden binnen het klooster, wachtend op een gelegenheid om hem te pakken te nemen. En als hij ontdekte dat Peter niet meer in het klooster was, verwachtte hij vast dat hij zou proberen zo snel mogelijk terug te keren naar Sharm El-Sheik.

De berg op gaan leek dan nog wel de beste optie.

Toen hij na een tijd weer achterom durfde te kijken, zag hij dat het klooster, een donkere postzegel in de diepte, veel verder van hem verwijderd was dan hij had durven hopen. De berg, daarentegen, leek niet veel dichterbij te zijn gekomen.

Peter stopte toch maar even om wat te drinken en om op adem te komen. Hij had het warm, maar het water dat zijn uitgedroogde keel binnen klokte, bracht wat verlichting.

Pas weer drinken als ik bij de trap ben, bij de Treden van Berouw.

Die treden waren uitgehakt door een monnik die zichzelf deze taak opgelegd had om te leren wat nederigheid was, zoals broeder Antonius Peter had uitgelegd.

Vanaf daar zou het nog maar een uurtje klimmen zijn.

Na verloop van tijd – hij kon met geen mogelijkheid meer zeggen of hij nu één, anderhalf of twee uur had gelopen – begon de voet van de berg dan toch naderbij te komen. En al snel liep het pad meanderend omhoog, met links van hem de berg en rechts van hem een helling omlaag.

Peter beloonde zichzelf nogmaals met een slok water, waarmee hij eerst goed zijn mond spoelde voordat hij hem doorslikte. Ook pakte hij een pruim, die hij met kleine hapjes opat. De smaak ervan was intens, alsof hij voor het eerst van zijn leven een pruim at.

En toen, op het moment dat hij er sterk over dacht weer terug te gaan lopen omdat hij vreesde nooit bij de treden uit te komen, was hij er opeens. De *Stairway to Heaven*.

Hij ging op de eerste ruwe trede zitten om het landschap voor zich te overzien. Het was alsof hij op de maan stond, of in elk geval alsof hij de enige overgebleven bewoner was op aarde. Zo ver van de bewoonde wereld had hij zich nog nooit gevoeld.

Vanaf hier is het nog een uur. Kom, verman je. Drie dagen boven schuilen, dan kun je weer naar beneden. Er is altijd een bewaker boven, had Antonius gezegd, dag en nacht, die na een aantal dagen afgewisseld wordt.

Hij begon de tocht naar boven. Aanvankelijk telde hij nog de treden om de tijd te doden, maar al snel raakte hij de tel kwijt. Hij concentreerde zich op zijn ademhaling om het horten en stoten ervan onder controle te krijgen.

Zoveel mensen voor mij die deze tocht al met succes volbracht hebben. En zoveel gelovigen die dachten daarmee in de voetsporen te treden van Mozes, die deze berg beklommen zou hebben, terwijl het volk Israël beneden in de vallei wachtte. Hier zou hij dan de Stenen Tafelen met de Tien Geboden ontvangen hebben. Beneden werd het volk ongeduldig en smeedde het van al hun gouden sieraden een kalf. Maar niets, nul, nada is daarvan gebeurd. Het verhaal bevat nog niet eens een historische kern van waarheid.

Peter begon in een goede cadans te komen, terwijl hij hoger en hoger op de berg kwam, maar de lange dag begon zijn tol te eisen.

Boven mag ik instorten... Nog even volhouden.

Er kon nog onmogelijk een uur voorbij zijn, maar toch hield de trap op en zag Peter dat hij bijna de top bereikt had. Hij kwam in een soort van nauwe gang terecht, waarna hij uiteindelijk uitkwam op een grillig plateau waarop een stenen huisje stond.

Peter liep ernaartoe en klopte op de gesloten deur, maar er kwam geen reactie. Ook na een paar keer rammelen aan de deurklink bleef het stil.

Op de grond lag een aantal stevige stokken, wellicht achtergelaten door wandelaars. Ook viel zijn oog op dekens die keurig opgestapeld voor het huis lagen. Hij pakte er een paar. Hoewel hij het warm had, voelde hij wel dat de lucht om zich heen fris was.

Achter het huisje, uit het zicht van iemand die uit dezelfde richting zou kunnen komen, legde hij twee dubbelgevouwen dekens neer zodat er een redelijk zachte ondergrond ontstond. Hij ging liggen, waarbij hij de rugzak als hoofdkussen gebruikte. De overige dekens drapeerde hij zo goed en zo kwaad als het ging over zichzelf heen.

Hij voelde de vermoeidheid in zijn benen, terwijl hij naar de majestueuze sterrenhemel boven hem staarde. De tekst van die oude psalm welde als vanzelf in hem naar boven.

Als ik de hemelkoepel zie, door Uw vingers gevormd,
als ik maan en sterren zie, door U daar aangebracht:
wat is de mens, dat U aan hem denkt,
en het mensenkind, dat U voor hem zorgt?
U hebt van de mens bijna een god gemaakt,
omkranst met glorie en pracht.

Het is schitterende literatuur uiteindelijk, niets meer en niets minder, eeuwenoude wijsheid en van een tijdloze schoonheid, die nog steeds tot ons spreken kan. Iets hoeft niet waargebeurd te zijn om waar te zijn tenslotte. Het gaat om de menselijke ervaring, die universeel is en ook vandaag de dag nog niets aan kracht ingeboet heeft.

Binnen enkele minuten was hij volledig onder zeil.

40

Het was niet het licht dat Peter wekte, maar het geluid van voetstappen. Hij rekte zich eerst nog uit, maar stond toen op, in de veronderstelling dat de bewaker nu dan toch uit zijn huisje was gekomen. Misschien had de man zich doof gehouden, uit ervaring met waaghalzerige toeristen die voor de grote groepen uit de berg beklommen en het durfden hem in zijn slaap te storen. Peter pakte zijn rugzak en vouwde de dekens op. Hij liep terug naar de voorkant van het huisje om ze weer terug te leggen op de plaats waar hij ze vandaan gehaald had.

Toen hij de hoek om sloeg, zag hij dat hij zich vergist had, want de deur was nog altijd gesloten. Er was geen opzichter te zien. Er stond wel een man, wiens voetstappen Peter gewekt moesten hebben. Een man die Peters gedachtegang gevolgd had en hem achternageklommen was.

Een man met een honkbalpet!

Van schrik liet Peter de dekens vallen.

Wat kan ik doen? Fysiek is Tony mijn meerdere, dat heb ik eerder al gemerkt.

Ze waren hier alleen; hij hoefde geen hulp te verwachten.

Tony glimlachte alleen maar, zoals je een collega op het werk dagelijks groet, routinematig en zonder veel emotie.

'*Mr. De Haan, I presume?*' zei hij op spottende toon.

Peter deed een paar stappen weg van het huisje, zijn blik voortdurend op Tony gericht en zijn rug richting de enige uitgang van het plateau.

Rustig liep Tony een stukje vooruit, zodat de afstand tussen hen even groot bleef.

'Hoe?' schreeuwde Peter alleen maar.

Hoe is dit mogelijk? Hoe heeft hij de val in de zee overleefd?

Tony toonde een superieur glimlachje deze keer.

'Hoe heb je het in 's hemelsnaam overleefd?' maakte Tony een hele zin van Peters wanhopige uitroep. 'Dat wilde je zeker vragen?'

'Wat wíl je van me?'

'Laat ik met je eerste vraag beginnen,' zei Tony, die op zijn gemak leek, als een schaker die weet dat hij in een gewonnen positie staat en alle tijd heeft. 'Je had me verrast, moet ik zeggen. Knap dat je je nog uit dat water wist te werken, Peter, een echte sportman. Ik dook onder en zwom weg. Ik snapte ook wel dat jij mij na ons akkefietje niet meer zo snel aan boord zou laten. Maar toen zag ik plotseling die oranje ring op het water drijven. En ik dacht: wat een goed mens is die Peter toch. Niks "oog om oog, tand om tand". Een lesje in nederigheid voor mij. Letterlijk een lifeline. Ik zwom erheen en kon weer lucht scheppen, mijn gezicht net boven het water, binnen in de ring. Aaah, zuurstof...'

Hij ademde diep in, waarbij hij zijn armen wijd spreidde.

'Als je ook maar een klein stukje dichterbij gekomen was, Peter, dan had je me kunnen zien. Maar ja, wat dan? Jij bent niet het type dat me een klap op het hoofd zou geven, dus meer opties dan wegvaren had je niet natuurlijk. Maar evengoed bedankt! Het was een hele zwempartij, maar hé, ook ik ben een sportman. Met die reddingsboei kon ik onderweg af en toe nog wat uitrusten zelfs. Een echte *lifesaver* ben je! De boot zal vast zijn weg weer naar zijn rechtmatige eigenaar teruggevonden hebben.'

Peter overwoog direct open kaart te spelen.

Wat als ik het document gewoon tevoorschijn haal? Dan heeft hij wat hij wil. Ik kan het zelfs op de grond gooien, achter me. En dan als een gek naar beneden rennen. Me onderweg ergens proberen te verstoppen. Maar waarschijnlijk schakelt hij me eerst uit voordat hij de papieren pakt.

'Wat wíl je nou?' schreeuwde Peter in plaats daarvan.

'Niet zo snel. Ik heb het geluk veel mensen te kennen, Peter. Ik ben een gezegend mens. Net buiten Plymouth, op het strand, woont een goede vriend van mij. Echt zo'n vriend die... Hoe zal ik het zeggen? Een vriend die geen vragen stelt als je onaangekondigd met drijfnatte kleren op de stoep staat. Een vriend die naar je huis gaat om daar wat droge kleding op te halen, wat paspoorten op te halen.'

'Paspoorten?'

'Ja, je denkt toch niet dat ik nog als Tony Vanderhoop reis? Amerika is het land van de onbegrensde mogelijkheden, Peter. *The land of the free and the home of the brave.* Om nu een lang verhaal kort te maken: ik heb je van het terrein van Harvard af zien komen en een taxi zien pakken, je ging naar huis immers. Op de luchthaven liep het allemaal al anders. Je ging naar een andere vertrekhal dan die waar de vluchten naar Europa vertrokken. Mijn interesse was gewekt. Egypt Air... Faarouz, wat een lieve dame is dat zeg. Trapte onmiddellijk in mijn verhaal dat ik mijn Nederlandse vriend achternareisde. "Naar Sharm El-Sheik?" vroeg ze. Dat je me niet gezien hebt, *buddy*. Maar als iemand je niet verwacht te zien, kun je je met gemak verbergen. Zo werkt het nu eenmaal. En dan onze Duitse vrienden, Peter...'

Peter spitste zijn oren.

'Wat berooide mensen al niet doen om vijfhonderd dollar te verdienen. Ik had ze wijsgemaakt dat ik je alleen maar even wilde laten schrikken... Maar gered door een bedoeïen. Dáár had ik dan weer niet op gerekend.'

'Het is genoeg zo, Tony. Ik heb niks wat je wil. Laat me met rust!'

'Nou,' zei Tony sussend, 'dat valt nog te bezien. Ik denk wél dat je iets hebt, iets wat die arme broeder jou gegeven heeft. En als hij je niets gegeven heeft, dan heeft hij je ongetwijfeld iets verteld.'

Peter deed er het zwijgen toe.

'Precies,' ging Tony verder. 'Hij heeft je iets gegeven of iets verteld – of allebei. Over Coen, die hier een paar keer was en die, iets te openhartig, zijn geheime kennis met deze monnik gedeeld heeft. Met als gevolg dat broeder Milan meer wist dan goed voor hem was. Kennis is macht, dat weet je. In sommige gevallen kan kennis zelfs dodelijk zijn, zoals in het geval van deze geestelijke.'

Peter probeerde in een omtrekkende beweging meer in de richting van de trap te komen, maar met een paar eenvoudige stappen wist Tony de weg daarnaartoe te blokkeren.

Tijd rekken, ik moet tijd rekken... Er was toch altijd een bewaker hier?

'Maar hoe...'

'...ben je binnengekomen?' maakte Tony zijn vraag af. '"Bidt en u zal gegeven worden, zoekt en u zult vinden. Klopt, en u zal opengedaan worden." De wetten van de woestijn, Peter. Om die reden ben jij ook gered door die bedoeïen. Een vermoeide reiziger die bij je aanklopt, wijs je nooit de deur. Het moeilijkst was eigenlijk nog om een monnikspij in mijn maat te vinden. Ik zag je zitten nota bene, in die eetzaal. Het is een mooi leven dat die monniken leiden.'

Tony leek oprecht te genieten van het kat-en-muisspel waar ze zich in bevonden.

'Het is een pelgrimstocht,' zei hij, nog steeds op rustige toon. 'Niets meer en niets minder. Uiteindelijk zijn we allemaal Pilgrim Fathers. Het staat er zo mooi op jullie Pieterskerk in Leiden: "*But now we are all, in all places, strangers and pilgrims, travelers and sojourners.*" Voorbijgangers zijn we, passanten. Tijdens onze pelgrimage gaan we op zoek naar wie we werkelijk zijn. Allemaal komen we terecht in een onbekend gebied, een woestijn als waar we nu zijn.'

Met een weids gebaar met zijn arm onderstreepte hij zijn woorden.

'Een niemandsland,' ging hij verder. '*Hic sunt leones*, hier zijn leeuwen. Allerlei gevaren liggen op de loer, wachtend op een moment van zwakte om ons af te kunnen leiden van de juiste weg, het rechte pad. Tijdens onze pelgrimage proberen we ons te herinneren wie we werkelijk zijn.'

Tony begon te ijsberen nu. Hij leek meer en meer in zichzelf gekeerd te raken, als een professor die opgaat in zijn college en vergeet dat hij voor een zaal vol studenten staat. Zelfs zijn taalgebruik werd formeler.

'We worden geconfronteerd met onszelf,' vervolgde hij, 'maar ook met het besef dat er nog een andere waarheid is: die van de ziel. Bestaande waarden verdwijnen en maken plaats voor nieuwe waarden, spirituele waarden, en die zijn niet meer tijdelijk, maar eeuwigdurend. Het is een ontdekkingsreis als het ware, en tijdens die ontdekkingsreis worden we ons bewust van een Hogere Macht, die voortleeft onder vele namen. Elke traditie, elk volk, elke tijd heeft er weer een andere naam aan gegeven. Deze Macht is uiteindelijk een god van vergeving, van herkansing, zoals de Vader in de parabel van de Verloren Zoon. Zoals degene die geslagen is niet terugslaat, maar juist zijn andere wang toekeert om de ander een nieuwe kans te geven, namelijk om deze keer niet te slaan. Het is een god van barmhartigheid en liefde. Hij wil graag dat de mensen het goede doen, zoals een aardse vader dit ook wil zien van zijn kinderen. Hij wil niets liever dan dat Zijn kinderen weer thuiskomen, gewoon omdat ze er thuishoren.'

Als hij dit echt vindt, dan moeten we hier toch uit kunnen komen. Zo sprak hij de vorige keer niet.

'Maar dit is toch geweldig nieuws, Tony? Dit is toch prachtig?' riep Peter oprecht verheugd uit. 'Na wat ik gehoord heb van de priester – hij heeft me alleen een paar kleine dingetjes verteld – lijkt me dit toch een goede boodschap die gedeeld moet worden met de mensheid? Waarom haar die onthouden? Waarom zouden we die niet openbaar maken, zodat iedereen er toegang toe heeft?' Als mensen het definitieve bewijs krijgen dat de Bijbel helemáál uit geloofsverhalen bestaat, dat zo goed als níéts ervan echte geschiedenis is en ze de verhalen dus ook niet letterlijk meer hoeven te geloven, dan ontstaat er toch ruimte om er een eigen invulling aan te geven? Dan –'

'Luister,' onderbrak Tony hem scherp. 'Het is kennis die mensen niets zegt als ze er niet klaar voor zijn. Het is alsof je een boek voorleest aan een baby. Die zal klanken horen, kirren en lachen, misschien in slaap vallen, misschien verrukt zijn je stem te horen, maar begrijpen doet die niets. Alsof je een eerstejaarsstudent stof uit het laatste jaar gaat uitleggen. Het is zinloos. En bovendien, deze kennis is al beschikbaar in andere tradities ook, in andere vormen, voor eenieder die er maar naar zoekt.'

'Maar waarom zouden we die kennis dan niet delen met anderen?'

'Ik zei al, het is zinloos, paarlen voor de zwijnen. En dan nog, het probleem is veel groter dan dat. Zie je het dilemma dan niet? Het échte dilemma?'

Peter keek hem niet-begrijpend aan.

We zijn er nog niet dus.

'Het ligt zó voor de hand, Peter. Kijk, het verhaal was inderdaad nooit bedoeld om letterlijk te nemen. Vroeger wist iederéén dat, maar die kennis is verloren gegaan, voor de meeste mensen dan. Maar iedereen wíst toen dat er een kennis schuilging achter die verhalen die gewoon niet voor iedereen toegankelijk was. Zoals Jezus het verhaal van de zaaier aan de mensen vertelde. Dan zegt hij tegen zijn leerlingen: "Jullie is het gegeven de geheimen van het koninkrijk van God te kennen, maar de anderen moeten het doen met gelijkenissen, opdat ze kijken, maar niet zien; horen, maar niet verstaan." Wat hadden die eenvoudige boeren, die dagloners, die tollenaars en die hoeren, die melaatsen die op Jezus afkwamen, al die ongeletterde mensen eraan gehad als Jezus hun de uitleg gegeven had? Het was het ene oor in gegaan en het andere oor weer uit! Eenvoudige mensen hebben eenvoudige verhalen nodig. Je kunt kinderen honderd keer vertellen dat ze op het rechte pad moeten blijven, moeten oppassen voor enge figuren en naar hun mama moeten luisteren. Ze zullen braaf luisteren, maar de boodschap zal niet aankomen. Vertel je ze keer op keer het verhaal van Roodkapje, dán beklijft het. Snap je?'

'Ik snap wat je bedoelt, Tony. Echt. Je hebt een punt, maar...'

Meepraten, gelijk geven, hem bevestigen... En het snijdt nog hout ook wat
hij zegt. Maar om dan zelf te gaan beslissen wie wel en wie niet geschikt is
voor die kennis?

'Dáárom vertellen mensen elkaar verhalen. Dáárom verpakken we een boodschap in een verhaal zodat eenieder dat op zijn eigen niveau, op zijn eigen moment tot zich kan nemen. Wij wéten dat het verhaal van de Exodus juist over de tocht naar binnen gaat, dat is de ironie van dit alles, de uittocht gaat over de íntocht!'

'Maar wat is dan het dilemma?'

'Als het Exodus-verhaal een echt historisch verhaal zou zijn, zoals wij geschiedenis opvatten, wat blijft er dan nog over van de Bijbel als moreel ijkpunt voor onze westerse beschaving? Dit is het fundament van onze hele westerse beschaving. Op basis hiervan hebben we werelden veroverd, volkeren onderworpen – natuurlijk om handel te drijven of hun rijkdommen weg te nemen, maar toch ook om de beschaving te brengen en het evangelie te verkondigen. Liefde, vergeving, opnieuw bij God mogen zijn, noem het maar op. Maar als je die Bijbel dan goed gaat lezen, en dan met name het verhaal van de Exodus, het verhaal van de verovering van het Beloofde Land... Honderdduizenden mensen werden door de Israëlieten vermoord, met steun en medewerking van hun God, zeshonderdduizend, misschien wel meer. Later werden nog eens tienduizend man door koning Amasja van een rots geduwd, die "deed wat goed was in de ogen van de Heer". Mannen, vrouwen, kinderen, vee... Alles en iedereen werd afgeslacht om het land te zuiveren, een ware genocide. Als de verhalen uit het Oude Testament échte geschiedenis zijn, dan kunnen we toch geen seconde meer volhouden dat de Bijbel het morele ijkpunt voor onze beschaving moet vormen?'

Dát waren de verhalen die Coen Zoutman heeft opgeschreven. Dáárom
had hij die bij zich!

'Die mensen kregen niet eens de kans te vertrekken,' ging Tony verder. 'Ze mochten er niet eens meer zíjn, ze moesten weggevaagd worden zoals je een plaag bestrijdt. En waarom? Wat was de misdaad van deze mensen die toch uiteindelijk ook schepselen van God waren? Ze wóónden in het Beloofde Land! Dát was hun misdaad! Hun godsdienst werd vernietigd, hun cultuur werd vernietigd, hun dorpen en steden platgebrand en weggevaagd, hun tempels en godenbeelden verbrand. Hun maagdelijke dochters werden als oorlogsbuit weggevoerd en verdeeld onder Jozua's dappere strijders van

God. Wat is dan nog in 's hemelsnaam het verschil met wat de IS-strijders in deze dagen doen en waar iedereen van gruwelt? De wreedheden en de intolerantie… IS-strijders die de eeuwenoude Boeddhabeelden van Bamiyan opblazen, die kerken vernietigen, die iedereen doden die niet hun enige ware pad van hun enige ware geloof deelt, die andere moslims doden omdat ze niet tot hun gelederen toe willen treden, die Yezidimannen ombrengen en hun vrouwen en dochters meevoeren als hun eigendom om ze als seksslavinnen te gebruiken? Die mensen levend verbranden, onthoofden, van torens afgooien? Die pas tevreden zijn als hun kalifaat vrij is van alles wat hun God verboden heeft. En die ervan uitgaan dat ze die strijd voeren in opdracht van hun God? Een God die alleen aan hun kant staat, een God die zich oprecht verheugt om iedere ongelovige die door Zijn strijders met een enkeltje naar de hel worden gestuurd door zich op te blazen? Wat is dan nog het verschil?'

Hij heeft ze toch meer op een rijtje dan ik dacht…

Peter stond even met zijn mond vol tanden. 'Maar…' wist hij uiteindelijk uit te brengen. 'Maar dan is het toch júíst goed om de wereld te laten weten dat jij over definitief en onwrikbaar bewijs beschikt dat het verhaal van de Exodus nooit bedoeld is als geschiedenis, maar als geloofsverhaal, waarvan de ware betekenis alleen voor ingewijden bedoeld is.'

'Dat is onmogelijk! Als dit naar buiten komt, dan valt álles weg. Dan wordt het alleen maar érger! De meeste mensen kan dit waarschijnlijk al niet eens echt schelen, veel gelovigen niet en ongelovigen al helemáál niet. Nee, de meeste mensen snappen ook wel dat niet alle dieren van de hele wereld op de ark van Noach hebben gepast. Hoe kan die koalabeer uit Australië, die afhankelijk is van de bladeren van één specifieke eucalyptusboom, ooit in het Midden-Oosten zijn geraakt? En daar overleefd hebben? Er zijn alleen al meer dan tien miljoen soorten insecten met ieder een eigen specifieke leefomgeving, vaak in symbiose met een ander dier, een plant of een boom. En dan hebben we het nog niet eens over het water dat alle bergtoppen bedekte. De Mount Everest is al bijna tien kilometer hoog! De mensen en dieren die op die hoogte al niet doodgevroren zouden zijn, zouden gestikt zijn door het gebrek aan zuurstof. Nog los van de vraag waar dat water ná de zondvloed allemaal heen gegaan is… En het gaat nog veel verder: als het verhaal van Adam en Eva niet waar is, dan is er geen zondeval geweest en is er geen breuk ontstaan tussen God en de mens.

Dan is het offer van Jezus, dat de mens weer met God verzoent, dus ook niet nodig. Snap je wat de consequenties zijn?'

Tony was buiten adem, als iemand die een korte, maar felle sprint heeft getrokken.

'Dus als we het letterlijk nemen,' zei Tony, 'verliest de Bijbel zijn morele gezag, omdat de verhalen vol intolerantie, haat, moord en verkrachting staan, gelegitimeerd door God omdat de tegenstanders niet joods waren. Maar als bekend wordt dat we de verhalen níét letterlijk hoeven te nemen, dan is óók het einde zoek. Dan valt de hele legitimatie van de stichting van de staat Israël weg – om maar eens iets te noemen. Dan is er geen verhaal meer, geen boek waarop mensen zich kunnen beroepen om te zeggen: dit land is van ons, want God heeft het ons beloofd! En als Israël wegvalt, dan valt alles weg. We zeggen al zo lang: Israël is het voorbeeld voor het Midden-Oosten, de enige democratie, het enige land waar vrede en veiligheid heerst. Heel de buitenlandse politiek van de vs, van het Westen, de onvoorwaardelijke steun aan Israël. Al die tienduizenden jongeren die jaar in jaar uit op *kibbutzim* gewerkt hebben om mee te helpen aan de opbouw van het land, de blauwhelmen van de vn die de jonge staat moesten beschermen tegen de Arabische agressie. Als alles dan op een leugen gebaseerd lijkt te zijn, op een mythe, stel je dán de reacties eens voor! Dat is dan alleen maar koren op de molen van antisemieten: dan heeft de staat Israël geen recht van bestaan, dan is er zeker geen goddelijke belofte geweest waarop de joden zich nu nog beroepen. Als Exodus niet klopt... Jezus zélf geloofde erin, sprak er voortdurend over... Moeten we dan zeggen, dat zelfs Jezus, de Zoon van God, zich vergist heeft? Dat zelfs híj niet wist dat het allemaal niet écht gebeurd is?'

Dat bedacht ik gisteren ook!

'Waar is dan nog Jezus' alwetendheid?' zei Tony. 'Zijn almacht? Zijn goddelijkheid? Zie je dan niet dat dan álles, maar dan ook álles gaat wankelen? Niet alleen wankelen, maar omvallen, instorten... Stel je de chaos voor als dit bekend wordt, Peter. Zie je het dan niet? Het jodendom, het christendom, de islam... Alle drie zijn ze gebaseerd op precies deze verhalen. En godsdiensten liggen vaak aan de basis van conflicten. Of beter gezegd: conflicten over grond en hulpbronnen worden vaak via godsdiensten uitgevochten. Mensen vinden altijd wel iets om wij- en zijgroepen mee te maken. Als iedereen christen is, dan is het de katholieken tegen de protestanten. En als iedereen katholiek is, is het de mensen die Nederlands spreken tegen de mensen die Frans spreken... Maar godsdiensten zorgen uiteindelijk ook voor verbinding tussen mensen, geven zin aan de levens van miljarden mensen, zorgen ervoor dat mensen goed proberen te zijn, goed proberen te doen. Stel je een wereld voor zonder deze drie godsdiensten. Stel je voor dat deze religies instorten. Het zou het einde van de wereld betekenen zoals wij die kennen.'

'Ik snap wat je bedoelt,' begon Peter voorzichtig, 'maar –'

'Laten we het in vredesnaam houden zoals het is, Peter. De wereld kan de waarheid niet aan, de mensen kunnen de waarheid niet aan. Zeker nu, op dit moment... We gaan straks groots stilstaan bij onze Pilgrim Fathers.'

Natuurlijk. Ook die nog...

'Ook dát verhaal stort in dan. Zij kwamen ook als pelgrims naar een land, *God's own country*. De Pilgrim Fathers waren ervan overtuigd dat er een goddelijke zegen rustte op hun onderneming. Ze vergeleken zichzelf met de Hebreeën. "Laat mijn volk gaan," vroegen hun leiders aan James I, maar hij weigerde, dus ze moesten vluchten. Ook de Pilgrims zijn weggetrokken, ze lieten de vleespotten van Engeland en van Nederland achter zich, staken een zee over naar hun beloofde land, met de Bijbel in de hand. Het land was bewoond, maar zij maakten het leeg zodat het geschikt werd voor hún manier van leven. Dan valt de basis onder die hele geschiedenis ook weg, Peter, de legitimatie van hun onderneming en ook heel de basis onder de vs valt dan weg... Maar genoeg.'

Tony keek hem plotseling neutraal aan, een blik die angstaanjagender was dan wanneer hij vol haat gekeken had.

Ik moet wegwezen. Geef hem wat hij wil. Dit heb ik verloren... Ik weet dat hij over lijken gaat.

'Hier, Tony,' zei Peter. Hij opende zijn tas, terwijl hij Tony aan bleef kijken. 'Je hebt gelijk, Tony. Je hebt me overtuigd. Dit moet tussen ons blijven, de meeste mensen zullen dit niet aankunnen. Hier.' Hij pakte de papieren die broeder Milan aan hem had gegeven. 'Ik ben niet helemaal eerlijk tegen je geweest,' zei hij. 'Broeder Milan heeft me wel degelijk iets gegeven. Maar je hebt me overtuigd, Tony, echt. Dit zijn papieren van Coen, dit zijn de teksten die hij opgeschreven heeft. Je kunt ermee doen wat je wilt, jij hebt er het meeste recht op. Aan jou is die kennis toevertrouwd, dus bij jou is het in de beste handen.'

Peter deed een stap in de richting van Tony, die hem nog steeds uitdrukkingsloos aankeek.

Hij zou toch in elk geval blij moeten zijn dat hij de papieren nu heeft. Tony leek op geen enkele manier onder de indruk.

'Hoe dan ook, Peter,' zei Tony, die naar het huisje liep en een van de stevige 'wandelstokken' oppakte, die daar door eerdere bezoekers achtergelaten waren. Hij deed een paar stappen in de richting van Peter. Zijn handen zochten een goede positie om de stok mee vast te houden, als een honkballer die zich voorbereidt op een bal die geworpen gaat worden.

'Jij en ik zijn de enigen die dit weten,' dreigde Tony nu. 'De levende boeken zijn niet meer. Er is geen enkel bewijs meer over. Er is niemand die de wereld zoals wij die kennen kan beëindigen. Dus...'

Volkomen onverwacht en met een snelheid die Peter niet aan had zien komen, had Tony de stok naar achteren gezwaaid om ermee uit te halen. In een reflex probeerde Peter de klap met zijn arm af te weren, maar de stok kwam vol op zijn pols terecht. Hij hóórde het bot met een droge knak breken. Een vlammende pijn schoot door zijn hele lichaam heen, alsof het onder stroom gezet werd.

Hij hoorde zijn wanhoopsschreeuw van pijn weerkaatsen in de bergen.

Onmiddellijk omvatte hij met zijn rechterhand zijn linkerpols in een vergeefse poging de pijn te verlichten, maar daardoor was hij niet beschermd tegen de volgende slag, die hem vol op het hoofd raakte.

Peter voelde dat het bloed uit de wond over zijn voorhoofd stroomde. Al snel kon hij met één oog niets meer zien en kort erna proefde hij een metaalachtige smaak.

'Stop!' schreeuwde hij wanhopig, waarna hij op zijn knieën viel. Instinctief wist hij dat dit laatste onverstandig was, omdat hij zich daarmee alleen maar kwetsbaarder maakte. Maar de pijn was te groot om iets anders te doen.

Met de stok nog steeds in de hand bukte Tony zich om de papieren die op de grond gevallen waren op te pakken. Het rugzakje gooide hij leeg. 'Je had hier een tijdje willen blijven?' zei Tony spottend toen hij het brood, het fruit en de flessen water zag. Hij ging weer staan en las de eerste regels van de tekst die Coen geschreven had. 'De "Eisodus"? Maar dat is...'

Weer die waanzinnige lach.

'Is dít het? Is dit álles?' Hij keek de blaadjes snel door. 'Dit is Nederlands toch? Briljant. Van Sam had ik alleen nog maar "Genesis" geleerd, eerst puur op klank. Je weet niet wat het betekent, dus de woorden gaan langs je verstand, zonder dat je ze interpreteert, rechtstreeks naar je hart. Daarna volgde de uitleg... De mens die heel zijn leven op zoek is naar de tuin waaruit hij ooit verdreven is. Dat verhaal is niets meer dan de oerervaring van iedere mens: eerst was je één met je moeder, veilig geborgen in haar schoot, en dan word je verbannen.'

Tony nam niet eens de moeite de rest van de blaadjes te bekijken.

'Eigenlijk is ons hele leven een zoektocht naar diezelfde geborgenheid, naar dat gevoel van één zijn dat we alleen toen gekend hebben. De baarmoeder als de ware Tuin van Eden. Uiteindelijk zijn we allemáál vluchtelingen. Vanaf het allereerste begin zijn wij mensen pelgrims, op zoek naar ons werkelijke thuis. Vanaf Adam en Eva, die verbannen werden uit de Hof van Eden, weggestuurd vanwege hun opstandigheid tegen God. En sindsdien is de mens altijd maar op pad, op zoek naar die verloren tuin, onderweg naar het verloren paradijs waar we eigenlijk horen.'

And we've gotta get ourselves back to the garden...

'Jozef, Maria en Jezus waren vluchtelingen nota bene,' zei hij nog, zachter nu, alsof deze gedachte voor het eerst bij hem opkwam. 'Als dieven in de nacht uit Bethlehem weggeslopen om hun vege lijf te redden. Ze vonden asiel in Egypte en konden pas terugkeren toen Herodes dood was.'

Hij liep naar de paar armzalige struikjes die op het plateau groeiden. Ze stonden bij elkaar als mensen die elkaar wanhopig vasthouden om elkaar te troosten na een dramatische gebeurtenis. Ondertussen hield hij zijn blik strak op Peter gericht, hoewel van hem niet veel gevaar te verwachten was.

'Excellent,' zei hij toen, als een tevreden leraar die op het punt stond een uitmuntend opstel aan zijn beste leerling terug te geven.

De blaadjes verfrommelde hij een voor een tot proppen die hij tussen de doornige takken stopte. Toen hij daarmee klaar was, haalde hij een aansteker uit zijn zak.

Als een priester op een altaar die op het punt staat een offer te verrichten en speelt met de verwachtingsvolle spanning bij de toekijkende gelovigen ontstak Tony het vlammetje. Hij hield zijn arm gestrekt, terwijl Peter van enige meters toekeek.

Ik moet weg.

Nog nooit in zijn leven had Peter zo veel pijn gevoeld. Hij had het gevoel over te moeten geven. Voorzichtig probeerde hij op te krabbelen, maar die poging staakte hij al snel.

Alles is op zijn plaats gevallen: de Bijbelverhalen die Coen heeft overgeschreven, de moorden, Coen en Yona, de levende boeken, maar ook alles wat ik ooit heb gelezen over het Oude Testament...

Tony ging op zijn hurken zitten om het papiertje, dat het meest onderaan in de struik zat, aan te steken. Al snel vatte het vlam, waarna binnen enkele seconden alle gortdroge doornenstruiken in lichterlaaie stonden. Zelfs vanaf de plek waar Peter zat, kon hij de hitte voelen.

'Eigenlijk zou ik mijn schoenen uit moeten doen,' zei Tony. 'Dit is heilige grond. Maar laat ik de situatie niet dramatischer maken dan die al is.'

Een donkere rookpluim steeg op uit het brandende bosje, maar het vuur was van korte duur. Nadat het papier tot zwarte asvlokken vergaan was, doofde het alweer.

Enkele gloeiende sintels vielen op de rotsgrond, waarna ze al snel uitgingen.

'Voilà,' zei Tony, een Frans woord maar met een sterk Amerikaans accent. 'Dat is dat.'

Toen kwam Tony opnieuw op Peter afgelopen, de stok dreigend ten hemel geheven.

Aanvankelijk merkte Peter dit niet, omdat hij net zijn ogen gesloten had in de hoop dat de barstende hoofdpijn zo zou verminderen.

Maar aan het zoevende geluid vlak bij hem maakte hij op dat Tony het hout door de lucht zwaaide om opnieuw uit te halen. Als een rugbyer in een scrum zette Peter zich af om de benen van Tony te omklemmen. Een krankzinnige pijn schoot vanuit zijn pols door zijn arm.

Tony had zijn evenwicht verloren door Peters onverwachte manoeuvre en viel achterover. Een fractie van een seconde bleef hij op de grond liggen, terwijl wolkjes stof opdwarrelden van de droge grond.

Peter was snel opgestaan, zijn gekwetste linkerpols met zijn gezonde rechterhand omvattend.

Ook Tony was weer op de been.

Peter deed een uitval naar de stok die aan hun voeten lag, maar Tony schopte die weg voordat Peter hem op had kunnen pakken. Met de zijkant van zijn hand sloeg hij Peter, die nog half voorovergebogen stond, hard in zijn nek waardoor die opnieuw onderuitging.

Peter hapte zand, dat hij probeerde uit te spugen omdat het zijn droge mond alleen maar droger maakte en schuurde. Het zand uit zijn mond had een rozerode kleur, zag hij. Hij knipperde met zijn ogen. Door het bloed en het zweet dat in zijn ogen liep, had hij moeite zijn blik te focussen. Langzaam richtte hij zijn hoofd op.

Tony raapte de stok weer op, waarna hij erop leunde als een vermoeide wandelaar. Hij liep een paar keer heen en weer, twijfelend zo leek het over wat zijn volgende stap moest zijn.

Net toen Peter met zijn hand in zijn ogen wreef om ze vrij te maken, hoorde hij weer dat zoevende geluid door de lucht, kort voordat de stok met een enorme klap op zijn gebogen rug terechtkwam. Hij liet zich vallen, plat op de grond, niet in staat te geloven dat zijn leven hier zou eindigen. Hij sloot zijn ogen en hoorde dat de door het zand gedempte voetstappen van Tony zich verwijderden.

Judith, dacht hij.

En direct daarna: *sorry, Fay.*

Even later voelde hij dat hij bij zijn voeten gepakt werd. Hij probeerde te schoppen om zich los te worstelen, maar zijn poging was krachteloos.

Onbarmhartig werd hij weggesleept, als een gedode stier na een stierengevecht in een Spaanse arena. De hiel van zijn linkervoet schoot uit zijn schoen, maar zijn schoen bleef aan.

Hij drukte zijn gezicht tegen zijn bovenarm om het nog enigszins te beschermen tegen de harde rotsen met het schurende zand, terwijl hij zijn gebroken pols nog steeds vasthield.

Plotseling voelde hij een zucht wind, die hem ondanks de warmte ervan toch enige verkoeling bracht. Zijn voeten vielen op de grond. Met enige moeite tilde hij zijn hoofd een paar centimeter van de grond om te zien waar hij zich bevond.

Tot zijn afgrijzen staarde hij een diepe afgrond in.

Hij gaat me toch niet...

Behoedzaam bewoog Peter zich van de rand van het ravijn vandaan.

Waar is Tony? Waarom heeft hij me niet meteen...

Het lukte hem om rechtop te gaan zitten. Het bloed, zweet en traanvocht in zijn ogen verhinderden een goed zicht, maar het had er veel van weg dat Tony al bezig was de sporen uit te wissen. Met een bezem, waarvan het uiteinde bestond uit samengebonden takken, veegde hij wild heen en weer zodat het sleeppatroon van Peters lichaam verdween.

Waarom doet hij dit nu? Wil hij me gewoon langer kwellen? Wil hij me dwingen toe te kijken om me zo te laten realiseren dat hij hiermee weg zal komen? Dat nooit iemand zal ontdekken wat hier voorgevallen is?

Peter deed een poging op te staan, maar faalde jammerlijk. Een kloppende hoofdpijn maakte hem duizeliger dan hij al was. Een voortdurend toenemend en dan weer afnemend gesuis, alsof je in een auto met open raam langs geparkeerde auto's rijdt.

Tony was Peter inmiddels tot op enkele meters genaderd. Als een speerwerper hief hij de bezemsteel in de lucht om die met een krachtige worp zo dicht mogelijk in de buurt van het stenen huisje te laten komen. Daarna wreef hij in zijn handen, uit tevredenheid over het werk dat achter hem lag of om ze stofvrij te maken, dat was niet duidelijk.

'Zo, Peter,' zei hij op de vriendelijke, beminnelijke toon waarop hij tot voor die dag altijd met Peter had gesproken. 'We moeten hier even samen doorheen, *old boy*.' Hij vatte Peter onder zijn oksels en sleepte hem terug in de richting van de rand van de afgrond.

Peter probeerde weerstand te bieden, maar zijn voeten vonden geen houvast op de rotsige ondergrond. Hij viel bijna flauw van de pijn in zijn pols; zijn mond was kurkdroog, en zijn hoofd explodeerde zo ongeveer.

'We zitten in hetzelfde schuitje,' zei hij, hijgend van de inspanning. 'Ik weet alles en jij weet te veel, dus als wij samen verdwijnen, bestaat de kennis niet meer.' Hij pauzeerde een kort moment. 'Kom,' zei hij toen.

Nee.

In een uiterste inspanning draaide Peter zijn hoofd tot zijn mond de linkerarm van Tony raakte. Met alle kracht die hij in zich had, zette hij zijn tanden in zijn arm. Hij voelde dat de spieren van Tony zich spanden, maar ook hoe zijn tanden door Tony's overhemd heen wegzakten in het vlees van zijn bovenarm.

Door het oorverdovende suizen had Peter even de sensatie alsof hij vlak bij een enorme waterval stond.

Nu was het Tony's beurt om het uit te schreeuwen van de pijn. Met zijn rechterhand begon hij aan Peters haar te trekken, maar toen die niet losliet – als een hond die een tennisbal niet afgeeft – begon hij op Peters hoofd te beuken.

Uiteindelijk liet Peter los.

Toen hij voelde dat Tony's greep een kort moment verslapte, duwde hij met alle kracht die hij nog in zich had zijn rug naar achteren, waardoor Tony omviel.

Het kán nog...

Met zijn bovenlichaam lag hij over Tony heen, die hijgde van de inspanning en de pijn.

'*You son of a...*'

Met één voet zette Peter zich af, waardoor het hem lukte óver Tony heen te komen en hij achter hem belandde. Zijn gekwetste linkerpols vasthoudend, probeerde hij met zijn schouder Tony in de richting van de afgrond te duwen. Tony sprong op, waardoor Peter naar voren schoot en met zijn hoofd vlak bij de rotsrand terechtkwam.

Nee, nee, nee... Mijn God, alstublieft.

Tony begon Peter voor zich uit te duwen.

Toen brak er in de hemel een oorlog uit. Michaël en zijn engelen vochten tegen de draak, en de draak en zijn engelen vochten terug.

Peter voelde hoe de vaste grond onder zich verdween. Zijn voet schoot nu definitief uit zijn schoen, die boven achterbleef.

Maar zij hielden geen stand en hun plaats werd in de hemel niet meer gevonden.

Een ondeelbaar kort ogenblik leek het alsof de tijd stilstond. Een stoot adrenaline schoot door Peter heen, zoals bungeejumpers moeten voelen vlak nadat ze gesprongen zijn.

Alleen zitten die vast aan een elastiek.

Peter en Tony vielen de diepte in.

De grote draak werd neergeworpen, de oude slang, die Duivel en Satan heet en de hele wereld misleidt.

Een korte vlaag warme wind waaide door hun kleren heen.

Hij werd neergeworpen op de aarde en zijn engelen met hem.

Veel sneller dan verwacht, kwamen ze samen op een harde ondergrond, een kleine richel, die nog geen anderhalve meter uit de rotswand stak, twee meter onder het plateau.

Peter lag met zijn rug op de grond, Tony lag half op hem, vanaf zijn middel over de rand.

Zijn engelen zal Hij bevelen U op hun handen te dragen, zodat U aan geen steen uw voet zult stoten.

'*Dammit!*' hoorde Peter hem uitschreeuwen.

Met zijn rechterarm naar achteren graaiend probeerde Tony Peter bij zijn overhemd vast te grijpen. Het lukte hem, en met zijn voeten zette hij zich af tegen de wand. Peter voelde dat hun lichamen naar de rand schoven, een deel van zijn rechterbil was er al overheen. Tony was al voor het grootste deel uit zicht verdwenen, maar zijn grip op Peter was nog altijd stevig. Centimeter voor centimeter schoven ze samen in de richting van de peilloze diepte onder hen. De pijn in Peters pols verlamde hem. Hij was bang dat hij elk moment flauw kon vallen. Hij zag de knokkels van Tony's hand wit worden van de inspanning.

Een dierlijke overlevingsdrift was in Peter gewekt, net als in het water bij Plymouth. Tony's vingers waren vlak bij Peters mond.

Als Tony zich nu zou laten vallen, zou hij Peter meesleuren in zijn val.

Peter richtte zich nog éénmaal op en beet zo hard hij kon in een vinger van Tony. Een ijselijke schreeuw volgde.

Tony's greep verslapte, maar Peter beet door.

Na een zacht, maar misselijkmakend, scheurend geluid liet Tony los. Geluidloos viel hij de afgrond in.

Peter voelde opnieuw de smaak van bloed. Het rauwe hompje vlees in zijn mond spuugde hij uit. Hij had het grootste deel van Tony's vinger afgebeten, de bovenste twee kootjes.

Met een snelle beweging veegde hij het hompje vlees de diepte in.

Daarna zakte hij weg in een diep, zwart niets.

Epiloog

Van het ijsklontje dat Rijsbergen bij zijn whisky had gedaan, was niets meer over. Zonder ook maar een slok te nemen, had hij zijn blik gefixeerd op het blokje ijs om te zien of hij het daadwerkelijk zag smelten. Maar het gebeurde onmerkbaar.

Die middag had hij dan eindelijk het dossier Zoutman-Falaina af kunnen sluiten. De zaak was weliswaar opgelost – het was duidelijk geworden wie de dader was – maar in zekere zin was het toch ook onbevredigend geëindigd.

Die grijze cellen hadden hem toch in de steek gelaten.

Niet het ouderwetse speurwerk had uiteindelijk tot de ontknoping geleid, maar een dramatische reeks van gebeurtenissen, die bijna een achtste onschuldig slachtoffer had geëist, in de persoon van Peter de Haan.

Zes 'levende boeken', zoals Rijsbergen inmiddels had geleerd, en een hoogbejaarde monnik in het Sint-Catharinaklooster hadden niet kunnen ontsnappen aan de moordenaarshanden van Tony Vanderhoop.

Alleen Peter had weten te ontkomen aan deze krankzinnige, die ten slotte zelf het leven gelaten had.

Sprak je dan ook van een slachtoffer? Bestaat er zoiets als een 'schuldig slachtoffer'?

Eindelijk nam hij zijn eerste slokje.

Die middag hadden hij en Van de Kooij zwijgend in Rijsbergens kantoortje gezeten, waar ze de laatste weken meer tijd samen doorgebracht hadden dan goed was geweest voor hun onderlinge verstandhouding. De koffie – of wat daarvoor door moest gaan – in de plastic bekertjes was koud geworden.

Wat zou ik graag eens in een situatie terechtkomen, had Rijsbergen gedacht, *waarin ik ter afsluiting van een zaak een groep mensen kon toespreken. De moordenaar zou zich onder mijn publiek bevinden. Ragfijn zou ik de zaak uit de doeken doen, aangevend hoe de moordenaar mij aanvankelijk op het verkeerde spoor had gezet. Hoe stóm ik me nu voelde dat ik – Rijsbergen! – me zo in de luren had laten leggen. De moordenaar zou wat ongemakkelijk heen en weer schuiven, maar zijn gezicht strak in de plooi proberen te houden. Ik zou eerst wat andere namen noemen, de moordenaar ontspant en denkt dat hij de dans ontspringt. Totdat! Totdat... zou ik dan zeggen. Die ene aanwijzing die eerst zo betekenisloos leek te zijn, waar niemand, onder wie ikzelf – ook een grote geest als de mijne kon zich vergissen, nietwaar? – aandacht aan geschonken had, maar die al snel vol betekenis bleek te zijn.*

'Dáár had de oplossing gelegen uiteindelijk,' zou hij zijn aandachtige gehoor voorhouden. En dán zou hij de moordenaar aanwijzen, die hij al redenerend gevonden had.

One must seek the truth within – not without.

In de praktijk hadden Rijsbergen en Van de Kooij echter voortdurend achter de feiten aan gelopen. Vanaf het moment waarop ze hadden begrepen dat Tony Vanderhoop bij alle zaken betrokken was geweest, was hij volkomen uit beeld verdwenen. De Amerikaanse collega's hadden hem niet meer te pakken kunnen krijgen. Pas na zijn dood was gebleken dat hij de vs onder een valse naam had verlaten en aan boord van hetzelfde vliegtuig als Peter de Haan had gezeten. Op de videobeelden van Logan Airport was een man te zien geweest die qua postuur Tony Vanderhoop wel geweest moest zijn.

Het opsporingsbericht voor Peter de Haan was nooit opgepikt door de collega's in Egypte. Ze hadden er tot op de dag van vandaag zelfs nog geen reactie op mogen ontvangen.

Vanderhoop had inderdaad niet op de vlucht gezeten met de Amerikaanse delegatie terug naar Boston, maar had op Schiphol met een smoes afscheid van zijn groep genomen.

Van der Lede wachtte nog een zaak, omdat hij door zijn lange zwijgen de zaak had belemmerd.

Enkele dagen na De Haans thuiskomst in Nederland hadden Rijsbergen en Van de Kooij hem kunnen spreken, in het proveniershuisje van Spežamor. Zijn linkerpols had vanzelfsprekend nog in het gips gezeten, de wond boven zijn ogen was diep paarsblauw van kleur, bijna zwart. Hij had eruitgezien als een bokser na afloop van een heroïsch gevecht.

Spežamors dochtertje, dat bij binnenkomst van Rijsbergen en Van de Kooij nog op de schoot van De Haan gezeten had, was naar boven gestuurd door haar moeder, om haar de details te besparen van wat bijna het laatste uur van De Haan was geweest.

'De bewakers hebben me gevonden,' had De Haan hun verteld, zijn gezicht af en toe nog vertrekkend van de pijn. 'Er bleek dus tóch gewoon een bewaker in dat huisje te hebben gezeten. De man had in een comateuze slaap verkeerd – straalbezopen een roes uitslapend, wie zal het zeggen? – en niets, maar dan ook helemaal niets meegekregen van zowel mijn aankomst die nacht als van het gevecht de volgende ochtend.'

Pas toen zijn collega, die hem kwam aflossen, het huisje was binnengekomen, was hij weer tot het land der levenden teruggekeerd. Buiten was hun aandacht getrokken door een eenzame schoen die er een dag eerder nog niet gelegen had, aan de rand van het terrein. Ze waren polshoogte gaan nemen en hadden al snel de sporen van een worsteling gezien, waarna ze voorzichtig over de rand hadden getuurd. Daar hadden ze De Haan zien liggen, dood zo leek het.

Een van de twee was met een touw om het middel, dat stevig vastgemaakt was aan een groot rotsblok, de twee meter naar de richel afgedaald. De Haan bleek nog te leven, maar was buiten bewustzijn geweest. Met veel moeite, de touwen onder zijn armen door, was het hun uiteindelijk gelukt hem op het plateau erboven te krijgen en naar de beschermende schaduw van de hut te vervoeren. Hier hadden ze hem zo goed en zo kwaad als het ging water gegeven, dat grotendeels direct zijn mond weer uitgelopen was. De pols, waarvan iedere leek kon zien dat die gebroken was, hadden ze gespalkt met stokken riet. Zo hadden ze De Haan op de brancard vastgebonden, die al sinds mensenheugenis op hun post stond, maar die nog niet eerder was gebruikt.

Samen hadden ze hem naar beneden gebracht, een waar huzarenstukje op de ongelijke trappen en onder de ongenaakbare zon die al snel aan hitte gewonnen had.

Beneden aan de trap was hun taak overgenomen door bedoeïenen, die zich daar gewoontegetrouw 's ochtends verzamelden – in de ijdele hoop nog een toerist per kameel terug te kunnen brengen naar het klooster.

Zo werd De Haan naar het Sint-Catharinaklooster gebracht, waar hij de rest van de dag had doorgebracht in een koele, Spartaans ingerichte kamer. Hij was er goed verzorgd door een bebaarde priester en was al snel weer op krachten gekomen.

De volgende dag was hij in staat geweest om zelfstandig met een taxi terug te reizen naar Sharm El-Sheik. Hij had zich af laten zetten bij het ziekenhuis, waar zijn pols in het gips gezet kon worden.

Toen hij naar zijn hotel was gegaan om zijn koffer op te halen, had hij nota bene de Duitse toeristen Melchior en Katja nog gezien. De laatste had zich in zijn armen gestort, zó blij was ze geweest hem weer in levenden lijve te zien. Ze hadden verteld dat ze van Vanderhoop veel geld aangeboden hadden gekregen, een bedrag waarmee ze niet alleen in één klap het verlies dat ze in Caïro geleden hadden goed hadden kunnen maken, maar waar ze zelfs nog geld aan over hadden gehouden.

Vanderhoop had hun foto's laten zien van De Haan en hemzelf – dat moesten foto's zijn geweest die in Leiden tijdens de Pilgrimrondleiding gemaakt waren – en uitgelegd dat hij een oude vriend van hem was. Uitvoerig had hij uit de doeken gedaan dat ze al jaren grappen met elkaar uithaalden om elkaar scherp te houden. Maar nooit zo dat de ander op een of andere wijze gevaar zou lopen natuurlijk. Om dat te onderstrepen had Vanderhoop zijn hand op zijn hart gelegd. Vijf minuten nadat ze hem achter hadden gelaten, zou Vanderhoop hem met een andere taxi weer uit zijn benarde situatie bevrijden. Hij had hun nog enkele voorbeelden gegeven van hoe ze elkaar getest hadden. Hoe De Haan eens, tijdens een tocht door het oerwoud van Borneo, gidsen de opdracht had gegeven zachtjes het kamp af te breken en honderd meter te verplaatsen terwijl Vanderhoop sliep. Of hoe hij De Haan een keer een loer gedraaid had door tijdens een treinreis naar Parijs een station eerder uit te stappen met al de bagage en paspoorten, terwijl De Haan op het toilet had gezeten. Door op die manier elkaars intelligentie te testen, was de jarenlange vriendschapsband tussen hen alleen maar verdiept. Dit voor Melchior en Katja op zich vreemde, maar wel overtuigende verhaal, in combinatie met de vijfhonderd dollar contant die ze ter plekke overhandigd hadden gekregen, was de reden geweest mee te werken aan het achterlaten van De Haan in de woestijn.

Vandaar het vrolijke gezicht van Katja en de twee duimen die ze de lucht in gestoken had om hem succes te wensen op weer een nieuw spannend avontuur, dat later weer mooie anekdotes op zou leveren.

Na zijn bezoek aan het ziekenhuis werd De Haan nog naar het politiebureau van Sharm El-Sheik gebracht om zijn verhaal te doen. Hij had verteld van de worsteling met Vanderhoop, maar hij zei niet te weten waarom de man hem had willen vermoorden. En ze konden het hem zelf niet meer vragen.

Zelf had hij nog moeten denken aan de arme broeder Milan... Na meer dan vijftig jaar in het klooster te hebben gewoond, was het hem niet eens gegund dat zijn schedel ongeschonden in het knekelhuis bijgezet zou worden.

De Egyptische agent die zijn verhaal op een ouderwetse typemachine op had getypt, had verheugd opgekeken, alsof hij blij was geweest dat hij deze zaak onmiddellijk af had kunnen sluiten.

'De zon doet vreemde dingen met mensen hier,' had hij gezegd. 'We zullen eventuele familie van deze meneer in de Verenigde Staten op de hoogte brengen. We beschikken niet over de middelen om op zoek te gaan naar zijn lichaam. Het is gevaarlijk en slecht toegankelijk terrein. Het zal misschien gevonden worden op een dag, als de dieren hem niet opeten. Maar als hij op een plek ligt waar de dieren niet bij kunnen, dan...'

'Dan wat?' had De Haan gevraagd.

'Dan wordt hij een mummie,' had de agent gezegd. Hij had het vel papier uit de machine gedraaid, er driftig verschillende stempels op gedrukt en het met een opvallend zwierige handtekening ondertekend. '*Case closed,*' had hij tevreden gezegd.

Nadat De Haan eveneens had getekend, zonder de moeite te nemen de verklaring terug te lezen, had de agent het papier van hem teruggepakt en hem in een zandkleurige map gestopt. Hij had er een elastiek omheen gedaan en het in een la gestopt.

'Wij wensen u een goede en veilige trip terug naar huis,' had hij vervolgens gezegd, als een reisleider die na een geweldig leuke tijd afscheid van De Haan als gast van zijn groep neemt. 'We hopen u nog eens terug te zien in ons prachtige Egypte.'

Peter had hem de hand geschud.

De volgende dag had hij vanuit Sharm El-Sheik een directe vlucht kunnen nemen naar Amsterdam, waar Spežamor en Agapé hem op Schiphol op waren komen halen. Alleen aan Spežamor had hij laten weten dat hij terugkwam.

Het meisje had een enorme heliumballon van Dora met WELKOM erop bij zich gehad, meer een cadeau voor zichzelf dan om De Haan welkom te heten.

Rijsbergen had zich afgevraagd of hij ooit alle details boven water zou krijgen.

Het was begonnen met die gruwelijke moord op Coen Zoutman, kort daarop gevolgd door de even zinloze dood van Yona Falaina. Ze bleken in verband te staan met nog twee eerdere moorden in Jeruzalem en twee latere in Boston. Er zou een ingewikkelde relatie bestaan hebben tussen de Pilgrim Fathers en de vrijmetselaars, die Rijsbergen niet helemaal duidelijk was. Maar in een nog door onderzoeker Piet van Vliet te publiceren manuscript, dat hij in het archief van Erfgoed Leiden en Omstreken gevonden had, zou een en ander verhelderd gaan worden.

Rijsbergen had sterk het gevoel gehad dat tussen De Haan en Spežamor nog lang niet alles uitgesproken was. Ze hadden weliswaar naast elkaar op de bank gezeten, maar zij had zo goed als niets gezegd. Ook had het geleken alsof ze zorgvuldig vermeden hadden elkaar aan te raken. Op de een of andere manier had hij de indruk gehad dat Fay een belastend geheim met zich meedroeg, alsof ze Peter iets moest vertellen maar het juiste moment zich nog niet had voorgedaan.

Al hadden de laatste woorden van De Haan in zekere zin hoopvol geklonken.

'Toen ik hier de tuin in kwam lopen…' zo had Peter zijn verhaal besloten. 'Hier, in ons eigen paradijsje… Toen besefte ik pas echt: ik ben weer thuis.'

* * *

In een hoekje van de Heilig Grafkerk in Jeruzalem, de Kerk van de Wederopstanding, waar Christus zowel gekruisigd als begraven zou zijn, zit op een eenvoudige houten stoel een jongeman, niet ouder dan dertig jaar, de ogen gesloten, een vredige uitdrukking op zijn gezicht. Af en toe legt hij zijn hand op een plek naast zijn linkerborst, die nog wat schrijnt. Jong was hij geweest toen hij onder de hoede genomen werd door de Achtbare Meester, die al snel als een vader voor hem was geworden, helemaal alleen op deze wereld. Aan hem waren de eeuwenoude teksten toevertrouwd. Maar de duivel was verslagen, in de woestijn was hij aan zijn eind gekomen. Op de berg Horeb was zijn opmars gestuit…

Ze hadden tijd genoeg gehad voor de vijf boeken…

Maar pas nu had hij op zijn borst het teken durven laten zetten, nu het gevaar geweken was.

Hij opende zijn ogen, zo helder dat het leek alsof er licht uit straalde. Hij bewoog zijn lippen en prevelde, onhoorbaar voor wie hem passeerde...

'Dit is de geheime kennis, de mondelinge leer, overgeleverd door Mozes, een Zoon van het Licht, om de mens te begeleiden op zijn eisodus, zijn weg naar binnen, en hem te brengen in de veilige haven, het beloofde land, vanwaaruit hij nooit had moeten vertrekken, zijn oorspronkelijke thuis.

We moeten terugkeren tot de tuin.'

Dankwoord

'Klopt en u zal opengedaan worden...' Het is geweldig om te zien hoe bereidwillig mensen zijn als je ze benadert met een vraag om informatie of hulp. Voor een schrijver gaan gemakkelijk deuren open heb ik gemerkt: een verzoek om nadere uitleg, uitleg op een bepaalde vraag, de toestemming om te citeren of een gesprek bij een kop koffie. Vrijwel altijd kwam er onmiddellijk een positief antwoord. Zo hebben veel mensen met hun kennis en met hun tijd belangeloos bijgedragen aan dit boek. Ik denk bijvoorbeeld aan Maarten Dessing. Op een van onze talloze filmavonden, die altijd beginnen in café Van Engelen, suggereerde hij in 2016 'iets' te doen met de Pilgrim Fathers – vooruitlopend op het herdenkingsjaar 2020. Of ik denk aan André van Dokkum, die inmiddels een vaste plaats begint te verwerven in mijn dankwoorden. Hoewel op afstand in Macau is hij ook nu een betrokken lezer geweest bij de oerversie van dit boek, met talloze suggesties over interessante Bijbelpassages die bruikbaar waren voor dit verhaal.

Van onschatbaar belang is ook nu weer Lisanne Mathijssen geweest, die met haar ontzettend scherpe en inspirerende redactie als een soort Michelangelo uit een stuk marmer al het overbodige weghakt zodat het beeld eronder uiteindelijk naar voren komt. En natuurlijk Lidia Dumas, de gedroomde eindredacteur, die niet alleen ontelbare fouten en foutjes vindt, maar ook telkens goede alternatieven aandraagt. Dan is het hier ook de plaats om mijn dank uit te spreken aan de andere mensen bij HarperCollins Holland, aan Jan-Joris Keijzer, Miranda Mettes en Jacqueline de Jong, voor hun grote vertrouwen in mij – een vertrouwen dat mij als schrijver de rust geeft om te kunnen schrijven. En natuurlijk aan de onvermoeibare Annemieke Tetteroo, die letterlijk stad en land afrijdt om mijn boeken aan de man én vrouw te brengen, aan Marianne Prins, die het telefonisch contact met de boekhandels onderhoudt, aan de altijd alerte Chantal Hattink, die telkens weer kansen ziet om mijn werk onder de aandacht te krijgen en aan de creatieve Nanouk Meijer, die via de sociale media de jongere lezers weet te bereiken.

En dan – in min of meer willekeurige volgorde – wil ik de volgende mensen bedanken. Jeremy Bangs, initiatiefnemer en directeur van het Leidse Pilgrim Fathers Museum, gaf me een uitgebreide rondleiding in zijn kleine, maar fijne museum. Co Berendsen en Jeroen Deen van de Loge Concordia Res Parvae Crescunt nr. 40 van de Vrijmetselarij Grootsneek, die een videoregistratie ter beschikking stelden van een lezing over Chief Seattle. Bij ons bezoek aan Boston en Plymouth heeft *program officer* Annie Houston van het Massachusetts Cultural Council me geholpen met de logistiek rond de afspraken met verschillende personen. *Executive director* Michelle M. Pecoraro vond tijd in haar drukke agenda om me uitgebreid te vertellen over het herdenkingsjaar in de vs in het algemeen en de betekenis van de komst van de ('Leidse') Pilgrims naar Amerika in het bijzonder. Zij maakte me erop attent dat het vooral ook ging om de ideeën die de Pilgrims vanuit Nederland meegenomen hebben zoals de vrijheid van meningsuiting, godsdienst en pers, het burgerlijk huwelijk en de scheiding tussen kerk en staat. Anita Walker heb ik helaas niet in persoon ontmoet, maar zij zorgde voor de tickets voor Plimoth Plantation en het Pilgrim Hall Museum. Nancy Gardella, de *executive director* van het Martha's Vineyard Chamber of Commerce, was zo aardig om me op Martha's Vineyard van de veerboot op te halen en me een hele tour over het eiland te geven. Durwood Vanderhoop, een belangrijke en trotse *spokesman* van de Wampanoag-stam, leidde me rond in het Aquinnah Cultureel Centrum en vertelde me wat '2020' voor de indiaanse bevolking betekent. De Native Nations vormen naast de vs, Engeland en Nederland in feite de vierde natie die betrokken is bij dit herdenkingsjaar.

Jan-Bart Gewald en Trudi Blomsma, *baie dankie* voor het nakijken en verbeteren van het Afrikaans in hoofdstuk 2. De 'Leidse bruggenbouwer' Annette ter Haar van het Technolab Leiden, die jongeren enthousiast probeert te maken voor natuur en techniek, maar óók oog heeft voor de alfa- en gammawetenschappen. Zij heeft me als een echte spin in het web in contact gebracht met diverse mensen en organisaties en meegedacht over hoe mijn boeken in een educatief project ingezet zouden kunnen worden. Mieke Heurneman, adviseur Geschiedenis en Onderwijs van Landschap Erfgoed Utrecht gaf me toestemming citaten over Arminius en Gomarus op te nemen van haar website *Regiocanons*. Oud-rechercheur, filatelist en stadsgids Willem Hogendoorn bedank ik voor zijn enthousiaste meedenken over welke aan Pilgrims gerelateerde plekken in Leiden beslist niet mochten ontbreken in mijn boek. Hij heeft ook de schitterende wandeling gemaakt die deze 400 jaar oude geschiedenis weer tot leven wekt. Frieke Hurkmans, directeur van de Pieterskerk Leiden, omschrijf ik in dit boek al als 'een nauwelijks te stuiten spraakwaterval, bij wie tijdens het praten de nieuwe plannen en ideetjes voortdurend over elkaar heen buitelden'. Haar liefde voor Leiden en haar enthousiasme over mijn boeken zijn hartverwarmend. Wouter Hollenga is mijn altijd vlot reagerende aanspreekpunt bij de Pieterkerk. Annabel Junge wil ik ontzettend bedanken voor haar ruimhartige toestemming om mijn hoofdpersonen veelvuldig woorden van haar website *eeuwigheidvandeziel* in de mond te leggen. De Haagse rabbijn Shmuel Katzman gaf belangrijke informatie over het vieren van de sedermaaltijd, die eerder centraal stond in de proloog, een scène die helaas in zijn geheel gesneuveld is. Aan Frank van Leeuwen van Prokwadraat-Groepswijzer.nl is het te danken dat de door Sijbrand de Rooij ('Petrus', 'Paulus') en Willem van Hogendoorn ('Pilgrims') ontworpen wandelingen ook gedrukt en digitaal beschikbaar zijn gekomen. Burgemeester Henri Lenferink stelde de mooie lezing over de identiteit van Leiden beschikbaar, die hij hield tijdens de diesviering van de Historische Vereniging Oud-Leiden in de Hooglandse Kerk op zaterdag 5 november 2017. In hoofdstuk 23 zijn stukken van deze lezing terug te vinden. Nadia Mouaddab bedank ik hartelijk voor de vertaling van enkele Engelse fragmenten naar soepel Nederlands. Marjolein Overmeer, redacteur Geesteswetenschappen van NEMO Kennislink, gaf toestemming te citeren van de pagina over Thanksgiving als Nederlandse erfenis. Michaël Roumen wil ik bedanken voor het enthousiasmerende gesprek dat we hadden over de Pilgrims, mijn boek en het gebruik ervan tijdens het Leidse herdenkingsjaar. Tanneke Schoonheim van de Historische Vereniging Oud-Leiden is altijd bereid onmiddellijk van alles voor me uit te zoeken, van gevelstenen tot Pilgrimachternamen. In het verlengde daarvan bedank ik Hans de Sterke, die de mooie foto van de gevelsteen 'In t nieuwe lant' van fotograaf Wilbert Devilee, bewerkte en opstuurde. Huub Pragt beheert de interessante website kemet.nl, waar mijn informatie over Aton en de Atonhymne vandaan komt. Het boekje *Voor de Grote Oversteek* van Piet van Vliet is een klein pareltje, waarin mooi en compact de geschiedenis van de Pilgrims in Leiden beschreven staat. Dit boekje vormt de basis van mijn roman, de ruggengraat zogezegd. Ik ben erg blij met zijn belangeloze en enthousiaste samenwerking en ik hoop dat een mogelijke herdruk van *Voor de Grote Oversteek* een groot publiek zal bereiken. Van Vliets boekje heb ik omgewerkt tot het 'manuscript', dat in mijn boek zogenaamd door hem in het archief van Erfgoed Leiden en Omstreken gevonden wordt, maar dit zogenaamde manuscript is natuurlijk geheel en al aan mijn fantasie ontsproten. Journalist Rien van Vliet wil ik bedanken voor zijn leuke 1 april-artikel in *De Leydenaer* over de vondst van het Pilgrimsmanuscript – en Annelies Spanhaak en Ariela Netiv van Erfgoed Leiden en Omstreken voor hun medewerking hieraan. Hoewel ik niet verwacht dat er mensen zijn die werkelijk zullen denken dat dit manuscript echt bestaat, is het in deze tijden van 'nepnieuws' misschien toch goed te benadrukken dat het een geheel en al fictief document is. Leo van Zanen heeft me gewezen op een aantal belangrijke websites aangaande de Pilgrim Fathers. De immer gastvrije Cees van Veelen en Jenneke van Reemst ben ik dankbaar, omdat ik weer mocht verblijven in hun prachtige boerderij in Gelderland. Een week lang heb ik ongestoord overdag kunnen schrijven aan de tweede versie van mijn boek. En nog de Leidse vrijmetselaars natuurlijk! Van Chris Beresford is de uitspraak dat de vrijmetselaars geen geheim genootschap vormen, maar wél geheimen hebben. Tijdens de open avond in 2017 heb ik hem uitgebreid gesproken – net als de gastvrouw op de open avond, die mijn zeer behulpzame contactpersoon was. De achtbare voorzitter wil ik bedanken voor de buitengewoon interessante lezing die zij hield tijdens diezelfde open avond. Grote delen ervan zijn in het boek terechtgekomen. Mijn kennis van de vrijmetselarij is voor het grootste deel afkomstig uit deze lezing.

En dan natuurlijk Hamide, mijn rots en mijn burcht, bij wie ik altijd weer de rust vind. Om in de termen van de vrijmetselarij te blijven: door haar komt langzaam maar zeker uit de ruwe, onbewerkte steen de zuivere kubiek tevoorschijn. Aan onze 'wereldmeid' Dünya ten slotte is ook dit boek opgedragen.

Geraadpleegde literatuur

Armstrong, K. – *De Bijbel: De Biografie*. Mets & Schilt, Amsterdam, 2007 – Bangs, J. – *Strangers and Pilgrims, Travellers and Sojourners. Leiden and the Foundations of Plymouth Plantation*. General Society of Mayflower Descendants, Plymouth, 2009 – Barthel, M. *Wat Werkelijk in de Bijbel Staat: Een Nieuw Licht op het Boek der Boeken*. Elsevier, Amsterdam / Brussel, 1981 – Bartlett, S. – *De Geheimen van het Universum in 100 Symbolen*. Librero, Kerkdriel, 2015 – Berents, D. – *Adam At Geen Appel*. Uitgeverij Aspekt B.V., Soesterberg, 2016 – Doane, T.W. – *Bible Myths and Their Parallels in Other Religions*. Kessinger Publishing's, Whitefish Montana, Reprint, 1882 – Feiler, B. – *Walking the Bible: A Journey by Land through the Five Books of Moses*. Perennial / HarperCollins, New York, 2002 – Finkelstein, I., N.A. Silberman – *De Bijbel als Mythe: Opgravingen Vertellen een Ander Verhaal*. Den Haag, Uitgeverij Synthese, 2006 – Freke, T., Gandy, P. – *The Jesus Mysteries: Was the "Original Jesus" a Pagan God?* Three Rivers Press, New York, 2001 – Hart, M. 't – *Wie God Verlaat Heeft Niets te Vrezen*. De Schrift Betwist. Amsterdam, Arbeiderspers,1997 - Hart, M. 't – *De Bril van God. De Schrift Betwist II*. Amsterdam, Arbeiderspers, 2002 – Hilton, C. – *Mayflower: The Voyage That Changed the World*. The History Press, Gloucestershire, 2005 – Horst, P.W. van der – *Mozes, Plato, Jezus: Studies over de Wereld van het Vroege Christendom*. Prometheus, Amsterdam, 2000 – Hulspas, M. – *En de Zee Spleet in Tweeën: De Bronnen van de Bijbel Kritisch Onderzocht*. Fontaine Uitgevers, 's Graveland, 2006 – Kardux, J., Bilt, E. van de – *Newcomers in an Old City. The American Pilgrims in Leiden 1609-1620*. Serie: In den Houttuyn, Burgersdijk & Niermans, Leiden, 1998 – Kirsch, J. – *De Ongehoorde Bijbel: De Betekenis van Schokkende Verhalen uit het Oude Testament*. Servire Uitgevers, Utrecht, 1997 – Kirsch, J. *Mozes: Een Nieuwe Visie op de Grote Bijbelse Wetgever en Profeet*. Becht, Haarlem, 2002 – Kovacs, J. – *Shocked by the Bible: The Most Astonishing Facts You've Never Been Told*. Thomas Nelson, Nashville, 2008 – Leeuwen, M. van – *Van*

Horen Zegen: Geschiedenis en Uitleg van de Bijbel. Uitgeverij Balans, Amsterdam, 2004 – Lenferink, H. – *Over de Identiteit van Leiden. Toespraak bij de Diësviering van de HVOL, 2017*. Historische Vereniging Oud-Leiden, 2017 – Morison, S.E. – *Of Plymouth Plantation 1620-1647 by William Bradford*. Alfred A. Knopf, New York, 2006 – Raymondt, S. – *Mythen en Sagen van de Griekse Wereld*. Haarlem, Fibula-Van Dishoeck, 1982 – Schaik, C. van, Michel, K – *Het Oerboek van de Mens: De Evolutie en de Bijbel*. Uitgeverij Balans, Amsterdam, 2016 – Seattle, L. Couvee – *Hoe Kun je de Lucht Bezitten? De Rede van Seattle*. Jan van Arkel, Utrecht, 2018 – Seltzer, R.M. – *Jewish People, Jewish Thought: The Jewish Experience in History*. Prentice Hall, Inc: New Jersey, 1980 – Steiner, M.L. – *Op Zoek Naar... De Gecompliceerde Relatie tussen Archeologie en de Bijbel*. Uitgever MijnBestseller.nl 2016 – Toorn, K. van der – *Wie Schreef de Bijbel? De Ontstaansgeschiedenis van het Oude Testament*. Uitgeverij Ten Have, Kampen, 2009 – Vliet, Piet van – *Voor de grote oversteek: De Pilgrims in Leiden*. Serie: Leidse Verhalen, Leiden Promotie VVV, 2001.

Geraadpleegde websites

(maart 2017-maart 2018)

Boston

https://nl.wikipedia.org/wiki/Paul-Revere

http://www.thefreedomtrail.org/freedom-trail/official-sites.shtml

https://www.harvard.edu/ https://www.boston.gov/

Exodus

www.debijbel.nl

http://www.chicagonow.com/an-atheist-in-illinois/2013/05/moses-the-cele-brated-baby-killing-psychopath-of-the-bible/

https://eeuwigheidvandeziel.wordpress.com/reincarnatie/reincarna-tie-en-religie/de-metafysische

http://janbommerez.createsend1.com/t/ViewEmail/t/EB53F4ADE6DFF676

Indianen

https://www.verenigdestaten.info/americana-de-wereld-der-indianen/

http://wampanoagtribe.net/Pages/index

Nederland / Leiden

http://www.oudleiden.nl/

https://www.visitleiden.nl/nl/landingpage

https://www.pieterskerk.com/nl//

http://www.shuttleworthdesign.com/gallery.php?boat=MARS

https://nl.wikipedia.org/wiki/Republiek-der-Zeven-Verenigde-Neder-landen#Religie

http://www.regiocanons.nl/utrecht/zuidwest/arminius-contra-gomarus

https://www.medischcontact.nl/nieuws/laatste-nieuws/artikel/te-dom-voor-specialist-te-lui-voor-huisarts.htm

Pilgrimfathers

https://www.plimoth.org/

http://www.leidenamericanpilgrimmuseum.org/index.htm

http://www.mijnstambomen.nl/leiden/pilgrim.htm

http://www.gutenberg.org/ebooks/24950

http://people.brandeis.edu/~dkew/David/Marsden-Mayflower-1904.pdf

https://archive.org/details/lastofmayflower00harriala

https://archive.org/details/findingofmayflow00harruoft

http://www.pilgrimhall.org/

Sinaï/ Egypte

http://www.info-egypte.nl/sint-catherina-klooster/

https://www.oneworld.nl/mensenrechten/is-er-precies-aan-hand-sinai/

https://www.unesco.nl/erfgoed/sint-catharina-klooster#zoom=3&lat=28.5
562&lon=33.9754&layers=BT

https://kunst-en-cultuur.infonu.nl/geschiedenis/40248-het-st-catheri-
na-klooster-in-de-sinai.html

http://www.kemet.nl/de-grote-atonhymne/

Thanksgiving

http://www.rense.com/general45/thanks.htm

https://www.nemokennislink.nl/publicaties/thanksgiving-een-neder-
landse-erfenis#

Vrijmetselaars

https://www.vrijmetselarij.nl/

http://www.vrijmetselaars-leiden.nl/

https://massfreemasonry.org/

https://www.leidschdagblad.nl/leiden-en-regio/vrijmetselarij-leiden-wordt-ge-
mengd

https://www.leidschdagblad.nl/leiden-en-regio/open-huis-bij-de-vrijmetse-
laars

https://www.erfgoedleiden.nl/component/lei-verhalen/verhaal/id/488

http://hetuurvandewaarheid.info/2010/11/04/sinistere-plaatsen-het-amer-
ikaanse-capitool//

Overige

http://www.van-de-baanhoek.nl/bijen/de-levenscyclus-van-de-bij/

Wikipedia

Zoektermen: Achnaton/ Aton, Alziend Oog, Arminius / Gomarus, Bijbel, Bijen, Boston / Harvard, Chief Seattle, Egypte, Esoterie, Exodus, Indianen, Israël, Jodendom, John Robinson, Leiden, Loge Ishstar / La Virtu, Mayflower, Mayflower Compact, Mozart / Die Zauberflöte, Mozes, Oude Testament, Paul Revere, Pilgrim Fathers, Plimouth Plantation, Plymouth, Sinaï, Sint-Catharinaklooster, Remonstranten, Sharm El-Sheik, Thanksgiving, Vrijmetselaars, (Geschiedenis van de) Verenigde Staten, Zuid-Afrika / Orania.

Naschrift Piet van Vliet

In de eerste plaats wil ik de auteur Jeroen Windmeijer hartelijk bedanken voor het podium dat hij mij geboden heeft. Het vinden van het manuscript in het Leidse Gemeentearchief is voor mij tot op de dag van vandaag het onbetwiste hoogtepunt in mijn carrière.

Normaal gesproken zorgt de ontdekking van een dergelijk document, hoe bijzonder het ook mag zijn, voor niet meer dan een rimpeling in de academische vijver. Hier en daar kunnen wat inzichten bijgesteld worden; enkele artikelen verschijnen, en historici gaan met elkaar in discussie op details die voor de buitenwereld nauwelijks interessant zijn.

Daarom ben ik juist zo blij dat het deze keer anders gegaan is. Ook ik had ervoor kunnen kiezen de vertaling van het manuscript te publiceren in een historisch tijdschrift, maar daar vond ik het allemaal toch net iets te bijzonder voor. Ook met het oog op het Pilgrim Fathersjaar dat in 2020 in Leiden, Plymouth en Boston zo groots herdacht gaat worden, leek het me een uitgelezen moment om het nu eens anders aan te pakken.

Jeroen Windmeijer kende ik niet persoonlijk, wél had ik als rasleidenaar zijn boeken *De bekentenissen van Petrus* en *Het Pauluslabyrint* gelezen, die zich in Leiden afspelen.

Tijdens een signeersessie van hem bij een lokale boekhandel besloot ik de stoute schoenen aan te trekken en me aan hem voor te stellen. In het kort vertelde ik hem over mijn vondst, en ook hij zag als schrijver onmiddellijk de potentie van het manuscript.

Om een heel lang verhaal kort te maken: na enkele ontmoetingen besloten we met elkaar in zee te gaan. Ik zou de verschillende fragmenten uit het manuscript in modern Nederlands omzetten, en hij zou daaromheen vervolgens een spannend verhaal weven.

Er ontstond een vruchtbare samenwerking. Jeroen legde alle eerdere versies van wat uiteindelijk deze roman geworden is, aan mij voor. Ik kan wel zeggen dat het voor mij van begin tot eind een opwindend avontuur is geweest, waar ik geen seconde spijt van heb gehad!

Voor mij als wetenschapper is het natuurlijk buitengewoon onbevredigend dat de laatste paar pagina's van het document ontbreken. Wie weet zijn ze nog ergens verstopt... Dat we ze tot op heden nog niet hebben kunnen vinden, wil natuurlijk niet zeggen dat ze er niet zijn. Als archeoloog zou Peter de Haan waarschijnlijk fijntjes die beroemde uitspraak aanhalen: *'Absence of evidence is not evidence of absence'.*

Het is vooral frustrerend omdat in de laatste zinnen aangekondigd wordt dat bepaalde zaken onthuld zullen worden, met name rond dat jonge kind en die oudere man. Het lijkt om een leraar-leerlingrelatie te gaan, om de overdracht van kennis. Maar welke kennis dat geweest is? Als het eerste kind dat uit Engeland meegekomen is, is opgegroeid, vertrekt het naar Amerika. Maar de groep die weggaat, lijkt juist te hebben gebroken met die Leidse groep, dus waarom gaat die jongeman dan toch met de 'tegenstander' mee? De groep in Leiden lijkt zich juist weer te hebben georganiseerd rond die 'leraar' en een nieuw jongetje.

Wat betekent die verwijzing naar de bouwlieden? Voor vrijmetselaars is het toch echt een eeuw te vroeg zou je denken...

Maar dat conflict... In die dagen kan het bijna niet anders dan een theologisch dispuut zijn geweest. Hoewel ook in die tijd – net als dat nu het geval is – strijd om macht zich vaak vermomde in een godsdienstige jas. Maar wát is nu echt het conflict geweest? Waarom bleef zo'n gróte groep achter?

Dat zijn allemaal vragen waar we misschien wel nooit volledig antwoord op zullen krijgen. En hoewel je dat onbevredigend kunt noemen, of frustrerend, heeft het alles bij elkaar misschien ook wel weer iets aardigs dat we geen volledig zicht krijgen op wat er gebeurd is. Zo blijft er ruimte voor speculatie, voor theorieën die standhouden, bevestigd worden of juist worden ontkracht. En dat heeft ook wel weer een bepaalde charme.

Daarom ook vind ik het juist nu zo aardig dat Jeroen Windmeijer dit manuscript aangegrepen heeft om op onderbouwde wijze te speculeren over wat er mogelijk gebeurd zou kunnen zijn. Als romanschrijver is hij natuurlijk niet gebonden aan de wetenschappelijk conventies waarbij elke bewering gestaafd moet worden met bewijzen, citaten van andere auteurs en voet- en eindnoten.

Nu ik zijn boek gelezen heb, ben ik geneigd te denken: zó is het gegaan, en niet anders! Graag wil ik afsluiten met een stuk tekst dat ik zelf heb geschreven. Voor één keer waren de rollen omgedraaid en bekeek Jeroen míjn tekst.

Ik heb het 'Fragment 8' genoemd, al is het natuurlijk niet te vinden in het oorspronkelijke manuscript. Ik vond het toch aardig om er een eind aan te breien met de kennis die we wél hebben.

In overleg met Leiden City Marketing heb ik besloten om de fragmenten te bundelen in een klein boekje, met een in- en uitleiding. *Voor de Grote Oversteek* leek me een aardige titel. Die slaat vanzelfsprekend op de tocht over de oceaan, maar *De Grote Oversteek* is ook een titel van het album van *Asterix en Obelix*, die naar Amerika gaan, waar ik een groot fan van ben...

Fragment 8 – Einde van de Pilgrims in Leiden

Na het vertrek van de Speedwell gingen de achtergebleven Pilgrims terug naar huis. Velen van hen hoopten ooit zelf in de gelegenheid te zijn om naar het nieuwe land te trekken. Zoals we in het manuscript hebben kunnen lezen, lukte dat een aantal van hen. In de eerste jaren na 1620 bereikten nog zo'n honderd leden van de Leidse Pilgrimgemeenschap de nieuwe wereld. Onder hen bevonden zich achtergebleven familieleden, zoals vrouw of kinderen, maar ook nieuwe families. Maar onder hen bevond zich ook Thomas Willet. Hij kwam ver in Amerika, want na eerst de assistent van Peter Stuyvesant te zijn geweest, werd hij de eerste Engelse burgemeester van New York.

John Robinson behoorde niet tot degenen die de kolonie op een later tijdstip alsnog bereikten. Hij bleef in Leiden op verzoek van de andere achterblijvers. Er werd afgesproken dat hij pas naar Amerika zou komen als de zaken in Leiden waren afgerond en hij daar niet meer nodig was. Zover is het nooit gekomen. In 1625 werd hij ziek en na een kort ziekbed stierf hij. Hij werd begraven in de Pieterskerk. Alleen zijn zoon Isaac zou in 1632 naar Amerika vertrekken.

Tot zijn dood onderhield Robinson nog wel contact met zijn geloofsgenoten in de nieuwe wereld. In brieven voorzag hij hen van nuttige tips en geestelijke adviezen. Op die manier bleef hij toch de geestelijk leider van de Pilgrims, zelfs voor hen in Amerika.

Na zijn dood bleek heel duidelijk hoe belangrijk hij is geweest voor de groep. Hij was het bindmiddel en hield de groep bij elkaar. Na zijn dood viel de groep in Leiden snel uiteen. Ze traden toe tot de Engelse Kerk of zelfs tot de Nederlandse Gereformeerde Kerk. Ze gaven hun Engelse gewoonten en zelfs hun Engelse namen op en versmolten met de Leidse bevolking.

Eenieder die het manuscript leest, krijgt vroeger of later het gevoel dat niet het hele verhaal verteld wordt. Daarom is het zo jammer dat de laatste paar pagina's lijken te ontbreken. In het laatste fragment dat we hebben, wordt gehint op de onthulling van zekere geheimen. Zo is daar de rol van de 'leraar' en een 'leerling'. Beide woorden zet ik tussen aanhalingstekens omdat we het gewoon niet weten, maar de jongere leek wel zeker op een bepaalde manier ingewijd te worden in iets of kennis aangereikt te krijgen.

De grotere groep die achterbleef, lijkt een conflict te hebben gehad met de kleinere groep die vertrokken is. In die tijd werd een botsing tussen twee groepen vaak in religieuze termen uitgelegd. Of een conflict werd in een religieus dispuut uitgevochten, maar vaker – zoals nu ook het geval is natuurlijk – ging er iets anders onder schuil zoals een strijd om macht, toegang tot hulpbronnen, geld...

Het opgaan in de Engelse Kerk of de Nederlandse Gereformeerde Kerk lijkt dan ook maar het halve verhaal te zijn. Het zal vast wel gebeurd zijn, maar dat zegt natuurlijk nog niets over wat de leiders van de groep – ik denk dan aan de leraar en zijn leerling en de mensen om hen heen – buiten het zicht van de opgeschreven geschiedenis deden.

Ik kan me niet aan de indruk onttrekken dat er sprake moet zijn geweest van geheime kennis die van generatie op generatie overgedragen werd. Die kwam vanuit Engeland naar Nederland en is vanuit Engeland naar Amerika gereisd. De mensen die deze kennis bezaten, zijn overleden, maar als ook zij doorgegaan zijn met het overdragen ervan, moeten er tot op de dag van vandaag nog mensen rondlopen die over deze kennis beschikken. Een opwindende gedachte! Het speculeren hierover – we hebben inmiddels natuurlijk het vaste terrein van de strikt wetenschappelijke methode verlaten – is wat mij betreft wel een van de charmes van de geschiedbeoefening, het beredeneerd filosoferen over wat er tussen de regels door geschreven is. Misschien is het ook maar goed dat we niet de volledige waarheid kennen, dat we in zekere zin nog in een wazige spiegel kijken. Nu is ons kennen nog beperkt, maar wie weet zullen we op een dag het volledige verhaal kennen.

Rest eigenlijk alleen nog het verhaal over het huis van John Robinson na zijn dood. De Engelse Poort, zoals het huis sinds de bewoning door de Pilgrims bekendstond, raakte in verval en leek een roemloos einde te *krijgen. Maar de Waalse koopman Jean Pesijn had per testament bepaald dat er van zijn geld een hofje gesticht moest worden. Zijn vrouw, Marie de Lannoy, kocht daartoe huisjes op van de Engelse Poort. Na haar dood in 1681 werd begonnen met de bouw van het Jean Pesijnhofje. In de gevel van het poortgebouw is een steen ingemetseld met de tekst:* ON THIS SPOT LIVED, TAUGHT AND DIED J. ROBINSON, 1611-1625.

Andere overblijfselen van het verblijf van de Pilgrims in Leiden bevinden zich vooral op, in en rond de Pieterskerk. Zo bevindt zich in de muur van de Pieterskerk tegenover het Jean Pesijnhofje een plaquette over John Robinson. Een tweede plaquette bevindt zich aan de binnenkant van dezelfde muur. Hier is ook een kleine verhandeling te vinden over de Pilgrims.

Bovenaan een kleine doorgang in de Pieterskerk-Choorsteeg is een herinnering aangebracht aan de Pilgrims Press, op de hoek van de William Brewstersteeg.

De herinneringen aan de Pilgrims komen helemaal tot leven in het Leiden American Pilgrim Museum, dat in de Beschuitsteeg te vinden is in de omgeving van de Hooglandse Kerk.

Piet van Vliet

Ontdek alle mysterieuze plekken uit *Het Pilgrim Fathers-complot* in Leiden

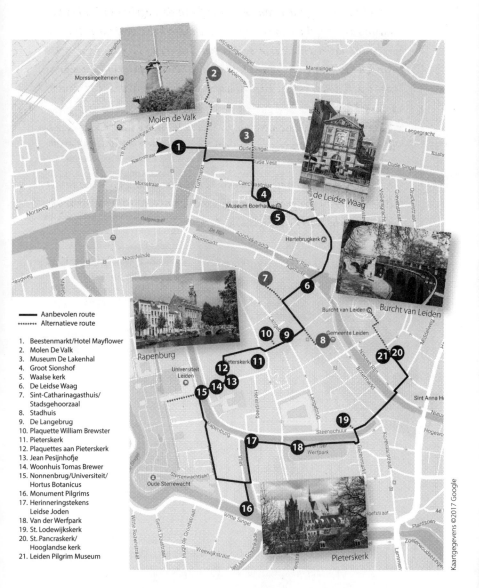

—— Aanbevolen route

········ Alternatieve route

1. Beestenmarkt/Hotel Mayflower
2. Molen De Valk
3. Museum De Lakenhal
4. Groot Sionshof
5. Waalse kerk
6. De Leidse Waag
7. Sint-Catharinagasthuis/ Stadsgehoorzaal
8. Stadhuis
9. De Langebrug
10. Plaquette William Brewster
11. Pieterskerk
12. Plaquettes aan Pieterskerk
13. Jean Pesijnhofje
14. Woonhuis Tomas Brewer
15. Nonnenbrug/Universiteit/ Hortus Botanicus
16. Monument Pilgrims
17. Herinneringstekens Leidse Joden
18. Van der Werfpark
19. St. Lodewijkskerk
20. St. Pancraskerk/ Hooglandse kerk
21. Leiden Pilgrim Museum

Kaartgegevens ©2017 Google

Voor een uitgebreide route en uitleg kun je kijken op:
www.harpercollins.nl/jeroen-windmeijer-het-pilgrim-fathers-complot

Lees ook *De schaduw van Vermeer,* het eerste deel in de *Delft*-trilogie!

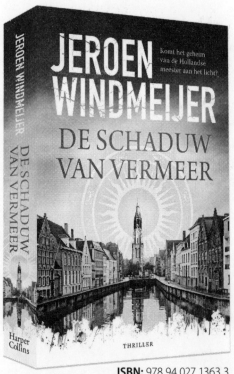

ISBN: 978 94 027 1363 3

De Delftse geschiedenisdocent Fabian de Ligt had niet gedacht dat zijn middag zo'n dramatische wending zou nemen. Wat een rustig gesprek over de schilder Johannes Vermeer had moeten zijn, eindigt desastreus als de geïnterviewde expert ineens dood neervalt. Hij mompelt nog net: 'Mij... Mij...'

Niet lang daarna volgt een reeks van mysterieuze inbraken die ook met Vermeer te maken lijken te hebben: verschillende schilderijen verdwijnen uit musea, waaronder curieus genoeg ook vervalsingen. Wanneer Fabian ongewild bij deze zaak betrokken raakt, blijkt hij plotseling eveneens een doelwit. De waarheid achter de verdwenen schilderijen en de Hollandse grootmeester dreigt aan het licht te komen. Maar iemand zet alles op alles om die in het duister te houden...

'Fictie, feiten, beeldend vertellen en spanning maken dit boek tot een heel fijne thriller.'
Thrillers & More

Voor meer informatie: **www.harpercollins.nl**
 harpercollinsholland harpercollins_holland